Dorothea Kliche-Behnke
Nationalsozialismus und Shoah im autobiographischen Roman

Studien zur
deutschen Literatur

Herausgegeben von
Georg Braungart, Eva Geulen,
Steffen Martus und Martina Wagner-Egelhaaf

Band 212

Dorothea Kliche-Behnke

Nationalsozialismus und Shoah im autobiographischen Roman

Poetologie des Erinnerns bei Ruth Klüger, Martin Walser, Georg Heller und Günter Grass

DE GRUYTER

ISBN 978-3-11-060731-4
e-ISBN (PDF) 978-3-11-047595-1
e-ISBN (EPUB) 978-3-11-047522-7
ISSN 0081-7236

Library of Congress Cataloging-in-Publication Data
A CIP catalog record for this book has been applied for at the Library of Congress.

Bibliografische Information der Deutschen Nationalbibliothek
Die Deutsche Nationalbibliothek verzeichnet diese Publikation in der Deutschen Nationalbibliografie; detaillierte bibliografische Daten sind im Internet über http://dnb.dnb.de abrufbar.

© 2018 Walter de Gruyter GmbH, Berlin/Boston
Dieser Band ist text- und seitenidentisch mit der 2016 erschienenen gebundenen Ausgabe.
Satz: PTP-Berlin, Protago-T$_E$X-Production GmbH, Berlin

Druck und Bindung: CPI books GmbH, Leck

♾ Gedruckt auf säurefreiem Papier
Printed in Germany

www.degruyter.com

Danksagung

Großer Dank gebührt meinem Doktorvater Prof. Georg Braungart. Er hat mich auf die bestmögliche Art unterstützt, mir immer wieder entscheidende Impulse gegeben und mir zugleich das hohe Maß an Freiheit und Selbständigkeit gewährt, das es für eine solche Arbeit benötigt.

Ich danke Prof. Jürgen Schröder für die Bereitschaft, das Zweitgutachten zu übernehmen, und für seine weisen und ehrlichen Hinweise.

Danken möchte ich zudem der Friedrich-Ebert-Stiftung, die mir während des Studiums und für die Promotion ein Stipendium gewährte und dazu beitrug, dass ich all die Jahre den Blick weit über meine wissenschaftlichen Disziplinen hinaus richten konnte.

Für redaktionelle wie auch moralische Unterstützung danke ich meinen guten Freundinnen Hildegard Hager, Miriam Höhn und Dr. Ariane Kiel-Freytag.

Meinen Eltern verdanke ich die Leidenschaft fürs Lesen und so vieles mehr, was mir das Verfassen meiner Dissertation erst möglich gemacht hat. Das werde ich ihnen niemals vergessen. Abschließend danke ich meinem Ehemann Felix Kliche und unseren Kindern Mara und Jaron für all ihr Verständnis, ihre Geduld und ihre unbeschreibliche Unterstützung. Ihnen drei ist dieses Buch gewidmet.

Inhaltsverzeichnis

Einleitung — 1
1 Poetologie des Erinnerns: Zu Prämissen und Fragestellungen der Studie — 1
2 Zum Aufbau der Studie — 3
3 Zur Werkauswahl — 6

I Die Bedeutung der Erinnerung für die Kultur, die Gesellschaft, das Individuum und die Literatur — 10
1 Dimensionen von Gedächtnis: Begriffsbestimmungen — 10
1.1 Autobiographisches Gedächtnis — 12
1.2 Kollektives Gedächtnis — 13
1.3 Kulturelles und kommunikatives Gedächtnis — 14
2 Erinnerungstheorie in der Kultur- und Literaturwissenschaft — 15
3 Unzuverlässige Erinnerung — 19
4 Erinnerungsorte — 21
5 Shoah: Trauma und Erinnerung — 23

II Der autobiographische Roman — 26
1 Die Autobiographie und der Erinnerungsroman im historischen Überblick — 26
2 Zur Autobiographie: Ein Forschungsbericht — 36
3 Zum Verhältnis von Autobiographie, Roman, Memoiren und autobiographischem Roman — 45
4 Zur Konstitution des Genres ‚autobiographischer Roman' — 55

III Die Walser-Bubis-Debatte im Kontext — 59

IV Offensives, selbstreflexives und weibliches Erinnern in Ruth Klügers *weiter leben. Eine Jugend* — 75
1 Biographische und werkgeschichtliche Einordnung — 75
2 Erinnerung und Erzählstruktur — 78
3 Poetologie des Erinnerns aus jüdischer Perspektive — 85
4 Poetologie des Erinnerns aus feministischer Perspektive — 92
5 *weiter leben*: Autobiographie oder Roman? — 97

V „Vergangenheit als Gegenwart": Martin Walsers *Ein springender Brunnen* —— 102

1. Klüger, Proust und Walsers Reden: Zur Einordnung des autobiographischen Romans —— 102
2. Biographischer Kontext —— 109
3. „Vergangenheit als Gegenwart": Meta-Memoria-Ebene —— 111
4. *Ein springender Brunnen* im Spannungsfeld von Authentizität, Erinnerungskonstruktion und unzuverlässigem Erzählen —— 116

VI Georg Hellers *Das Kind, das er war. Die Geschichte des Johann Avellis*: Erinnern zwischen Emotionalität, Unwillkürlichkeit und Unsicherheit —— 130

1. Zur Biographie Georg Hellers —— 130
2. Erinnerungs- und Erzählstruktur des autobiographischen Romans —— 131
3. Erinnerungsprogramm —— 135
4. „Vergangenheit als Gegenwart": Martin Walser und Georg Heller im Vergleich —— 141

VII Das Erinnerungskonzept in Günter Grass' *Beim Häuten der Zwiebel* —— 146

1. *Beim Häuten der Zwiebel*: Eine kurze Einführung —— 146
2. Zur Erzählstruktur des Romans —— 147
3. Zwiebel, Bernstein, Film: Meta-Memoria und implizites Erinnerungskonzept —— 152
4. Zuverlässiges und unzuverlässiges Erinnern —— 161
5. Erinnerung und Schuld —— 166
6. *Beim Häuten der Zwiebel* als autobiographischer Roman —— 171

VIII „Flecken gewaltiger Erinnerung": Autobiographische Literatur anderer Autorinnen und Autoren —— 179

IX Synthese und Fazit —— 189

Literaturverzeichnis —— 197
    Quellen —— 197
    Forschungsliteratur —— 199

Personenregister —— 215

Einleitung

1 Poetologie des Erinnerns: Zu Prämissen und Fragestellungen der Studie

„So sehe ich mich im Rückspiegel": Mit diesen Worten nähert sich der kürzlich verstorbene Schriftsteller Günter Grass seinem kindlichen Alter Ego im autobiographischen Roman *Beim Häuten der Zwiebel* und beschreibt so metaphorisch einen Akt der Erinnerung.[1] Diesen Blick in den Rückspiegel wagen mit ihm um die Jahrtausendwende viele weitere Autorinnen und Autoren, die als Kinder während der NS-Zeit sozialisiert wurden. Vier von ihnen – Ruth Klüger, Martin Walser, Georg Heller und eben Günter Grass – widmet sich diese Arbeit, die sich mit der Poetologie des Erinnerns und damit mit der Selbstreflexion literarischer Texte befasst. Poetologie, verstanden als „theoretisch analysierende, philosophisch systematisierende oder auch historisch typologisierende Beschäftigung mit [...] Grundsätzen, Regeln, Verfahrensweisen beim Schreiben von Literatur"[2], umfasst, wie zu zeigen sein wird, in den letzten Jahrzehnten verstärkt die Dimension von Erinnerung und Gedächtnis.

Diese Arbeit geht dabei von folgenden Prämissen aus: (1) Es ist sinnvoll, Genres zu unterscheiden. (2) Es gibt das Zwitterwesen des autobiographischen Romans. (3) Erinnerung und Gedächtnis sind konstitutiv sowohl für die Herausbildung einer Identität als auch für das Genre des autobiographischen Romans. (4) Es ist davon auszugehen, „daß Literatur zu Gedächtnisdiskursen ihrer Entstehungszeit in Bezug tritt und Funktionsweisen, Prozesse und Probleme des Erinnerns im Medium der Fiktion durch ästhetische Formen zur Anschauung bringt"[3]. (5) Damit benötigt ein vertieftes Verständnis autobiographischer Literatur Kenntnisse der jeweiligen Gedächtnisdiskurse, hat aber (6) zu berücksichtigen, dass fiktionale Texte niemals nur die bloße allegorische Überführung eines

---

[1] Günter Grass, Beim Häuten der Zwiebel, Göttingen 2006, Zitat auf S. 44.
[2] Harald Fricke, Poetik. In: Reallexikon der deutschen Literaturwissenschaft. Neubearbeitung des Reallexikons der deutschen Literaturgeschichte, Bd. 3, hg. von Jan-Dirk Müller u. a., Berlin/New York 2003, S. 100–105, hier S. 100. Im Folgenden wird auf die Verwendung des Begriffs ‚Poetik' vollständig verzichtet, der nach meinem Verständnis zunächst die Verschriftlichung expliziter poetischer Regeln bezeichnet (vgl. ebd., S. 101). Der Begriff ‚Poetologie' ist demgegenüber klar auf eine textimmanente Reflexion zu beziehen.
[3] Astrid Erll/Ansgar Nünning, Gedächtniskonzepte der Literaturwissenschaft. Ein Überblick. In: Literatur – Erinnerung – Identität. Theoriekonzeptionen und Fallstudien, hg. von Astrid Erll u. a., Trier 2003 (Elch, Bd. 11), S. 3–27, hier S. 4.

Konzepts von Gedächtnis und Erinnerung in ein literarisches Werk darstellen, sondern stets einer eigenen narrativen Logik unterworfen sind.

Gegenstand dieser Arbeit sind vier neuere autobiographische Romane, nämlich *Beim Häuten der Zwiebel, weiter leben, Ein springender Brunnen* und *Das Kind, das er war*. Diese stehen in einer Reihe mit vielen weiteren autobiographischen Werken der letzten 25 Jahre, einer Phase gehäufter Selbstbiographien, die im literarischen Kontext die eigene Kindheit oder Jugend während der Zeit des Nationalsozialismus und der Shoah beleuchten.

> Die ungewöhnliche Zahl größerer autobiographischer Texte von Schriftstellern und die Aufmerksamkeit, auf die sie stoßen, haben ihren Grund vornehmlich darin, dass allmählich eine Generation abtritt, die Geschichte besonders intensiv erlebt hat: den Aufstieg Hitlers, nationalsozialistische Herrschaft und Verführung der Jugend, Krieg, Exil, Holocaust (oder Shoa), Vertreibung, Teilung Deutschlands, den demokratischen Neuanfang oder die Erhaltung diktatorischer Strukturen unter der Herrschaft einer doktrinären Partei, die Wiedervereinigung des gespaltenen Deutschlands. Ins Methusalemalter kommend, möchten die Autobiographen noch einmal Zeugnis geben, die Leser möchten eigene Erfahrungen im Spiegel anderer Lebensläufe bestätigt sehen oder sie wünschen zu wissen, was der Zeit eigener Erfahrungen voraufging, aber eben zur Vorgeschichte ihres Lebens gehört.[4]

Ohne Zweifel hat diese Generation von Autorinnen und Autoren einen besonderen Stellenwert in der deutschsprachigen Literatur des zwanzigsten und einundzwanzigsten Jahrhunderts. Ihre Meinung hat noch immer Gewicht, ihre Werke genießen eine große Aufmerksamkeit. Eine neuere Studie des amerikanischen Germanisten Stuart Taberner, die sich mit dem Altern und alten Figuren in der deutschen Literatur befasst, hat neben Christa Wolf die drei prominenten Autorinnen und Autoren dieser Arbeit zum Gegenstand: Günter Grass, Ruth Klüger und Martin Walser.[5] Sie gehören insofern einer Scharniergeneration an, als sie zu Zeitzeuginnen und Zeitzeugen nationalsozialistischer Geschichte zählen und diese Geschichte dank ihrer literarischen Werke im kommunikativen wie im kulturellen Gedächtnis verankern.

Die zu untersuchenden Romane beziehen sich allesamt auf die Epoche des Nationalsozialismus und der Shoah[6]. Der Umgang mit dieser Phase der deutschen

---

[4] Walter Hinck, Der Autobiograph und der fabulierende Erzähler Günter Grass. „Beim Häuten der Zwiebel" auf dem Hintergrund zeitgenössischer Selbstbiographien. In: literatur für leser, Bd. 20.1, 2008, S. 1–11, hier S. 2.
[5] Stuart Taberner, Aging and Old-Age Style in Günter Grass, Ruth Klüger, Christa Wolf, and Martin Walser. The Mannerism of a Late Period, New York 2013 (Studies in German Literature, Linguistics, and Culture).
[6] In dieser Arbeit wird bewusst und ausschließlich der hebräische Begriff *Shoah* verwendet, der sich auf den Mord an Jüdinnen und Juden während der NS-Zeit bezieht. Der Begriff *Holocaust*, der durch die gleichnamige Serie der 1970er Jahre bekannt wurde, meint ursprünglich die ganz-

Geschichte stellt sowohl die Autobiographie- als auch die Gedächtnisforschung vor besondere Herausforderungen. Es ist gewährleistet, dass der historische Stoff bei den Leserinnen und Lesern im kommunikativen Gedächtnis verankert ist, wobei (für die Erkenntnisse zur Erinnerungsebene) zu beachten ist, dass sich die Autorinnen und Autoren ihm erst verhältnismäßig spät autobiographisch nähern, wir es also mit *neueren autobiographischen Romanen* zu tun haben. Da es in naher Zukunft keine Zeitzeuginnen und -zeugen des Nationalsozialismus und der Shoah mehr geben wird, kommt genau diesen neueren autobiographischen Romanen der letzten zwei bis drei Jahrzehnte eine spezielle, gewissermaßen bewahrende und mahnende Funktion zu.

Der je eigene Blick von Klüger, Walser, Heller und Grass auf die deutsche Geschichte spielt eine große Rolle insbesondere bei der Rezeption ihrer Werke. Alle haben sich zur sogenannten Walser-Bubis-Debatte, einer der wichtigsten gesellschaftlichen Kontroversen zur jüngeren deutschen Geschichte, geäußert, wenn auch in sehr unterschiedlicher Weise. Der je eigene Bezug zur Walser-Bubis-Debatte war ein wichtiges Kriterium bei der Werkauswahl für diese Arbeit, denn die öffentlich geführte Kontroverse hat nicht nur einen hohen Stellenwert für die Auseinandersetzung mit dem Nationalsozialismus und der Shoah in den vergangenen zwei Jahrzehnten, sie hat vermutlich auch literarische Entwürfe zu diesen Themen beeinflusst. Deshalb widmet sich ein Kapitel dieser Debatte, den jeweiligen Positionen und Ansätzen von Parteinahme.

2 Zum Aufbau der Studie

Erinnerung und Gedächtnis sind von herausragender Bedeutung für Individuen genauso wie für die Identität von Familien, sozialen Gruppen und weiteren Kollektiven. Dabei sind die Phänomene von Erinnern und Vergessen Gegenstand einer Vielzahl neurowissenschaftlicher und anderer Studien. Daraus gewonnene Erkenntnisse haben mittlerweile Eingang in die Kulturwissenschaften gefunden. Themen rund um den Bereich Memoria zählen seit einigen Jahren zum Standard auch der Literaturwissenschaft, wie neben einzelnen Definitionen in Kapitel I kursorisch dargestellt werden soll. „Literarische Werke sind erstens bezogen auf außerliterarische Gedächtnisse, stellen zweitens deren Inhalte und Funktionsweisen im Medium der Fiktion dar, und können drittens individuelle Gedächt-

---

heitliche Verbrennung eines Opfertiers im religiösen Kontext und wird aufgrund dieser eher problematischen Konnotation im Folgenden nicht verwendet. Dies gilt auch für den Begriff *Judenmord*, der nicht die Spezifik der Shoah abbildet.

nisse und Erinnerungskulturen mitprägen."[7] Da diese Arbeit vor allem die ersten beiden dieser drei Literaturbezüge in den Blick nimmt, versteht sie sich als ein Beitrag zur kulturwissenschaftlichen Gedächtnisforschung. Dabei ließe sich ihre methodische Herangehensweise am ehesten in das vierte literaturwissenschaftliche Gedächtniskonzept nach Astrid Erll und Ansgar Nünning einordnen: in das Konzept „Mimesis des Gedächtnisses"[8].

Im anschließenden Kapitel II zum autobiographischen Roman, das sich der historischen Entwicklung der Autobiographie ebenso widmet wie dem gattungstheoretischen Forschungsstand, wird deutlich, welch konstitutive Funktion der Erinnerung in diesem Zusammenhang zukommt und wie sie narratologische Strukturen bestimmt. Auch wenn sich die Untersuchung immer wieder um begriffliche Klarheit bemüht, ist einzuräumen, dass eine „semantische Unschärfe [...] symptomatisch für den noch jungen literaturwissenschaftlichen Forschungsbereich Gattung und Gedächtnis" ist, so Richard Humphrey 2005 im Sammelband *Gedächtniskonzepte der Literaturwissenschaft*.

> Fast überall dort, wo von Literatur und Erinnerung oder *literature and memory*, von literarisch erinnerter Vergangenheit oder von Vergangenem *in literary memory* gesprochen wird, haftet den Begriffen etwas Diffuses an, sie sind konturlos, irritierend, bereits mehrfach besetzt, schillernd.[9]

Auch die hier vorgelegte Arbeit vermag es – das sei selbstkritisch vorweggenommen – letztlich nicht, die semantische Unschärfe, die wohl bis heute in dem genannten literaturwissenschaftlichen Komplex besteht, zu beseitigen. Vielmehr bringt sie möglicherweise mit dem autobiographischen Roman eine weitere Lesart ins Spiel und trägt somit zum gedächtnistheoretischen Dschungel bei. Gleichzeitig dient die Definition dieses Genres zumindest dazu, eine kleine Schneise in den Dschungel zu schlagen.

Wenn hier zu umreißen ist, was Gegenstand dieser Arbeit ist, so ist auch klarzustellen, womit sie sich dezidiert nicht beschäftigt: Es geht im Erinnerungs-

---

7 Erll/Nünning, Gedächtniskonzepte der Literaturwissenschaft, S. 17.
8 Erll/Nünning, Gedächtniskonzepte der Literaturwissenschaft, S. 4. Dieses Konzept bezieht sich auf die Darstellung individueller und kollektiver Erinnerung in literarischen Texten. Danach wird Erinnerung und Gedächtnis literarisch inszeniert. Dieses Gedächtniskonzept ist von anderen abzugrenzen, nach denen die Literatur (oder die verschiedenen Gattungen) selbst als Gedächtnis fungieren, literarische Kanones literaturwissenschaftliche oder gesellschaftliche Gedächtnisse institutionalisieren oder Literatur als Gedächtnismedium in historischen Erinnerungskulturen gedeutet wird (vgl. ebd., S. 4–5).
9 Richard Humphrey, Literarische Gattung und Gedächtnis. In: Gedächtniskonzepte der Literaturwissenschaft. Theoretische Grundlegung und Anwendungsperspektiven, hg. von Astrid Erll und Ansgar Nünning, Berlin/New York 2005, S. 73–96, Zitat auf S. 75; Herv. im Orig.

kapitel weder um Mnemotechniken noch um die literatur- oder kunstgeschichtliche Entwicklung der Gedächtnismetaphorik. Demgemäß spielt auch Mnemosyne, die griechische Göttin der Erinnerung, die einige gedächtnistheoretische Werke im Titel tragen,[10] in diesem Zusammenhang keine Rolle. Erkenntnisse aus der Gedächtnisforschung und der Kulturwissenschaft werden vielmehr gezielt berücksichtigt, sofern sie einen Mehrwert für erinnerungspoetologische Ansätze bieten.

Die Bedeutung von Erinnerung und Gedächtnis sowohl für die Kultur im Allgemeinen als auch innerhalb der Literatur im Speziellen sind vielfach untersucht worden. Ebenso ist die Autobiographie, zumal wenn sie sich auf die Shoah oder den Nationalsozialismus bezieht, ein gut erforschtes Genre. Wieso widmet sich die vorliegende Arbeit angesichts der Breite der Literatur auf diesen Gebieten ebenfalls den Feldern Erinnerung und autobiographisches Schreiben? Worin besteht ihr spezifisches Interesse? Welches methodologische Anliegen wird verfolgt?

Anders als in etlichen kulturwissenschaftlichen Studien liegt der Fokus der vorliegenden Untersuchung primär auf den ausgewählten Texten und ihrer je eigenen Poetik. Mit Georg Heller widmet sich die Untersuchung einem bislang wenig beachteten Schriftsteller, der jedoch mit dem autobiographischen Roman *Das Kind das er war. Die Geschichte des Johann Avellis* ein bemerkenswertes Werk verfasst hat. Seinen Stellenwert erhält es nicht allein, aber auch aufgrund seiner Parallelen zu Walsers *Ein springender Brunnen*. Da antwortet offenbar ein Autor auf einen anderen, viel kritisierten Schriftsteller, zu dem verschiedene Beziehungen sowohl literarischer als auch außerliterarischer Prägung bestehen. Besonderes Augenmerk legt die Analyse zudem auf die (spannungsgeladene) Freundschaft zwischen Ruth Klüger und Martin Walser, der Shoah-Überlebenden und dem Spross einer katholischen Familie, die die Jahre bis 1945 durch Anpassung recht unbehelligt verbracht hat. Wie Walser mit seinem autobiographischen Roman auf den seiner ihm seit Jahrzehnten bekannten Freundin reagiert, soll ebenso beleuchtet werden wie Divergenzen und Diskussionen der beiden vor und nach Erscheinen seines Werks. (Gemessen an den zu untersuchenden Bezügen gibt es hingegen weitaus weniger Parallelen oder Bezüge zwischen Günter Grass

---

10 Siehe Aleida Assmann/Dietrich Harth (Hg.), Mnemosyne. Formen und Funktionen der kulturellen Erinnerung, Frankfurt a. M. 1991; Uwe Fleckner (Hg.), Die Schatzkammer der Mnemosyne. Ein Lesebuch mit Texten zur Gedächtnistheorie von Platon bis Derrida, Dresden 1995; Helmut Hühn, Mnemosyne. Zeit und Erinnerung in Hölderlins Denken, Stuttgart/Weimar 1997, um nur drei neuere Werke zu nennen, die sich auf die Göttin und „Mutter der Musen" (Wolfgang Neuber, Memoria. In: Reallexikon der deutschen Literaturwissenschaft, Bd. 2, hg. von Harald Fricke u. a., Berlin/New York ³2000, S. 562–566, hier S. 562) berufen.

und Martin Walser, was angesichts der Vielzahl an Vergleichen dieser beiden zeitgenössischen Schriftsteller überraschen dürfte.)

Die Thematisierung und Problematisierung von Erinnern in autobiographischen Texten kann sowohl explizit als auch implizit erfolgen. Um die eigene Reflexion von Erinnerung und Gedächtnis im Sinne einer expliziten Poetologie zu umschreiben, sei hier der Terminus der Meta-Memoria-Ebene eingeführt. Mithilfe dieses Begriffs sollen Passagen in neueren autobiographischen Romanen habhaft gemacht werden, in denen Erinnerung literarisch gestaltet wird.

Diese Arbeit plädiert dafür, den autobiographischen Roman stärker als eigenständiges Genre wahrzunehmen, als es in der Vergangenheit der Fall war. Dabei haben, wie zu zeigen sein wird, Konzeptionen von Erinnerung auf der Meta-Memoria-Ebene und innerhalb der Erzählungen eine herausragende Bedeutung. Während unzählige Untersuchungen zur Autobiographie vorliegen, haben sich nur wenige Arbeiten dezidiert dem autobiographischen Roman gewidmet. Im Folgenden sollen nicht nur neuere autobiographische Romane untersucht, sondern auch Merkmale des Genres herausgearbeitet werden. Zudem zeigen sich dank eines gattungsgeschichtlichen Überblicks Traditionslinien der klassischen literarischen Autobiographie.

3 Zur Werkauswahl

Die vier autobiographischen Werke, die im Zentrum dieser Arbeit stehen, weisen einerseits deutliche Parallelen auf. Andererseits sind sie bei aller Vergleichbarkeit durch Spezifika gekennzeichnet, die es herauszuarbeiten gilt.

Drei der vier Werke gelten bereits als bedeutsame autobiographische Werke. Umso erstaunlicher ist, dass sie in vielen literaturwissenschaftlichen Arbeiten zur Erinnerung fehlen.[11] Mir ist durchaus bewusst, dass Walser und Grass zu den wohl meisterforschten Literaten der Gegenwart zählen. Ihre literarischen Werke

---

[11] Siehe z. B. Astrid Erll u. a. (Hg.), Literatur – Erinnerung – Identität. Theoriekonzeptionen und Fallstudien, Trier 2003 (Elch, Bd. 11); Janusz Golec/Irmela von der Lühe (Hg.), Geschichte und Gedächtnis in der Literatur vom 18. bis 21. Jahrhundert, Frankfurt a. M. u. a. 2011 (Berliner Beiträge zur Literatur- und Kulturgeschichte, Bd. 9). In Aleida Assmanns Werk *Der lange Schatten der Vergangenheit* findet sich ein Hinweis auf Grass' Erinnerungsverständnis einer Rede, nicht aber das seines literarischen Werkes (siehe Aleida Assmann, Der lange Schatten der Vergangenheit. Erinnerungskultur und Geschichtspolitik, München 2006, S. 119–124). – An dieser Stelle sei erwähnt, dass meine unveröffentlichte Zulassungsarbeit von 2005 mit dem Titel „*Es genügt doch zu sagen, was uns trägt: die Vergangenheit.*" *Erinnerung und Identität in Martin Walsers Reden und Deutschlandromanen* Überlegungen zum Kapitel über Martin Walsers *Ein springender Brunnen* enthält.

in all ihren Facetten zu erfassen, kann und will die vorliegende Arbeit nicht leisten. Vielmehr stehen hier die jeweiligen Konzeptionen von Erinnerung und ihre poetologische Bedeutung im Zentrum des Erkenntnisinteresses.

Notwendiges, wenn auch nicht hinreichendes Kriterium für die Werkauswahl ist die Tatsache, dass sich die Autorin und die Autoren in ihren autobiographischen Romanen zum Teil aufeinander beziehen oder einen der anderen zumindest erwähnen. So zählt Grass in *Beim Häuten der Zwiebel* Martin Walser neben anderen herausragenden Persönlichkeiten der Gruppe 47 auf und widmet ihm einen Satz: „Von Martin Walsers Redefluß ließ ich mich sonstwohin tragen."[12] Bei Ruth Klüger spielt Walser eine bedeutendere Rolle: Er tritt als Figur mit dem Namen Christoph in ihrem Roman *weiter leben* auf und repräsentiert darin den Typus des nicht-jüdischen deutschen, gebildeten jungen Mannes der Nachkriegszeit. In der vorliegenden Untersuchung kommen zudem immer wieder außerliterarische Bezüge zwischen Klüger, Walser, Grass und Heller zur Sprache, die bislang nur in Teilen erforscht sind.

Wie zu zeigen sein wird, bilden Klügers *weiter leben*, Walsers *Ein springender Brunnen* und Hellers *Das Kind, das er war* eine Kette autobiographischer Erinnerungsromane, die jeweils als Antwort auf das zuvor erschienene Werk gelesen werden können. Demnach ist Hellers autobiographischer Roman als Antwort auf eine Antwort zu verstehen. Einzig Grass' Intertextualität bezieht sich nicht auf einen anderen autobiographischen Roman, sondern in erster Linie auf weitere Grass-Romane.

Wesentlicher Bezugspunkt ist der bereits erwähnte Walser-Bubis-Streit. Ruth Klüger hat als Einzige der vier ihren autobiographischen Roman *weiter leben* bereits vor dieser Debatte publiziert, geht aber in ihrem zweiten autobiographischen Werk *unterwegs verloren* auf Walsers Friedenspreisrede ein. Es ist zu vermuten, dass neben Klüger alle Autoren ihre autobiographischen Romane nicht nur im Wissen um die Walser-Bubis-Debatte und den Diskurs um mögliche Formen des Erinnerns und Gedenkens verfasst haben, sondern ihr jeweiliges Werk vielleicht sogar als ein Modell verstehen, das exemplarisch Antwort gibt auf Fragen, die nach der Walser-Bubis-Debatte zurückbleiben: Welchen Stellenwert hat individuelles Erinnern an die eigene Kindheit? Darf ich die Perspektive des Kindes einnehmen und später hinzugekommenes Wissen ausblenden? Wie gehe ich um mit der eigenen Schuld? In welchem Verhältnis steht die autobiographische zur kollektiven Erinnerung?

Die Werke werden chronologisch nach ihrem Erscheinungsjahr behandelt, beginnend mit Klügers *weiter leben*, gefolgt von Martin Walsers *Ein springen-*

---

12 Grass, Beim Häuten der Zwiebel, S. 469.

der Brunnen und Georg Hellers *Das Kind, das er war*, zuletzt der jüngste Roman, Günter Grass' *Beim Häuten der Zwiebel*. An ihn schließt sich in einem Sonderkapitel die exemplarische Betrachtung weiterer autobiographischer Werke wie Aharon Appelfelds *Geschichte eines Lebens*, Edgar Hilsenraths *Die Abenteuer des Ruben Jablonski* oder Peter Härtlings *Leben lernen* an, die schlaglichtartig in einer Überschau dargestellt werden. Dabei finden auch fiktionale Werke Berücksichtigung, deren autobiographischer Anteil als wesentlich geringer einzustufen ist, die aber Gemeinsamkeiten mit den autobiographischen Romanen aufweisen. Bewusst werden wie bei den Hauptwerken auch hier Lebensgeschichten von Mitläufern *und* Opfern nationalsozialistischer Herrschaft beleuchtet, wenngleich der Schwerpunkt auf Werken jüdischer Autorinnen und Autoren liegt.

Bei allen Gemeinsamkeiten der Autorin Klüger und der Autoren Walser, Grass und Heller darf nicht unerwähnt bleiben, dass wir es mit sehr unterschiedlichen Lebensläufen zu tun haben, dass die jeweiligen Familien grundlegend unterschiedliche Erfahrungen zur Zeit des Nationalsozialismus und im Zweiten Weltkrieg gemacht haben. So wurde Ruth Klüger deportiert und verlor ähnlich wie Georg Heller zahlreiche Familienmitglieder durch die Shoah. Grass und Walser fügten sich auf ihre jeweilige Art ins System ein, von dem sie nicht unmittelbar bedroht werden. Lebensläufe von Mitläufern, Opfern und Tätern des Nationalsozialismus unterscheiden sich grundlegend.[13] Die Differenz zwischen der fundamentalen Unfreiheit durch Antisemitismus, Diskriminierung, Inhaftierung in Konzentrations- und Arbeitslagern und der Erfahrung von Massenmord auf der einen Seite und dem Leiden durch Krieg und Hunger auf der anderen Seite lässt sich nicht auflösen. Das ist wohl der wesentlichste Grund, warum sich Untersuchungen autobiographischer Werke in der Regel nur einer Seite, einer Gruppe von Betroffenen zuwenden.[14] Dieses Faktum ließe beinahe den Schluss zu, die

---

13 Zur Begriffsbestimmung von Opfer und Täter siehe Aleida Assmann, Der lange Schatten der Vergangenheit, S. 72–83. Zur Konstituierung kollektiver Identität oder auch kollektiver Traumata von Opfern und Tätern siehe Bernhard Giesen, Triumph and Trauma, Boulder/London 2004 (The Yale Cultural Sociology Series).

14 Hier wäre die Vielzahl an Studien über die Shoah-Literatur auf der einen Seite zu nennen, exemplarisch etwa Stephan Braese, Die andere Erinnerung. Jüdische Autoren in der westdeutschen Nachkriegsliteratur, Berlin/Wien ²2002; Susanne Düwell, ‚Fiktion aus dem Wirklichen'. Strategien autobiographischen Erzählens im Kontext der Shoah, Bielefeld 2004; Manuela Günter (Hg.), Überleben schreiben. Zur Autobiographik der Shoah, Würzburg 2002; Judith Klein, Am Rande des Nichts. Autobiographisches Schreiben von Überlebenden der Konzentrationslager. Jacqueline Saveria und Charlotte Delbo. In: Geschriebenes Leben. Autobiographik von Frauen, hg. von Michaela Holdenried, Berlin 1995, S. 278–286; Ilka Quindeau, Trauma und Geschichte. Interpretationen autobiographischer Erzählungen von Überlebenden des Holocaust, Frankfurt a. M. 1995; Andrea Reiter, „Auf daß sie entsteigen der Dunkelheit". Die literarische Bewältigung von KZ-Erfahrung, Wien 1995; Bernadette Rieder, Unter Beweis. Das Leben. Sechs Autobiographien

schier unüberwindbaren Gräben zwischen *den* (nicht-jüdischen) *Deutschen* und *den Opfern*, insbesondere den Juden, würde auf diese Weise noch weiter vertieft; Personen wie Georg Heller – mit einem jüdischem Vater zwar, aber christlich getauft – hätten dabei kaum einen Platz.[15] In dieser Arbeit hingegen werden autobiographische Romane unter Einbeziehung ihres historischen Kontextes erzähl- und gattungstheoretisch untersucht. Das Genre des autobiographischen Romans vermag in gewisser Weise, eine literarische Brücke zwischen Shoah-Opfern und Angehörigen der Täter und Mitläufer zu schlagen, wenn nicht in einen echten Dialog zu treten, so doch Erinnerungen von Kindern gleichberechtigt zu erzählen, denen in den Jahren 1933 bis 1945 und zumeist lange Zeit danach viel Gemeinsames genommen wurde.

Wenn in einer anschließenden Synthese (bisweilen frappierende) Ähnlichkeiten in den Motiven herausgearbeitet werden, so soll dies nicht den Eigenwert eines jeden der zu untersuchenden Werke infrage stellen. Wohl aber lassen die gegenseitigen Bezüge und die Parallelen zwischen etlichen autobiographischen Werken um die Jahrtausendwende die Annahme zu, dass es sich hier um einen eigenen Roman-Typus handelt: den neueren autobiographischen Roman als Erinnerungsroman.

---

deutschsprachiger SchriftstellerInnen aus Israel, Göttingen 2008; Ernestine Schlant, Die Sprache des Schweigens. Die deutsche Literatur und der Holocaust, übers. von Holger Liessbach, München 2001. Auf der anderen Seite finden sich Untersuchungen über einzelne Autorinnen und Autoren oder aber die Gruppe 47 insgesamt. Hier wären z. B. zu nennen Wolfgang Paulsen, Das Ich im Spiegel der Sprache. Autobiographisches Schreiben in der deutschen Literatur des 20. Jahrhunderts, Tübingen 1991 (Untersuchungen zur deutschen Literaturgeschichte, Bd. 58); Irmgard Scheitler, Deutschsprachige Gegenwartsprosa seit 1970, Tübingen/Basel 2001.
15 Vgl. dazu Franklin A. Oberlaender, „Wir aber sind nicht Fisch und nicht Fleisch." Christliche „Nichtarier" und ihre Kinder in Deutschland, Opladen 1996.

I Die Bedeutung der Erinnerung für die Kultur, die Gesellschaft, das Individuum und die Literatur

1 Dimensionen von Gedächtnis: Begriffsbestimmungen

Erinnerungen sind konstitutiv für das Individuum, das sich seiner eigenen Geschichte bewusst ist. Sie prägen seine Selbstwahrnehmung und damit seine Identität.

Die konstitutive Funktion von Erinnerung gilt aber nicht allein für das Individuum, sondern auch für das Zustandekommen kultureller Identität. Diese knüpft an Erfahrungen an und hängt ab von ihrer eigenen Erinnerung:

> In Erinnerungskulturen ist das *animal symbolicum* besonders gut zu beobachten: Kontingente Wirklichkeitserfahrung wird in Sinn überführt, Vergangenheit gedeutet und zu Gegenwart und Zukunft in Bezug gesetzt. Vergangenheit ist in Erinnerungskulturen angeeignete, symbolisierte Wirklichkeit, die Arbeit am kollektiven Gedächtnis ein fortwährender Prozeß kultureller Sinnbildung.[1]

Untrennbar und in einem dialektischen Verhältnis mit dem Phänomen des Erinnerns verbunden ist das des Vergessens. „So frustrierend das Vergessen auch ist, es ist eine adaptive Eigenschaft unseres Gedächtnisses. Wir müssen uns nicht an alles erinnern, was uns jemals widerfahren ist [...]."[2] Vergessen ist ein notwendiger unbewusster Vorgang, Bedingung menschlicher Existenz. Damit wird auch dieses Phänomen zum Gegenstand kulturwissenschaftlicher Betrachtung.[3] Andreas Huyssen macht in seinen Monographien *Twilight Memories* und *Present Pasts* für die Postmoderne eine Gleichzeitigkeit von obsessivem Erinnern und Vergessen aus, ein Phänomen, das er als *Double Bind* bezeichnet.[4]

---

[1] Astrid Erll, Erinnerungshistorische Literaturwissenschaft. Was ist ... und zu welchem Ende ...? In: Kulturwissenschaftliche Literaturwissenschaft. Disziplinäre Ansätze – Theoretische Positionen – Transdisziplinäre Perspektiven, hg. von Ansgar Nünning und Roy Sommer, Tübingen 2004, S. 115–128, hier S. 116; Herv. im Orig.
[2] Daniel L. Schacter, Wir sind Erinnerung. Gedächtnis und Persönlichkeit, übers. von Hainer Kober, Reinbek 1999, S. 136.
[3] Vgl. Günter Butzer/Manuela Günter (Hg.), Kulturelles Vergessen. Medien – Rituale – Orte, Göttingen 2004 (Formen der Erinnerung, Bd. 21); Elena Esposito, Soziales Vergessen. Formen und Medien des Gedächtnisses der Gesellschaft, Frankfurt a. M. 2002; Hans-Joachim Markowitsch, Dem Gedächtnis auf der Spur. Vom Erinnern und Vergessen, Darmstadt 2002; Harald Weinrich, Lethe. Kunst und Kritik des Vergessens, München 1997.
[4] Andreas Huyssen, Twilight Memories. Marking Time in a Culture of Amnesia, New York u. a. 1995; ders., Present Pasts. Urban Palimpsests and the Politics of Memory, Stanford 2003.

Sowohl umgangssprachlich als auch in der Forschungsliteratur der unterschiedlichen Disziplinen, die sich mit dem Thema der Erinnerung beschäftigen, existieren verschiedene Definitionen oder vielmehr Verwendungen der Wörter *Memoria*, *Gedächtnis*, *Erinnern* und *Erinnerung*. Diese Unschärfe hängt auch mit der Tatsache zusammen, dass *Erinnerung* nicht vollständig gleichbedeutend mit dem ambigen englischen Begriff *memory* ist.[5] In der Regel werden *Memoria* und *Gedächtnis* synonym als „[p]ersonaler und kollektiv-kultureller Erinnerungsspeicher"[6] verstanden, umfassen also sowohl den Bereich individueller Erinnerungen als auch den des kollektiven Erinnerns. Damit bezeichnet *Gedächtnis* gewissermaßen den Ort von Erinnerungen oder nach Aleida Assmann einen „Fundus und Rahmen für einzelne memoriale Akte und Einträge"[7]. Das Verb *erinnern* bezieht sich auf den Vorgang innerhalb des Speichersystems; *Erinnerungen* sind in erster Linie die Gedächtnisinhalte, die im Speicher festgehalten und abgerufen oder rekonstruiert werden können.[8] Der allgemeine Begriff *Erinnerung* bezeichnet zum einen den singulären Erinnerungsinhalt im Gedächtnis, zum anderen dient er als Oberbegriff des gesamten individuellen und sozialen Prozesses und Phänomens des sich im Gedächtnis vollziehenden Vorgangs.

Innerhalb des Gedächtnisses zu unterscheiden ist zwischen dem Kurzzeitgedächtnis (der Speicherung von Erinnerungen innerhalb von Sekunden oder Minuten) und dem Langzeitgedächtnis. Letzteres unterteilt sich in folgende fünf Systeme, die „beim Einspeichern – und beim frühkindlichen Erwerb (!) – seriell aufeinander aufbauen [...], parallel abgespeichert und unabhängig von der Art der Einspeicherung abgerufen werden"[9]: (1) das *prozedurale Gedächtnis*, das auf die Motorik ausgerichtet (und z. B. beim Fahrradfahren vonnöten) ist; (2) die *Priming-Form* des Gedächtnisses, die sich auf die Wiedererkennung durch unbewusst wahrgenommene Reize bezieht; (3) das auf Erfahrung basierende *perzeptuelle Gedächtnis* zur Identifizierung eines Objekts oder einer Person; (4) das Faktengedächtnis als *Wissenssystem* und schließlich (5) das *episodisch-autobiographische Gedächtnis*.[10]

---

5 Vgl. Aleida Assmann, Einführung in die Kulturwissenschaft. Grundbegriffe, Themen, Fragestellungen. Berlin ²2008 (Grundlagen der Anglistik und Amerikanistik, Bd. 27), S. 184–191.
6 Neuber, Memoria, S. 562.
7 Aleida Assmann, Teil I. In: A. Assmann/Ute Frevert, Geschichtsvergessenheit – Geschichtsversessenheit. Vom Umgang mit deutschen Vergangenheiten nach 1945, Stuttgart 1999, S. 19–147, hier S. 35.
8 Vgl. Aleida Assmann, Teil I, S. 35.
9 Hans-Joachim Markowitsch/Harald Welzer, Das autobiographische Gedächtnis. Hirnorganische Grundlagen und bisoziale Entwicklung, Stuttgart 2005, S. 84 (Ausrufezeichen im Orig.).
10 Vgl. Markowitsch/Welzer, Das autobiographische Gedächtnis, S. 80–85.

1.1 Autobiographisches Gedächtnis

Im autobiographischen Gedächtnis lagern individuelle Erinnerungen, die sich aus Erfahrungen speisen. Folglich kennzeichnet ein hoher Selbstbezug dieses episodische Gedächtnis.

> Die ‚Erinnerungen', die ins ‚Gedächtnis' eingegrabenen Spuren des Erlebten, diese Eindrücke, stehen bereits unter dem Einfluß der Art und Weise, wie ein Moment, Situationen, Handlungsweisen, Ereignisse, das Leben erlebt wurden. [...] Wenn also das ‚Gedächtnis' als Registrierapparat funktioniert, dann handelt es sich doch um einen höchst selektiven Apparat. Aber in welchem Sinne selektiert er? (vielleicht je nach dem Grad aktiver oder wenigstens emotioneller Teilnahme am Leben?)[11]

Außergewöhnliche und schockierende Ereignisse können in sogenannten Blitzlicht-Erinnerungen abgerufen werden. So ist die Wahrscheinlichkeit, dass sich jemand die Umstände, unter denen er von einem besonderen Ereignis wie einem politischen Attentat erfährt, einprägt, wesentlich höher, als dies bei einem Alltagserlebnis der Fall ist. Aber auch Blitzlicht-Erinnerungen sind keine ‚Schockfrost-Verfahren'[12], sondern können wie andere Erinnerungen mit der Zeit variieren. Für das autobiographische Gedächtnis von großer Bedeutung ist die emotionale Situation der sich erinnernden Person.

> Insbesondere kann nicht genug betont werden, wie wichtig unser innerer Zustand – momentan und längerfristig – für unsere Erinnerungsfähigkeit ist. Dies kommt nicht nur in dem [...] mnestischen Blockadezustand zum Ausdruck, sondern im Grunde in allen Situationen. Wir sind Erinnerungsfälschungen, Erinnerungsdistorsionen und weiteren unser Gedächtnis beeinflussenden Faktoren weit mehr ausgeliefert, als uns im Alltag bewußt wird. Liegt nun, wie beim Erinnern an frühkindliche Erlebnisse, ein langer Abschnitt zwischen der damaligen und der jetzigen Zeit und ist die physische Konstitution des Gehirns dazu noch sehr verschieden von der gegenwärtigen, so ist ein bewußtes Erinnern nicht mehr möglich. Andererseits zeigen im späten Lebensalter wieder hervortretende, lange Zeit nicht erinnerte Episoden, daß unser Gedächtnis dann, wenn es sich wieder dem früheren – unreifen – Zustand annähert, auch wieder an frühe Erinnerungen kommen kann [...].[13]

---

11 Daniel Bertraux/Isabelle Bertraux-Wiame, Autobiographische Erinnerungen und kollektives Gedächtnis. In: Lebenserfahrung und kollektives Gedächtnis. Die Praxis der „Oral History", hg. von Lutz Niethammer, Frankfurt a. M. 1985, S. 146–165, hier S. 149.
12 Vgl. Schacter, Wir sind Erinnerung, S. 317–326.
13 Markowitsch/Welzer, Das autobiographische Gedächtnis, S. 122–123. Eine Übersicht über das autobiographische Gedächtnis aus psychologischer Sicht bietet auch Rüdiger Pohl, Das autobiographische Gedächtnis. Die Psychologie unserer Lebensgeschichte, Stuttgart 2007.

Dieser von Hans-Joachim Markowitsch und Harald Welzer beschriebene Aspekt des zeitlichen Abstands zwischen Erleben und Erinnern wird in einem großen Teil der Erinnerungsforschung als zutreffender Faktor fürs Vergessen beschrieben, ohne dass es endgültige Beweise dafür gibt.[14] Dieser „Regel, daß Erinnerungen im Laufe der Zeit immer schwerer zugänglich werden"[15], steht die zuletzt kaum mehr vertretene Ansicht entgegen, alle Informationen und Erfahrungen blieben im Gedächtnis erhalten und könnten von speziellen Reizen zu einem späteren Zeitpunkt wieder abgerufen werden.[16]

1.2 Kollektives Gedächtnis

Während das autobiographische Gedächtnis einem Individuum zuzuordnen ist, bezieht sich das kollektive Gedächtnis auf „das auf Langzeit angelegte Gedächtnis einer Körperschaft oder Gruppe, das mit Hilfe symbolischer Zeichen und Praktiken konstruiert wird. Der Weg vom individuellen zum k[ollektiven] G[edächtnis] ist nicht der eines einfachen Analogieschlusses."[17] Da Körperschaften, Institutionen oder Nationen nicht über ein natürliches Gedächtnis verfügen, entwickeln, ja konstruieren sie sich ein solches mit *kollektiver* Funktion. Dabei kommen Symbolen, Riten, Orten und Zeichen im Allgemeinen identitätsstiftende Bedeutungen zu.[18] Solche Symbole (wie Straßenbenennungen, besonderes Liedgut oder Festtage) können mit der Zeit variieren und von nachfolgenden Generationen hinterfragt werden, zeichnen sich jedoch in der Regel durch eine relative Verbreitung und Beharrlichkeit aus, die Voraussetzung für ihre kollektiv-identitätsstiftende Wirkung sind.

---

14 Vgl. Schacter, Wir sind Erinnerung, S. 126–132.
15 Schacter, Wir sind Erinnerung, S. 128.
16 Zur Kritik am Ansatz der permanenten Erinnerung siehe Elizabeth F. Loftus/Geoffrey R. Loftus, On the Permanence of Stored Information in the Human Brain. In: American Psychologist, Bd. 35, 1980, S. 409–420. Die beiden Gedächtnisforscher kommen bereits 1980 zu folgendem Ergebnis: „The net result of these studies is a strong suspicion that substitution has occurred – that the misleading information has irrevocably replaced the original information in the subject's brain. The suggestion is that some aspects of the original representation of a complex event are fragile indeed. When the memory of an event is called to consciousness, there appears to be a potential for substitution to occur. It is reasonable to suppose that memory is not necessarily permanent." (Ebd., S. 418).
17 Aleida Assmann, Kollektives Gedächtnis. In: Gedächtnis und Erinnerung. Ein interdisziplinäres Lexikon, hg. von Nicolas Pethes und Jens Ruchatz, Hamburg 2001, S. 308–310, hier S. 308. Eine Einordnung und Definition des kollektiven Gedächtnisses findet sich zudem bei Astrid Erll, Kollektives Gedächtnis und Erinnerungskulturen. Eine Einführung, Stuttgart/Weimar 2005.
18 Vgl. Aleida Assmann, Kollektives Gedächtnis, S. 309.

Daniel Bertraux und Isabelle Bertraux-Wiame unterscheiden innerhalb des kollektiven Gedächtnisses zwischen der linearen und der zyklischen Zeit, wobei die zyklische Zeit das sich in Zyklen ereignende Alltagsleben von Menschen meint, die lineare Zeit die fortschreitende und historisch fortgeschriebene Zeit, die einen eher äußeren Blick beispielsweise von Historikerinnen und Historikern voraussetzt.[19] Nach Erll ist innerhalb des kollektiven Gedächtnisses zu unterscheiden zwischen „expliziten Systemen" (intentionalem Erinnern), zu denen das „kollektiv-autobiographische Gedächtnis" zählt, und „impliziten Systemen" (nicht-intentionalem Erinnern).[20]

1.3 Kulturelles und kommunikatives Gedächtnis

Das kulturelle und das kommunikative Gedächtnis können jeweils als Teile des kollektiven Gedächtnisses aufgefasst werden.

Maurice Halbwachs gilt als erster Theoretiker des kulturellen Gedächtnisses.[21] Ihm zufolge befindet sich das erinnernde Individuum innerhalb eines Bezugsrahmens, nämlich einer sozialen Gruppe und deren kollektivem Gedächtnis. Das kulturelle Gedächtnis ist selbstreflexiv, weil es für die „Ichbewusstheit der Gruppe"[22] sorgt.

Jan Assmann spricht von der „fortdauernden normativen und formativen Kraft" der Geschichte, die verinnerlicht und mythologisch transformiert Eingang in das kulturelle Gedächtnis findet und damit fortwirkt.[23] Eine große Bedeutung hat diese Dimension in schriftlosen Kulturen. Durch moderne Medien und soziale Netzwerke verändert sich das kulturelle Gedächtnis in großem Maße – eine Entwicklung, die in ihren Ausmaßen noch nicht absehbar und wenig erforscht ist.

---

19 Vgl. Bertraux/Bertraux-Wiame, Autobiographische Erinnerungen und kollektives Gedächtnis, S. 153–157.
20 Erll, Erinnerungshistorische Literaturwissenschaft, S. 119–120.
21 Vgl. Maurice Halbwachs, Das Gedächtnis und seine sozialen Bedingungen, übers. von Lutz Geldsetzer, Neudruck Frankfurt a. M. 1985.
22 Dietz Bering, Kulturelles Gedächtnis. In: Gedächtnis und Erinnerung. Ein interdisziplinäres Lexikon, hg. von Nicolas Pethes und Jens Ruchatz, Hamburg 2001, S. 329–332, hier S. 331.
23 Vgl. Jan Assmann, Das kulturelle Gedächtnis. Schrift, Erinnerung und politische Identität in frühen Hochkulturen, München ⁴2002, S. 52. Zur Annäherung an das Konzept des kulturellen Gedächtnisses siehe auch Erll, Erinnerungshistorische Literaturwissenschaft, S. 118–119; sowie die Beiträge von Günter Oesterle, Erinnerung, kulturelle, und Ansgar Nünning, Gedächtnis, kulturelles. In: Grundbegriffe der Kulturtheorie und Kulturwissenschaften, hg. von Ansgar Nünning, Stuttgart/Weimar 2005, S. 35–37 bzw. S. 48–50.

Vom kulturellen Gedächtnis zu unterscheiden ist das kommunikative Gedächtnis, das weniger langfristig angelegt ist und auf persönlichen Erfahrungen innerhalb einer in Kommunikation tretenden Gruppe aufbaut. „Das kommunikative Gedächtnis beruht auf persönlich beglaubigten Erinnerungen an zeitgenössische Ereignisse."[24] Welzer definiert das kommunikative Gedächtnis in Anlehnung an Jan Assmann als ein unspezifisches, auf Interaktivität und Vergegenwärtigung angelegtes Gedächtnis, das auf die Kommunikation lebendiger Träger angewiesen ist und damit drei bis vier Generationen umfasst.[25] Das kommunikative Gedächtnis wird – zeitlich betrachtet – vom kulturellen Gedächtnis abgelöst.

Literarische autobiographische Zeugnisse sind gewissermaßen zwischen dem autobiographischen, dem kommunikativen und dem kulturellen Gedächtnis anzusiedeln, da sie sich zunächst auf das autobiographische Gedächtnis stützen, sich zugleich inhaltlich auf eine Zeitspanne und einen Kommunikationsrahmen beziehen, welche den Bedingungen des kulturellen Gedächtnisses entsprechen, und schließlich bei ausreichender und langfristiger Rezeption Teil des kulturellen Gedächtnisses werden können.

2 Erinnerungstheorie in der Kultur- und Literaturwissenschaft

Theorien des Erinnerns verbinden sich in besonderer Weise mit kulturwissenschaftlichen Fragestellungen. Aleida Assmann stellt in ihrer *Einführung in die Kulturwissenschaft* sieben thematische Felder derselben dar: Nach *Zeichen*, *Medien*, *Körper*, *Zeit* und *Raum* identifiziert sie das Feld *Gedächtnis* als sechstes vor dem Bereich *Identität* und begreift es als „transdisziplinär anschlussfähige[s] Paradigma"[26].

Kulturwissenschaftliche Memoria-Ansätze finden sich in vielen Disziplinen. So beschäftigt sich beispielsweise die Geschichtswissenschaft neben der Ereignisgeschichte verstärkt mit Fragen, wie Gesellschaften mit ihrer jeweiligen

---

[24] Matías Martínez, Dialogizität, Intertextualität, Gedächtnis. In: Grundzüge der Literaturwissenschaft, hg. von Heinz L. Arnold und Heinrich Detering, München 1996, S. 430–445, hier S. 445.
[25] Vgl. Harald Welzer, Das kommunikative Gedächtnis. Eine Theorie der Erinnerung, München ²2008 (Beck'sche Reihe, Bd. 1669), S. 13–14. Der Vollständigkeit halber sei erwähnt, dass der Soziologe und Sozialpsychologe Welzer zudem vom ‚sozialen Gedächtnis' spricht und damit die absichtslose, nicht-intentionale, häufig im Alltag verortete Tradierung kollektiver Erinnerung bezeichnet; vgl. ders. (Hg.), Das soziale Gedächtnis. Geschichte, Erinnerung, Tradierung, Hamburg 2001. Der Begriff des ‚sozialen Gedächtnisses' wurde geprägt von Peter Burke; siehe dazu Peter Burke, Geschichte als soziales Gedächtnis. In: Mnemosyne. Formen und Funktionen der kulturellen Erinnerung, hg. von Aleida Assmann und Dietrich Harth, Frankfurt a. M. 1991, S. 289–304.
[26] Aleida Assmann, Einführung in die Kulturwissenschaft, S. 183.

Geschichte umgehen, wie schuldhaftes Handeln thematisiert, wie Gedenken diskursiv thematisiert, ästhetisch gestaltet, vielleicht auch ritualisiert oder instrumentalisiert wird. Erll schreibt dazu:

> Der Fokus der Erinnerungsgeschichte liegt [...] nicht auf historischen Strukturen, politischen oder militärischen Ereignissen, sondern auf den Prozessen ihrer Aneignung, retrospektiven Deutung und Funktionalisierung durch soziale Gemeinschaften. Das Erkenntnisinteresse erinnerungshistorischer Forschung richtet sich in erster Linie auf die Wirklichkeit kollektiver Erinnerungspraxis, nicht auf die Wirklichkeit der historischen Ereignisse, die jener zugrunde liegen. Durch diesen Blickwechsel – von ‚wie es gewesen' zu ‚wie es (wirklich) erinnert/gedeutet' – eröffnet die Erinnerungsgeschichte einen eigenständigen Zugang zu kulturellen Geflechten sozialer, materialer und mentaler Phänomene [...].[27]

In Anlehnung an antike Memoria-Metaphorik ist kulturwissenschaftlich häufig die Rede vom ‚Magazin' als dem Ort des (durch Techniken trainierbaren) Gedächtnisses in Unterscheidung zur ‚Wachstafel', die sich auf die (natürliche) Erinnerung bezieht.[28]

Kulturtheorien und kulturwissenschaftliche Diskurse prägen die Literaturwissenschaft der vergangenen zwei Jahrzehnte.[29] Sie reichen zwar weit über die

---

[27] Erll, Erinnerungshistorische Literaturwissenschaft, S. 116.
[28] Vgl. Aleida Assmann, Zur Metaphorik der Erinnerung. In: Mnemosyne. Formen und Funktionen der kulturellen Erinnerung, hg. von Aleida Assmann und Dietrich Harth, Frankfurt a. M. 1991, S. 13–35, hier S. 13; Harald Weinrich, Typen der Gedächtnismetaphorik. In: Archiv für Begriffsgeschichte, Bd. 9, 1964, S. 23–26, hier S. 26.
[29] Zum Verhältnis von Literatur- und Kulturwissenschaft sei beispielhaft verwiesen auf Sabina Becker, Literatur- und Kulturwissenschaften. Ihre Methoden und Theorien, Reinbek 2007; Klára Berzeviczy (Hg.), Gelebte Milieus und virtuelle Räume. Der Raum in der Literatur- und Kulturwissenschaft, Berlin 2009; Hartmut Böhme/Klaus R. Scherpe (Hg.), Literatur und Kulturwissenschaften. Positionen, Theorien, Modelle, Reinbek 1996; Renate Glaser/Matthias Luserke (Hg.), Literaturwissenschaft – Kulturwissenschaft. Positionen, Themen, Perspektiven, Opladen 1996 (WV studium, Bd. 171); Eveline Kilian, Gender Studies und Queer Studies. Neuere Entwicklungen in der Literatur- und Kulturwissenschaft. In: Ins Wort gesetzt, ins Bild gesetzt. Gender in Wissenschaft, Kunst und Kultur, hg. von Ingrid Hotz-Davies und Schamma Shahadat, Bielefeld 2007, S. 79–98; Dorothee Kimmich, Kulturwissenschaften als methodisches Paradigma? Zur Analyse der Materialität von Kultur in den Literaturwissenschaften. In: German Studies in India, Bd. 2, 2008, S. 129–138; Ansgar Nünning/Roy Sommer (Hg.), Kulturwissenschaftliche Literaturwissenschaft. Disziplinäre Ansätze – Theoretische Positionen – Transdisziplinäre Perspektiven, Tübingen 2004 (darin etwa Dietmar Rieger, Literaturwissenschaft als Kulturwissenschaft – aus der Perspektive eines Literaturwissenschaftlers, S. 97–114); Franziska Schößler, Literaturwissenschaft als Kulturwissenschaft. Eine Einführung, Tübingen 2006; Wilhelm Vosskamp, Die Gegenstände der Literaturwissenschaft und ihre Einbindung in die Kulturwissenschaften. In: Jahrbuch der deutschen Schillergesellschaft, Bd. 42, 1998, S. 503–507. – Dabei ist umstritten, wie stark die Überschneidungen von Kultur- und Literaturwissenschaft sind und sein sollten. So warnt beispielsweise Dietmar Rieger (Literaturwissenschaft als Kulturwissenschaft, S. 108) vor

Literaturwissenschaft hinaus und sind auf diese nicht angewiesen; jedoch finden sie häufig eine Verankerung in derselben, denn, so Wilhelm Vosskamp: „In Texten beobachten sich Kulturen selbst."[30] Und es versteht sich von selbst, dass literarische Produktion eine Möglichkeit darstellt, Erlebtem und damit Erinnerungen eine Struktur zu geben. Erinnerung ist auf Sprache angewiesen, und Literatur bedeutet in gewisser Weise das Konfigurieren, das Ausgestalten von Sinnzusammenhängen mittels Sprache. „Die Erinnerungen sind der Stoff, aus dem Literatur ist", so Richard Humphrey in seinem Aufsatz „Literarische Gattung und Gedächtnis".[31] Und besonders mit Blick auf die Erinnerung gilt, was Birgit Neumann generell für die Literatur feststellt: „Die Erzählung bzw. die Geschichte kann als kognitiv strukturierendes Organisationsprinzip konzeptualisiert werden, dessen Leistung darin besteht, vorerst disparate Elemente systematisch in eine sinnhafte Beziehung zu einem Ganzen zu setzen."[32] Die kulturwissenschaftlich ausgerichtete Literaturwissenschaft, die sich den Memoria-Ansätzen widmet, ist stark inspiriert von naturwissenschaftlichen Erkenntnissen: „Im Feld der Gedächtnis- und Bewußtseinsforschung dringen die Naturwissenschaften mit ihren Befunden in die Kernbereiche der Sozial- und Kulturwissenschaften ein, und das ist auch gut so."[33]

Da der Aspekt ‚Erinnerung und Literatur' schier grenzenlos ist, widmen sich viele Arbeiten spezifischen Epochen, Gattungen oder einzelnen literarischen Aspekten, sei es – um nur einige Titel zu nennen – der Verbindung von *Schmerz und Erinnerung* oder von *Umwege[n] und Erinnerungen*, von *Erkennen und Erin-*

---

der Gefahr einer kulturwissenschaftlichen Beliebigkeit der Literaturwissenschaft: „Die Literaturwissenschaft sollte, ohne sich und ihre genuinen Erkenntnisinteressen aufzugeben, sich in der Tat, wo sie es noch nicht getan hat, so weit wie möglich kulturwissenschaftlich erweitern – aber ohne sich selbst zu ersetzen. [...] Völlig unabhängig davon, ob es ihr die erhoffte ‚öffentliche' Akzeptanz, ja die öffentlichen Lorbeeren wirklich einbringt oder nicht [...], bedarf die Literaturwissenschaft dieser Erweiterung zunächst v. a., um ihren eigenen genuinen Erkenntnisinteressen zu dienen, aber ohne beispielsweise Literarizität zur reinen Diskursstrategie zu erklären, wie es der ‚New Historicism' tut, oder Literatur auf ein kulturelles Spiel des ‚homo ludens' zu reduzieren, mit dem man getrost auch literaturwissenschaftlich ‚spielen' darf, wie in anderen ‚postmodernen' Spielarten." Und für Wilhelm Vosskamp (Die Gegenstände der Literaturwissenschaft, S. 507) ist eine klare Profilierung einer kulturwissenschaftlich ausgerichteten Literaturwissenschaft vordringlich: „Im Kern geht es um die kulturelle Selbstwahrnehmung in Texten und deren wissenschaftliche Beobachtung. Die Reflexion dieser Beobachtung und die der institutionellen Beobachtungsverhältnisse bildet den Rahmen für eine gegenüber den Kulturwissenschaften offene Literaturwissenschaft."

30 Vosskamp, Die Gegenstände der Literaturwissenschaft, S. 504.
31 Humphrey, Literarische Gattung und Gedächtnis, Zitat auf S. 73.
32 Birgit Neumann, Erinnerung – Identität – Narration. Gattungstypologie und Funktionen kanadischer „Fictions of Memory", Berlin/New York 2005, S. 34.
33 Markowitsch/Welzer, Das autobiographische Gedächtnis, S. 35.

nern oder – in den verschiedensten Spielarten – von *Erinnerung und Identität*.[34] Einige Arbeiten untersuchen, wie jeweils Erinnerung mnemotechnisch gestaltet wird und welche kulturgeschichtliche Bedeutung der Gedächtniskunst in früheren Epochen – insbesondere in Zeiten vor dem Buchdruck – zukam.[35] Nur wenige Autorinnen und Autoren sind bislang Fragen nach der narrativen Umsetzung und Figurierung nachgegangen. Die wohl wichtigsten Studien in diesem Zusammenhang stammen von Erll und Nünning, die Gedächtniskonzepte der Literaturwissenschaft untersucht und abgegrenzt haben.[36] Sie betonen die Bedeutung der Literaturwissenschaft für kulturwissenschaftliche Gedächtnis-Konzepte:

> Sie ist diejenige Disziplin, die kulturelle Äußerungsformen (vom autobiographischen Text über die Gedenkrede bis hin zum Historienfilm) einer ‚Lektüre' zu unterziehen vermag und die Strategien und Rhetoriken aufzeigt, die bestimmte gedächtnisbezogene Effekte erzeugen.[37]

---

[34] Vgl. Gerhart Baumann, Umwege und Erinnerungen, München 1984; Roland Borgards (Hg.), Schmerz und Erinnerung, München 2005; Wolfgang Düsing, Erinnerung und Identität. Untersuchungen zu einem Erzählproblem bei Musil, Döblin und Doderer, München 1982 (Schriften zur Deutschen und Allgemeinen und Vergleichenden Literaturwissenschaft, Bd. 3); Carsten Gansel (Hg.), Gedächtnis und Literatur in den „geschlossenen Gesellschaften" des Real-Sozialismus zwischen 1945 und 1989, Göttingen 2007; ders. (Hg.), Rhetorik der Erinnerung – Literatur und Gedächtnis in den „geschlossenen Gesellschaften" des Real-Sozialismus, Göttingen 2009; ders./Paweł Zimniak (Hg.), Das „Prinzip Erinnerung" in der deutschsprachigen Gegenwartsliteratur nach 1989, Göttingen 2010 (Deutschsprachige Gegenwartsliteratur und Medien, Bd. 3); Birgit Neumann, Erinnerung – Identität – Narration; Dietmar Peil u. a. (Hg.), Erkennen und Erinnern in Kunst und Literatur, Tübingen 1998.

[35] Vgl. Jörg J. Berns/Wolfgang Neuber (Hg.), Ars memorativa. Zur kulturgeschichtlichen Bedeutung der Gedächtniskunst 1400–1750, Tübingen 1993; Anselm Haverkamp/Renate Lachmann (Hg.), Gedächtniskunst. Raum – Bild – Schrift. Studien zur Mnemotechnik, Frankfurt a. M. 1991; Manfred Koch, „Mnemotechnik des Schönen". Studien zur poetischen Erinnerung in Romantik und Symbolismus, Tübingen 1988 (Studien zur deutschen Literatur, Bd. 100); Frances A. Yates, Gedächtnis und Erinnern. Mnemonik von Aristoteles bis Shakespeare, Berlin [6]2001; ders., The Art of Memory, London 1966.

[36] Vgl. Astrid Erll/Ansgar Nünning, Gedächtniskonzepte der Literaturwissenschaft, S. 3–27; dies. (Hg.), Gedächtniskonzepte der Literaturwissenschaft. Theoretische Grundlegung und Anwendungsperspektiven, Berlin/New York 2005; dies. (Hg.), Medien des kollektiven Gedächtnisses. Konstruktivismus, Historizität, Kulturspezifität, Berlin/New York 2004. Hinzu kommen weitere Arbeiten, die sich den Zusammenhängen von Narrativität und Erinnerung widmen, u. a. Alo Allkemper/Norbert O. Eke (Hg.), Das Gedächtnis in der Literatur. Konstitutionsformen des Vergangenen in der Literatur des 20. Jahrhunderts, Sonderband der Zeitschrift für Deutsche Philologie, Berlin 2006; Suzanne Nalbantian, Memory in Literature. From Rousseau to Neuroscience, Basingstoke/New York 2003.

[37] Astrid Erll/Ansgar Nünning, Literaturwissenschaftliche Konzepte von Gedächtnis. Ein einführender Überblick. In: Gedächtniskonzepte der Literaturwissenschaft. Theoretische Grundle-

Dabei sortieren sie diese Form der ‚Lektüre', die hier als *Poetologie des Erinnerns* bezeichnet wird, in die Grundrichtung: „Gedächtnis *in* der Literatur"[38].

3 Unzuverlässige Erinnerung

Der Erinnerungsvorgang ist keine Abbildung von im Gehirn gespeicherten Erfahrungen und Bildern, sondern ein Vorgang der Rekonstruktion und Sinnstiftung unter den Bedingungen der Gegenwart. Dabei kann es zu Verzerrungen und Verfälschungen kommen. Diese wissenschaftliche Erkenntnis, die unter den Schlagworten ‚falsche Erinnerung' oder *false memory* kursiert,[39] hat längst Eingang gefunden in die Kulturwissenschaften und ist Voraussetzung auch literaturwissenschaftlicher Arbeiten.[40] Dabei ist zwischen *false memory* und Vergessen zu unterscheiden.

Daniel L. Schacter beschreibt sieben ‚Sünden' des Gedächtnisses: Erinnerungen können verblassen („the sin of transience"); beim Abspeichern können Fehler aufgrund von Zerstreutheit passieren („the sin of absent-mindedness"); das Gedächtnis kann blockiert sein („the sin of blocking") oder Fehlzuschreibungen vornehmen („the sin of misattribution"); es ist beeinflussbar („the sin of suggestibility"); Erinnerungen können durch Kategorisierungen verzerrt werden („the sin of bias") oder aber – möglicherweise unfreiwillig – durch ihre Beharrlichkeit andere Erinnerungen färben („the sin of persistence").[41]

Emotionen wirken in starkem Maße auf Erinnerungen ein. Je emotionaler eine Situation, desto stärker wird sie später erinnert. Dabei kann sich die emotionale

---

gung und Anwendungsperspektiven, hg. von Astrid Erll und Ansgar Nünning, Berlin/New York 2005, S. 1–9, hier S. 5.
38 Erll/Nünning, Literaturwissenschaftliche Konzepte von Gedächtnis, S. 2. Erll und Nünning unterscheiden ebd. folgende drei Grundausrichtungen: 1. das „Gedächtnis *der* Literatur (als Symbol- und als Sozialsystem)", 2. das „Gedächtnis *in* der Literatur" und 3. „Literatur als *Medium* des Gedächtnisses"; Herv. jeweils im Orig.
39 Vgl. Martin A Conway, Recovered Memories and False Memories, Oxford u. a. 1997.; Gerald Echterhoff, False memory. In: Gedächtnis und Erinnerung. Ein interdisziplinäres Lexikon, hg. von Nicolas Pethes und Jens Ruchatz, Hamburg 2001, S. 165–166; Matthew P. Gerrie/Maryanne Garry, Warnings Reduce False Memories for Missing Aspects of Events. In: Experimental Psychology, Bd. 58, Heft 3, 2011, S. 207–216; Sina Kühnel/Hans-Joachim Markowitsch, Falsche Erinnerungen. Die Sünden des Gedächtnisses, Heidelberg 2009; Daniel L. Schacter, How the Mind Forgets and Remembers. The Seven Sins of Memory, Boston 2001; ders., Wir sind Erinnerung.
40 Vgl. Birgit Neumann, Erinnerung – Identität – Narration, S. 2; Martin Zierold, Gesellschaftliche Erinnerung. Eine medienkulturwissenschaftliche Perspektive, Berlin/New York 2006 (Media and Cultural Memory/Medien und kulturelle Erinnerung, Bd. 5), S. 43–50.
41 Schacter, How the Mind Forgets and Remembers.

Färbung im Laufe der Zeit, in der Erinnerungen abgerufen und wieder neu gespeichert werden, verändern, denn es finden komplexe Verknüpfungen alter Erinnerungen und neuer Situationen statt.[42] „Falsche Erinnerungen können sich bereits bei der Einspeicherung bilden, oder sie entstehen später, ausgelöst durch Gespräche, Überlegungen und neue Informationen."[43] Zu Schacters vierter ‚Sünde', den Fehlerinnerungen, zählen auch solche Erinnerungen, die auf das Phänomen der Quellenamnesie zurückzuführen sind. Solche Erinnerungen basieren nicht auf eigenen Erlebnissen, sondern auf externen Erzählungen oder anderen Quellen wie Filmen und entwickeln sich in der Regel über längere Zeiträume. Besonders ausgeprägt ist ein mangelndes Quellengedächtnis im Kleinkindalter, doch das Phänomen der Quellenamnesie gründet sich nicht ausschließlich auf falschen Kindheitserinnerungen.[44] Erinnerungen sagen demnach nicht allein etwas über die Vergangenheit, sondern gleichfalls etwas über die Gegenwart aus. Dies gilt für individuelle wie für kollektive Erinnerungen. Bei der Rekonstruktion von Erfahrungen können Fehler auftreten; hervorgerufene Erinnerungen sind unstet und bis zu einem gewissen Grad variabel. Günter de Bruyn hat diesen Umstand wie folgt auf den Punkt gebracht:

> Die Echtheitsfrage hat selbstverständlich auch etwas mit der Möglichkeit falschen oder lückenhaften Erinnerns zu tun. [...] Auch auf erinnerte Zeitangaben kann man sich nicht immer verlassen; Aufenthalte oder Erlebnisse werden nach Belieben verlängert oder verkürzt. [...] Besonders unzuverlässig sind die fast in jeder Autobiographie vorkommenden frühesten Erinnerungen [...]. Will man beim Schreiben wahrhaftig sein, sind Überraschungen mit sich selbst immer möglich. Auf die oft verschönernden oder verfälschenden Erinnerungen allein kann man sich nicht verlassen, man muß sie zu erweitern oder auch zu erwecken versuchen; denn schlafende Erinnerungen gibt es auch. Nie darf man gegen sie das Mißtrauen verlieren, muß sie, wenn möglich, überprüfen und korrigieren. Widersprüche, die sich nicht auflösen wollen, sollte man nicht vertuschen, sondern stehen lassen, mit einem Erklärungsversuch vielleicht.[45]

Die sich erinnernde Person kann sich demnach auf ihre eigenen Erinnerungen nicht zu jeder Zeit verlassen, gerät in Zweifel, sieht sich mit Widersprüchen konfrontiert. Der Begriff der ‚Unzuverlässigkeit' hat gemeinhin eine moralisch-negative Konnotation, ist in diesem Zusammenhang aber wertneutral zu verstehen. Erst die Tatsache, dass Erinnerungen flüchtig, volatil, ja unzuverlässig sind,

---
42 Vgl. Kühnel/Markowitsch, Falsche Erinnerungen, S. 70–72.
43 Kühnel/Markowitsch, Falsche Erinnerungen, S. 227.
44 Vgl. Markowitsch/Welzer, Das autobiographische Gedächtnis, S. 34–35; Schacter, Wir sind Erinnerung, S. 209–213.
45 Günter de Bruyn, Das erzählte Ich. Über Wahrheit und Dichtung in der Autobiographie, Frankfurt a. M. 1995, S. 39–42.

eröffnet einen Raum, der prädestiniert ist, literarisch ausgefüllt zu werden. Die Rede von der ‚falschen Erinnerung' ist enger gefasst; im kulturwissenschaftlichen Kontext trifft der Terminus der ‚unzuverlässigen Erinnerung' den Memoria-Charakter der Inkohärenz, der Beeinflussbarkeit und der Volatilität weit besser.

Es ist naheliegend, das Konzept des unzuverlässigen Erinnerns narratologisch aufzugreifen und mit dem des unzuverlässigen Erzählers zu verbinden. Nach Wayne C. Booth, der den Begriff des *unreliable narrator* geprägt hat, macht sich unzuverlässiges Erzählen an der Diskrepanz zwischen Erzählinstanz und implizitem Autor fest: „I have called a narrator *reliable* when he speaks for or acts in accordance with the norms of the work (which is to say, the implied author's norm), *unreliable* when he does not."[46] Nünning kritisiert an Booth und anderen, dass sie die Beurteilung von Zuverlässigkeit stark von moralischen Urteilen abhängig machen und den *unreliable narrator* an einen *implied author* koppeln, der stark in Zweifel zu ziehen ist.[47] Barbara Beißlich bemerkt dazu:

> In jedem Fall fordert das unzuverlässige Erzählen einen aktiven, detektivischen Leser, der permanent die ihm gegebenen Informationen in Frage stellt und auf ihre Wahrscheinlichkeit abklopft. Indizien und Korrektivinformationen kann der Leser intratextuell aus der Darstellung des Erzählers selbst ziehen, der sich selbstentlarvend unbeabsichtigt in Widersprüche verstrickt.[48]

Es ist davon auszugehen, dass Texte Signale für unzuverlässiges Erzählen aufgrund unzuverlässigen Erinnerns bereithalten, die damit auf ein implizites Erinnerungskonzept verweisen.

4 Erinnerungsorte

Erinnerungen verbinden sich meist mit konkreten Orten: Erinnerungsorten. Solche Orte spielen als Gedenkorte eine wichtige Rolle bei der Vermittlung von Geschichte. Das gilt auch für die literarische Wiedergabe von (autobiographischen) Erinnerungen: Sie *ver-orten* erinnerte Szenen und erhöhen den Authen-

---

[46] Wayne C. Booth, The Rhetoric of Fiction, Chicago 1961, S. 158–159; Herv. im Orig.
[47] Vgl. Ansgar Nünning, ‚Unreliable Narration' zur Einführung. Grundzüge einer kognitiv-narratologischen Theorie und Analyse unglaubwürdigen Erzählens. In: Unreliable Narration. Studien zur Theorie und Praxis unglaubwürdigen Erzählens in der englischsprachigen Erzählliteratur, hg. von Ansgar Nünning, Trier 1998, S. 3–39.
[48] Barbara Beßlich, Unzuverlässiges Erzählen im Dienst der Erinnerung. Perspektiven auf den Nationalsozialismus bei Maxim Biller, Marcel Beyer und Martin Walser. In: Wende des Erinnerns? Geschichtskonstruktionen in der deutschen Literatur nach 1989, hg. von Barbara Beßlich u. a., Berlin 2006 (Philologische Studien und Quellen, Bd. 198), S. 35–52, hier S. 37.

tizitätsgehalt. Die räumliche Dimension stellt die zweite notwendige Achse des Erinnerns neben der Zeitachse dar.

Individuelle Erinnerungen und mit diesen verknüpfte Erinnerungsorte sind eingebettet in räumliche Kontexte, die gesellschaftliche Bedeutung tragen. Natan Sznaider spricht vom *Gedächtnisraum Europa*[49], Etienne François und Hagen Schulze von *Deutsche[n] Erinnerungsorte[n]*[50]. Diese Begriffe knüpfen an Pierre Noras Konzept der *lieux de mémoire* an, nach dem sich an bestimmten Topoi individuelle oder gesellschaftlich-kulturelle Erinnerungen herauskristallisieren.[51]

Mit konkreten Orten sind Geschichten verbunden, die Teil des kulturellen oder kollektiven Gedächtnisses sind. In diese Geschichte des Ortes begibt sich die erinnernde Erzählinstanz mit ihren genuin eigenen Erfahrungen des Ortes hinein. So kann eine wichtige Rolle spielen, warum und mit welchen Gefühlen sich jemand aufmacht zu einem Ort oder diesen zurücklässt.

Einem Ort kommt eine stark symbolische Bedeutung zu, wenn er zum Erinnerungsort wird. Für Aleida Assmann besteht dabei ein Unterschied zwischen dem „Generationenort", der sich durch die Bindung beispielsweise einer Familie oder einer sozialen Gruppe an einen konkreten Ort auszeichnet, und dem „Gedenkort, der durch Diskontinuität, das heißt: durch eine eklatante Differenz zwischen Vergangenheit und Gegenwart gekennzeichnet ist"[52], wobei, so Assmann, nur noch Relikte des Vergangenen ohne Bezug zur Gegenwart vorhanden sind:

> Ein Gedenkort ist das, was übrigbleibt von dem, was nicht mehr besteht und gilt. Um dennoch fortbestehen und weitergelten zu können, muß eine Geschichte erzählt werden, die das verlorene Milieu supplementär ersetzt. Erinnerungsorte sind zersprengte Fragmente eines verlorenen oder zerstörten Lebenszusammenhanges. Denn mit der Aufgabe und Zerstörung eines Ortes ist seine Geschichte noch nicht vorbei; er hält materielle Relikte fest, die zu Elementen von Erzählungen und damit wiederum zu Bezugspunkten eines neuen kulturellen Gedächtnisses werden. Diese Orte sind allerdings erklärungsbedürftig; ihre Bedeutung muß zusätzlich durch sprachliche Überlieferungen gesichert werden.[53]

Andreas Huyssen zufolge verändert sich in der Postmoderne die Struktur von Erinnerung, indem Erinnerungsorte gegenüber einer linear verlaufenden Erinne-

---

[49] Natan Sznaider, Gedächtnisraum Europa. Die Visionen des europäischen Kosmopolitismus. Eine jüdische Perspektive, Bielefeld 2008.
[50] Etienne François/Hagen Schulze (Hg.), Deutsche Erinnerungsorte, München 2001.
[51] Vgl. Pierre Nora (Hg.), Les lieux de mémoire, 7 Bde, Paris 1984–1992.
[52] Aleida Assmann, Erinnerungsräume. Formen und Wandlungen des kulturellen Gedächtnisses, München 1999, S. 301–314, Zitat auf S. 309.
[53] Aleida Assmann, Erinnerungsräume, S. 309. Siehe auch Astrid Erll, Lieux de mémoire/Erinnerungsorte. In: Grundbegriffe der Kulturtheorie und Kulturwissenschaften, hg. von Ansgar Nünning, Stuttgart/Weimar 2005, S. 131.

rung an Bedeutung gewinnen. Sein Begriff des ‚Palimpsests' bezieht sich dabei auf lokal gebundene, sich überlagernde Erinnerungssegmente oder -schichten.[54]

Von erinnerungsrelevanten realen Orten zu unterscheiden sind solche metonymischer Art im Sinne von unspezifischen Orten, die symbolische Bedeutung tragen und ebenfalls Eingang ins kulturelle Gedächtnis finden. Zu denken wäre hier beispielsweise an Orte wie Theater, Kirchen, Friedhöfe oder auch Wälder und das Meer, die allesamt Assoziationen hervorrufen und im kollektiven Gedächtnis verankerte Bedeutungen tragen.

5 Shoah: Trauma und Erinnerung

In den Bereich der Erinnerungen gehören auch psychische oder mentale Traumata, also seelische Verletzungen, die zurückzuführen sind auf „Erlebnisse überwältigenden Charakters, denen man ohnmächtig und ohne wirksame Hilfe ausgeliefert war"[55]. Traumatische Erfahrungen haben eine Strahlkraft auf die Erinnerung an ganze Lebensabschnitte und damit auf das gesamte Leben. Somit kann es zu einer Übergeneralisierung negativer Erinnerungen kommen.[56] Traumata sind gekennzeichnet durch Symptome wie posttraumatische Depressionen oder Stress. Häufig bleiben extreme sinnliche Eindrücke zurück.[57]

Eines der größten Traumata – wenn nicht das größte – der deutschen Geschichte ist die Shoah. Durch Verschleppung, Freiheitsberaubung, Misshandlung und nicht zuletzt den massenhaft erlebten Mord an Mitmenschen wurden unzählige Überlebende traumatisiert. Die psychologische Fachliteratur spricht in diesem Zusammenhang denn auch vom ‚Überlebenden-Syndrom'. Dabei ist – auch für eine mögliche (literarische) Auseinandersetzung mit der Shoah durch die von diesem Syndrom betroffenen Menschen – von Bedeutung, „daß ihre frühere Lebenslinie durch die Verfolgung abgeschnitten wurde – vollständig und oft in grausamster Weise. So entstand ein zumeist unheilbarer Knick in der Lebenslinie"[58]. Vielen Überlebenden ist es über lange Zeit, in vielen Fällen das ganze Leben über nicht möglich, über das Erlebte zu sprechen. Jürgen Müller-Hohagen hat darauf hingewiesen, dass bei einem sehr hohen Anteil von Personen in psy-

---

54 Vgl. Huyssen, Present Pasts.
55 Jürgen Müller-Hohagen, Verleugnet, verdrängt, verschwiegen. Seelische Nachwirkungen der NS-Zeit und Wege zu ihrer Überwindung, München 2005, S. 177. Der Begriff ‚Trauma' stammt aus dem Griechischen und heißt wörtlich übersetzt ‚Wunde'.
56 Vgl. Markowitsch/Welzer, Das autobiographische Gedächtnis, S. 32.
57 Vgl. Schacter, How the Mind Forgets and Remembers, S. 174.
58 William G. Niederland, Folgen der Verfolgung. Das Überlebenden-Syndrom Seelenmord, Frankfurt a. M. 1980, S. 229.

chologischer Behandlung familiäre Zusammenhänge zur Nazi-Zeit festzustellen sind; in vielen Fällen ist die Bedeutung dieser Epoche den Patientinnen und Patienten lange nicht bewusst.[59] Die Vielzahl persönlicher Traumata kulminiert letztlich in einem Trauma der kollektiven Erinnerung.

Gabriele Rosenthal vergleicht Berichte von Kriegsveteranen mit solchen von Shoah-Überlebenden:

> Das erlebte Jahr oder die Jahre im Schützengraben schrumpfen zusammen auf ein Bild [...] oder auf knappe Evaluationen – wie ‚das war so schrecklich, das kann man nicht erzählen' –, die hilflose Versuche sind, den in der Erinnerung verankerten Gefühlen der Todesangst und Verzweiflung Ausdruck zu verleihen. Im Unterschied zu Lebensgeschichten von Kriegsveteranen wird bei Lebensgeschichten von Überlebenden der Shoah sehr deutlich, daß nicht nur einzelne Bereiche ihrer Lebensgeschichte von ihren Extremerfahrungen geprägt sind, sondern vielmehr ihre gesamte Lebenserzählung.[60]

Diese die gesamte Lebensgeschichte und ihre Erzählung betreffenden Emotionen hängen zusammen mit Verlusterfahrung, Bindungsstörungen und inkonsistenten sowie inkohärenten Erlebnissen, darunter auch „Inkohärenzen in der Erinnerung"[61]. Literarische Texte bilden ein Medium, in dem Shoah-Überlebende ihre traumatischen Erinnerungen darstellen können. Das setzt allerdings besondere Anstrengung voraus:

> Blickt der Autobiograph [...] auf ein extrem fragmentiertes, zerrissenes und verwirrendes Leben zurück, wurde er durch Lebensereignisse nachhaltig traumatisiert, so sind einige Anstrengungen und Konstruktionsleistungen vonnöten, damit sich ihm die erlebte Lebensgeschichte insgesamt – und nicht nur einzelne Lebensphasen – als gestaltet darbieten kann.[62]

Gleichzeitig bieten solche Anstrengungen für traumatisierte Menschen die Möglichkeit, „mit der Macht des Gedächtnisses zu leben, indem sie ihre Geschichten erzähl[ ]en, indem sie versuch[ ]en, diese extremen Ereignisse mit ihrem alltäglichen Leben zu versöhnen, und auf die Linderung zu warten, die nur die Zeit

---

59 Müller-Hohagen, Verleugnet, verdrängt, verschwiegen, S. 15–16.
60 Gabriele Rosenthal, Erlebte und erzählte Lebensgeschichte. Gestalt und Struktur biographischer Selbstbeschreibungen, Frankfurt a. M./New York 1995, S. 123.
61 Klaus E. Grossmann, Verstrickung, Vermeidung, Desorganisation. Psychische Inkohärenzen als Folge von Trennung und Verlust. In: Das Ende der Sprachlosigkeit? Auswirkungen traumatischer Holocaust-Erfahrungen über mehrere Generationen, hg. von Liliane Opher-Cohn u. a., Gießen 2000, S. 85–111, hier S. 104.
62 Rosenthal, Erlebte und erzählte Lebensgeschichte, S. 120.

bringen kann"[63]. Autobiographisches Schreiben kann ein Instrument sein, der spezifischen Traumatisierung durch die Shoah, dem „eingestürzten Weltvertrauen, [...] der Erfahrung des Mitmenschen als Gegenmenschen"[64] zu begegnen und dabei zudem Leserinnen und Lesern einen persönlichen Einblick in die eigenen Erinnerungen zu gewähren. Nach Wolfgang Türkis kommt als weitere Funktion autobiographischen Schreibens „eine Rückgewinnung der Identität (die zerbrochen schien) in der Tiefe der kindlichen Erinnerung, als der ‚Schatz glücklicher Tage' noch unangetastet war"[65], hinzu.

Der neuere autobiographische Roman ermöglicht, wie zu zeigen sein wird, die Berücksichtigung solch traumatischer, inkohärenter Erinnerung im Sinne einer Ästhetik des Fragmentarischen.

---

[63] Schacter, Wir sind Erinnerung, S. 331. Siehe auch Dominick LaCapra, Writing History, Writing Trauma, Baltimore/London 2001.
[64] Müller-Hohagen, Verleugnet, verdrängt, verschwiegen, S. 179.
[65] Wolfgang Türkis, Beschädigtes Leben. Autobiographische Texte der Gegenwart, Stuttgart 1990, S. 234.

II Der autobiographische Roman

1 Die Autobiographie und der Erinnerungsroman im historischen Überblick

Die Entwicklung der Autobiographie ist nicht zu verstehen ohne die Bedeutung des Romans im achtzehnten Jahrhundert, dessen Ausprägung wesentlichen Einfluss auf die autobiographische Literatur seitdem hat. Unzweifelhaft erfuhr der Roman im achtzehnten Jahrhundert eine Blüte, die auf eine erhöhte Nachfrage und Veränderungen auf dem Literaturmarkt, aber auch auf die bewusste Absicht einflussreicher Autoren, das Ansehen des Romans zu steigern, zurückzuführen ist. So begann spätestens mit Johann Wolfgang Goethes stark rezipiertem Briefroman *Werther* eine Hochphase des Romans, der im Zentrum der Epoche steht, die gemeinhin als ‚Goethezeit' tituliert wird.[1] Im Zuge der neuen Bedeutung des Romans erlebte auch die Autobiographie eine Blüte und Neuausrichtung, die im Folgenden dargestellt werden soll.[2]

Als eines der größten autobiographischen Werke des achtzehnten Jahrhunderts sind Jean-Jacques Rousseaus *Confessions* zu werten – „das extreme Dokument neuzeitlicher ‚Subjektivität', hinreißend im Schwung der Beredsamkeit, provozierend in der Rückhaltlosigkeit der Selbstentblößung"[3]. Die Distanzlosigkeit dieser provozierenden Selbstentblößung hat eine starke authentische Wirkung zur Folge. Hier wird die Erinnerung zum Medium der Selbstbetrachtung; es lassen sich – vielleicht erstmals – wichtige Hinweise auf erinnerungspoetolo-

---

[1] Vgl. Dennis F. Mahoney, Der Roman der Goethezeit (1774–1829), Stuttgart 1988 (Sammlung Metzler, Bd. 241); Klaus-Detlef Müller, Autobiographie und Roman. Studien zur literarischen Autobiographie der Goethezeit, Tübingen 1976.
[2] Zur Entwicklung und zur Bedeutung der Autobiographie bis ins achtzehnte Jahrhundert vgl. Ingo Bertolini, Studien zur Autobiographie des deutschen Pietismus, Wien 1968; Georg Misch, Geschichte der Autobiographie, 4 Bde., Frankfurt a. M. 1949–1969; Klaus-Detlef Müller, Autobiographie und Roman, S. 27–53; John Sturrock, The Language of Autobiography. Studies in the First Person Singular, Cambridge 1993, S. 20–131; Martina Wagner-Egelhaaf, Autobiographie, Stuttgart/Weimar ²2005 (Sammlung Metzler, Bd. 323), S. 100–201; Ralph-Rainer Wuthenow, Das erinnerte Ich. Europäische Autobiographie und Selbstdarstellung im 18. Jahrhundert, München 1974. Historische Darstellungen widmen sich häufig der Fülle an Selbstzeugnissen im Mittelalter und in der Renaissance, dem Pietismus und der damit zusammenhängenden Gewissenserforschung und Innerlichkeit. Auf die Erörterung dieser Aspekte wird hier verzichtet. Für den Komplex des autobiographischen Romans ist die autobiographische Literatur ab dem späten achtzehnten Jahrhundert von Bedeutung, da sich hier eine neue Prägung herausbildet, die Bedeutung auch für den neueren autobiographischen Roman hat.
[3] Ralph-Rainer Wuthenow, Autobiographie und autobiographische Gattungen. In: Fischer-Lexikon Literatur, Bd. 1: A–F, hg. von Ulfert Ricklefs, Frankfurt a. M. 1996, S. 169–189, hier S. 180.

gische Überlegungen finden. So spricht Rousseau von einem „Lokalgedächtnis" und bezieht das Erinnern primär auf seine Emotionen; dabei ist insbesondere der Gemütszustand des Autors beim Erinnerungsvorgang von Bedeutung, der in engem Zusammenhang mit dem Gemütszustand zum Zeitpunkt des Erlebens zu sehen ist.[4] Für Rousseau ist Erinnerung ein Akt der Imagination, der kreiert und wiedergefunden wird mithilfe der wichtigen Zutat der Gefühle.[5]

Der Vorläufer des autobiographischen Romans, die literarische Autobiographie, befindet sich im späten achtzehnten und ausgehenden neunzehnten Jahrhundert auf seinem Höhepunkt und ist mit Klaus-Detlef Müller als Ergebnis der Literarisierung einer Zweckform zu verstehen.[6] Viele deutschsprachige Autorinnen und Autoren wenden sich literarisch ihrer eigenen Kindheit oder Jugend, ihrem eigenen Werdegang zu, ohne herkömmliche Memoirentraditionen fortzuschreiben. Vielmehr herrscht „die Vorstellung der Individualität als der allgemeinen Form menschlichen Daseins"[7] vor, weshalb jede literarische Autobiographie bei aller Subjektivität beinahe allgemeingültigen Anspruch erheben darf. In diesem Zusammenhang ist insbesondere auf Karl Philipp Moritz' *Anton Reiser* als „die eigentliche Verwirklichung der Gattungssynthese von Autobiographie und Roman"[8] zu verweisen. Müller zufolge ist „die empirische Begründung der Wahrheit" als „der gattungsgemäße Sinn der Autobiographie" aufzufassen, „der es ja ihrer objektiven Intention nach um Sinnfindung in der scheinbaren Zufälligkeit der erinnerten Lebensfakten geht, also um ein Bild des Lebens, das die Einzelmomente in ein Ganzes integriert, ohne sie in ihrer Besonderheit aufzuheben"[9].

Diesen Anspruch sieht er im *Anton Reiser* erfüllt. Moritz' psychologischer Roman birgt eine Sprengkraft, indem zutiefst persönliche Erfahrung und individuelles Seelenleben, gepaart mit psychologischer und – vielleicht noch stärker –

---

[4] Vgl. Misch, Geschichte der Autobiographie, Bd. 4.2: Von der Renaissance bis zu den Hauptwerken des 18. und 19. Jahrhunderts, S. 858–859.
[5] Vgl. Nalbantian, Memory in Literature, S. 24.
[6] Vgl. Müller, Autobiographie und Roman, S. 27–73; ders., Die Autobiographie der Goethezeit. Historischer Sinn und gattungsgeschichtliche Perspektiven. In: Die Autobiographie. Zu Form und Geschichte einer literarischen Gattung, hg. von Günter Niggl, Darmstadt ²1998, S. 459–481, insbes. S. 464. Der Autor zieht indirekt eine Trennlinie zwischen der literarischen Autobiographie und dem autobiographischen Roman (ebd., S. 470), stellt für Letzteren aber keine eigenen Kriterien auf. Diese grundlegende Unterscheidung ist nicht nachvollziehbar. Vielmehr lässt sich Müllers bis heute tragfähige Definition der literarischen Autobiographie des achtzehnten und neunzehnten Jahrhunderts auf den autobiographischen Roman des zwanzigsten Jahrhunderts übertragen. Dem steht auch Müllers These nicht grundsätzlich entgegen, die Goethezeit markiere den Höhepunkt der Literarisierung der Form (ebd., S. 480).
[7] Müller, Die Autobiographie der Goethezeit, S. 466.
[8] Müller, Die Autobiographie der Goethezeit, S. 469.
[9] Müller, Autobiographie und Roman, S. 167.

pädagogischer Programmatik, minutiös und ausführlich vergegenwärtigt und diskutiert werden. Bei Moritz läuft bereits ein ‚Erinnerungsfilm' ab, wenn er sich einer „zergliedernde[n] Methode der rückwärts gerichteten, erklärenden und objektivierenden Introspektion" bedient, die „hier, nach Rousseau zwar, doch in Deutschland zum ersten Male konsequent angewandt" wird, so Ralph-Rainer Wuthenow.[10] Dabei konzentriert sich Moritz auf die individuelle Entwicklung, nicht auf Personen oder historische Ereignisse:

> Die Erzählung im Dienst des Erinnerns scheint schon zu leisten, was das Leben selbst noch gar nicht zugelassen hat. Das erklärt vielleicht die Objektivität, den Verzicht auf Apologie und Schuldzuweisung, die Eindringlichkeit der Selbstanalyse, die Schärfe auch, mit der soziale Phänomene erfaßt werden, die das Bewußtsein des Heranwachsenden prägen.[11]

Die eindringliche Selbstanalyse „im Dienst der Erinnerns" erfolgt bei Moritz bereits mit einem homodiegetischen Erzähler in der dritten Person: „Was aber nun vorzüglich anfing, ihm sein Schicksal zu verbittern, war eine neue unverdiente Demütigung, wozu seine gegenwärtige Lage, die er doch wiederum nicht ändern konnte, die Veranlassung gab."[12]

Mindestens ebenso bedeutsam für die Entwicklung der Autobiographie ist Goethes *Aus meinem Leben. Dichtung und Wahrheit*. Im Hinblick auf die Gattungsbildung und Goethes Selbstverständnis setzte das 1811 erschienene Werk Maßstäbe. Goethe verstand seine Lebensbeschreibung nicht als Privatsache, sondern als exemplarische Darstellung mit literarischem Anspruch.[13] Bei Goethe kann, so Susanne Craemer-Schroeder, erstmals von einer wirklichen Identität von Autor, Erzähler und Protagonist gesprochen werden: „Indem seine Autobiographie diese Identität zu ihrem Fundament macht und keinen anderen Autor denkt, sei er göttlich, natürlich oder der Bekehrte im Unterschied zum Sünder, begründet sie die neue, ‚klassische' Form der Selbstbiographie."[14] Ob aus dem genannten Grund allerdings wirklich von einer „Identität" zu sprechen ist, ist auf der Grundlage aktueller Erzähltheorie zu bezweifeln – zumal Goethe „immer wieder die Perspektive des Erlebenden von der des Erzählenden"[15] trennt. Eine vollständige

---

10 Wuthenow, Das erinnerte Ich, S. 111.
11 Wuthenow, Autobiographie und autobiographische Gattungen, S. 182.
12 Karl Philipp Moritz, Anton Reiser. Ein psychologischer Roman, Stuttgart 1972, S. 192.
13 Vgl. Kentaro Kawashima, Autobiographie und Photographie nach 1900. Proust, Benjamin, Brinkmann, Barthes, Sebald, Bielefeld 2011, S. 8.
14 Susanne Craemer-Schroeder, Deklination des Autobiographischen. Goethe, Stendhal, Kierkegaard, Berlin 1993 (Philologische Studien und Quellen, Heft 124), S. 9.
15 Stefanie Haas, Text und Leben. Goethes Spiel mit inner- und außerliterarischer Wirklichkeit in „Dichtung und Wahrheit", Berlin 2006 (Schriften zur Literaturwissenschaft, Bd. 29), S. 99.

Identität inner- und außertextueller Figuren kann es nicht geben; eine gewisse ‚Einheit' meines Erachtens schon. Diese lässt also durchaus die Reflexion über den genuin verschiedenen Zustand von Erzähler und Protagonist zu oder setzt diese voraus.[16]

Der programmatische Titel *Dichtung und Wahrheit* ist zum Inbegriff der Fragestellung geworden, wie autobiographische Authentizität und Fiktionalität sich zueinander verhalten, inwieweit die Autobiographie literarische Gestalt auf Kosten der Faktizität annehmen kann und zugleich ihr Wahrheitsgehalt gewahrt bleibt. Unter ‚Dichtung' ist dabei freilich nicht ‚Erfinden' oder ‚Er-Dichten' zu verstehen, sondern vielmehr „Verdichten des Geschehenen, [...] Konzentrieren des Vielfältigen und Zufälligen oder auch [...] gedankliches Durchdringen oder Deuten" (Günter de Bruyn).[17] Doch ein Spannungsfeld zwischen Dichtung und Wahrheit bleibt. Goethe ging es bei seiner literarischen Autobiographie nicht um ‚Wirklichkeit' im engeren Sinne (zumal er in *Dichtung und Wahrheit* einen sehr freien Umgang mit Fakten pflegte), sondern um die – möglicherweise tiefer liegende – ‚Wahrheit'. Er strebte nach dem „Grundwahren"[18] und war sich der Problematik bewusst, dass allein, weil die Schilderungen auf seiner Erinnerung basierten, die Dichtung einsetzte und eine Differenz zwischen Erleben und Lebensbeschreibung erzeugte. Auf diese Unterscheidung von Wahrheit und Wirklichkeit ist vielfach verwiesen worden.[19] Allerdings hat sie auch Widerspruch hervorgerufen. Mit Blick auf Jacques Derrida problematisiert etwa Gabriele Blod die Rede von der Wahrheit: „Das Zeichen, das nur dadurch bestimmt ist, indem es auf ein anderes verweist, lässt sich auf keinen Ursprung – und ein solcher wäre die Wahrheit – zurückführen."[20] Infolgedessen versucht sie, Goethes *Dichtung und Wahrheit* als Märchen, als „‚Lebensmärchen' und damit als poetischen Text, nicht als poetisierte Lebensbeschreibung zu lesen"[21]. Allerdings kann sie nicht überzeugend argumentieren, warum ein poetischer Text gattungstheoretisch

---

16 Um eine – zugegeben gewagte – Parallele aus der christlichen Dogmatik zu bemühen: In der Trinitätslehre ist von einem Gott in drei Personen (oder Hypostasen) – nämlich Gott Vater, Sohn und Heiligem Geist – die Rede. So könnten seit Goethe AutorIn, Erzählinstanz und ProtagonistIn einer Autobiographie als Hypostasen derselben Person verstanden werden.
17 De Bruyn, Das erzählte Ich, S. 23–24.
18 Zit. nach Misch, Geschichte der Autobiographie, Bd. 4.2, S. 953.
19 Vgl. Ingrid Aichinger, Künstlerische Selbstdarstellung. Goethes „Dichtung und Wahrheit" und die Autobiographie der Folgezeit, Bern 1977 (Goethezeit, Bd. 7), S. 42–45; Misch, Geschichte der Autobiographie, Bd. 4.2, S. 953–954; Müller, Autobiographie und Roman, S. 331; Wagner-Egelhaaf, Autobiographie, S. 162–164.
20 Gabriele Blod, „Lebensmärchen". Goethes Dichtung und Wahrheit als poetischer und poetologischer Text, Würzburg 2003 (Stiftung für Romantikforschung, Bd. 25), S. 300.
21 Blod, „Lebensmärchen", S. 300.

gänzlich der autobiographischen Literatur entzogen sein soll. Mit Klaus-Detlef Müller kann vielmehr das Genre der literarischen Autobiographie herangezogen werden, selbst wenn der Unterscheidung von Wirklichkeit und Wahrheit nicht stattgegeben wird. Umgekehrt baut Müller einen nicht schlüssigen Gegensatz zwischen der literarischen Autobiographie und dem autobiographischen Roman auf, wenn er erklärt,

> daß ‚Dichtung und Wahrheit' nicht zum autobiographischen Roman wurde, denn Goethe hat es verstanden, die fiktiven Mittel differenziert einzusetzen, und hat durch das Spektrum verschiedenartiger Ausdrucksformen vom historischen Referat bis zur romanhaften Vergegenwärtigung ein additives Verfahren entwickelt, dessen Einzelmomente konzentrisch verbunden sind, ihren (autobiographischen) Bezugspunkt also sowohl immanent als auch im historischen Gegenüber haben [...].[22]

Die Mittel, die er in Goethes autobiographischem Werk findet („Vorausdeutungen, Motivverknüpfungen, immanente[ ] Verweise [...], planvolle[r] Wechsel von erzählerischem Detail und historisierender Raffung")[23], sind jedoch allesamt dem Repertoire des Romans entnommen. Es lässt sich also, ohne den autobiographischen Roman bereits umfassend definiert zu haben, konstatieren, dass die literarische Autobiographie und der autobiographische Roman relevante Gemeinsamkeiten haben. Ein Roman kann ohne Zweifel einen autobiographischen Bezugspunkt haben, ohne seinen Gattungsstatus zu verlieren.

Wichtige Fragen, die moderne und postmoderne Autorinnen und Autoren im Zusammenhang mit ihren autobiographischen Werken beschäftigen, klingen bei Goethes Werk bereits an: „Wenn man sich erinnern will, was uns in der frühesten Jugend begegnet ist, so kommt man oft in den Fall, dasjenige was wir von andern gehört, mit dem zu verwechseln, was wir wirklich aus eigener anschauender Erfahrung besitzen."[24] Damit beschreibt Goethe bereits im frühen neunzehnten Jahrhundert ein Phänomen, das im zwanzigsten Jahrhundert von der Neurowissenschaft als ‚Quellenamnesie' erforscht wird. Ohne das neurowissenschaftliche Wissen, das für viele Autobiographinnen und Autobiographen des späten zwanzigsten und frühen einundzwanzigsten Jahrhunderts zum Standardrepertoire gehört, thematisiert Goethe also bereits die unaufhebbare Differenz zwischen Erleben und Erinnerungen des Erlebten. So sind viele Formulierungen vorsichtig gewählt. Er berichtet nicht, wie seine Großmutter war, sondern wie er sie in Erinnerung behalten hat: „Ich erinnere mich ihrer gleichsam als eines Geistes, als

---

[22] Müller, Autobiographie und Roman, S. 332.
[23] Müller, Autobiographie und Roman, S. 331.
[24] Johann Wolfgang Goethe, Aus meinem Leben. Dichtung und Wahrheit. In: Goethe, Sämtliche Werke, Bd. XIV, hg. von Klaus-Detlef Müller, Frankfurt a. M. 1986, S. 15.

einer schönen, hagern, immer weiß und reinlich gekleideten Frau. Sanft, freundlich, wohlwollend, ist sie mir im Gedächtnis geblieben."[25] Diese zurückhaltende, die eigene Erinnerung hinterfragende Erzählweise, die bei Goethe bereits angelegt ist, wird später Kennzeichen des neueren autobiographischen Romans.

Stefan Goldmann macht für das achtzehnte Jahrhundert Topoi aus, die sowohl die Gattung der Autobiographie wie auch die literarische Epoche prägen. Dabei handelt es sich um einschneidende Erlebnisse, Riten und um „Bruchstellen, an denen autobiographische Erinnerungen notgedrungen in all ihren ‚pathologischen' Erscheinungsformen einsetzen"[26]. Ansatzweise lässt sich in der autobiographischen Literatur des achtzehnten Jahrhunderts bereits das Mittel der Erinnerungsreflexion feststellen; jedoch kann noch nicht von einer Meta-Memoria-Ebene gesprochen werden, die Erinnerungsreflexion hat noch keine stil- oder strukturbildende Funktion.

Festzuhalten bleibt, dass wir bereits in der Literatur des achtzehnten Jahrhunderts bereits gleichsam erinnerungstheoretischen Topoi und einer Form der Introspektion begegnen, die Bedeutung für die narrative Struktur von autobiographischen Texten haben. Dies weist voraus ins zwanzigsten Jahrhundert, in dem diese Ansätze zu strukturbildenden Merkmalen avancieren.

Das Verhältnis von Dichtung und Wahrheit und alle damit verbundenen Fragestellungen und Themen prägen dabei die Literatur des achtzehnten und frühen neunzehnten Jahrhunderts, bleiben aber das ganze neunzehnte Jahrhundert über ein vorherrschendes Thema der autobiographischen Literatur. Dabei ist eine Zunahme autobiographischer Werke zu verzeichnen, in der sich Autoren in erster Linie der Lebensphase ihrer Kindheit widmen. Bei Fontane und damit am Ende des neunzehnten Jahrhunderts taucht nun der Untertitel *autobiographischer Roman* auf. Dieser autobiographische Roman, *Meine Kinderjahre*, weicht an verschiedenen Stellen von den Fakten ab und spielt implizit mit den Kategorien Roman und Autobiographie. „Theodor Fontane ist insofern am Ende des 19. Jahrhunderts eine Ausnahme, weil er die Trennung zwischen literarischen Darstellungsmodalitäten und Historiographie wesentlich geringer veranschlagt hat als seine Zeitgenossen."[27] Er selbst thematisiert das Spannungsfeld zwischen Lebensbeschreibung und literarischer Vermittlung und erklärt im Vorwort den

---

25 Goethe, Aus meinem Leben, S. 17.
26 Stefan Goldmann, Topos und Erinnerung. Rahmenbedingungen der Autobiographie. In: Der ganze Mensch. Anthropologie und Literatur im 18. Jahrhundert. DFG-Symposion 1992, hg. von Hans-Jürgen Schings, Stuttgart/Weimar 1994 (Germanistische-Symposions-Berichtbände, Bd. 15), S. 660–675, hier S. 668.
27 Elisabeth Voller-Sauer, Prosa des Lebensweges. Literarische Konfigurationen selbstbiographischen Erzählens am Ende des 18. und 19. Jahrhunderts, Stuttgart 1993, S. 133.

Rückgriff (oder vielmehr den Vorgriff) auf das Genre des autobiographischen Romans als pragmatisches Zugeständnis – durchaus mit ironischem Unterton:

> Alles ist nach dem Leben gezeichnet. Wenn ich trotzdem, vorsichtigerweise, meinem Buche den Nebentitel eines „autobiographischen *Romanes*" gegeben habe, so hat dies darin seinen Grund, daß ich nicht von einzelnen [...] auf die Echtheitsfrage hin interpelliert werden möchte. Für etwaige Zweifler also sei es Roman![28]

Es ist nicht verwunderlich, dass diese Gattungsbezeichnung ausgerechnet bei dem Autor begegnet, der in einer neuen Form den Erinnerungsprozess – zumindest punktuell – in den Blick nimmt, findet auch Martina Wagner-Egelhaaf:

> Während Goethe sein Leben gleichsam teleologisch und forsch ‚nach vorn' erzählte, geht in der zweiten Jahrhunderthälfte der autobiographische Prozess selbst, der in der erinnernd-schreibenden Überbrückung jenes Abstandes zwischen erzählendem und erzähltem Ich besteht, in die Struktur des autobiographischen Textes mit ein. Indessen ist auch der Rückblick des erinnernden Autobiographen Fontane alles andere als ein sich in behaglicher Eindeutigkeit gefallender.[29]

Vielmehr hadert er mit seiner Aufgabe. „Die Rolle des Erzählers Fontane im selbstbiographischen Text ist die des Romanerzählers von Gesellschaftsromanen, eines Beobachters, Zuhörers und Beteiligten eines kommunikativ geregelten, eines inszenierten Panoptikums"[30] – wobei freilich der Beobachter, der Zuhörer und der Beteiligte nur mit Mühe miteinander vereinbar sind. Diese Heterogenität der Erzählinstanz, derer sich der Autobiograph bewusst ist, legt den Grundstein zu einer Poetologie des Erinnerns. Dabei konzentriert sich Fontanes Erzählverfahren, so Jürgen Lehmann, auf

> ein spezifisches Verhältnis von Teil und Ganzem, das erinnerte und erzählte einzelne Faktum steht nicht für sich, sondern erscheint im Rahmen von Symbolisierungen immer wieder als bedeutungsgeladenes, das vergangene Leben repräsentierendes und strukturierendes Erlebnis [...].[31]

Gut 20 Jahre nach Fontanes Kinderjahren erschien schließlich einer der bedeutendsten Erinnerungsromane der europäischen Literatur, Marcel Prousts sieben-

---

[28] Theodor Fontane, Autobiographische Schriften. Bd. I: Meine Kinderjahre, bearb. von Gotthard Erler, Berlin/Weimar 1982, S. 3; Herv. im Orig.
[29] Wagner-Egelhaaf, Autobiographie, S. 179–180.
[30] Voller-Sauer, Prosa des Lebensweges, S. 201.
[31] Jürgen Lehmann, „Was man nicht alles erleben kann!" Biographisches und autobiographisches Erzählen bei Theodor Fontane. In: Fontane als Biograph, hg. von Roland Berbig, Berlin/New York 2010 (Schriften der Theodor Fontane Gesellschaft, Bd. 7), S. 41–57, hier S. 45.

bändiges Werk *À la recherche du temps perdu* (*Auf der Suche nach der verlorenen Zeit*). Ein wesentlicher Ausgangspunkt hier ist das Unvermögen des Ich-Erzählers, der an einzelnen Stellen *Marcel* genannt wird, sich bewusst an seine Kindheit zu erinnern.[32] Dies gelingt ihm jedoch mithilfe von Sinneswahrnehmungen, die Ausgangspunkt der *mémoire involontaire*, des unwillkürlichen Erinnerns, sind. Das Verhältnis von Erinnerung und Bewusstsein, von Erinnerungsinhalten und Erlebtem wird durchweg thematisiert und problematisiert. Kentaro Kawashima stellt dazu fest,

> [d]aß das Gedächtnis unabhängig vom Bewußtsein arbeitet, daß es sich nicht ganz erschließt, daß es infolgedessen ein ‚unbewußtes Gedächtnis' gibt, ist nämlich davon untrennbar, daß das bisher nie Erinnerte plötzlich in der Erinnerung wachgerufen werden kann."[33]

Proust spricht in diesem Zusammenhang selbst von der „inkarnierten Zeit":

> Auch gerade deshalb beabsichtige ich jetzt, diese Vorstellung einer inkarnierten Zeit, die Vorstellung von vergangenen, aber von uns nicht losgelösten Jahren so deutlich herauszuarbeiten, weil ich in diesem Augenblick, im Palais des Fürsten von Guermantes, jenes Geräusch der Schritte meiner Eltern [...] und jenes aufschnellende, scheppernde, anhaltende, lärmende und frische Läuten des Glöckchens, das mir anzeigte, daß Monsieur Swann endlich gegangen war und Mama heraufkommen würde, immer noch hörte, diese Geräusche selbst, sie, die doch so weit entfernt in der Vergangenheit lagen. Bei dem Gedanken nun an alle Ereignisse [...] wurde mir bange, denn ich wußte, daß es genau dieses Glöckchen war, das in mir läutete, ohne daß ich irgend etwas am Lärmen seiner Schelle hätte ändern können, denn ich erinnerte mich nicht mehr genau daran, wie es verklang, und mußte mich deshalb, um es wieder zu erfahren, um ihm gut zu lauschen, bemühen, das Geräusch der Gespräche nicht mehr zu hören [...]. Um zu versuchen, es von näher zu hören, war ich gezwungen, tiefer in mich hinabzusteigen. Dieses Läuten lag also immer noch in mir, und zudem lag zwischen ihm und dem gegenwärtigen Augenblick diese ganze, unendlich weit entfaltete Vergangenheit, von der ich nicht wußte, daß ich sie in mir trug. Als es geläutet hatte, existierte ich schon; damit ich dieses Läuten aber heute noch hören konnte,

---

32 Häufig begegnet für Prousts monumentales Werk die Gattungsbezeichnung ‚Roman' oder ‚Romanzyklus'. Die deutlichen Parallelen zur Lebensgeschichte des Autors legen jedoch die Definition als autobiographischer Roman nahe, wenngleich weite Teile rein fiktiven Charakters sind. Ursula Link-Heer diskutiert sehr schematisch die Frage, ob das Werk *À la recherche du temps perdu* als Autobiographie zu klassifizieren ist: „Wenn das Werk als Objekt [...] am Ende des Romans ganz der Zeit des Protagonisten überantwortet wird, dann durfte sein Produktionsprozeß nicht zugleich pragmatisch thematisiert werden. Dann konnte der Ich-Erzähler sich nicht als Produzent der Narration exponieren, wie es für den autobiographischen Erzähler selbstverständlich ist." (Ursula Link-Heer: Prousts „À la recherche du temps perdu" und die Form der Autobiographie. Zum Verhältnis fiktionaler und pragmatischer Erzähltexte, Amsterdam 1988 [Beihefte zu Poetica, Heft 18], S. 135.)
33 Kawashima, Autobiographie und Photographie, S. 75.

hatte es offenbar keinen Kontinuitätsbruch, keine Pause gegeben, hatte ich offenbar keinen Augenblick lang aufgehört zu existieren, zu denken und meiner selbst mir bewußt zu sein, da dieser Augenblick von einst noch zu mir gehörte, ich ihn noch aufsuchen, bis zu ihm zurückkehren konnte allein dadurch, daß ich mich tiefer in mich hineinbegab.[34]

Die Erinnerung stellt sich unwillkürlich ein, wird durch sinnliche Reize ausgelöst und hat dann oftmals auch physische Wirkungen, etwa wenn Marcel ein bekanntes Geräusch hört (hier das Glöckchen), bekannte Düfte riecht oder – in der Schlüsselszene des Romans – von einer in Tee getunkten Madeleine kostet.[35] Auf diese Weise kehrt er zurück in die Kindheit und wird sich seiner Existenz und gleichsam seiner Identität bewusst. Die unwillkürliche Erinnerung erlaubt es dem Protagonisten, sich in sich ‚hineinzubegeben', wobei der Roman geprägt ist von einer ästhetischen Wahrnehmung, die sich auf diskontinuierliche, unwillkürlich hervorgerufene Erinnerungen stützt, sowie von einer starken Selbstbetrachtung und einer engen Verbindung von Wahrnehmung und Imagination. Den Erinnerungssequenzen voraus geht in der Regel ein Zustand der Lähmung, der Verzweiflung oder der Leere.[36] So wird deutlich, welche Wirkmacht die unwillkürliche Erinnerung hat, welch zentrale ästhetische Bedeutung ihr bei Proust zukommt. Damit ist „die Erinnerung nicht nur das Thema, sondern auch das konstitutive Prinzip der Narration"[37] und bildet die Grundlage einer spezifischen Poetologie – gewissermaßen einer *Poetologie des unwillkürlichen Erinnerns* –, die weit über die französische Literatur hinaus stil- und gattungsbildenden Charakter hat.

Für den Zusammenhang der Erinnerungspoetologie von Interesse ist schließlich die Literatur ab den 70er Jahren des 20. Jahrhunderts. Im Hinblick auf das letzte Drittel des zwanzigsten Jahrhunderts kann nämlich von einer bis heute anhaltenden Blüte autobiographischer Literatur gesprochen werden, die freilich auf veränderten poetologischen Prämissen beruht. Anders als im achtzehnten und neunzehnten Jahrhundert kennzeichnen aber Brüche bis hin zu inkohärenten Entwicklungen die Lebensbeschreibungen der Moderne;[38] Ralph-Rainer Wuthenow

---

[34] Marcel Proust, Auf der Suche nach der verlorenen Zeit, Bd. 7: Die wiedergefundene Zeit, übers. von Eva Rechel-Mertens, Frankfurt a. M. 2002, S. 525–526.
[35] Vgl. Marcel Proust, Auf der Suche nach der verlorenen Zeit, Bd. 1: Unterwegs zu Swann, Frankfurt a. M. 1994, übers. von Eva Rechel-Mertens, S. 67.
[36] Vgl. Max Ackermann, Die Kultur des Hörens. Wahrnehmung und Fiktion. Texte vom Beginn des 20. Jahrhunderts, Nürnberg 2003, S. 227.
[37] Katharina Münchberg, Glückhafte Vergegenwärtigung, unheimliche Wiederkehr. Zwei Formen der Erinnerung bei Proust und W.G. Sebald. In: Cahiers d'études germaniques, Bd. 48, 2005, S. 159–172, hier S. 159.
[38] Vgl. Craemer-Schroeder, Deklination des Autobiographischen, S. 11.

spricht vom „Bewußtsein des Bruchstückhaften"[39] in der autobiographischen Literatur des zwanzigsten Jahrhunderts. Im Zuge der Neuen Subjektivität der 1970er Jahre ist eine Zunahme autobiographischen Schreibens festzustellen.[40] Es mag sein, dass dieser Trend auch als Gegenbewegung zur politischen Literatur der 1960er Jahre zu verstehen ist. Allerdings lässt sich die Autobiographie keineswegs als genuin ‚unpolitische' Gattung klassifizieren. Vielmehr verbindet sie – heute wie damals – häufig Selbstbekenntnis mit historisch-politischer Anschauung. Dabei knüpft sie an die Tradition des Bildungsromans an und erweitert diesen kontrafaktisch um die Dimension des „erzählend geführten Nachweis[es], um welche Fülle von Verwirklichungsmöglichkeiten das Subjekt durch Herkunft, Erziehung und gesellschaftliche Widerstände gebracht wurde"[41]. Die Verbindung von Autobiographie und Bildungsroman führt zwangsläufig zu einer Unterform des neuen autobiographischen Romans.[42] Die Autobiographie der Moderne und der neuere autobiographische Roman thematisieren das Leben des oder der Einzelnen in einem kulturellen oder gesellschaftlichen Kontext. Klaus-Detlef Müller stellt dazu fest:

> Das Programm einer Darstellung des Individuums zugleich mit seinem Jahrhundert und einer Begründung der Subjektivität durch die Zeitverhältnisse geht davon aus, daß die Totalität der Wirklichkeit im Einzelleben zur Erscheinung kommen kann, indem das Individuelle zugleich die Grenze des Allgemeinen und die Form seiner Realisierung darstellt.[43]

Damit befinden sich das Partikulare und das Allgemeine immer in gegenseitiger Spannung, bilden aber zwei Seiten derselben Medaille der Autobiographik.

Zusammenfassend lässt sich festhalten, dass sich die Autobiographie sich von der literarischen Autobiographie des achtzehnten Jahrhunderts über den Erinnerungsroman der Moderne bis hin zum neueren autobiographischen Roman

---

39 Wuthenow, Autobiographie und autobiographische Gattungen, S. 188.
40 Vgl. Ralph Gehrke, Literarische Spurensuche. Elternbilder im Schatten der NS-Vergangenheit, Opladen 1992, S. 44; Türkis, Beschädigtes Leben, S. 134–143. Zur Bedeutung des Autobiographischen und der Authentizität der Erinnerung siehe auch Bruno Hillebrand, Theorie des Romans. Erzählstrategien der Neuzeit, Stuttgart/Weimar ³1993, S. 415–438.
41 Bernd Neumann, Die Wiedergeburt des Erzählens aus dem Geist der Autobiographie? Einige Anmerkungen zum neuen autobiographischen Roman am Beispiel von Hermann Kinders „Der Schleiftrog" und Bernward Vespers „Die Reise". In: Basis. Jahrbuch für deutsche Gegenwartsliteratur, Bd. 9, 1979, S. 91–122, hier S. 101.
42 Vgl. Neumann, Die Wiedergeburt des Erzählens aus dem Geist der Autobiographie?, S. 102. Zur Kritik an der These, der autobiographische Roman könne als Bildungsroman gelesen werden, siehe Michaela Holdenried, Im Spiegel ein anderer. Erfahrungskrise und Subjektdiskurs im modernen autobiographischen Roman, Heidelberg 1991 (Beiträge zur Neueren Literaturgeschichte. Dritte Folge, Bd. 114), S. 263–271.
43 Müller, Autobiographie und Roman, S. 353.

heute entwickelte, neben dem zugleich weiterhin die Autobiographie als reine Zweckform besteht. Um die Jahrtausendwende lässt sich eine hohe Zahl autobiographischer Werke feststellen, und es ist davon auszugehen, dass diese „allgemeine autobiografische Erinnerungswelle"[44] weiter anhält.

2 Zur Autobiographie: Ein Forschungsbericht

Seit dem achtzehnten Jahrhundert beschäftigt sich die Forschung mit dem Genre der Autobiographie. Hier nun soll ein Überblick über die Forschung gegeben werden – von philosophischen und psychologischen Ansätzen über Philippe Lejeunes ‚autobiographischen Pakt' bis hin zu Fragen des ontologischen Status des Genres sowie dessen Abgrenzung von Roman, Memoiren und anderer autobiographischer Literatur. Nur so lässt anschließend die Frage beantworten, warum eine Definition des neueren autobiographischen Romans sinnvoll sein kann.

Die ersten Arbeiten zur Autobiographie beruhten auf geschichtsphilosophischen und psychologischen Ansätzen. Dabei gingen Autoren wie Wilhelm Dilthey oder Georg Misch von einer Unmittelbarkeit innerhalb der Autobiographien aus.[45] Davon zu unterscheiden sind Studien, die verstärkt strukturelle und systematische Fragestellungen beleuchten und für die vorliegende Arbeit von größerer Relevanz sind, vor allem solche, die – wie die von Suzanne Nalbantian – die Autobiographie ihrer Form nach definieren und narratologische Kriterien zugrunde legen. Hieran knüpfen auch jene Arbeiten an, in denen die Autobiographie von anderen Genres unterschieden bzw. mit diesen verglichen wird. Viele Untersuchungen beschäftigen sich darüber hinaus mit dem Verhältnis von Fiktion und Fakten in der Autobiographie. Wesentliche, unter anderem von Wuthenow aufgeworfene Fragen betreffen schließlich die nach dem autobiographischen Ich und einem möglichen Referenzcharakter der Autobiographie. Von Bedeutung sind überdies auch die Arbeiten, die an der Sinnhaftigkeit der Definition von Autobiographie als Genre grundsätzlich zweifeln.[46]

Lange Zeit galt die Autobiographie in der Forschung als eigenständige Form, die im Gegensatz zur fiktionalen Literatur rein funktionsorientiert ausgerichtet sei. Zahlreiche Studien betonen die Funktion der Autobiographie, einen per-

---

44 Torsten Pflugmacher, abstand gestalten. Erinnerte Medien und Erinnerungsmedien in der Autobiographie nach 1989. In: Deutschsprachige Gegenwartsliteratur seit 1989. Zwischenbilanzen – Analysen – Vermittlungsperspektiven, hg. von Torsten Pflugmacher und Clemens Kammler, Heidelberg 2004, S. 109–125, hier S. 109.
45 Vgl. Müller, Autobiographie und Roman, S. 10–15.
46 Zu den Forschungsansätzen s. im Folgenden die Ausführungen in diesem Kapitel, S. 42-48.

sönlichen Werdegang oder einen Lebenslauf in seinem historischen oder gesellschaftlichen Kontext abzubilden.[47] Infolgedessen ist eine „logische[ ] Priorität eines spezifischen Lebenszusammenhanges oder -momentes vor dessen sprachlichem Ausdruck"[48] auszumachen. Gemäß diesem auf Dilthey zurückgehenden Verständnis tritt die Erzählinstanz vollständig hinter den Autor oder die Autorin zurück. Bei Dilthey heißt es:

> Die Selbstbiographie ist die höchste und am meisten instruktive Form, in welcher uns das Verstehen des Lebens entgegentritt. Hier ist ein Lebenslauf das Äußere, sinnlich Erscheinende, von welchem aus das Verstehen zu dem vordringt, was diesen Lebenslauf innerhalb eines bestimmten Milieu hervorgebracht hat. Und zwar ist der, welcher diesen Lebenslauf versteht, identisch mit dem, der ihn hervorgebracht hat. Hieraus ergibt sich eine besondere Intimität des Verstehens.[49]

Dilthey geht es um „Konzeptionen von Erlebnissen" – wobei einige „für sich und den Zusammenhang des Lebens eine besondere Dignität haben, in der Erinnerung bewahrt und aus dem endlosen Fluß des Geschehenen und Vergessenen herausgehoben"[50] sind – sowie um die autobiographische Funktion des Selbst-Verstehens und Selbst-Bewusstseins. Kawashima bemerkt dazu:

> Dieser lebensphilosophische und hermeneutische Begriff der Autobiographie als unmittelbarer Ausdruck des ‚Selbstbewußtseins' dominierte in der Autobiographieforschung im 20. Jahrhundert. Davon zeugt namentlich die monumentale vierbändige *Geschichte der Autobiographie* des Dilthey-Schülers Georg Misch.[51]

Dies wird beispielsweise darin deutlich, dass Misch in der englischen Literatur einen „neuen Typus der religiösen Seelengeschichte" sowie „eine neue Art, die inneren Zustände objektiv zu machen",[52] feststellt. Misch wie Dilthey verstehen „die Autobiographie in erster Linie als Dokument einer bestimmten psychischen

---

47 Vgl. Misch, Geschichte der Autobiographie, Bd. 4.2, S. 779–786; Müller, Autobiographie und Roman, S. 27–53.
48 Almut Finck, Subjektbegriff und Autorschaft. Zur Theorie und Geschichte der Autobiographie. In: Einführung in die Literaturwissenschaft, hg. von Miltos Pechlivanos u. a., Stuttgart/Weimar 1995, S. 283–294, hier S. 286.
49 Wilhelm Dilthey, Das Erleben und die Selbstbiographie. In: Die Autobiographie. Zu Form und Geschichte einer literarischen Gattung, hg. von Günter Niggl, Darmstadt ²1998, S. 21–32, hier S. 28–29.
50 Dilthey, Das Erleben und die Selbstbiographie, S. 29; vgl. ders.: Der Aufbau der geschichtlichen Welt in den Geisteswissenschaften. Mit einer Einleitung von Manfred Riedel, Frankfurt a. M. 1981, S. 246.
51 Kawashima, Autobiographie und Photographie nach 1900, S. 14.
52 Misch, Geschichte der Autobiographie, Bd. 4.2, S. 796.

Struktur, und nicht als ein in seiner Literarität zu erfassendes Phänomen"[53]. Diese Funktion der Autobiographie ist heute sehr umstritten. Die Autobiographie hat schließlich auch die Funktion, Lebensdaten in eine kohärente (im Regelfall chronologische) Form zu gießen. „Es ist eben diese Normierungskraft der Autobiographie, die Dilthey entgeht, wenn er die Autobiographie als den direktesten Ausdruck des Selbstbewußtseins auffaßt."[54]

Weniger psychologisch aber umso wirkmächtiger für die Autobiographie-Forschung ist Philippe Lejeunes ‚autobiographischer Pakt'. Lejeune definiert die Autobiographie folgendermaßen: „Récit rétrospectif en prose qu'une personne réelle fait de sa propre existence, lorsqu'elle met l'accent sur sa vie individuelle, en particulier sur l'histoire de sa personnalité."[55] Lejeunes Gattungstheorie beruht auf der Identität von Autor, Erzähler und Protagonist, wobei Autor und Leser einen ‚Pakt' schließen:

> Für den Leser ist die Autobiographie in erster Linie durch einen Identitätsvertrag definiert, der durch den Eigennamen besiegelt wird. Und dies gilt auch für den Verfasser des Textes. [...] Der autobiographische Drang und die Liebe zur Anonymität können unmöglich im selben Menschen koexistieren.[56]

Damit kommt bei Lejeune dem Eigennamen unumstößliche Bedeutung zu. Da nach seinem Verständnis der Eigenname und der autobiographische Pakt nicht auf den autobiographischen Roman zutreffen, fällt für ihn der autobiographische Roman folgerichtig nicht unter die Kategorie ‚Autobiographie'.[57]

Lejeunes Werk hat bis heute großen Einfluss auf Autobiographie-Theorien. So erklärt Irmgard Scheitler: „Als einziger wesentlicher Anhaltspunkt, ob ein Text als Autobiographie zu lesen ist oder nicht, scheint mir eben dieser sog. Autor-Leser-Pakt gelten zu dürfen."[58] Auch für Joachim Kronsbein ist das „Funktionieren

---

[53] Link-Heer, Prousts „À la recherche du temps perdu" und die Form der Autobiographie, S. 39.
[54] Kawashima, Autobiographie und Photographie nach 1900, S. 15.
[55] Philippe Lejeune, Le pacte autobiographique, Paris 1975, S. 14.
[56] Philippe Lejeune, Der autobiographische Pakt, übers. von Wolfram Bayer und Dieter Hornig, Frankfurt a. M. 1994, S. 36.
[57] Vgl. Lejeune, Der autobiographische Pakt, S. 26–27.
[58] Scheitler, Deutschsprachige Gegenwartsprosa seit 1970, S. 149. Auch Carola Hilmes erklärt Lejeunes Theorie zur Grundlage ihrer Untersuchung; vgl. Carola Hilmes, Das inventarische und das inventorische Ich. Grenzfälle des Autobiographischen, Heidelberg 2000, S. 67. Und Gérard Genette rekurriert in seiner Arbeit *Paratexte* auf Lejeune und spricht von einem „Gattungsvertrag"; vgl. Gérard Genette, Paratexte. Das Buch vom Beiwerk des Buches, mit einem Vorwort von Harald Weinrich, übers. von Dieter Hornig, Frankfurt a. M. 2001, S. 44–45.

der Autobiographie als eigenständige Textart" in Abhängigkeit vom autographischen Pakt zu sehen.[59]

Gleichzeitig wurde verschiedentlich Kritik an Lejeunes Theorie geäußert.[60] Fest steht, dass eine Gattungstheorie der Autobiographie nicht umhin kommt, sich Lejeunes These zum autobiographischen Pakt zu stellen.

Klaus-Detlef Müller hingegen unterscheidet zwischen der Autobiographie als reiner Zweckform, der literarisierten Autobiographie und der literarischen Autobiographie.[61] Müllers Ansatz, die literarische Autobiographie als gelungene Synthese von Roman und Autobiographie zu definieren, ist auch mit Blick auf ihre historische Entwicklung überzeugend. Kronbein hingegen, der sich in seiner Arbeit mehrfach scharf von Müller abgrenzt, ist nicht zu folgen, wenn er den Begriff der ‚literarischen Autobiographie' so weit relativiert, dass er eine Opposition zur ‚musikalischen Autobiographie' herstellt.[62] Damit setzt er die literarische Autobiographie aus literaturwissenschaftlicher Sicht mit der Autobiographie gleich und lässt eine feingliedrige Analyse kaum gelten. Dies gilt auch für die Unterscheidung von ‚literarischer' und ‚visueller' Autobiographie.[63] Festzuhalten bleibt aber, dass andere Disziplinen einen sehr viel weiteren Begriff der Autobiographie und der literarischen Autobiographie pflegen.

Nalbantian spricht von *Aesthetic Autobiography* und konzentriert sich in ihrer gleichnamigen Arbeit auf die ‚architektonische' und kunstvolle Art, mit der ein Autor oder eine Autorin mit dem jeweiligen ‚autobiographischen Material' umgeht.[64] Dabei bestehe der ästhetische Prozess aus der Umwandlung von Kategorien wie Ort, Zeit oder Person.[65] Zwar beschäftigt sich Nalbantian ausschliesslich mit englischsprachiger Literatur und bezieht daher ihre *Theory of Aesthetic Autobiography* nicht auf deutschsprachige Autobiographie-Diskurse.[66] Im Grunde zeigt Nalbantian aber Mechanismen für Romane des zwanzigsten Jahrhunderts

---

[59] Joachim Kronsbein, Autobiographisches Erzählen. Die narrativen Strukturen der Autobiographie, München 1984, Zitat S. 183.

[60] Zur Kritik an Lejeune siehe Paul de Man, Die Ideologie des Ästhetischen, übers. von Jürgen Blasius, Frankfurt a. M. 1993 (Aesthetica, Bd. 682), S. 135–136; Suzanne Nalbantian, Aesthetic Autobiography. From Life to Art in Marcel Proust, James Joyce, Virginia Woolf and Anaïs Nin, New York 1997, S. 28–30. Lejeune selbst hat in seinem 30 Jahre später erschienenen Werk *Signes de vie* seinen früheren Ansatz als zu starr und schematisch bezeichnet und damit relativiert; vgl. Philippe Lejeune, Signes de vie. Le pacte autobiographique, Bd. 2, Paris 2005.

[61] Vgl. Müller, Autobiographie und Roman, S. 29.

[62] Vgl. Kronsbein, Autobiographisches Erzählen, S. 10.

[63] Vgl. Alma-Elisa Kittner, Visuelle Autobiographien. Sammeln als Selbstentwurf bei Hannah Höch, Sophie Calle und Annette Messager, Bielefeld 2009.

[64] Vgl. Nalbantian, Aesthetic Autobiography, S. 53–54.

[65] Vgl. Nalbantian, Aesthetic Autobiography, S. 60.

[66] Vgl. Nalbantian, Aesthetic Autobiography, S. 43–61.

auf, die Müller ähnlich für die literarische Autobiographie des achtzehnte Jahrhunderts festgestellt hat. Den Ansatz, die Autobiographie als Kunstwerk aufzufassen, teilen viele Autorinnen und Autoren.[67]

> Die Synthese von Autobiographie und Roman in der Goethezeit muß deshalb im Rahmen der Gattungsgeschichte der Autobiographie als eine zeitlich begrenzte Sonderentwicklung angesehen werden, in der die Aktualität des Gegenstands eine Orientierung an den fortgeschrittensten Möglichkeiten ästhetischer Erzählkunst erlaubte.[68]

Diese These Müllers läuft darauf hinaus, dass eine solch starke Annäherung von Roman und Autobiographie niemals mehr möglich sein wird. Zumindest hier sind Zweifel angebracht. Zwar gibt es ein Spannungsverhältnis zwischen der Betrachtung eines autobiographischen Werks als eigenes und damit gewissermaßen seiner Zeit enthobenes Kunstwerk auf der einen und der Verortung desselben in seinem spezifischen historischen Kontext auf der anderen Seite. Dieser Kontext wird jedoch niemals vollständig verlassen, nicht einmal im Roman. Demgemäß ist Müller nur bedingt zu folgen, wenn er im Hinblick auf eine ahistorische Komponente der Autobiographie erklärt:

> Das bedeutet aber eine Grenzüberschreitung, die nicht ohne weiteres hingenommen werden kann, denn die literaturwissenschaftliche Typenforschung beruht ja auf einer Dichtungsontologie, die den Autor in bezug auf seinen Stoff weitgehend autonom setzt. Das kann im Bereich der Autobiographie allenfalls für den autobiographischen Roman gelten, der damit aber überbewertet wäre.[69]

Die Autonomie des Autors im Verhältnis zu seinem Stoff dient nicht als Argument, den autobiographischen Roman als Randerscheinung abzutun.

Ähnlich wie bei Müller wird die Autobiographie auch in anderen Studien in Abgrenzung zu verschiedenen Gattungen oder Genres definiert. So beruht Bernd Neumanns Arbeit *Identität und Rollenzwang* im Wesentlichen auf der Grundunterscheidung von Autobiographie und Memoiren. Letztere beschäftigen sich mit einer Person, die eine soziale Rolle einnimmt – die Geschichte der Zeit hat nach Neumann in Memoiren Vorrang vor der Geschichte des Individuums.[70]

---

[67] Vgl. Hilmes, Das inventarische und das inventorische Ich; Roy Pascal, Die Autobiographie. Gehalt und Gestalt, Stuttgart 1965. Zu vergleichbaren Ansätzen und ihrer Problematisierung siehe Müller, Autobiographie und Roman, S. 24–25.
[68] Müller, Autobiographie und Roman, S. 354.
[69] Müller, Autobiographie und Roman, S. 24.
[70] Vgl. Bernd Neumann, Identität und Rollenzwang. Zur Theorie der Autobiographie, Frankfurt a. M. 1970 (Athenäum Paperbacks Germanistik, Bd. 3).

Einige neuere Arbeiten beschäftigen sich zudem vertieft mit der Rolle der Fotografie in der autobiographischen Literatur. So macht Kawashima eine „Gedächtnisentlastung durch die Photographie als Identitätsmaschine"[71] aus, die eine Neubestimmung und damit einhergehend eine veränderte Struktur autobiographischer Texte zur Folge habe. Die Autorinnen und Autoren betonen die Möglichkeiten, die sich durch die Fotografie als Technik allgemein oder durch einzelne Fotos als wichtiges Referenzobjekt eines Romans ergeben: „It is what the writers make of them, how they use them in text, whether as a source of memory, of creativity, or of new understanding, that counts."[72] Letztlich ist ein Foto, so zentral es auch für einen Roman sein mag, im Kern ein Medium, das dem autobiographischen Ich als Erinnerungsstütze dienen kann. Und so gehen zahlreiche Arbeiten auf die Frage ein, welche Funktion und Bedeutung der Erinnerung für die Autobiographie zukommt. Bernadette Rieder stellt, einen produktionsästhetischen Ansatz verfolgend, fest:

> Ich denke, der autobiographische Prozess umfasst zweierlei: Erinnerung und Gestaltung. Nur hypothetisch kann auseinander gehalten werden, was im Vollzug ineinander übergeht: Die Spur der autobiographischen Erinnerung und Recherche sowie die der Zusammenfügung und Gestaltung. [...] Die Gestaltung ist abhängig von der Erinnerung und die Erinnerung ist selbst schon gestaltend.[73]

Über viele Jahrzehnte hinweg widmete sich die Forschung in erster Linie Autobiographien von Männern. Es mag sein, dass weniger Frauen als Männer literarische Autobiographien verfassten, was freilich auch auf ihre über lange Zeit geltende gesellschaftliche Rolle zurückzuführen ist. So hat Elke Ramm mit Verweis auf Lejeunes oben erwähnte These der Unvereinbarkeit von Autobiographie und einer anonymen Verfasserschaft gezeigt, dass die Autobiographie mit ihrem Zweck der Ich-Repräsentation für die meisten Schriftstellerinnen um 1800 keine geeignete Form bot.[74] Nicht zu vernachlässigen ist aber auch der spezifisch männliche Fokus vieler Literaturwissenschaftler, der zu einer geschlechterspezifisch einseitigen Bewertung autobiographischen Schreibens geführt hat. Demnach werden von Frauen verfasste Autobiographien häufig als weniger artifiziell, als naiv und

---

[71] Kawashima, Autobiographie und Photographie nach 1900, S. 16.
[72] Gunnthórunn Gudmundsdóttir, Borderlines. Autobiography and Fiction in Postmodern Life Writing, Amsterdam/New York 2003 (Postmodern Studies, Bd. 33), S. 260. Vgl. auch Susanne Blazejewski, Bild und Text. Photographie in autobiographischer Literatur, Würzburg 2002 (Saarbrücker Beiträge zur Vergleichenden Literatur- und Kulturwissenschaft, Bd. 19).
[73] Rieder, Unter Beweis, S. 79.
[74] Vgl. Elke Ramm, Warum existieren keine ‚klassischen' Autobiographien von Frauen? In: Geschriebenes Leben. Autobiographik von Frauen, hg. von Michaela Holdenried, Berlin 1995, S. 130–141.

zu sehr an der Wirklichkeit orientiert aufgefasst.[75] Michaela Holdenried bringt die Vorurteile gegenüber der Autobiographik von Frauen denn auch auf den Punkt:

> Die höhere Sphäre der literarisch gestalteten Autobiographie ist allein männlichen Autobiographen vorbehalten, gilt doch zumal für deren berühmteste Vertreter (Augustinus – Rousseau – Goethe), daß in ihren Selbstdarstellungen das eigene Leben kunstvoll zur Schrift geronnen ist.[76]

Es ist das Verdienst feministischer Ansätze in der Autobiographieforschung,[77] dass diesem Paradigma in der aktuellen Forschung nicht mehr gefolgt wird, und doch wirkt die Jahrhunderte lang währende einseitige Betrachtungsweise autobiographischer Texte bis heute nach. In diesem Zusammenhang ist die Frage aufzuwerfen, welche Personen autobiographische Texte von öffentlichem Interesse verfassen: Es ergibt sich, so Klaus Benesch,

> der paradoxe Sachverhalt, daß die Autobiographie einerseits Bekräftigungsinstanz der auf Fortschritt und Individuation gerichteten abendländischen Kultur ist, gleichzeitig aber auch zunehmend von denjenigen in Anspruch genommen wird, die sich kritisch mit dem Selbstverständnis und den Aporien dieser Kultur auseinandersetzen.[78]

---

[75] Vgl. Almut Finck, Autobiographisches Schreiben nach dem Ende der Autobiographie, Berlin 1999 (Geschlechterdifferenz & Literatur, Bd. 9), S. 112. Finck führt aus, dass bei Misch (Geschichte der Autobiographie), Pascal (Die Autobiographie) und Günter Niggl ([Hg.], Die Autobiographie. Zu Form und Geschichte einer literarischen Gattung. Darmstadt ²1998) weiblichen Autobiographien kein Raum zugestanden wird – oder sie wie bei Niggl allenfalls im Zusammenhang mit „Autobiographien sozialer Rand- und Sondergruppen" Erwähnung finden. Eine Erklärung hierfür ist die Einstellung, dass Autobiographien häufig nur wissenschaftliches Interesse erlangen, sofern sie von Personen des öffentlichen Lebens verfasst wurden. In einer solchen Betrachtungsweise rücken nur sehr wenige weibliche Autobiographien in den Fokus.

[76] Michaela Holdenried, Einleitung. In: Geschriebenes Leben. Autobiographik von Frauen, hg. von Holdenried, Berlin 1995, S. 9–20, hier S. 9.

[77] Vgl. Finck, Autobiographisches Schreiben nach dem Ende der Autobiographie; dies., Subjektbegriff und Autorschaft, S. 283–294; Gudmundsdóttir, Borderlines, S. 97–139.; Magdalene Heuser (Hg.), Autobiographien von Frauen. Beiträge zu ihrer Geschichte, Tübingen 1996; Holdenried, Autobiographie, Stuttgart 2000 (Reihe Literatur Studium Reclam); dies. (Hg.), Geschriebenes Leben; Biddy Martin/Andreas Lixl, Zur Politik persönlichen Erinnerns. Frauenbiographien um die Jahrhundertwende (Lou Andreas-Salomé und Lily Braun). In: Vom Anderen und vom Selbst. Beiträge zu Fragen der Biographie und Autobiographie, hg. von Reinhold Grimm und Jost Hermand, Königstein/Ts. 1982, S. 94–115; Heidy M. Müller (Hg.), Das erdichtete Ich – eine echte Erfindung. Studien zu autobiographischer Literatur von Schriftstellerinnen, Aarau 1998 (Reihe Literaturwissenschaft; Bd. 2); Sidonie Smith, A Poetics of Women's Autobiography. Marginality and the Fictions of Self-Representation, Bloomington/Indianapolis 1987.

[78] Klaus Benesch, Fictions of the Self. Geschichte, Identität und autobiographische Form. In: Compar(a)ison. An International Journal of Comparative Literature, Heft 1, 1994, S. 129–141, hier S. 141.

Somit kann die Gruppe der Autobiographinnen und Autobiographen soziologisch nicht klar zugeordnet werden. Fest steht, dass sie sich ausweitet und zunehmend heterogener wird.

Eine Reihe von Monographien und Sammelbänden beschäftigt sich mit der je spezifischen Autobiographik einzelner Jahrhunderte oder Jahrzehnte,[79] einer Generation oder eine Epoche. So kommt der autobiographischen Literatur, die die traumatischen Erlebnisse von Betroffenen der Shoah schildert, nicht nur in der gesellschaftlichen Debatte, sondern auch in der Literaturwissenschaft eine bedeutende Rolle zu.[80] Dabei wird mit der zunehmenden zeitlichen Distanz zu den historischen Ereignissen eine prozesshafte Literarisierung autobiographischer Shoah-Texte konstatiert.[81] In den letzten Jahren gerät zusätzlich verstärkt die sogenannte Wendeliteratur in den Blickpunkt und mit ihr die Autobiographik, die sich den Wendejahren und ihren Auswirkungen widmet.[82]

Verschiedentlich wurde die Frage nach dem Verhältnis von Fakten und Fiktion und nach der Gattung Autobiographie – vor allem von konstruktivistischer Seite – kritisiert. So hält Terry Eagleton in seiner *Einführung in die Literaturtheorie* die Unterscheidung zwischen Faktualem und Fiktionalem grundsätzlich für fragwürdig und unbrauchbar.[83]

Nach Paul de Man läuft jeder Versuch einer Gattungsbestimmung der Autobiographie ins Leere. Fiktion und Autobiographie seien nicht kategorial zu unterscheiden; vielmehr handele es sich bei der Autobiographie um eine „Lese- oder Verstehensfigur"[84], die letztlich alle Texte kennzeichne oder kennzeichnen könne. Bei de Man werden Lebenseinschnitte wie Geburt oder Tod gleichbedeutend mit dem Subjekt, dem Eigennamen oder der Erinnerung als Einzelthemen

---

[79] Siehe etwa Müller, Die Autobiographie der Goethezeit; Paulsen, Das Ich im Spiegel der Sprache; Scheitler, Deutschsprachige Gegenwartsprosa seit 1970, S. 148–166; Sylvia Schwab: Autobiographik und Lebenserfahrung. Versuch einer Typologie deutschsprachiger autobiographischer Schriften zwischen 1965 und 1975, Würzburg 1981 (Epistemata. Reihe Literaturwissenschaft, Bd. 4); Voller-Sauer, Prosa des Lebensweges; Wuthenow, Das erinnerte Ich.
[80] Siehe etwa Düwell, ‚Fiktion aus dem Wirklichen'; Günter (Hg.), Überleben schreiben; Rieder, Unter Beweis.
[81] Vgl. Erich Kleinschmidt, Schreiben an Grenzen. Probleme der Autorschaft in Shoah-Autobiographik. In: Überleben schreiben. Zur Autobiographik der Shoah, hg. von Manuela Günter, Würzburg 2002, S. 77–95, insbes. S. 86.
[82] Siehe etwa Friederike Eigler, Gedächtnis und Geschichte in Generationenromanen seit der Wende, Berlin 2005 (Philologische Studien und Quellen, Bd. 192).
[83] Vgl. Terry Eagleton, Einführung in die Literaturtheorie, übers. von Elfi Bettinger und Elke Hentschel, Stuttgart/Weimar ⁴1997 (Sammlung Metzler, Bd. 246), S. 1–2.
[84] De Man, Die Ideologie des Ästhetischen, S. 134.

bewertet.⁸⁵ Auch Michael Sprinker, der in seinem Aufsatz „Fictions of the Self" 1980 bereits im Untertitel „The End of Autobiography" ausruft, schließt sich der Gattungsdekonstruktion der Autobiographie an mit der Begründung, dass das autobiographische Ich nur innerhalb des Textes existiere, der Autor oder die Autorin aber bedeutungslos seien.⁸⁶

Neuerdings wird schließlich wieder verstärkt der ontologische Status der Autobiographie diskutiert mit dem Fokus auf der Frage, wie sich Gedächtnis und Imagination, das Faktuale und Fiktionale in der Autobiographie zueinander verhalten, inwiefern sie untrennbar verbunden sind, inwiefern sie aber auch bisweilen kollidieren.⁸⁷ Diese Diskussion führt nicht zuletzt auch zum Genre des autobiographischen Romans, das freilich in gleichem Maße mit der Frage nach seinem ontologischen Status zu konfrontieren ist.

Was folgt nun aus all dem? Vielleicht lässt sich zusammenfassend zunächst sagen, dass der Begriff ‚autobiographischer Roman' zwar immer wieder auftaucht, aber nur die wenigsten Autorinnen und Autoren eine gattungstheoretische Unterscheidung von Autobiographie und autobiographischem Roman begründen.⁸⁸

---

85 Die gesamte Kritik findet sich in de Mans *Ideologie des Ästhetischen* im Kapitel „Autobiographie als Maskenspiel" (vgl. De Man: Die Ideologie des Ästhetischen, S. 131–146). Die Gleichsetzung beispielsweise von Erinnerung und Eigennamen mit allgemeinen Lebenseinschnitten oder dem Thema Liebe verkennt völlig, dass die Funktion einzelner Themen eine genuin andere ist als die strukturbildende Funktion insbesondere der Erinnerung.
86 Vgl. Michael Sprinker, Fictions of the Self. The End of Autobiography. In: Autobiography. Essays Theoretical and Critical, hg. von James Olney, Princeton 1980, S. 321–342. Vgl. auch Günter Niggl, Nachwort zur Neuauflage, in: Die Autobiographie, hg. von Niggl, S. 594–595.
87 Exemplarisch seien hier folgende Autoren genannt: Mathias Brandstädter, Folgeschäden. Kontext, narrative Strukturen und Verlaufsformen der Väterliteratur 1960 bis 2008. Bestimmung eines Genres, Würzburg 2010. (Epistemata. Reihe Literaturwissenschaft, Bd. 716); Gudmundsdóttir, Borderlines; Wolfgang Iser, Das Fiktive und das Imaginäre. Perspektiven literarischer Anthropologie, Frankfurt a. M. 1993; Hermann Schlösser, Dichtung oder Wahrheit? Literaturtheoretische Probleme mit der Autobiographie. In: Autobiographien in der österreichischen Literatur, hg. von Klaus Amann und Karl Wagner, Innsbruck/Wien 1998 (Schriftenreihe Literatur des Instituts für Österreichkunde, Bd. 3), S. 11–26; Sill, Oliver: ‚Fiktion des Faktischen'. Zur autobiographischen Literatur der letzten Jahrzehnte. In: Deutschsprachige Literatur der 70er und 80er Jahre. Autoren, Tendenzen, Gattungen, hg. von Walter Delabar und Erhard Schütz, Darmstadt 1997, S. 75–105; ders., Zerbrochene Spiegel. Studien zur Theorie und Praxis modernen autobiographischen Schreibens, Berlin/New York 1991.
88 Die wichtigste und systematischste Untersuchung liefert Holdenried, Im Spiegel ein anderer. Vgl. außerdem Lejeune, Der autobiographischer Pakt, S. 26–27; Paulsen, Das Ich im Spiegel der Sprache, S. 161–195. Zu Letzterem ist anzumerken, dass Paulsen zwar eine Betrachtung einiger autobiographischer Werke der Neuen Subjektivität liefert, aber nicht – wie der Titel des Kapitels „Von der Autobiographie zum autobiographischen Roman" vermuten lässt – eine Erklärung be-

3 Zum Verhältnis von Autobiographie, Roman, Memoiren und autobiographischem Roman

Ernst Jandl hat in seinem kleinen Aufsatz „Autobiographie und Literatur mit autobiographischen Zügen" festgestellt: „Dies scheint im Bereich autobiographischen Schreibens grundsätzlich unterschieden werden zu müssen: daß es Autobiographie gibt, und daß es Literatur mit autobiographischen Zügen gibt."[89] Diese Unterscheidung begründet er primär produktionsästhetisch. Er definiert die Autobiographie als chronologische Erzählung mit der Funktion, das eigene – aus der Sicht des Autors oder der Autorin wichtige – Leben festzuhalten. Der Autor von ‚Literatur mit autobiographischen Zügen' hingegen bediene sich aus dem autobiographischen Repertoire,

> weil es ihm so gut bekannt dünkt wie kaum etwas sonst; weil es ihn so heftig und anhaltend interessiert, daß er ein Interesse auch bei anderen dafür annehmen kann; weil er an diesem Punkt seines Schreibens keine anderen Inhalte überhaupt zur Verfügung hat; weil er Inhalte seines eigenen Lebens drängend in sich verspürt, aber kein Verlangen nach Autobiographie [...].[90]

Unter ‚Literatur mit autobiographischen Zügen' versteht Jandl freilich mehr als den autobiographischen Roman, der nicht als eigener Terminus aufgeführt wird. Vielmehr könne jegliche Gattung autobiographische Züge tragen. Auf die Prosa angewandt, ist es jedoch naheliegend, den autobiographischen Roman eben als jenes Genre ‚mit autobiographischen Zügen' zu definieren.

Die Frage, warum der autobiographische Roman sinnvollerweise als eigenes Genre aufzufassen ist, führt wiederum abermals zum Thema Dichtung und Wahrheit, zum Verhältnis von Fiktionalität und Faktizität. Zweifelsohne changiert der autobiographische Roman dazwischen, spielt womöglich mit solchen Kategorien, ist aber – wie zumindest das Substantiv vermuten lässt – in erster Linie als Roman zu verstehen.

> Nun ist kaum zu bestreiten, dass die literaturhistorisch einmalige Erfolgsgeschichte des Romanes wohl wesentlich damit zu tun hat, dass er in herausragender Weise und scheinbar paradox Disparates miteinander koppelt, nämlich Wirklichkeitsbezug und Fiktionalität [...].[91]

---

reithält, wie es mit dem Verhältnis von Autobiographie und autobiographischem Roman steht oder wie sich das eine aus dem anderen entwickelt habe.
89 Ernst Jandl, Autobiographie und Literatur mit autobiographischen Zügen. In: Jandl, Gesammelte Werke, Bd. 3: Stücke und Prosa, hg. von Klaus Siblewski, Darmstadt/Neuwied 1985, S. 353.
90 Jandl, Autobiographie und Literatur mit autobiographischen Zügen, S. 354.
91 Christoph Bode, Der Roman. Eine Einführung, Tübingen/Basel ²2011, S. 315–316.

Und was auf den Roman als fiktionale Gattung zutrifft, gilt umso mehr für autobiographische Literatur:

> Autobiography in our time is increasingly understood as both an art of memory and an art of the imagination; indeed, memory and imagination become so intimately complementary in the autobiographical act that it is usually impossible for autobiographers and their readers to distinguish between them in practice.[92]

Wie Vergangenheit, Erinnerung und Fiktion miteinander verbunden, aufeinander bezogen sind, ist im Weiteren zu klären. Wer aber – wie hier Paul Eakin – ein Komplementärverhältnis von Erinnerung und Imagination in der Autobiographie ausmacht, wer die Autobiographie als solche als fiktionales Genre bzw. als Untergattung des Romans begreift, ist nicht länger darauf angewiesen, vom autobiographischen Roman zu sprechen. Erst recht nicht, wenn die Autobiographie wie bei de Man als bloße ‚Verstehensfigur' aufgefasst wird. Und in der Tat verschwimmen die Grenzen zwischen Roman und Autobiographie, lässt sich nach moderner Gattungstheorie keine klare Trennlinie ziehen – die Autobiographie gilt als „a blurry hybrid genre not easily depicted or delimited"[93].

Eine etwaige Unterscheidung beispielsweise nach der Erzählperspektive ist auch wenig zielführend: hier die Autobiographie in der ersten Person, da der Roman in der dritten Person. Autobiographische Romane können sowohl in der ersten als auch in der dritten Person verfasst sein und homodiegetisch oder – wenn auch seltener – heterodiegetisch erzählt werden.[94] Die Autobiographie lässt hier weniger Spielraum: Sie ist angewiesen auf eine homodiegetische Erzählinstanz in der ersten Person.[95] Somit zeigt eine formale Betrachtung zwar gewisse Unterschiede zwischen Autobiographie und Roman, reicht aber nicht für eine Kategorisierung aus. Vielmehr sind die Referenzialität autobiographischer

---

[92] Paul John Eakin, Fictions in Autobiography. Studies in the Art of Self-Invention, New Jersey 1985, S. 5–6.
[93] Nalbantian, Aesthetic Autobiography, S. 43.
[94] Judith Klein betont in dem Holdenried-Band *Geschriebenes Leben*: „In der Tat kann ein autobiographischer Text in der dritten Person geschrieben sein, kann eine Autorin ihr Zeugnis auf diese Weise entpersonalisieren oder aber als Teil einer bestimmten Entwicklungsstufe hinstellen, ohne daß damit schon ein aufs Fiktionale eingeschränkter ‚romanesker Pakt' zwischen Autor und Lesenden gemeint wäre" (Klein, Am Rande des Nichts, S. 279). Im Hinblick auf die Authentizität von autobiographischer Shoah-Literatur meint Erich Kleinschmidt: „Ob das autobiographische Ich spricht oder ob die Er-Erzählung gewählt wird, macht für den ‚authentisch' gewerteten Charakter der Shoah-Autorschaft keinen Unterschied" (Kleinschmidt, Schreiben an Grenzen, S. 85).
[95] Zu den Möglichkeiten der „Leerform ich" vgl. Hilmes, Das inventarische und das inventorische Ich, S. 61–69 und S. 385–407.

Literatur und damit der autobiographische Pakt als Unterscheidungskriterium heranzuziehen.

In der Forschung taucht nun zunehmend der Begriff ‚Autobiographik' auf.[96] Ein Terminus, mit dem die Unterscheidung von Autobiographie und autobiographischem Roman umgangen wird. Als Überbegriff autobiographischer Literatur ist der Begriff zwar brauchbar, doch ersetzt er nicht eine differenzierte Betrachtung.

Wenn die starre Einordnung von Roman und Autobiographie aber offenbar nicht mehr greift, warum bedarf es dann der Kategorie des autobiographischen Romans als Zwittergenre? Wie lässt er sich definieren?

Der Schlüssel liegt in der Erinnerung der Erzählinstanz bzw. deren Umgang mit Erinnerung, der freilich eine ebenso wichtige Bedeutung in der Autobiographie zukommt. Eine Autobiographie kann sich aber auch primär auf Zeitdokumente und Notizen oder Berichte anderer Personen stützen; sie definiert sich in erster Linie über die faktuale Lebensgeschichte. Die Rolle des Erzählers oder der Erzählerin ist dabei marginal. Für den neueren autobiographischen Roman ist die Erinnerung der Erzählinstanz als literarisches Konstrukt konstitutiv. Dabei spielt häufig die Reflexion über Erinnerungsvermögen und Gedächtnisinhalte, die auf der Meta-Memoria-Ebene anzusiedeln sind, eine besondere Rolle. Die Erzählinstanz des autobiographischen Romans räsoniert über ihr Gedächtnis, hegt bisweilen Zweifel an der Aussagekraft der Erinnerungen, macht das Erinnern zum Thema. Die Autobiographie bleibt dagegen – mit Müller gesprochen – bei aller Offenheit im Kern eine Zweckform, die Anspruch auf Faktizität erhebt. Dabei ist das Erinnern Mittel zum Zweck. Dies ist auch Humphrey zu entgegnen, der den wichtigen Einwand gebracht hat:

> Erinnerung und Erinnern liegen jedweder Dichtung – und damit jeder dichterischen Gattung – zu Grunde. Was aber ‚jeder' Gattung inhärent, ja zentral, ist, kann schwerlich als charakterisierendes Merkmal ‚einiger' Gattungen dienen. Es gibt also, so könnte man zugespitzt formulieren, keine Gedächtnisgattungen, weil es nur Gedächtnisgattungen gibt.[97]

Hierbei sei bemerkt, dass Humphrey sich selbst verschiedenen Gattungen zuwendet, dabei die Kategorien Autobiographie und autobiographischer Roman aber vollständig außer Acht lässt. Da er den Vergleich beispielsweise zwischen historischem und autobiographischem Roman scheut, lässt sich die Spezifik autobiographischer Literatur auch nicht erörtern.

---

[96] Vgl. Günter (Hg.), Überleben schreiben. Zur Autobiographik der Shoah; Holdenried (Hg.), Geschriebenes Leben. Autobiographik von Frauen; Schwab, Autobiographik und Lebenserfahrung.
[97] Humphrey, Literarische Gattung und Gedächtnis, S. 74.

Mit dem Erinnerungsbegriff eng verbunden ist der – zugegeben schillernde und in der Kulturwissenschaft fast schon inflationär gebrauchte – Begriff ‚Identität'. Und in der Tat zielt der autobiographische Roman *qua* Roman auf die Suche nach Identität und Sinnstiftung ab und ist dabei auf die Erinnerung des Erzählers oder der Erzählerin angewiesen. Im Vergleich zur Autobiographie ist der autobiographische Roman im Hinblick auf die Identität der Erzählinstanz offener. Ein Bestandteil der Identität ist der Eigenname einer Person. Indem der autobiographische Roman nicht an den Eigennamen des Autors oder der Autorin gebunden ist, verschiebt sich der Akzent der Identität: Ins Zentrum rückt die Erzählinstanz, deren Erinnerung und Persönlichkeit. Marion Gymnich betont:

> Mit auffälliger Häufigkeit erfolgt in Erzähltexten eine Inszenierung des Zusammenhangs von Identität und Erinnerung über das homodiegetischem Erzählen inhärente Spannungsverhältnis zwischen erzählendem und erlebendem Ich, denn in dem ‚dialektischen Verhältnis von Ich-Erzähler und Objekt-Ich' ist zumeist auch ein zeitliches Spannungsverhältnis angelegt.[98]

Das „Prinzip der Identität"[99] bleibt letztlich auch beim autobiographischen Roman erhalten.

Carola Hilmes wendet sich entschieden gegen die Annäherung von Autobiographie und Roman und eine durch die Verbindung mit Erzähltheorien bedingte „Öffnung der Autobiographie zum autobiographischen Roman"[100]. Diese Kritik an der Etablierung des autobiographischen Romans richtet sich gegen die Dekonstruktion der Autobiographie und basiert daher offenbar auf der Furcht vor einer Aufweichung der entsprechenden Kategorie. Wer aber die Existenz von Gattungsunterschieden bejaht, sollte in der Konsequenz zusätzlich eine differenzierte Analyse von Untergattungen zuzulassen.

Ruth Klüger zufolge liegt der Unterschied zwischen Autobiographie und autobiographischem Roman in der Form und im Anspruch. Bereits 1996 schreibt sie in einem Beitrag für Magdalena Heusers Sammelband *Autobiographien von Frauen*:

---

98 Marion Gymnich: Individuelle Identität und Erinnerung aus Sicht von Identitätstheorie und Gedächtnisforschung sowie als Gegenstand literarischer Inszenierung. In: Literatur – Erinnerung – Identität. Theoriekonzeptionen und Fallstudien, hg. von Astrid Erll u. a., Trier 2003 (Elch, Bd. 11), S. 29–48, hier S. 40.
99 Zum Prinzip der Identität in der Autobiographie siehe Georges Gusdorf, Auto-bio-graphie. Lignes de vie, Bd. 2, Paris 1991, S. 225–280.
100 Hilmes, Das inventarische und das inventorische Ich, S. 68–69; vgl. auch ebd., S. 29.

> Eine Autobiographie muß vom Anspruch, nicht vom Inhalt her, definiert werden, als ein Buch, in dem Autor und Erzähler nicht zu unterscheiden sind. Eine Autobiographie, in der Lügen stehen, ist noch immer eine Autobiographie, wenn auch eine verlogene, und kein Roman.[101]

Als formales Unterscheidungskriterium verweist sie auf die Angaben des Verlags oder des Autors bzw. der Autorin einerseits und auf Signale im Text andererseits. Klüger spricht zwar selbst den Faktor Erinnerung an, misst ihm aber keinerlei gattungsrelevante Funktion bei. Als Replik auf einen Beitrag von Ortrun Niethammer im selben Band heißt es bei ihr:

> Die Distanz zwischen ‚erzähltem Ich' und der Erzählerin erkenne ich zwar an – sie ist die Distanz des Filters der Erinnerung – doch Niethammer zitiert als dritte Instanz noch die Autorin, die die Konstruktion des Werkes anlegt. Ich meine, zwischen der Erzählerin und der Autorin besteht keine Distanz, sie sind identisch, und darin unterscheidet sich eben die Autorin eines Romans von der einer Autobiographie. Übrigens scheint mir das Ich-Erzählen nur das Übliche, nicht das Wesentliche an der Sache, denn in einer Autobiographie könnte sich die Autorin auch beim Namen nennen, von sich in der dritten Person und doch immer noch autobiographisch erzählen, solange sie eine wahrhaftige Aussage für sich in Anspruch nimmt.[102]

Damit gibt es nach Klüger Autobiographien in der dritten Person. Allerdings hält sie die Echtheit des Namens für gattungsrelevant. So erklärt sie zum *Anton Reiser*: „Obwohl die Forschung gezeigt hat, wie autobiographisch verankert das Buch ist, so bleibt es ein Roman, einfach weil sein Autor Karl Philipp Moritz und nicht Anton Reiser heißt und sein Werk einen historischen Roman nennt."[103] Der

---

101 Ruth Klüger, Zum Wahrheitsbegriff in der Autobiographie. In: Autobiographien von Frauen. Beiträge zu ihrer Geschichte, hg. von Magdalene Heuser, Tübingen 1996 (Untersuchungen zur deutschen Literaturgeschichte, Bd. 85), S. 405–410, hier S. 408.
102 Klüger, Zum Wahrheitsbegriff in der Autobiographie, S. 409. Klüger widerspricht hier Ortrun Niethammer, die im selben Band richtigerweise darstellt, dass erstens jede Autobiographie auf Konstruktion beruht und zweitens „eine innere Differenz von Erzählgegenstand und Erzähler(in) – dem autobiographischen Ich – [existiert], die nicht zu beeinflussen ist, da die beiden Instanzen durch den zeitlichen und räumlichen Abstand getrennt sind: d. h. es gibt keine vollständige Identität zwischen dem erzählenden und erzählten Ich, sondern nur Annäherung" (Ortrun Niethammer, „Wir sind von Natur und durch die bürgerliche Gesellschaft bestimmt, uns mit dem Kleinlichen zu beschäftigen [...]". Formen und Inhalte von Autobiographien bürgerlicher Frauen in der Mitte des 19. Jahrhunderts. In: Autobiographien von Frauen. Beiträge zu ihrer Geschichte, hg. von Magdalene Heuser, Tübingen 1996 [Untersuchungen zur deutschen Literaturgeschichte, Bd. 85], S. 265–284, hier S. 265).
103 Klüger, Zum Wahrheitsbegriff in der Autobiographie, S. 408. Dagegen stellt der *Anton Reiser* für Pascal eindeutig eine „echte Autobiographie" (Die Autobiographie, S. 192) dar. Allerdings begründet Pascal diese Zuordnung nicht schlüssig, wenn er darstellt, dass Moritz darin in sich

Name der Hauptperson als primär äußerliches Merkmal zum Gattungskriterium zu stilisieren, ist nicht überzeugend. Dies wäre nicht minder formal als das Kriterium, ob die Erzählinstanz in der ersten oder dritten Person auftritt. Gravierender ist Klügers Argument, die Leserinnen und Leser dürften sich nicht freimütig über die Entscheidung und Äußerung des Autors oder der Autorin hinwegsetzen, einen Roman oder eine Autobiographie geschrieben zu haben.[104] Dies verweist wiederum auf den ‚Anspruch' eines Werks.

Hier ist jedoch zu entgegnen, dass es die völlige Deckungsgleichheit von Autor oder Autorin und Erzählinstanz, die Klüger annimmt, nicht gibt, dass die Erzählung bei einem autobiographischen Roman mehr ist als die schlichte Selbstdarstellung eines Lebens und sogar ohne den Bezug zum Autor oder zur Autorin ‚funktioniert', dass also folglich die Intention des Autors bzw. der Autorin nicht als entscheidendes oder gar ausschließliches Kriterium gelten kann. Der Wirklichkeitsanspruch wird – hier ist Klüger ebenfalls zu widersprechen – nicht geschmälert, doch der autobiographische Roman ist in seiner Darstellungsform freier. Dazu sei ein Verweis auf Goethe erlaubt. Das Verhältnis von Dichtung und Wahrheit und die Differenz von Erleben und Erinnern des Erlebten gelten nicht nur für die klassische literarische Autobiographie, sondern mindestens in gleichem Maße auch für den autobiographischen Roman. Kawashima spricht von der „Wahrheitsproduktion im Schreibformat der Lebensgeschichte"[105]. Bei Klüger wird in ihrem Band *Gelesene Wirklichkeiten* von 2006 aus dem Wortpaar *Dichtung und Wahrheit* die Dichotomie *Fakten und Fiktionen*, die sie wegen der neutralen, wertfreien Konnotation als brauchbarer erachtet.[106]

---

eindringe und frei von Naivität „für sich ein Objekt der Forschung, des Grübelns, dazu ein Beispiel einer allgemeinen Situation" (S. 193) sei. Im Übrigen untertitelt Moritz seinen Roman ‚psychologischen Roman' und nicht – wie Klüger hier schreibt – als ‚historischen Roman'.
104 Vgl. auch Klüger, Zum Wahrheitsbegriff in der Autobiographie, S. 406. Siehe dazu auch Klügers Ausführungen zu ihrem eigenen autobiographischen Werk *weiter leben* und deren Bewertung in Kapitel IV.5 der vorliegenden Untersuchung.
105 Kawashima, Autobiographie und Photographie nach 1900, S. 13.
106 Vgl. Ruth Klüger, Gelesene Wirklichkeit. Fakten und Fiktionen in der Literatur, Göttingen 2006, S. 72. Edgar Platen diskutiert im Zusammenhang mit dem Verhältnis von Dichtung und Wahrheit, was unter einem angemessenen Umgang mit Geschichte in der Literatur zu verstehen ist: „Angemessen heißt hier stets verantwortbar, wobei die Verantwortung einerseits direkt auf das epische Zeitverständnis verweist, in dem die Vergangenheit nicht der Gegenwart unvermittelbar gegenübersteht, andererseits auch die Sprachlichkeit dieses Umgangs trifft, denn Vergangenheit und Gegenwart sind in der epischen Sprache analog dem Gespräch als fortgesetztes Fragen und Antworten aufeinander bezogen. Die geschichtliche Dimension gründet also in der epischen Sprache selbst, nämlich im epischen Zwischenraum von Erinnern und Erfinden." (Edgar Platen, Perspektiven literarischer Ethik. Erinnern und Erfinden in der Literatur der Bundesrepublik, Tübingen/Basel 2001, S. 279.)

Die Annäherung an den autobiographischen Roman bedarf dabei nicht nur der Abgrenzung von der Autobiographie; er ist überdies auch vom Genre der Memoiren zu unterscheiden.[107] In den Memoiren kommt der Erzählinstanz eine sehr passive, geradezu neutralisierte Funktion zu; im Vordergrund stehen die historische Dimension und die Erlebnisse der Person, der sich die Memoiren widmen. Nach Wuthenow ist die Erzählinstanz „weniger Gegenstand als Zeuge"[108]. Ganz anders bei der literarischen Autobiographie oder dem autobiographischen Roman. Hier findet eine Selbstreflexion oder zumindest eine Selbstdarstellung statt, die Erzählinstanz kann eine wichtige Funktion einnehmen; Autoren-Ich, Erzähler-Ich und Protagonist bzw. Protagonistin stehen häufig in einem besonderen Spannungsverhältnis.

Memoiren haben das Leben einer Person in ihrem historischen, sozialen und gesellschaftlichen Kontext zum Gegenstand und machen in der Regel vor dem Intimen und Privaten halt. Die Autobiographie und der autobiographische Roman hingegen interessieren sich primär für das Individuum, dessen Identität und Identitätsentwicklung. Dies prägt die innere Struktur des Werks.[109] Es gibt, so Bernd Neumann, „Zeugnis der Individuation"[110]. Demgemäß ist eine breite

---

[107] Darüber hinaus ist zu trennen zwischen biographischer und autobiographischer Literatur. Hierzu ist anzumerken, dass die reine Betrachtungsweise der (formalen) Unterschiede von Autobiographie und Biographie zu kurz greift. Vielmehr betont die neuere Biographieforschung, dass Verschränkungen von Autobiographie und Biographie nicht übersehen werden dürfen, dass sich beide Genres gegenseitig bedingen und der Biographie ein hoher ästhetischer Wert zukommt, der bei allem Interesse am Autobiographischen nicht übersehen werden darf. Dieser Kritik ist zuzustimmen. Und doch würde eine eingehende Beschäftigung mit dem Genre der Biographie an dieser Stelle zu weit führen. Deshalb sei in diesem Zusammenhang exemplarisch verwiesen auf Reinhold Grimm/Jost Hermand (Hg.), Vom Anderen und vom Selbst. Beiträge zu Fragen der Biographie und Autobiographie, Königstein/Ts. 1982; Daniel Madelénat, La biographie, Paris 1984; Helmut Scheuer, Biographie. Studien zur Funktion und zum Wandel einer literarischen Gattung vom 18. Jahrhundert bis zur Gegenwart, Stuttgart 1979; Neva Šlibar, Biographie, Autobiographie. Annäherung, Abgrenzung. In: Geschriebenes Leben. Autobiographik von Frauen, hg. von Michaela Holdenried, Berlin 1995, S. 390–401.
[108] Wuthenow, Das erinnerte Ich, S. 19.
[109] Vgl. Bernd Neumann, Identität und Rollenzwang, S. 16–24 und S. 89–90. Neumann leitet seinen Identitätsbegriff von Sigmund Freuds Persönlichkeitstheorie her und bezieht ihn auf das Zusammenspiel von „Es", „Ich" und „Über-Ich" (vgl. ebd., S. 20). Die Unterscheidung von Memoiren und Autobiographie bzw. autobiographischem Roman greift freilich auch bei jeder anderen Definition der Identität, sofern diese das Spezifische, das Private oder das Persönliche des Individuums in Opposition zum Allgemeinen, Gesellschaftlichen, Sozialen in den Blick nimmt. Dabei ist die Identität des oder der Einzelnen im autobiographischen Roman nicht etwa losgelöst vom Gesellschaftlichen zu verstehen. Aber der primäre Zugang erfolgt über die Identitätsentwicklung und Introspektion des Individuums.
[110] Neumann, Identität und Rollenzwang, S. 63.

Quellenbasis dienlich beim Abfassen der Memoiren; bei der Autobiographie und – mehr noch – dem autobiographischen Roman kommt der Erinnerung eine grundlegende narrative Bedeutung zu:

> Die Autobiographie erinnert das vergangene Leben, die Memoiren hingegen trachten dessen Ablauf möglichst genau an Hand von Belegen zu rekonstruieren. Der Memoirenschreiber fürchtet, daß die Erinnerung das Erlebte verfälscht wiederbringen könnte, der Autobiograph akzeptiert und bejaht diese Tatsache.[111]

Dies bedeutet nicht, dass der autobiographische Roman sich nicht auch um Rekonstruktion bemüht. Jedoch sind seine Mittel andere als die der Memoiren.

Kawashima unterscheidet grob zwischen der Autobiographie als „nie [...] rein literarische, sondern [...] institutionelle Gattung, deren Format die Lebensgeschichte darstellt", und der im zwanzigsten Jahrhundert zu verortenden „literarische[n] Autobiographie, die so konsequent aus dem photographischen Archiv Nutzen zieht, daß sie selbst voll von Spuren des Vergessens, von Unterbrechungen und Sprüngen ist".[112]

Diese Beschreibung trifft zwar ansatzweise auf die literarische Autobiographie zu. Sie ist aber, wie der historische Überblick gezeigt hat, vom Grundgedanken her im achtzehnten und ausgehenden neunzehnten Jahrhundert anzusiedeln. Gleichwohl weist der Befund Parallelen zum autobiographischen Roman auf. Es ist also sinnvoll, den autobiographischen Roman in der Tradition der literarischen Autobiographie und damit in Abgrenzung zur reinen Autobiographie als nicht-institutionelles, literarisches Genre des zwanzigsten und beginnenden einundzwanzigsten Jahrhunderts aufzufassen. Damit entspricht der neuere autobiographische Roman Kawashimas Definition der literarischen Autobiographie. In diesem Zusammenhang sei daran erinnert, dass Müller den *Anton Reiser* als „die eigentliche Verwirklichung der Gattungssynthese von Autobiographie und Roman"[113] begreift – eben den Roman, der erinnernd-introspektiv strukturiert ist. Dem entspricht die ‚ästhetische Autobiographie' bei Nalbantian. Beim autobiographischen Roman rücken Erinnerungsvorgang, Erinnerungsvermögen und -Unvermögen der Autorin oder des Autors sowie der Erzählinstanz in den Blick. Dabei ist – wie bereits bei Goethe – nicht die Wiedergabe von Wirklichkeit von

---

111 Neumann, Identität und Rollenzwang, S. 60. Anders stellt dies Misch dar: „Das Wort *Autobiographie*, das im 19. Jahrhundert geläufig wurde, verdrängte den früher üblichen Ausdruck *Memoiren*." (Georg Misch, Begriff und Ursprung der Autobiographie. In: Die Autobiographie. Zu Form und Geschichte einer literarischen Gattung, hg. von Günter Niggl, Darmstadt ²1998, S. 33–54, hier S. 39; Herv. im Orig.)
112 Kawashima, Autobiographie und Photographie nach 1900, S. 283.
113 Müller, Autobiographie und Roman, S. 469.

Interesse, sondern die Wahrheit, die in der Dichtung zutage tritt, die begrifflich häufig als ‚Authentizität' vermittelt wird. „Deshalb", so Ralph Gehrke, „darf es nicht verwundern, wenn das heutige Autorenbewußtsein sich gegen eine objektivistische Wahrheitsauslegung wendet, die Authentizität mit Faktizität gleichsetzt."[114]

Dennoch unterscheidet sich der autobiographische Roman vom Roman im Allgemeinen, der schließlich – wenn auch nicht in gleichem Maße – ebenfalls Authentizität für sich beanspruchen kann. Klaus-Detlef Müller sieht hier eine Differenz im Hinblick auf den jeweiligen Abstraktionsgrad: „Den höheren Grad an Abstraktion, der den Roman auszeichnet, gleicht die literarische Autobiographie durch einen größeren Gehalt an Realität aus."[115]

Das Unterscheidungsmerkmal zwischen Roman und autobiographischem Roman liegt aber nicht allein im Realitätsgehalt, sondern in erster Linie in der Referenz oder im autobiographischen Pakt. Wie erwähnt, zieht Lejeune eine kategorische Trennlinie zwischen Autobiographie und autobiographischem Roman:

> So bezeichne ich alle fiktionalen Texte, in denen der Leser aufgrund von Ähnlichkeiten, die er zu erraten glaubt, Grund zur Annahme hat, daß eine Identität zwischen Autor und ‚Protagonist' besteht, während der Autor jedoch beschlossen hat, diese Identität zu leugnen oder zumindest nicht zu behaupten. Der dergestalt definierte autobiographische Roman umfaßt sowohl personale Erzählungen (Identität des Erzählers mit dem Protagonisten) als auch ‚nichtpersonale' Erzählungen (worin die Personen mit der dritten Person bezeichnet werden); er ist inhaltlich definiert. Im Gegensatz zur Autobiographie weist er ‚Gradunterschiede' auf.[116]

Richtig ist, dass es „Gradunterschiede", also eine skalare Intension des Autobiographischen im autobiographischen Roman gibt. Dies ist aber kein Grund, dem Genre des autobiographischen Romans einen autobiographischen Pakt abzusprechen. Hier sei vielmehr die These vertreten, dass der autobiographische Roman durchaus einen autobiographischen Pakt mit dem Leser eingeht. Es lässt sich leicht zeigen, dass der Eigenname als *conditio sine qua non* zu eng gefasst ist,

---

114 Gehrke, Literarische Spurensuche, S. 46. Bei Gehrke begegnet indirekt die Dichotomie objektivistische Wahrheitsauslegung *versus* Subjektivität: „Subjektivität nicht im Sinne von Einzigartigkeit, sondern als Bewußtwerden des gesellschaftlichen Allgemeinen im Subjekt" (ebd., S. 47). Zu den verschiedenen Definitionen und Kategorien von Authentizität vgl. Jutta Schlich, Literarische Authentizität. Prinzip und Geschichte, Tübingen 2002 (Konzepte der Sprach- und Literaturwissenschaft, Bd. 62).
115 Müller, Autobiographie und Roman, S. 353.
116 Lejeune, Der autobiographische Pakt, S. 26. Klaus-Detlef Müller spricht hingegen umgekehrt – ohne auf Lejeune Bezug zu nehmen – vom „Grad der Literarisierung" der Autobiographie; vgl. Müller, Autobiographie und Roman, S. 7.

zumal sich die Autobiographie selbst stets auf der Schwelle zur Fiktion befindet. Gérard Genette weitet das Verständnis des autobiographischen Paktes etwa aus, indem er sich von der Fixierung auf den Autorennamen verabschiedet:

> Etwa bei manchen verschleierten Autobiographien, in denen der Autor seinem Helden nicht den eigenen Namen verleiht, sondern einen anderen [...], und die dadurch den Status der Autobiographie im strengen Sinn einbüßen, von einem längeren oder späteren Paratext aber wohl oder übel wieder in ihr Feld zurückgeführt werden. Als Element eines Vertrags ist der Autorenname in ein komplexes Ganzes eingebunden, dessen Grenzen sich noch schwerer auflisten lassen. Der Vertrag ist die Resultante daraus – eine nahezu provisorische Resultante.[117]

Autobiographischer Pakt und autobiographischer Roman schließen sich also – weniger enge Begrifflichkeiten vorausgesetzt – keineswegs aus. Und hier bleibt die Differenz zum nicht-autobiographischen Roman. Hilmes besteht auf der Referenz als notwendiges Gattungskriterium: „Ohne die Grundannahme der Referenz ließe sich nicht sinnvoll zwischen Roman und Autobiographie unterscheiden".[118] Der autobiographische Roman ist aber ein Roman, bei dem die Referenz zwischen Erzählinstanz und Protagonistin oder Protagonist gegeben und damit ein autobiographischer Pakt geschlossen wird – der autobiographische Roman befindet sich in nächster Nähe zum Roman, geht in diesem aufgrund der Referenz aber nicht auf.[119]

Freilich ist bei alledem immer zu diskutieren, inwiefern der autobiographische Roman eine bloß heuristische Kategorie ist. Wer aber grundsätzlich – im Bewusstsein der Schwierigkeiten der Ein- und Abgrenzung – die Unterscheidung von Gattungen akzeptiert, wird einen Mehrwert in der Definition des autobiographischen Romans als eigenes Genre anerkennen. Dabei lässt sich dieses Genre auch begründen, ohne – mit Jandl – die Absicht des Autors oder der Autorin und deren Erkenntnisinteresse zu hinterfragen. Und Konstruktivistinnen und Konstruktivisten wie de Man lässt sich entgegnen: Wenn die Autobiographie ausschließlich als Lese- oder Verstehensfigur aufzufassen ist, ist der autobiographische Roman ein Roman, in dem diese Figur stärker dominiert als in anderen Texten; und dabei kommt der Erinnerung weit mehr als eine thematische Funktion zu – sie wird zum strukturbildenden Element.

---

117 Genette, Paratexte, S. 45.
118 Hilmes, Das inventarische und das inventorische Ich, S. 390–391.
119 Der Vollständigkeit halber sei an dieser Stelle erwähnt, dass neben der Autobiographie und dem autobiographischen Roman noch weitere autobiographische Genres wie das autobiographische Gedicht oder das autobiographische Drama existieren.

4 Zur Konstitution des Genres ‚autobiographischer Roman'

Der autobiographische Roman ist als eigenständiges, von der Autobiographie wie vom Roman zu unterscheidendes Genre aufzufassen, ein Roman, dem ein autobiographischer Pakt zugrunde liegt und in dem Erinnerung narrativ gestaltet wird.

Das Genre ‚autobiographischer Roman' erhebt autobiographischen Anspruch. Dies wird häufig durch den Untertitel oder die Beschreibung ‚Autobiographie' oder ‚autobiographischer Roman' deutlich. Dabei ist es erforderlich, dass die autobiographischen Bezüge eines Romans quantitativ, noch mehr aber qualitativ einen gewichtigen Anteil des jeweiligen Werkes ausmachen. Dieser Anteil lässt sich aber nicht eindeutig bestimmen, da von einer skalaren Intension des Autobiographischen im autobiographischen Roman auszugehen ist.

Wichtiger ist die Feststellung, dass im autobiographischen Roman ein autobiographischer Pakt geschlossen wird, wenngleich dieser nicht die vollumfängliche Wirkung erzielt, wie dies nach Lejeune in der Autobiographie der Fall ist. Der Leser oder die Leserin können sich aber darauf verlassen, dass der autobiographische Roman einen ‚wahren' autobiographischen Kern hat. Dem Genre des autobiographischen Romans liegt das Prinzip mimetischen Schreibens zugrunde. Entsprechend zeichnet sich das Genre durch einen Protagonisten oder eine Protagonistin mit starken autobiographischen Zügen aus, die oder der jedoch einen anderen Eigennamen trägt als der Autor bzw. die Autorin. Sehr häufig tritt im neueren autobiographischen Roman eine homodiegetische Erzählinstanz in der dritten Person auf. Einschränkend bleibt aber festzuhalten, dass im autobiographischen Roman auch die Namensidentität von Autor oder Autorin und Hauptfigur gegeben sein kann, ebenso ein autobiographisches Ich. Wie in der klassischen literarischen Autobiographie kann von einer Einheit der inner- und außertextuellen Figuren gesprochen werden; diese Einheit ist aber recht lose und nicht immer auf den ersten Blick festzustellen.

Sehr viel stärker als die Autobiographie als reine Zweckform nähert sich der autobiographische Roman seinem Gegenstand ‚literarisch' im Sinne der ‚ästhetischen Autobiographie' an. Während für die Autobiographie eine offene Form kennzeichnend ist, die zum Autobiograph hinführt und grundsätzlich fortsetzbar wäre, ist der autobiographische Roman in sich abgerundet.[120] Daraus folgt, dass

---

[120] Vgl. H. Porter Abbott, Autobiography, Autography, Fiction. Groundwork for a Taxonomy of Textual Categories. In: New Literary History, Bd. 19, 1987/1988, S. 597–615, hier insbes. S. 598; Pascal, Die Autobiographie, S. 191; Wagner-Egelhaaf, Autobiographie, S. 49. Einschränkend sei hier angemerkt, dass es selbstverständlich auch mehrbändige Romane und damit auch autobiographische Romane gibt.

hier das Ende und der Erzählrahmen im Sinne einer erinnernden Erzählsituation stärker in den Blick genommen werden müssen. Dem autobiographischen Roman sind viele weitere Merkmale des Romans eigen. So stellt er neben der historischen Wirklichkeit auch die „potentielle Wirklichkeit"[121] dar. Und ihm steht eine größere Bandbreite narrativer Möglichkeiten zur Verfügung als der Autobiographie, weil er insbesondere im Hinblick auf Erzählperspektive und Erzählhaltung relative Freiheit genießt.

Die Erinnerung spielt für den autobiographischen Roman letztlich die zentrale Rolle. So stellt Michaela Holdenried fest: „Durch die Freisetzung erinnernder Imagination können ästhetische Erfahrungen an die Stelle des existentiellen Erlebnisreservoirs treten."[122] Der autobiographische Roman vermittelt die Geschichte eines Lebens (oder einen Ausschnitt daraus), indem er die Erinnerung der Erzählinstanz transparent und zum narrativen Moment der Erzählung macht. Dabei spielt implizit oder oftmals explizit auch das Nicht-Erinnern eine wichtige Rolle.

> Als Aufgabe und Ziel moderner Autobiographik erscheint demnach nicht mehr in erster Linie die Einholung fertiger Identität oder die erinnernde Wiederholung der einzelnen Schritte fertiger Identität oder die erinnernde Wiederholung der einzelnen Schritte ihrer Genese, sondern die Annäherung an Unverfügbares auch der erinnerten Vergangenheit: an das Verlorene, Vergessene, Verdrängte, aber auch das Nicht-Erlebte, Nicht-Erkannte, Nicht-Gewußte. Nur imaginative Formen der Erinnerungen können dies Noch-Nie-Gewesene in das Recht des potentiell Möglich-Gewesenen setzen.[123]

Dabei ist nicht zu vergessen, dass den Autorinnen und Autoren zeitgenössischer autobiographischer Romane im Normalfall sowohl Erkenntnisse der Erinnerungsforschung als auch der Autobiographie-Forschung bekannt sein dürften und dass es zudem „auch Rückwirkungen der autobiographischen Theorie auf die Praxis gibt"[124]. Sigrid Weigel stellt bereits für die Literatur der 1990er Jahre fest:

> Die weitgehende Identifizierung von literarischer Erinnerung und Autobiographie in der Moderne scheint in der Gegenwartsliteratur an ihr Ende gekommen. Nicht zuletzt die Vermehrung autobiographischer Literatur, eine soziale Entgrenzung der Erfahrungsorte autobiographischen Schreibens für die Ermöglichung der Lebens-Schrift eines jeglichen ‚Autors' also und eine darin sich ereignende Aufhebung jenes genuinen Genres von Subjektivität in die immergleichen lebensgeschichtlichen Muster und Erinnerungsbilder, haben andere Schreibweisen der Erinnerung notwendig und (wieder) möglich gemacht. Dabei tritt nicht

---

121 Pascal, Die Autobiographie, S. 207.
122 Holdenried, Im Spiegel ein anderer, S. 235.
123 Holdenried, Im Spiegel ein anderer, S. 237.
124 Holdenried, Im Spiegel ein anderer, S. 59.

> nur die Erinnerung einer individuellen Lebensgeschichte in den Hintergrund, sondern auch der Versuch, zu rekonstruieren, ‚wie es denn eigentlich gewesen ist'. Stattdessen geht es nun – wie schon in einigen großen Projekten der literarischen Moderne – um eine Reflexion der Erinnerungstätigkeit selbst, vor allem aber um eine Thematisierung der Bilder und Mythen, der Medien und Sprachmuster, der Figuren und Szenarien, in denen die Erfahrung sich niederschlägt und Gestalt gewinnt. Auf diese Weise verschiebt sich das Interesse von der individuellen Erinnerungsarbeit zu den Strukturen, die ihr vorausgesetzt sind und in sie eingehen, und zu den Erinnerungsbildern, die durch sie aktualisiert und umgeschrieben werden. Stehen damit Arbeitsweise, Medien und Bilder des *kulturellen* Gedächtnisses zur Debatte, so ist darin zugleich der *Gegensatz* von individueller und kollektiver Erinnerung aufgehoben – ohne daß das einzelne Subjekt dabei seine aktive Rolle verlöre.[125]

Diese Tendenz hin zur „Reflexion der Erinnerungstätigkeit" lässt sich in besonderem Maße für das Genre des autobiographischen Romans beobachten. Die Reflexion der Erzählinstanz über die Möglichkeiten und Grenzen ihres Gedächtnisses ist ein häufig anzutreffendes Muster neuerer autobiographischer Romane und auf der Meta-Memoria-Ebene anzusiedeln. Oftmals gilt auch hier das von Weigel beschriebene Interesse an strukturellen Bedingungen des kulturellen Gedächtnisses.

Der autobiographische Roman ist in der Regel auf eine Person fokussiert, dabei aber durch die Möglichkeit, erinnernd-narrative Verfahren Nebenstränge der Erzählung zu verfolgen, freier als die Autobiographie im engen Sinne. Nicht eben selten ergibt sich ein Spannungsfeld zwischen subjektivem Selbstportrait und allgemeingültigem Anspruch, zwischen individuellem Werdegang und historischem Kontext. Gerhart Baumann betont: „Selbstbiographien offenbaren überaus sinnfällig wie eindringlich die allgemeinen Verhältnisse, jene Spannungen, denen alle unterworfen sind, darum erreichen auch persönliche Erfahrungen und Auslegungen epochale Gültigkeit."[126]

Der autobiographische Roman ist nicht losgelöst von seinem historischen Kontext – sowohl dem historischen Kontext seiner Entstehung als auch dem historischen Kontext seines Stoffes. Im deutschsprachigen Raum ist die eigene Vergangenheit der Erzählinstanz im Nationalsozialismus nach wie vor ein vorherrschendes Thema. Auffällig ist, dass sich manche Autorinnen und Autoren diesem Thema autobiographisch erst sehr spät zuwenden. Gleichzeitig gewinnen andere zeitgeschichtliche Epochen oder Ereignisse wie die DDR oder die Wende zunehmend an Bedeutung in der autobiographischen Literatur.

---

[125] Sigrid Weigel, Bilder des kulturellen Gedächtnisses. Beiträge zur Gegenwartsliteratur, Dülmen 1994, S. 9; Herv. im Orig.
[126] Gerhart Baumann, Sprache und Selbstbegegnung, München 1981, S. 12

Insgesamt stehen neuere autobiographische Romane allesamt für den Versuch, ein Leben nach den Regeln des Romans in eine Ordnung zu bringen, zu einer sinnvollen Einheit zusammenzufügen, eine ‚Lebensgeschichte' zu schreiben. Dieser Terminus ‚Lebensgeschichte', so Peter Braun und Bernd Stiegler,

> birgt das Versprechen, daß sich das Erlebte und Erlittene, die unendliche Zahl der Lebenssplitter zu einem Ganzen fügen, wie brüchig es auch sein mag. Mehr noch lässt er sogar hoffen, daß sich in diesem Ganzen ein Lebensmuster zeigt, das in der Erzählung sichtbar wird und diese wie einen roten Faden durchwirkt. In jeder Lebensgeschichte steckt ein Entwicklungsroman.[127]

Auch hier schließt der autobiographische Roman an die klassische literarische Autobiographie an. „Lebenssplitter" oder „Fragmentcharakter"[128] auf der einen, ein sinnvolles Ganzes auf der anderen Seite – diesem inneren Widerspruch ist der neuere autobiographische Roman ständig ausgesetzt. Nach Jürgen Lehmann wird im zwanzigsten Jahrhundert „der Anspruch des autobiographischen Ichs, die Wirklichkeit und die eigene Beziehung zu ihr als durchschaubar vorzustellen, die eigene Geschichte als sinnvoll und zusammenhängend zu gestalten, radikal in Frage gestellt"[129].

Nicht anders verhält es sich mit der Erinnerung. Der autobiographische Roman ist das Genre, das die brüchige, diskontinuierliche, gefährdete Identität einer Erzählinstanz mit deren fragmentarischen, unsicheren und dennoch identitätsstiftenden Erinnerung in Einklang zu bringen vermag.

---

[127] Peter Braun/Bernd Stiegler, Die Lebensgeschichte als kulturelles Muster. Zur Einführung. In: Literatur als Lebensgeschichte. Biographisches Erzählen von der Moderne bis zur Gegenwart, hg. von Peter Braun und Bernd Stiegler, Bielefeld 2012, S. 9–20, hier S. 9.
[128] Holdenried, Im Spiegel ein anderer, S. 169.
[129] Jürgen Lehmann, Autobiographie. In: Reallexikon der deutschen Literaturwissenschaft. Neubearbeitung des Reallexikons der deutschen Literaturgeschichte, Bd. 1, hg. von Klaus Weimar u. a., Berlin/New York 1997, S. 169–173, hier S. 171.

III Die Walser-Bubis-Debatte im Kontext

Im Oktober 1998 hält Martin Walser anlässlich der Verleihung des Friedenspreises in der Frankfurter Paulskirche eine viel beachtete Rede, die er „Erfahrungen beim Verfassen einer Sonntagsrede" nennt.[1] Die Rede wird mit stehenden Ovationen bedacht und vom Seminar für Allgemeine Rhetorik der Universität Tübingen zur „Rede des Jahres" gekürt.[2] Im Kern wendet Walser sich darin gegen ein ritualisiertes, zu bloßer Symbolik verkommenes Gedenken. Dabei geht er auf aktuelle Diskussionen wie die um das Holocaust-Mahnmal in Berlin ein.

In literarischer Manier benutzt Walser uneindeutige Begriffe und spielt mit sprachlichen Bildern, läuft aber damit Gefahr, dass sich verschiedene Interpretationen und Lesarten ergeben. Zudem appelliert er in vielen Passagen an das Gefühl und verzichtet auf logisch aufgebaute, nachprüfbare oder gegebenenfalls widerlegbare Argumente. So verwendet Walser unklare Begrifflichkeiten und Wortschöpfungen wie den „grausamen Erinnerungsdienst"[3], „[e]ine momentane Milderung der unerbittlichen Entgegengesetztheit von Tätern und Opfern"[4] oder die „Dauerpräsentation unserer Schande"[5]. Er verzichtet an vielen Stellen auf Beispiele und Konkretisierungen. Und so entgegnet Elie Wiesel: „Sie wenden sich gegen die ‚Instrumentalisierung des Holocaust' zu ‚gegenwärtigen Zwecken'. Von welchen ‚Zwecken' sprechen Sie? Um welche ‚Instrumentalisierung' handelt es sich?"[6] Viele solcher potentiellen Rückfragen lässt die Rede offen; stattdessen reklamiert Walser *coram publico* für den Schriftsteller: „Zuständig ist er aber nur für sich selbst".[7]

Eine kritikwürdige Passage seiner Rede bezieht sich auf eine Zeitungsüberschrift, die da lautet: „Würstchenbuden vor brennenden Asylantenheimen"[8]. In

---

1 Im Folgenden wird die Rede in der Form der Dokumentation von Frank Schirrmacher wiedergegeben. Vgl. Martin Walser, Erfahrungen beim Verfassen einer Sonntagsrede. In: Die Walser-Bubis-Debatte. Eine Dokumentation, hg. von Frank Schirrmacher, Frankfurt a. M. 1999, S. 7–17. Eine umfassende Analyse der Rede findet sich bei Kathrin Schödel, Literarisches versus politisches Gedächtnis? Martin Walsers Friedenspreisrede und sein Roman „Ein springender Brunnen", Würzburg 2010 (Epistemata. Reihe Literaturwissenschaft, Bd. 692), S. 63–122.
2 Vgl. dazu Ralf Oldenburg, Martin Walser. Bis zum nächsten Wort. Eine Biographie in Szenen, Meerbusch 2003, S. 198.
3 Walser, Erfahrungen beim Verfassen einer Sonntagsrede, S. 11.
4 Walser, Erfahrungen beim Verfassen einer Sonntagsrede, S. 11.
5 Walser, Erfahrungen beim Verfassen einer Sonntagsrede, S. 12.
6 Elie Wiesel, Ohne Schande. Offener Brief an Martin Walser [Die Zeit, 10. Dezember 1998]. In: Die Walser-Bubis-Debatte. Eine Dokumentation, hg. von Frank Schirrmacher, Frankfurt a. M. 1999, S. 397–399, hier S. 398.
7 Walser, Erfahrungen beim Verfassen einer Sonntagsrede, S. 16.
8 Walser, Erfahrungen beim Verfassen einer Sonntagsrede, S. 11.

diesem Zusammenhang spricht Walser von seiner „nichts als triviale[n] Reaktion auf solche schmerzhaften Sätze: Hoffentlich stimmt's nicht, was uns da so kraß gesagt wird."[9] Und:

> Ich kann diese Schmerz erzeugenden Sätze, die ich weder unterstützen noch bestreiten kann, einfach nicht glauben. Es geht sozusagen über meine moralisch-politische Phantasie hinaus, das, was da gesagt wird, für wahr zu halten. Bei mir stellt sich eine unbeweisbare Ahnung ein: Die, die mit solchen Sätzen auftreten, wollen uns weh tun, weil sie finden, wir haben das verdient. Wahrscheinlich wollen sie auch sich selber verletzen. Aber uns auch. Alle. Eine Einschränkung: alle Deutschen.[10]

Hier wird deutlich, dass Walsers Rede nicht auf Inhalte, also etwa auf das im angesprochenen Zeitungsartikel behandelte Verhältnis von Deutschen und Asylbewerberinnen und Asylbewerbern, abzielt, sondern in erster Linie auf seine eigene Befindlichkeit im Umgang mit medialen Darstellungen. Zwar bereitet ihm der Sachverhalt (oder vielmehr die sprachliche Wiedergabe desselben) Schmerzen, doch kommt er dann auf die Zielgruppe – „alle Deutschen" – zu sprechen. Eine wichtige Rolle nimmt bei Walser die Frage nach dem Gewissen ein; er proklamiert die absolute Gewissensfreiheit und spricht kritisch von „Gewissenswarte[n] der Nation"[11], „Hütern und Treuhändern des Gewissens"[12] und – selbstkritisch – vom „von Eitelkeiten dirigierte[n] Gewissenskämpfer"[13]. Dabei insistiert Walser darauf, dass das Gewissen „nicht delegierbar"[14] sei. Ein in der Folge häufig kritisierter Begriff erhält bei Walser durch mehrfache Wiederholung besonderes Gewicht: Schande. Dieser Terminus zielt, anders als der der Schuld, auf eine von außen auferlegte Schmach. Er war schon nach dem Ersten Weltkrieg ein deutscher Kampfbegriff gegen den Versailler Vertrag, er ist es auch heute noch unter

---

9 Walser, Erfahrungen beim Verfassen einer Sonntagsrede, S. 11.
10 Walser, Erfahrungen beim Verfassen einer Sonntagsrede, S. 11.
11 Walser, Erfahrungen beim Verfassen einer Sonntagsrede, S. 14.
12 Walser, Erfahrungen beim Verfassen einer Sonntagsrede, S. 9.
13 Walser, Erfahrungen beim Verfassen einer Sonntagsrede, S. 14.
14 Walser, Erfahrungen beim Verfassen einer Sonntagsrede, S. 9. Wolfram Schütte beschäftigt sich eingehend mit Walsers Gewissensbegriff und kommt zu dem Schluss, dass dessen Gewissensverständnis nicht vergleichbar sei mit dem, „was in der Tradition von Luther, Kant und Freund unter ‚Gewissen' verstanden wurde" (Wolfram Schütte, Nachlese. Annotate: „Ein springender Brunnen" oder die Friedenspreis-Rede. In: Text + Kritik, Heft 41/42: Martin Walser, Neufassung, [3]2000, S. 116–127, hier S. 121). Im Kapitel „Gewissensbegriff bei Walser" geht auch Alexander Krisch auf Walser und die Shoah ein, stellt aber im Grunde fast nur Zitate nebeneinander, ohne zu einem vertieften Verständnis von Gewissen bei dem Autor zu gelangen; vgl. Alexander Krisch, „Das Ideal: Entblößung und Verbergung gleich extrem. Also eine Entblößungsverbergungssprache." Martin Walser und die Shoah, Marburg 2010 (Wissenschaftliche Beiträge aus dem Tectum Verlag. Reihe Literaturwissenschaft, Bd. 15), S. 48–56.

Holocaust-Leugnern.[15] In seinem Brevier *Über Rechtfertigung, eine Versuchung* von 2012 verteidigt Walser später die Verwendung des Begriffs:

> In meinem Sprachverständnis aber denkt man bei ‚Schuld' immer an etwas, was bewiesen werden kann. ‚Schande' ist eine Folge der Schuld, unabwaschbar, durch kein Argument zu schwächen oder gar löschbar. Und: ‚Schuld' wendet sich an den erzogenen Kopf, ‚Schande' überzieht dich ganz und gar. Und für immer. Unter Schande leide ich deutlicher als unter Schuld.[16]

In der Friedenspreisrede aber war weder die Rede davon, dass der Verteidiger der Gewissensfreiheit unter der Schuld oder Schande leide, noch, was die Ursache der Schande sei. Bei Walser läuft die Schande vielmehr Gefahr, ‚instrumentalisiert' und ‚dauerrepräsentiert' oder – wie durch das Holocaust-Mahnmal in Berlin – ‚monumentalisiert' zu werden.[17] Denn das ist das zentrale Thema der Rede: die Gefahr der Ritualisierung und Funktionalisierung von Gedenkkultur und eine mögliche Reduktion des Gedenkens aufs rein Symbolische. Mit dieser Position steht Walser nicht allein, und er ist mit seiner Friedenspreisrede von 1998 auch nicht der Erste, der die Entwicklung der Gedenkkultur problematisiert. Bereits 1996 warnt Klaus R. Scherpe vor einer reinen Symbolfunktion ritualisierten und nicht-affirmativen Gedenkens und stellt fest:

> Eine Grenze und ein Gebot allerdings gibt es, und das ist an der Oberfläche unserer Öffentlichkeit kulturpolitischer Konsens: das Gebot des Nicht-Vergessens. Aber kann man das Vergessen verbieten? Pflichtgemäßes Erinnern lähmt die Memorialkultur, hindert sie daran, im Kultur- und Lebenszusammenhang wirksam zu sein.[18]

Eine ähnliche Gefahr beschwört Walser in seiner Friedenspreisrede, ist in der Folge aber konfrontiert mit einer Welle der Kritik, ausgehend von Ignatz Bubis. Dabei geht es um Definitionen von Schuld, Schande und Gewissen, Kollektivschuldtheorien, das Verhältnis von Juden und Nicht-Juden und die Frage, welche

---

15 Zur Kritik am Begriff ‚Schande' siehe Matthias N. Lorenz, „Auschwitz drängt uns auf einen Fleck". Judendarstellung und Auschwitzdiskurs bei Martin Walser, mit einem Vorwort von Wolfgang Benz, Stuttgart/Weimar 2005, S. 452; Wiesel, Ohne Schande, S. 399.
16 Martin Walser, Über Rechtfertigung, eine Versuchung, Reinbek 2012, S. 22.
17 Vgl. Walser, Über Rechtfertigung, S. 12–13.
18 Klaus R. Scherpe, Von Bildnissen zu Erlebnissen. Wandlungen der Kultur ‚nach Auschwitz'. In: Literatur und Kulturwissenschaften. Positionen, Theorien, Modelle, hg. von Hartmut Böhme und Klaus R. Scherpe, Reinbek 1996, S. 254–282, hier S. 255. Vgl. ferner auch ebd., S. 264–265 und S. 270–271. Scherpe führt zudem in fast ironisch-kritischem Ton Ruth Klüger als beliebte Autorin der Deutschen an: „Als gute Deutsche lesen wir mit Vorliebe die Literatur der Opfer (Vom ‚Tagebuch der Anne Frank' bis zu Ruth Klügers ‚weiter leben') und strafen dafür die Literatur der Täter mit Vergessen." (Ebd., S. 256.)

Bedeutung der ganz persönlichen Empfindung und Erfahrung angesichts der Shoah zukommt, eine Frage, die auch Thema von Walsers autobiographischem Roman *Ein springender Brunnen* ist.

Die Walser-Bubis-Debatte, die bedeutendste gesellschaftliche Kontroverse zur jüngeren deutschen Geschichte seit dem Historikerstreit, ist an verschiedenen Orten ausführlich dargestellt,[19] muss also hier nicht nochmals *en detail* nachgezeichnet werden. Im Folgenden sind vielmehr die Reaktionen von Autorinnen und Autoren aus Walsers Umfeld zu beleuchten, die sich – überwiegend nach der Debatte – autobiographisch ihrer jeweiligen Kindheit widmeten. Darüber hinaus ist von Bedeutung, zu welchen Schlussfolgerungen aus der Friedenspreisrede und der Walser-Bubis-Debatte die Forschung gelangt ist.

Manche Publizistinnen und Publizisten bemühen sich im Zuge der Debatte um eine differenzierte, an rhetorischen oder ästhetischen Fragestellungen gemessene Analyse. Dazu zählt Monika Maron, deren Beitrag „Hat Walser zwei Reden gehalten?" darauf abzielt, dass die Friedenspreisrede offenbar sehr unterschiedliche Interpretationen zulasse. Sie reagiert dabei auch auf Bubis' Vorwurf zum Begriff der Schande und stellt Walsers Aussagen in den Kontext seiner früheren, öffentlich meist positiv aufgenommenen Reden und Essays: „Die Verbrechen hat Walser nicht begangen, aber er nimmt die Schande an, die sie ihm hinterlassen haben, eben weil er nationaler empfindet."[20]

Als mögliche Lösungsstrategie mit Blick auf Schuld oder Schande stellt Walser implizit Verdrängung in den Raum,[21] aber wohl mit dem Ziel, eine Gedenkkultur zu entwickeln, in der eben nicht verdrängt und weggeschaut wird. Der Walser-Biograph Jörg Magenau sieht den Redner in diesem Zusammenhang missverstanden: „Er galt nun als Repräsentant der schweigenden Mehrheit, der

---

[19] Siehe Micha Brumlik u. a., Umkämpftes Vergessen. Walser-Debatte, Holocaust-Mahnmal und neuere deutsche Geschichtspolitik, Berlin 2000; Martin Dietzsch u. a. (Hg.), Endlich ein normales Volk? Vom rechten Verständnis der Friedenspreis-Rede Martin Walsers. Eine Dokumentation, Duisburg 1999; Jörg Magenau: Martin Walser. Eine Biographie, Reinbek 2005, S. 490–499; Frank Schirrmacher (Hg.), Die Walser-Bubis-Debatte. Eine Dokumentation, Frankfurt a. M. 1999. In Walsers jüngst erschienenem Sammelband *Unser Auschwitz – Auseinandersetzungen mit der deutschen Schuld* nimmt die Friedenspreisrede und ihre anschließende Kontroverse ebenfalls einen wichtigen Platz ein und demonstriert die aus seiner Sicht kontinuierliche Beschäftigung mit der deutschen Schuld, ist aber eingebettet in Auseinandersetzung des Autors mit literarischen Werken und Autoren wie dem jiddischen Dichter Scholem Jankew Abramowitsch; vgl. Martin Walser, Unser Auschwitz – Auseinandersetzungen mit der deutschen Schuld, hg. von Andreas Meier, Reinbek 2015.

[20] Monika Maron, Hat Walser zwei Reden gehalten? [Die Zeit, 19. November 1998]. In: Die Walser-Bubis-Debatte. Eine Dokumentation, hg. von Frank Schirrmacher, Frankfurt a. M. 1999, S. 181–182, hier S. 182.

[21] Vgl. Schütte, Nachlese, S. 118.

aussprach, was viele nur hinter vorgehaltener Hand zu sagen wagten: daß es doch mit Auschwitz allmählich sein Bewenden haben müsse."[22] Und in der Tat hatten die Friedenspreisrede und die sich anschließende Debatte eine Entlastungsfunktion bei jenen, die die sogenannte politische Korrektheit öffentlichen Gedenkens beklagten und auf neue Töne in den öffentlichen Diskursen hofften. Nur folgerichtig bekam Walser auch Zuspruch aus dem rechten Lager.[23] Insofern kann Walsers „Erfahrungen beim Verfassen einer Sonntagsrede" kaum losgelöst von der gesellschaftlichen Debatte betrachtet werden und muss sich den Vorwurf gefallen lassen, Menschen, deren Familien Opfer der nationalsozialistischen Gewaltherrschaft wurden, verletzt zu haben. Wer die Rede allein an sprachlichen oder literarischen Kriterien bemisst, blendet ihren Status als öffentlich-intellektuellen Beitrag aus.

Problematisch bleibt hingegen, wenn Walser unterstellt wird, bewusst das Gegenteil von dem gesagt zu haben, was er in Wahrheit meine. So erklärt Wolfram Schütte, Walsers Satz, er habe „es nie für möglich gehalten, die Seite der Beschuldigten zu verlassen"[24], sei unwahr, und unterstellt ihm somit eine gegenteilige Absicht.[25] Schütte sieht hier – und dies ist als völlig unhaltbar zurückzuweisen – eine Transformation der (von Walser abgelehnten) Kollektivschuld-These in eine „Kollektiv-Beschuldigten-These"[26].

Herbe und zum Teil einseitige Kritik an Walser findet sich auch in Matthias Lorenz' Monographie *Auschwitz drängt uns auf einen Fleck* von 2005, in der Walsers Werke auf Judendarstellungen und Ressentiments hin untersucht werden. Lorenz kommt zu dem Ergebnis, „dass Walser [...] in diversen Texten – weit häufiger als dies angesichts der Forschungslage zu vermuten war – negativ klischierte Judenfiguren konstruiert" habe und geprägt sei von einem „Wunschbild einer homogenen und unbelasteten, also: Identifikation wieder zulassenden und Identität stiftenden Nation, die letztlich mit dem völkischen Gedanken eines einheitlichen ‚Urzustands' korrespondiert".[27] Walsers Werk sei durchzogen von einer eigenen Konzeption „des Jüdischen"[28], die sich bei näherer Betrachtung als antisemitisch herausstelle. In der Friedenspreisrede meint Lorenz, die Propagierung von

---

22 Magenau, Martin Walser, S. 492. Und Magenau fügt ebd. an: „Wer also, wie Walser, die Art und Weise des Erinnerns in Frage stellte, wurde zwangsläufig zum Ketzer."
23 Vgl. Dietzsch u. a. (Hg.), Endlich ein normales Volk?; Klaus Köhler, Alles in Butter. Wie Walter Kempowski, Bernhard Schlink und Martin Walser den Zivilisationsbruch unter den Teppich kehren, Würzburg 2009, S. 354–359.
24 Walser, Erfahrungen beim Verfassen einer Sonntagsrede, S. 11.
25 Vgl. Schütte, Nachlese, S. 123.
26 Schütte, Nachlese, S. 123.
27 Lorenz, „Auschwitz drängt uns auf einen Fleck", S. 483.
28 Vgl. Lorenz, „Auschwitz drängt uns auf einen Fleck", S. 486.

Ignoranz und das Insistieren auf das Gewissen als „positives Gegenmodell für die Aufarbeitung von Auschwitz" ausmachen zu können.[29] Dabei sieht er rhetorisch eine stringente innere Argumentation, die Umdeutung und Sprachverwirrung von Begriffen und Behauptungen ohne Belege sowie die reizwortgespickte bewusste Adressierung an verschiedene Gruppen – darunter die offensichtlich kritisch betrachteten Stammtische – am Werk.[30] Zu einem ähnlich vernichtenden Urteil wie Lorenz kommt Klaus Köhler, der in der Friedenspreisrede einen „rhetorischen Coup"[31] sieht, der letztlich auf die „Entsorgung von Auschwitz"[32] und eine Umkehrung der Täter-Opfer-Konstellation hinauslaufe.[33] Mit dieser Interpretation steht er nicht allein. Auch bei Schütte heißt es: „Der genialste, beifallheischende rhetorische Schachzug der Rede ist ohne Zweifel die Rolle des passiven die Walser hier von A bis Z durchspielt."[34] Köhler indes bedient sich diffamierender, einer wissenschaftlichen Untersuchung unwürdiger Phrasen. Da ist die Rede von „Walsers Sonntagsrede an den deutschen Stammtisch"[35], von Walser, dem „schlitzohrige[n] Provokateur"[36], „der wegen verbaler Inkontinenz ständig Schaum vorm Mund hat"[37], da heißt es: „Die Festung Auschwitz ist reif."[38] Zwar ist Köhlers Einwurf, Teile der Rede könnten in einem antisemitischen und rechtspopulistischen Resonanzraum eine fragwürdige Interpretation erzeugen, in der Sache durchaus zutreffend. Weder nachvollziehbar noch haltbar ist jedoch, wenn er Walser vorwirft, eben diesen bewusst bedienen oder sogar erzeugen zu wollen. Bei Köhler werden emotional Vokabeln aus der Friedenspreisrede oder Begriffe wie ‚Moralkeule' und ‚verdrängen' vollständig ihrem Kontext entzogen und in zwei vermeintliche Argumentationsstränge neu einsortiert. Er verkehrt mehrmals walsersche Begriffe in ihr Gegenteil.[39]

---

29 Vgl. Lorenz, „Auschwitz drängt uns auf einen Fleck", S. 446–449.
30 Vgl. Lorenz, „Auschwitz drängt uns auf einen Fleck", S. 446–462.
31 Köhler, Alles in Butter, S. 350.
32 Köhler, Alles in Butter, S. 347.
33 Vgl. Köhler, Alles in Butter, S. 341–354.
34 Schütte, Nachlese, S. 117.
35 Köhler, Alles in Butter, S. 340.
36 Köhler, Alles in Butter, S. 351.
37 Köhler, Alles in Butter, S. 341.
38 Köhler, Alles in Butter, S. 350.
39 Vgl. auch Schütte, Nachlese, S. 340–354. So interpretiert Köhler Walser wie folgt: „Die Meinungssoldaten gönnen einem ja nichts. Schon gar nicht einem Deutschen. Nachdem er die jedoch nach allen Regeln der Kunst abgefrühstückt hat und die deutsche Normalität von Auschwitz entsorgt ist – der gewichtige *Schwerpunkt* der Sonntagsrede – ist im *Schlußteil* der Blick wieder frei, kann der Ton des Anfangs wiederaufgenommen werden." (Ebd., S. 344; Herv. im Orig.)

Auch wenn nicht alle wissenschaftlichen Untersuchungen der Walser-Rede zu solch vernichtendem Urteil gelangen,[40] bleibt in der Forschung nach der Friedenspreisrede insgesamt jener Eindruck zurück, den Volker Weidermann in seiner Literaturgeschichte skizziert:

> Walser, der früh schon politisch korrekte, fast schon überkorrekte Texte zur deutschen Schuld geschrieben und sehr glaubhaft von der Last gesprochen hat, die die Schuld Auschwitz für Deutschland und für ihn bedeute, er will sich langsam frei machen von dieser schweren Last. [...] Verbunden mit dem Willen, von jener Schuld endlich loszukommen, und sei es auch nur dadurch, dass man den Siegern des Ersten Weltkriegs indirekt diese Schuld auferlegt, führte es aber bald zu einer sehr unangenehmen ‚Gefühls'-Mischung, die Walser, je mehr er dafür angegriffen wurde, um so verbissener verteidigte.
>
> An so genannten Walser-Debatten jedenfalls hat es in den darauf folgenden Jahren nicht gefehlt. Es wirkte, als wollte Walser immer entschlossener von seiner ‚Last' loskommen, und je schärfer ihm widersprochen wurde, um so stärker beharrte er darauf, wie ein kleines Kind, das sich nichts verbieten lassen will.
>
> Ich habe keine große Lust, das alles noch einmal aufzurollen. Mich nervt der kindliche Affekt und die Selbststilisierung als einsamer Märtyrer danach. Von mir aus soll er doch von Auschwitz loskommen.[41]

Der Journalist und Autor Georg Heller zeigte sich am 28. Oktober 1998 in einem Brief an Walser entsetzt von Ignatz Bubis' Reaktion auf die Friedenpreisrede. Er schreibt, dass mit Walsers Warnung vor der Instrumentalisierung von Auschwitz deutlich geworden sei, wo dieser stehe, und verweist auf die „Schuld, die er [Walser, D.K.-B.] nicht persönlich begangen hat"[42]. Geradezu in einem dialektischen Verhältnis sieht Heller den Zusammenhang von Hinsehen und Wegschauen: „Begreift Bubis nicht, daß, wer eine solche Selbstbezichtigung aus-

---

40 Etwa Nadja Hadek, Vergangenheitsbewältigung im Werk Martin Walsers, Augsburg 2006; Magenau, Martin Walser; Krisch, „Das Ideal: Entblößung und Verbergung gleich extrem"; Schödel, Literarisches versus politisches Gedächtnis? Schödel analysiert Walsers Rede durchaus kritisch, stellt unstimmige Bezüge und Schwächen dar, kommt aber nicht zu einem solch durchweg negativen Gesamturteil wie die oben dargestellten Autoren.
41 Volker Weidermann, Lichtjahre. Eine kurze Geschichte der deutschen Literatur von 1945 bis heute, Köln 2006, S. 205–206.
42 Georg Heller, Brief an Martin Walser. In: Die Walser-Bubis-Debatte. Eine Dokumentation, hg. von Frank Schirrmacher, Frankfurt a. M. 1999, S. 93–94, hier S. 93. Der Brief wird im Schirrmacher-Band (aus dem im Folgenden zitiert wird) auf den 30. Oktober 1998 datiert (vermutlich weil er zwei Tage später in Kopie an Bubis versandt wurde). Er fand auch Eingang in Hellers Band Endlich Schluß damit?, vgl. ders., Endlich Schluß damit? „Deutsche" und „Juden". Erfahrungen. Mit einem Vorwort von Martin Walser, Eggingen 2002, S. 25–27, hier S. 25.

spricht, gerade durch die Hölle des unvermittelten Hinschauens geht und selbst und vor allem in dem Augenblick hinschaut, in dem er sagt, daß er wegschaue?"[43]

Der Friedensnobelpreisträger Elie Wiesel hingegen, für dessen ersten autobiographischen Bericht *La Nuit* (*Die Nacht. Erinnerungen und Zeugnisse*) Walser 1962 das Vorwort der deutschen Ausgabe verfasst hatte,[44] macht in der Wochenzeitung Die Zeit vom 10. Dezember 1998 in einem offenen Brief deutlich, dass er bestürzt sei darüber, dass in Walsers Positionierung viele versteckte Unterstellungen enthalten seien. „Seit langem erkläre ich überall, daß ich weder an die Kollektivschuld noch an die Erbschuld glaube. Nur die Kriminellen sind schuldig, deren Kinder sind es nicht. Die Kinder der Mörder sind keine Mörder, sondern Kinder."[45] Diese Passage rührt an der Frage nach dem Verhältnis von Schuld und Verantwortung, zwei moralischen Kategorien, die oftmals fast synonym gebraucht werden und eine herausragende Stellung im Walser-Bubis-Streit einnehmen. Das Problem, das bei vielen Walser-Kritikerinnen und -Kritikern indirekt mitschwingt, besteht darin, dass zwar allgemein die Kollektivschuldthese abgelehnt wird, die Frage aber, was an ihre Stelle zu rücken hat, unbeantwortet bleibt. Heller schreibt in seinem offenen Brief:

> Es ist sehr schwierig, jungen Menschen klar zu machen, daß sie zwar keine *Kollektivschuld* tragen, aber Verantwortung dafür, daß es nie mehr geschehe. Und Auschwitz instrumentalisiert, über Massenmedien vermittelt, wirkt genau umgekehrt: Menschen, die in der Tat keine persönliche Schuld tragen, wehren sich dagegen, daß ihnen dauernd Schuld vorgehalten wird.[46]

Als 2002 Walsers Roman *Tod eines Kritikers*[47] erscheint, geht die öffentliche Kritik an dem Autor bekanntlich in die nächste Runde. Nun geht es indes nicht mehr um mögliche Signalwirkungen für Rechtspopulistinnen und Rechtspopulisten. Vielmehr wird dem Text als solchem attestiert, er sei in Teilen antisemitisch. Auch Elie Wiesel sieht darin eine Beleidigung der Shoah-Opfer und verfügt, dass die Neuauflage seines Werks *Die Nacht* ohne das frühere Vorwort Walsers erscheinen

---

43 Heller, Brief an Martin Walser, S. 94.
44 Darin bezeichnete Walser *Die Nacht* als „die einzige Literatur, die notwendig ist" (Martin Walser, Vorwort. In: Elie Wiesel, Die Nacht. Erinnerung und Zeugnis, Freiburg i.Br. ³1996, S. 5–8, hier S. 8). Lorenz sieht in diesem Vorwort eine Entlastungsstrategie, die mit der „Formulierung von der unvereinbaren Entgegengesetztheit der Täter und Opfer in der Friedenspreisrede" korrespondiere (Lorenz, „Auschwitz drängt uns auf einen Fleck, S. 398–402). Wiesel hat das – vor Walsers Paulskirchenrede – offensichtlich anders wahrgenommen; andernfalls hätte er sich wohl ausgerechnet von Walser mit Sicherheit nicht das Vorwort zu *Die Nacht* schreiben lassen.
45 Wiesel, Ohne Schande, S. 398.
46 Heller, Brief an Martin Walser, S. 94; Herv. im Orig.
47 Martin Walser, Tod eines Kritikers, Frankfurt a. M. 2002.

möge. Heller sieht in dieser Ablehnung „[d]ie größte Kränkung"[48] für Walser und bittet Wiesel in einem Brief, diese Entscheidung nochmals zu überdenken. Darin zieht er eine Verbindungslinie zur Friedenspreisrede und der anschließenden Debatte und verteidigt Walser, indem er wiederum ein dialektisches Verhältnis beschreibt – in diesem Fall zwischen dem jeweiligen Deutschsein und dem je eigenen Bezug zu Auschwitz:

> Sein Leben lang hat Martin Walser sich damit auseinandergesetzt, worin diejenigen, die ihn jetzt als Antisemiten verfolgen, noch nicht einmal Einsicht haben, daß es eben nicht „Nazis" waren – also andere als ich und du –, die das taten, sondern Deutsche. Das Problem vieler Deutscher – ich möchte es geradezu das deutsche Problem nennen – ist, wie sie es ertragen können, Deutsche zu sein, ohne Auschwitz zu verdrängen oder gar zu leugnen. Bei mir ist es spiegelverkehrt: Wie ich mit Auschwitz lebe, ohne mein Deutschsein zu leugnen. Ich bin entschieden Deutscher und lebe mit diesem Zwiespalt. Ich kenne wenige Deutsche, die es wie Walser gelernt haben, von der anderen Seite her mit dem Zwiespalt zu leben: Auschwitz als Deutscher mitzuverantworten.[49]

Mit dieser vehementen Verteidigung gehört Heller wohl zu den wenigen, die sowohl nach der Friedenspreisrede als auch nach Erscheinen von *Tod eines Kritikers* überzeugt und uneingeschränkt Partei für Walser ergriffen haben. Dies ist umso bedeutender, als Heller als Verfolgter des NS-Regimes mit Auschwitz eben anders leben musste als die Täter, Mitläufer und Pseudo-Entlasteten. In Hellers Aufzeichnungen *Endlich Schluß damit? „Deutsche" und „Juden"* findet sich eine seiner Überzeugungen, die sein Engagement in der Sache ein wenig erklärt und zugleich ein wichtiges Diktum zum Diskurs über Gedenkkultur darstellt: „Wenn wir Erinnerung erhalten wollen, müssen wir die Formen der Erinnerung akzeptieren, derer diese Gesellschaft fähig ist."[50] Seiner Bitte an Wiesel, die Entscheidung in Bezug auf Walsers Vorwort zu *Die Nacht* zu überdenken, kommt dieser jedoch auch in der Folge nicht nach.

In Walsers Rede findet sich der Satz:

> Wenn ein Denker „das ganze Ausmaß der moralisch-politischen Verwahrlosung" der Regierung, des Staatsapparates und der Führung der Parteien kritisiert, dann ist der Eindruck nicht zu vermeiden, sein Gewissen sei reiner als das der moralisch-politisch Verwahrlosten.[51]

Es ist anzunehmen, dass dieser Satz – und vermutlich auch die Bemerkung, „daß Schriftsteller nicht mehr gelesen werden müssen, sondern nur noch in-

---

48 Heller, Endlich Schluß damit?, S. 144.
49 Heller, Endlich Schluß damit?, S. 145.
50 Heller, Endlich Schluß damit?, S. 30.
51 Walser, Erfahrungen beim Verfassen einer Sonntagsrede, S. 13.

terviewt"[52] – unter anderem (oder gar ausschließlich) an den Nobelpreisträger Günter Grass adressiert ist. In einem Mitte Dezember 1998 veröffentlichten Gespräch mit Ignatz Bubis, Salomon Korn und Frank Schirrmacher erklärt Walser, dass der Vorwurf der Instrumentalisierung von Auschwitz exemplarisch auf den Umstand zu beziehen sei, „daß zu Zeiten der Teilung gesagt wurde, diese Teilung ist vernünftig, denn sie ist verdient wegen Auschwitz"[53]. Auch damit spielt Walser offenkundig auf Grass an.[54] Gemessen an Grass' (wenn auch nicht immer expliziter) Präsenz in der Debatte meldet sich dieser verhältnismäßig spät zu Wort, nämlich Ende Dezember 1998 in einem Interview mit der Wochenzeitung Die Woche, aber auch dies erst auf Nachfrage. Dabei machen seine Äußerungen zur Walser-Bubis-Debatte einen nur geringen Teil des Interviews aus. Und es ist zu betonen, dass das auch als Überschrift gewählte Zitat „Unglücklich, irreführend und geschichtsvergessen" nicht etwa auf Walsers Friedenspreisrede anspielt, wie die Aufnahme des Interviews in die Schirrmacher-Dokumentation suggerieren könnte, sondern vielmehr auf den sich an der Schwelle zur Jahrtausendwende herauskristallisierenden Begriff ‚Berliner Republik'. Grass kommentiert Walsers öffentliche Rede als Formulierung eines privaten Bedürfnisses:

> Ich glaube, es geht bei Martin Walser um ein privates Bedürfnis. Er spricht ja in erster Linie von sich, von seinen Bedürfnissen, auch seinem Bedürfnis wegzuschauen. Dagegen wäre nichts einzuwenden, wenn er diesen Privatwunsch nicht veröffentlicht und so – gewollt oder ungewollt – zu einem allgemeinen Verhalten aufgerufen hätte.[55]

Grass deutet damit die Schwierigkeit an, der sich Walser mit seiner Paulskirchenrede ausgesetzt hat: Zum einen betont Walser den völlig persönlichen Zugang zum Gegenstand und äußert den anschließend viel zitierten Satz: „Gewissen ist nicht delegierbar."[56] Dabei zieht er Heinrich von Kleist heran, bei dem er „das Gewissen als das schlechthin Persönliche"[57] manifestiert sieht, und wehrt sich

---

[52] Walser, Erfahrungen beim Verfassen einer Sonntagsrede, S. 15.
[53] Walser in: Ignatz Bubis u. a., Wir brauchen eine neue Sprache für die Erinnerung. Ein Gespräch [FAZ, 14. Dezember 1998]. In: Die Walser-Bubis-Debatte. Eine Dokumentation, hg. von Frank Schirrmacher, Frankfurt a. M. 1999, S. 438–465, hier S. 444.
[54] Vgl. Köhler, Alles in Butter, S. 352.
[55] Günter Grass, Unglücklich, irreführend und geschichtsvergessen [Die Woche, 24. Dezember 1998]. In: Die Walser-Bubis-Debatte. Eine Dokumentation, hg. von Frank Schirrmacher, Frankfurt a. M. 1999, S. 545–552, hier S. 550–551.
[56] Walser, Erfahrungen beim Verfassen einer Sonntagsrede, S. 9.
[57] Walser, Erfahrungen beim Verfassen einer Sonntagsrede, S. 14. Die Wahrung der Würde und Freiheit des Gewissens findet sich demnach beim *Prinz von Homburg*, wenn dieser wegen innerer Überzeugung und persönlichen Gerechtigkeitsempfinden vom Todesurteil freigesprochen wird. Hierzu ist allerdings anzumerken, dass nicht allein das „Gefühl des Verurteilten" (ebd., S. 14),

gegen das öffentlich praktizierte symbolische Aufladen des Gewissens.[58] Zum anderen geht er genau damit an die Öffentlichkeit und nimmt in Kauf, dass der Inhalt nicht als rein persönliches Plädoyer, sondern mehr noch als Appell verstanden wird. Besonderes Konfliktpotential ergibt sich, wenn diese Differenz in das Verständnis von Erinnerung übertragen wird. Während für viele das kollektive Erinnern an die Verbrechen und die unerträglichen Schicksale unzähliger Opfer von zentraler Bedeutung sind, spricht Walser – analog zu seiner Perspektive im autobiographischen Roman *Ein springender Brunnen* – von seinen persönlichen Empfindungen und Erinnerungen.[59] Wiesel hingegen fehlt bei dieser Betrachtung vollständig das Gedenken an die Opfer, ohne welches das Erinnern in Schieflage gerät. Und so bittet er Walser zum Schluss seines Briefes:

> Ich möchte nicht, daß Ihre jungen Landsleute „in der Schande" leben. Im Gegenteil, sie sollen wissen: Indem sie sich der Erinnerung an die Opfer stellen, werden sie die Ehre entdecken, die aus der Wahrheit rührt. Wird das schmerzen? Zweifellos. Aber sie werden weder Scham noch Schande empfinden.
>
> Sie sind ein vielgelesener Schriftsteller, auf den man hört. Sagen Sie Ihren Lesern also, daß zu einem würdigen Leben die Bewahrung der Erinnerung gehört. Sie sind es wert, das zu hören, und Sie, es ihnen zu sagen.[60]

Diese Forderung impliziert, dass Walser sich in irgendeiner Form gegen die Bewahrung der Erinnerung ausgesprochen hätte. Darauf zielt aber sein Insistieren auf die persönliche Erinnerung keineswegs ab. Aber es blendet aus, welche Lesart eine solche Rede, vorgetragen im öffentlichen Raum und mit Bezugnahme auf die Diskussion rund um das Holocaust-Mahnmal, suggeriert.

Genau hier setzt Grass mit seinen moderat formulierten, knappen kritischen Worten an, hat er selbst doch umfassende Erfahrungen gemacht, dass öffentlich formulierte, persönlich-moralische Empfindungen für intellektuelle Einlassungen von allgemeingültigem Rang gehalten werden. Obwohl Grass sich nicht weiter zur Walser-Bubis-Debatte äußert und diese auch nicht – wie Ruth Klüger – in seinem autobiographischen Roman *Beim Häuten der Zwiebel* anspricht, darin aber, wie erwähnt, wohl formuliert, dass er sich „[v]on Martin Walsers Rede-

---

sondern – wir sprechen schließlich von einem monarchischen Prinzip – auch die mehr oder weniger Machtwillkür des Kurfürsten eine Rolle spielt.

58 Vgl. Walser, Erfahrungen beim Verfassen einer Sonntagsrede, S. 14.
59 Dabei geht Walser kurz auf den Vorwurf ein, in seinem kurz zuvor erschienenen autobiographischen Roman *Ein springender Brunnen* fehle Auschwitz. In der Tat ist dieser Vorwurf nicht gerechtfertigt, da Walser aus der Perspektive des Jungen Johann schreibt, aus der heraus er Auschwitz nicht in den Blick nehmen kann. Vgl. Walser, Erfahrungen beim Verfassen einer Sonntagsrede, S. 12. Siehe dazu das Kapitel V.4 dieser Arbeit.
60 Wiesel, Ohne Schande, S. 399.

fluß [...] sonstwohin tragen"⁶¹ lasse, werden die beiden prominenten Schriftsteller immer wieder miteinander verglichen. So bemerkt etwa Marcel Reich-Ranicki in einem SPIEGEL-Interview vom 4. Oktober 1999 spitz: „‚Nie wieder Auschwitz.' Das hat, glaube ich, Grass gelernt; Walser nicht unbedingt."⁶²

Der Tenor, Walser als problematischen, Grass hingegen als vollkommen integren Intellektuellen zu sehen, verändert sich freilich einige Jahre später nach Bekanntwerden von Grass' SS-Mitgliedschaft und verstärkt sich nochmals nach Erscheinen seiner israelkritischen Gedichte im Jahr 2012.⁶³ Aleida Assmann meint gar, dass sich das Bewertungsverhältnis von Walser und Grass gewissermaßen umgekehrt habe:

> Während Martin Walsers Medienschelte in Sachen Holocaust-Präsentation inzwischen viel Anerkennung verbuchen kann, ist es nach einem Antisemitismus-Vorwurf wesentlich schwieriger, die persönliche Reputation zurückzugewinnen. Das musste Walsers Kollege Günter Grass erfahren, als er im April 2012 ein Gedicht mit dem Titel ‚Was gesagt werden muss' veröffentlichte, in dem er seine Sorge vor einem Präventivschlag Israels gegen Iran zum Ausdruck brachte.⁶⁴

Assmann lässt hier völlig unerwähnt, dass Walser selbst spätestens nach Erscheinen von *Tod eines Kritikers*, im Grunde aber – wie zu zeigen sein wird – bereits wesentlich früher mit dem Vorwurf des Antisemitismus konfrontiert wurde. Zudem überwiegt in der öffentlichen Debatte und in der Wissenschaft wohl doch eher die Zahl derer, die Walser für die Argumentation und Einseitigkeit der Friedenspreisrede kritisieren, gegenüber denen, die ihm dafür – wie von Assmann zwar behauptet, aber nicht belegt – Anerkennung zollen. Grass gehört 1998 nicht zu jenen, die Walser lautstark öffentlich angreifen. 2002 stellt er sich sogar hinter den Autor des Romans *Tod eines Kritikers* und verteidigt diesen gegen den Antisemitismus-Vorwurf.⁶⁵

---

61 Grass, Beim Häuten der Zwiebel, S. 469.
62 Zit. nach Heller, Endlich Schluß damit?, S. 69. Heller kritisiert in einem Brief an Reich-Ranicki zu Recht die Formulierung ‚lernen', weil dieser Begriff impliziere, dass es kein historischer und gesellschaftlicher Grundkonsens sei, dass es nie wieder Auschwitz geben dürfe: „Hat Grass das lernen müssen? Hatte er jemals – bevor er es lernte – ‚wieder Auschwitz' gewollt? Und hat Walser es bis heute nicht gelernt? Will er immer noch, bis jetzt in diesem Augenblick, wenn auch nur bedingt, ‚wieder Auschwitz'?" (Ebd., S. 69).
63 Vgl. Günter Grass, Eintagsfliegen, Göttingen 2012; ders., Was gesagt werden muss. In: Süddeutsche Zeitung, 10. April 2012.
64 Aleida Assmann, Das neue Unbehagen an der Erinnerungskultur. Eine Intervention, München 2013, S. 89.
65 Vgl. Michael Opitz/Carola Opitz-Wiemers Tendenzen in der deutschsprachigen Gegenwartsliteratur seit 1989. In: Wolfgang Beutin, Deutsche Literaturgeschichte. Von den Anfängen bis zur Gegenwart, 8. akt. und erw. Aufl., Stuttgart/Weimar 2013, S. 669–756, hier S. 710.

Auf eine ganz andere Art als Wiesel, Grass und viele andere äußert die jüdische Autorin Ruth Klüger ihren Unmut. Während sie zunächst zum Walser-Bubis-Konflikt schweigt, nimmt sie im Jahre später erschienenen autobiographischen Werk *unterwegs verloren* und damit im rein literarischen Kontext Stellung. Aus gemeinsamen Studienzeiten am Regensburger Germanistik-Seminar mit Walser bekannt, hielt Klüger lange Zeit auch nach ihrer Übersiedlung in die USA guten Kontakt zu Walser und seiner Frau. Unter dem Pseudonym Christoph findet Walser sogar Eingang in Klügers autobiographisches Werk *weiter leben*, das einem Artikel von Sigrid Löffler in der Wochenzeitung Die Zeit zufolge sogar für ihn geschrieben wurde.[66] Bei Klüger heißt es nun:

> Verliebt war ich eigentlich nicht in Christoph, außer wenn man in den Begriff der Verliebtheit jede Form von wohlwollender Faszination mit Ungleichartigen im anderen Geschlecht miteinbezieht. Dann paßt es, sonst nicht. Die Faszination lag aber vor allem darin, daß ich sozusagen mit dem Bub vom Ferienlager, den ich auf der Fahrt ins Arbeitslager die Fahne schwingen sah – das war noch keine zwei Jahre her –, über die Straße gehen konnte, vertieft in literarische Gespräche. [...]
>
> Christoph lieh mir Bücher, die noch Mangelware waren. [...] Ich kam beharrlich auf Luthers Antisemitismus zu sprechen [...]. Wieso [...] die judenfeindlichen Tiraden seiner späteren Jahre? Wie war das einzuordnen? Christoph hielt das Thema eher für läppisch. Darauf behauptete ich verärgert, daß, trotz Beteuerung des Gegenteils, ein Antisemit auch in ihm stecke. Das hat er sich lange gemerkt und wehrte sich dagegen, er habe doch ein starkes Interesse an jüdischem Geistesleben. Ob ich ihm nicht etwas über die Kabbala sagen könne? Da war ich überfragt.
>
> Was ich hier schreibe, vereinfacht. So verschieden waren wir gar nicht.[67]

Walser sah sich demnach bereits während des Studiums, wenn auch im privaten Kontext, dem Vorwurf antisemitischer Ressentiments ausgesetzt. Klüger schil-

---

66 Vgl. Sigrid Löffler, Davongekommen. Jetzt noch über Auschwitz schreiben? In: Die Zeit, 5. August 1993. An dieser Stelle sei mit Andrea Krauß am Rande darauf hingewiesen, „dass ‚Christoph' ein literarisches Phänomen ist, das heißt formspezifisch gesehen zunächst auf *Repräsentationen*, nicht auf das ‚Leben selbst' referiert. Seine Geltung reicht dann über die biographische Singularität ‚Walser' weit hinaus, denn nur in der fiktiven Figur, nur im literarisch institutionalisierten Reflexionsraum bündelt sich ein *Diskursphänomen* von *struktureller Tragweite*." (Andrea Krauß, Dialog und Wörterbaum. Geschichtskonstruktionen in Ruth Klügers „weiter leben. Eine Jugend" und Martin Walsers „Ein springender Brunnen". In: Wende des Erinnerns? Geschichtskonstruktionen in der deutschen Literatur nach 1989, hg. von Barbara Beßlich u. a., Berlin 2006 [Philologische Studien und Quellen, Bd. 198], S. 69–85, hier S. 72; Herv. im Orig.)
67 Ruth Klüger, weiter leben. Eine Jugend, München ^{20}2013, S. 213–215. Auf die Diskrepanz zwischen diesen Schilderungen und Walsers Gefühlslage weist auch Magenau, Martin Walser, S. 49–51, hin.

dert hier eine Freundschaft bei gleichzeitiger unüberwindbarer Verschiedenheit und gegenseitigem Nicht-verstehen-Können. „Später, als auch Christoph, wie alle deutschen Intellektuellen unserer Jahrgänge, sein Wort zu Auschwitz gesagt hatte, nahm ich es ihm übel, daß er mich vorher nicht gefragt hatte."[68] Klüger relativiert hier die Bedeutung der Tatsache, dass Walser sich unter anderem in den Aufsätzen „Auschwitz und kein Ende" und „Händedruck mit Gespenstern" als einer der ersten seiner Generation mit der Shoah auseinandergesetzt hat.[69] Zudem klingen bereits in *weiter leben* tiefe Verletzungen an („Erinnerung verbindet uns, Erinnerung trennt uns"[70]), die ihren Höhepunkt in Klügers autobiographischer Fortsetzung *unterwegs verloren* von 2008 finden, die sich mit der Entwicklung der Schriftstellerin, Germanistin, Feministin und Mutter Klüger in den Vereinigten Staaten beschäftigt. Dort wird Walser (wie bereits in *Still Alive*[71], der englischen Fassung von *weiter leben* von 2002) nicht mehr verschlüsselt, sondern namentlich mit direktem Bezug zu seiner Erwähnung in *weiter leben* genannt. Klüger beschreibt Walser als „einzige[n] echte[n] Deutsche[n], mit dem ich befreundet war, den ich oft besuchte und von dem ich glaubte, ich würde ihn trotz einschneidender Meinungsverschiedenheiten bis zum Lebensende zum Freund haben. – Das war nicht der Fall."[72]

Durch die geschilderte Nähe der beiden und die Aussage, dass Walser wesentlichen Anteil an Klügers Entscheidung, *weiter leben* zu publizieren, gehabt habe („ganz sicher war ich erst, als Martin Walser den ersten Teil in die Hand bekam"[73]), entsteht eine enorme Fallhöhe; Klüger selbst spricht von „Dilemma"[74]. Dadurch wird die sich anschließende fundamentale Kritik in *unterwegs verloren*, die sich primär auf Walsers Roman *Tod eines Kritikers* bezieht, verstärkt und in ein sehr persönliches Licht gerückt. Klüger zitiert einen von der Frankfurter Rundschau publizierten öffentlichen Brief an Walser, in dem sie diesen scharf kritisiert und davon spricht, dass sie sich persönlich von dessen „Darstellung eines Kritikers als

---

68 Klüger, weiter leben, S. 217.
69 Martin Walser, Händedruck mit Gespenstern, und Walser, Auschwitz und kein Ende. Beide in: Walser, Über Deutschland reden, Frankfurt a. M. 1989, S. 7–23 bzw. S. 24–31.
70 Klüger, weiter leben, S. 220.
71 Ruth Kluger, Still Alive. A Holocaust Girlhood Remembered, New York 2001. Zur eigenen Qualität der englischen Übersetzung (oder vielmehr „Weiter- bzw. Neu-Schreibung") siehe Irene Heidelberger-Leonard, Ruth Klügers „weiter leben" revisited. In: Deutschsprachige Gegenwartsliteratur seit 1989. Zwischenbilanzen – Analysen – Vermittlungsperspektiven, hg. von Clemens Kammler und Torsten Pflugmacher, Heidelberg 2004, S. 127–138, hier insbes. S. 130–135.
72 Ruth Klüger, unterwegs verloren. Erinnerungen, München 2010, S. 157.
73 Klüger, unterwegs verloren, S. 157.
74 Klüger, unterwegs verloren, S. 168.

jüdisches Scheusal betroffen, gekränkt, beleidigt"[75] fühle. „Ein Deutschlandbild mit bösartigen Juden oder meinetwegen dem bösen Juden, aber ohne Judenfeindlichkeit, ist, schlicht ausgedrückt, verlogen."[76] Und da ist er denn auch wieder, der Vergleich mit dem Literaturnobelpreisträger Grass:

> Dabei ist gar keine Kombination von Figur und Handlung tabu. Zum Beispiel, in Günter Grass' letztem Roman, „Im Krebsgang", begeht ein Jude einen Mord. Grass' Darstellung ist weder anti- noch philosemitisch, sie ist vorurteilsfrei und daher nicht zu beanstanden.[77]

Es wird deutlich, dass Walser aus Klügers Sicht mit *Tod eines Kritikers* endgültig eine Grenze überschritten hat. Allerdings sieht sie gewisse Linien bereits in der Friedenspreisrede angelegt. So schreibt sie, bevor sie mit dem Gruß „In alter Freundschaft" endet:

> In Deiner Friedenspreisrede hast Du über eine Moralkeule gejammert, mit der Ungenannte Dich und andere Deutsche bedrohten. Jetzt spielst Du „Sieger und Besiegte" und dabei ist Dir selber unversehens die von Dir heraufbeschworene Keule in die Hände gerutscht, aber wo, bitte, steckt denn hier die Moral?[78]

Klüger schildert mit großem Bedauern, dass durch Walsers Roman und selbstverständlich auch durch ihre harsche Reaktion ihre Freundschaft verwirkt sei. Sie berichtet von einem früheren Besuch Walsers, als sie in Philadelphia in einer Klinik lag: „Und ich erinnere mich, was für eine Freude ich über diesen Besuch empfand, einschließlich seiner geringschätzigen Bemerkungen über die Ausstattung des Spitalzimmers, als hätte ich unbedingt was Besseres verdient."[79] Und sie schließt an: „Das alles ist aus. Ging unterwegs verloren."[80] Durch die Nennung

---

75 Klüger, unterwegs verloren, S. 171. Klüger hat sich nicht nur persönlich, sondern auch wissenschaftlich mit dem Phänomen des Antisemitismus in verschiedenen Werken der Weltliteratur intensiv auseinandergesetzt; siehe Ruth Klüger, Katastrophen. Über deutsche Literatur, München 1997.
76 Klüger, unterwegs verloren, S. 173.
77 Klüger, unterwegs verloren, S. 173.
78 Klüger, unterwegs verloren, S. 175–176.
79 Klüger, unterwegs verloren, S. 169.
80 Klüger, unterwegs verloren, S. 169. Die Formulierung „unterwegs verloren" findet sich nochmals am Ende des Werks und ist dort nicht auf eine zwischenmenschliche Ebene, sondern auf das einzelne Subjekt zu beziehen: „Mit jedem Verlust gleitet der Fuß abwärts, auf jeder Reise bröckelt ein Stück Ich ab. Was unterwegs verloren geht, bist immer du selbst, und der nächste Ankunftsort besteht, wie die vorigen, aus dem Jetzt und dem Damals, es gibt keinen neuen Anfang, nur Fortsetzung auf einem Weg, der zusehends schmaler wird." (Ebd., S. 236). Zu Walsers Reaktion auf Klügers Haltung vgl. Lorenz, „Auschwitz drängt uns auf einen Fleck", S. 243.

des Titels in dieser Passage erhält das Verhältnis von Walser und Klüger und das bedauernswerte Ende einer Freundschaft eine besondere Bedeutung. Eine Etappe ‚unterwegs' war auch die Friedenspreisrede.

IV Offensives, selbstreflexives und weibliches Erinnern in Ruth Klügers *weiter leben. Eine Jugend*

1 Biographische und werkgeschichtliche Einordnung

Eine weibliche Kindheit und Jugend während der Shoah, die Möglichkeiten und Grenzen des Gedächtnisses, Halt- und Heimatlosigkeit – das sind die Themen in Ruth Klügers *weiter leben*, die in einer verdichteten und eigenwilligen Form miteinander verschränkt sind und sich aufeinander beziehen. Dadurch repräsentiert *weiter leben* einen Typus von autobiographischem Roman, in dem Erinnerung fragmentarisch, primär individuell und stark geschlechterspezifisch erscheint. Zudem spuken Gespenster durch den Roman, die zu dessen eigener Qualität beitragen. Das Werk orientiert sich in seiner Grundstruktur streng an der Biographie seiner Verfasserin.

Geboren am 30. Oktober 1931 in Wien, wo sie auch ihre ersten Kinderjahre verbrachte, wurde Ruth Klüger 1942 mit ihrer Mutter zunächst ins Konzentrationslager Theresienstadt, dann nach Auschwitz und schließlich im Juni 1944 zu einem Arbeitseinsatz nach Christianstadt, dem frisch angelegten Außenlager von Groß-Rosen, deportiert. Sie und ihre Mutter gehörten damit zu den wenigen, die Auschwitz lebend wieder verließen. Als sie im Februar 1945 auf einen der sogenannten Todesmärsche geschickt wurden, gelang ihnen die Flucht.

Nach der Befreiung absolvierte Klüger ein Notabitur in Straubing und nahm 1947 ein Studium der Philosophie und Geschichte in Regensburg auf. Im selben Jahr noch wanderte sie mit ihrer Mutter in die USA aus, wo sie zunächst in New York lebte, Bibliothekswissenschaften studierte und als Bibliothekarin arbeitete. Klüger war von 1955 bis 1962 mit dem Historiker Werner Angress verheiratet. Nach der Scheidung entschied sie sich für ein Studium der Germanistik in Berkeley und promovierte 1967 mit einer Arbeit zur Epigrammatik deutscher Barockdichtung. Die langjährige Herausgeberin der amerikanischen Fachzeitschrift *German Quarterly* wurde Professorin in Irvine/Kalifornien und ist seit Ende der 1980er Jahre Gastprofessorin der Universität Göttingen.[1]

---

[1] Zu Klügers Biographie vgl. Maria Behre Klüger, Ruth. In: Killy Literaturlexikon. Autoren und Werke des deutschsprachigen Kulturraumes, 2., vollständig überarb. Aufl., Bd. 6, Berlin 2009, S. 506–507; Breysach, Barbara: Klüger, Ruth. In: Metzler Lexikon der deutsch-jüdischen Literatur. Jüdische Autorinnen und Autoren deutscher Sprache von der Aufklärung bis zur Gegenwart, hg. von Andreas Kilcher, Stuttgart/Weimar 2000, S. 320–321.

Ruth Klüger wandte sich in den USA konsequent ihrer wissenschaftlichen Karriere zu, sodass sie sich mit ihren Shoah-Erlebnissen für längere Zeit zumindest nicht schriftstellerisch auseinandersetzte. Dabei spielte, wie in *weiter leben* dokumentiert, das Schreiben bereits in den KZs eine wichtige Rolle für Klüger. In einem späteren Interview bekannte sie:

> Das Erlebte war so außergewöhnlich, daß spätestens in Auschwitz die Hoffnung zu überleben damit verbunden war, darüber etwas aussagen zu können. Das Bewußtsein, Zeuge gewesen zu sein, war sehr stark bei sehr vielen, und ich habe mir schon damals vorgestellt, einmal werde ich darüber schreiben. Dann bin ich aus dem KZ herausgekommen, ich habe auch noch so ein bißchen dahergekritzelt, ein paar Gedichte geschrieben, die sogar veröffentlicht wurden. Und dann wollte man vergessen. Vergessen nicht im eigentlichen Sinne [...]. Mit Vergnügen und viel Verständnis habe ich gelesen, daß Elie Wiesel sich auf die französischen Klassiker, also die Dramatiker des 17. Jahrhunderts gestürzt hat.[2]

Erst als Klüger während eines zweijährigen Studienaufenthaltes in Deutschland im November 1989 einen lebensgefährlichen Unfall erlitt, entschloss sie sich, ihre Erinnerungen in Form einer Autobiographie in deutscher Sprache zu verfassen.[3] Als das Buch *weiter leben. Eine Jugend* 1992 erschien, fand es großen Anklang in der deutschen Leserschaft – nicht zuletzt nach seiner positiven Würdigung in der Sendung *Das literarische Quartett*.[4] Martin Walser, mit Klüger noch aus der Regensburger Zeit bekannt, hatte sie bei der Vermittlung an einen Verlag unterstützt.[5]

Die Grundstruktur des autobiographischen Werkes *weiter leben* basiert auf vier der Lebensgeschichte entsprechenden, chronologisch aufgebauten *Teilen* und einem sich anschließenden Epilog, die nach den jeweiligen Aufenthaltsorten der Protagonistin benannt sind. Bei diesen handelt es sich, wie werkimmanent erklärt wird, um „Pfeiler gesprengter Brücken"[6], also nur noch um disparate Fragmente ohne Verbindungen. Dieser fragmentarische Charakter prägt den

---

2 Klüger im Gespräch mit Klaus Naumann, zit. nach Sascha Feuchert, Erläuterungen und Dokumente. Ruth Klüger. weiter leben, Stuttgart 2004, S. 124.
3 Zu den Hintergründen der Entscheidung, das Buch nicht in englischer Sprache zu verfassen, vgl. Klüger, Gelesene Wirklichkeit, S. 100–101.
4 Vgl. Stephan Braese/Holger Gehle, Von „deutschen Freunden". Ruth Klügers „weiter leben – Eine Jugend" in der deutschen Rezeption. In: Der Deutschunterricht, Bd. 47, Heft 6, 1995, S. 76-87, insbes. S. 76.
5 Vgl. Magenau, Martin Walser, S. 471. Der umfangreichen deutschen Rezeption – insbesondere der Unzulänglichkeit der einzelnen Rezeptionsstränge – sowie den Verbindungen Klügers in Deutschland gehen Stephan Braese und Holger Gehle in ihren Publikationen nach, auf die an dieser Stelle verwiesen wird. (Vgl. Stephan Braese/Holger Gehle (Hg.), Ruth Klüger in Deutschland, Bonn 1994; dies., Von „deutschen Freunden".)
6 Klüger, weiter leben, S. 79.

gesamten Text. Doch ist hier einzuwenden, dass Pfeiler zwar bloße Relikte, wohl aber noch immer tragfähige Orientierungspunkte darstellen. Dementsprechend macht Günter Butzer eine topographische Struktur des autobiographischen Romans aus, insofern die einzelnen Stationen zu fragmentierten Gedächtnisorten werden.[7] Der erste Teil schildert die Kindheit in Wien, der zweite umfasst die Lager-Erfahrungen, zunächst Theresienstadt, gefolgt von Auschwitz-Birkenau und Christianstadt (Groß-Rosen). Der dritte Teil trägt den Untertitel „Deutschland" und unterscheidet zwischen der Flucht und dem Aufenthalt in Bayern. An den vierten Teil „New York" schließt der Epilog mit der Ortsbestimmung „Göttingen" an, der die Umstände schildert, die zum Entstehen des Buches beigetragen haben.

Die Fortsetzungsgeschichte zum Leben der Protagonistin findet sich in *unterwegs verloren*, dem zweiten autobiographischen Werk Klügers, das 2008 in Wien erscheint. Dort rekurriert die Erzählerin auch immer wieder auf den autobiographischen Roman *weiter leben* und nimmt Stellung zu dessen Titel:

> Ich hatte ein Buch über das alles geschrieben, das war Vorbedingung für das Ablegen der Nummer, für den wieder unversehrten Arm. Ich hab alles gesagt, was ich darüber zu sagen hatte, Zeugnis abgelegt, das berühmte Zeugnis, das wir uns schon immer, seit der Zeit in den Lagern, abverlangt haben. [...] Das Buch nannte ich ‚weiter leben', was nichts anderes zu bedeuten hatte, als daß das Weiterleben von alleine kommt und man nichts dazu tun muß, außer dem Umgebrachtwerden zu entgehen. Die Möglichkeit, getötet zu werden, haftet nämlich unsereinem nachher auch in Friedenszeiten im Hinterkopf.[8]

Beide Werke sind in sich geschlossen und von je eigener Qualität. Doch greift *unterwegs verloren* verschiedene Motive und Personen des ersten Werks (etwa Christoph alias Martin Walser) nochmals auf und kann insofern als Begleittext von *weiter leben* gelesen werden, als es Hintergründe für dessen Entstehung erklärt und mit dem amerikanischen Blick auf Erinnerungskultur den Reflexionen in *weiter leben* eine spezifische Perspektive hinzufügt.

---

[7] Vgl. Günter Butzer, Topographie und Topik. Zur Beziehung von Narration und Argumentation in der autobiographischen Holocaust-Literatur. In: Überleben schreiben. Zur Autobiographik der Shoah, hg. von Manuela Günter, Würzburg 2002, S. 51–75, hier S. 65. Zur beinahe entgegengesetzten Tendenz des Diasporischen siehe Kapitel IV.2 der vorliegenden Untersuchung.
[8] Klüger, unterwegs verloren, S. 13–14. Zusammenhänge der beiden Werke werden erläutert bei Taberner, Aging and Old-Age Style, S. 100–110.

2 Erinnerung und Erzählstruktur

Der autobiographische Roman *weiter leben* bricht mit herkömmlichen Konventionen, indem er theoretisches Sprechen und die Erzählung der Entwicklung von Ruth mit Meta-Memoria-Reflexionen, politischen und historischen Reflexionen permanent verbindet und so zu einer ganz eigenen Qualität gelangt. Dieses Erzählen kann kaum auf Vorbilder zurückgreifen.[9] Nach Andrea Krauß will „das Buch [...] nicht das Erlebte möglichst unmittelbar und detailgetreu vergegenwärtigen, sondern sucht die Auseinandersetzung mit jenen vorherrschenden Erinnerungsstrategien, deren Aufgabe es ist, dieses Erlebte präsent zu halten".[10] Und die Literaturnobelpreisträgerin Herta Müller betont in ihrem Essay „Sag, daß du fünfzehn bist", der sich mit Klügers *weiter leben* befasst: „Was diese Sprache treibt, ist eine Direktheit, die sich, weil sie die Todesspur nicht verlassen kann, keine Zeit nimmt. [...]. Es ist *deshalb Erinnerung, die gegen das Erzählen geschrieben ist*. Sie schleicht sich fordernd ein."[11] Diese Erinnerung „gegen das Erzählen" wird aber eng mit der Erzählung verknüpft und erst durch sie offengelegt. Es bedarf der Handlung, die sich freilich überwiegend aus einzelnen Versatzstücken zusammensetzt, und ihrer Figuren, um diskursiv ein facettenreiches Erinnerungsprogramm aufzufächern.

> Bei den Computern gibt es ein ‚unerase'-Programm. Gelöschtes kann wieder aufgerufen werden, weil die elektronischen Impulse noch auf der Festplatte oder der Diskette auffindbar sind, solange nicht darübergeschrieben wurde. Am ersten Juni des nächsten Jahres, als ich wieder in meiner Göttinger Wohnung war und angefangen hatte, diese Erinnerungen zu schreiben, da war eines frühen Morgens beim Aufwachen die Unfallszene, der Zusammenprall da und will hinuntersinken, wie die Träume es tun, wenn das Licht sie verscheucht. Ich halte die Erinnerung fest, mit geschlossenen Augen, langsam aufwachend, ganz fest, dieses Stück Leben will ich besitzen, und da ist's, ich hab's, aus dunklen Wassern gefischt, noch zappelnd.[12]

---

[9] Allenfalls wäre hier Cordelia Edvardson zu nennen, auf die Eva Lezzi und Carmel Finnan in ihren Untersuchungen eingehen. Vgl. Eva Lezzi Zerstörte Kindheit. Literarische Autobiographien zur Shoah, Köln u. a. 2001 (Literatur und Leben, Bd. 57); Carmel Finnan „Ein Leben in Scherben". Geschlechterdifferenz als Erinnerungsform bei Cordelia Edvardson und Ruth Klüger. In: Überleben schreiben. Zur Autobiographik der Shoah, hg. von Manuela Günter, Würzburg 2002, S. 155–177.
[10] Krauß, Dialog und Wörterbaum, S. 74.
[11] Herta Müller, Sag, daß du fünfzehn bist. In: Müller, In der Falle. Drei Essays, Göttingen ²2009 (Politik – Sprache – Poesie. Bonner Poetik-Vorlesungen, Bd. 2), S. 25–40, hier S. 26–27; Herv. im Orig.
[12] Klüger, weiter leben, S. 271.

Dieses gegen Ende des autobiographischen Romans geschilderte, „aus dunklen Wassern gefischt[e]" Wesen ist nichts anderes als die Erinnerung der Erzählerin, die poetologisch mit einer Computer-Festplatte verglichen wird. Was sie mit diesem Erinnerungswesen anstellt, ist in gewissem Maße ein Akt bewusster Entscheidung. Und so fragt die Erzählerin: „Empfiehlst du mir denn, die Erinnerungen nicht festhalten wollen [sic!], sondern sie fallen zu lassen?"[13] Noch einmal begegnet dieses Moment der vom Bewusstsein gesteuerten Erinnerung, als Ruth mit ihrer Mutter nach Amerika übersiedelt:

> Als ich das Landungsbrett unseres Schiffes betrat, schaute ich angestrengt auf meine Schuhe und den Boden unter ihnen und dachte: „Den Augenblick mußt du festhalten, diesen Moment, wo du Europa verläßt." Mein Gedächtnis hat diese Anweisung sozusagen achselzuckend hingenommen und den Augenblick festgehalten.[14]

Hier bezieht sich der bewusste Akt nicht auf das Abrufen der Erinnerungen, sondern auf deren Speicherung. Zu diesem Zeitpunkt ist nicht klar, ob es sich um eine bedeutsame oder gar historische Erinnerung handelt: „Ich hab mir oft bestimmte feierliche oder scheinbar typische Momente bewußt gemerkt, und sie waren immer unbedeutend. Die wichtigen Augenblicke werden erst durch den Filter der Erinnerung bedeutend oder typisch."[15] Erlebnisse können also bewusst zu einem späteren Zeitpunkt abgerufen werden, unterliegen dann aber dem Erinnerungsfilter. Eine derart bewusste, zielgerichtete Erinnerung wird beispielsweise aufgerufen, wenn Ruth sich mit alten Fotografien auseinandersetzt. Kawashima zufolge ist deren Verwendung in *weiter leben* literarisch beispielgebend:

> Die Regulierung des autobiographischen Diskurses durch das photographische Archiv vollzieht sich insbesondere dadurch, daß es präzise Gedächtnisbilder sammelt und aufbewahrt, daß es diese Bilder dem Erinnerungssubjekt je nach seinem Bedarf zur freien Verfügung stellt. Die Photographie der Familie, die das Subjekt zum autobiographischen Erzählen bringt, ist ein Paradebeispiel hierfür. In ihrer Autobiographie ‚weiter leben' (1992) kommt beispielsweise Ruth Klüger auf ein Photo des früh verstorbenen Vaters zu sprechen.[16]

Dabei handelt es sich um ein Bild aus dem Studentenausweis des Vaters, das Ruth zwar einen Zugang zu diesem verschafft, der aber kaum mit der eigenen Erinnerung verbunden ist. Vielmehr muss sie die Literatur Arthur Schnitzlers

---

13 Klüger, weiter leben, S. 279.
14 Klüger, weiter leben, S. 221.
15 Klüger, weiter leben, S. 221.
16 Kawashima, Autobiographie und Photographie nach 1900, S. 9.

heranziehen, um in die Welt der Eltern einzutauchen und Defizite der eigenen Erinnerung auszugleichen.[17]

Die Erzählerin insistiert häufig präzise auf die je spezifische Qualität von Fakten, Darstellungen auf Fotografien, eigenen Erinnerungen und Berichten anderer Personen. In Bezug auf den sechs Jahre älteren Halbbruder Schorschi werden zunächst sachlich die Familienverhältnisse geschildert, im nächsten Absatz die wenigen persönlichen Erinnerungen dargestellt („Mein Gedächtnis setzt ein"[18]), um schließlich alle weiteren Informationen von den spärlichen Erinnerungen an Schorschis – im Nachhinein fast unwesentlich anmutenden – Gegenstände und Spiele zu trennen: „Ja, und das ist schon alles. Das andere ist Hörensagen."[19] Dabei hadert die Erzählerin immer wieder mit den emotional gefärbten kindlichen Erinnerungen und dem – diese oftmals überlagernden – historischen Wissen. Dieses beinhaltet, so Eva Lezzi, „auch das Wissen um die Ermordung der Angehörigen, welches auf fast sämtliche Erinnerungen zurückfärbt und ein Nachempfinden von kindlich-direktem Erleben beeinträchtigt"[20]. Die Reflexion des Zusammenhangs von Kindheitserinnerungen und historischem Wissen zielt aber weniger auf eine Kritik dieser Beeinträchtigung, sondern wendet sich bei Klüger in erster Linie gegen beschränktes und rührseliges Erinnern:

> So verführen gerade die genauesten Erinnerungen zur Unwahrheit, weil sie sich auf nichts einlassen, was außerhalb ihrer selbst liegt, und den auf ein später entwickeltes Urteil und weiteres Wissen gegründeten Gedanken stur ihre eigene Beschränktheit entgegensetzen und daher auch keine kommensurablen Gefühle aufkommen lassen. Keine Notwendigkeit hält diese disparaten Vaterfragmente zusammen, und so ergibt sich keine Tragödie daraus, nur hilflose Verbindungen, die ins Leere stoßen oder sich in Rührseligkeit erschöpfen.[21]

Nicht nur auf der konstitutiven Meta-Memoria-Ebene, sondern durchweg werden im Roman die narrativen Bedingungen sowie der historische, gesellschaftliche und geistesgeschichtliche Kontext reflektiert. Pascale R. Bos spricht in diesem Zusammenhang von einem Meta-Narrativ, „this very different and complex nature of *weiter leben*'s meta narrative"[22]. Dies geschieht weniger im inneren Monolog, sondern mittels Dialogen. Dazu zählen Dialoge mit der imaginären Leserschaft

---

17 Vgl. Klüger, weiter leben, S. 20–21.
18 Klüger, weiter leben, S. 21.
19 Klüger, weiter leben, S. 22.
20 Lezzi, Zerstörte Kindheit, S. 234.
21 Klüger, weiter leben, S. 30.
22 Pascale R. Bos, German-Jewish Literature in the Wake of the Holocaust. Grete Weil, Ruth Klüger, and the Politics of Address, New York 2005, S. 81.

genauso wie eine „erzählerisch-dialogische Konfrontation"[23] mit Ansichten von Personen, die nicht die Haltung der Ich-Erzählerin teilen. „Das tabuverletzende Nachfragen erhebt die Verfasserin zum literarischen Prinzip [...]."[24] Solche imaginären Dialoge in der Form des Nachfragens oder „in Gestalt der rhetorischen anticipatio"[25] durchkreuzen immer wieder die eigentliche Grundstruktur des Romans und stellen in ihrer zuweilen irritierenden Schonungslosigkeit dar, wie der Text aus Sicht der Verfasserin zu lesen ist. Die dahinterliegende Poetik funktioniert gewissermaßen erst dann, wenn die Dialog-Angebote von der Leserschaft – vergleichbar mit einem Brief – angenommen und im besten Fall beantwortet werden.[26]

Klügers *weiter leben* ist durchzogen von intertextuellen Bezügen. So finden sich Zitate aus oder angerissene Gedanken zu Texten von Tadeusz Borowski, Primo Levi, Anna Seghers und Peter Weiss; Klüger macht damit deutlich, dass sie sich mit der Beschreibung ihres Schicksals in einer Reihe von autobiographischen wie rein fiktiven Erzählungen zur Shoah weiß. Dabei vollzieht sie zugleich eine Distanzierung, wenn sie verschiedene Erzählungen dekonstruiert und jeweils einzelne Denkmodelle oder Ansätze kritisiert. Maria Behre schließt daraus: „[I]hre Erzählform gewinnt gegenüber den im Werk thematisierten Schreibmodellen von Primo Levi u[nd] Peter Weiss einen Eigenwert [...]."[27] Denn während Weiss sich Auschwitz literarisch wie räumlich nähert und sich im Aufsatz „Meine Ortschaft" um eine nachträgliche Identifikation mit Auschwitz bemüht,[28] lehnt Klüger die Möglichkeit der Identifikation des Ortes *ex post* vehement ab.[29] Theresienstadt wird beschrieben als „eine Kette von Erinnerungen an verlorene Menschen,

---

[23] Irmela von der Lühe, Das Gefängnis der Erinnerung. Erzählstrategien gegen den Konsum des Schreckens in Ruth Klügers „weiter leben". In: Bilder des Holocaust. Literatur – Film – Bildende Kunst, hg. von Manuel Köppen und Klaus R. Scherpe, Köln u. a. 1997 (Literatur – Kultur – Geschlecht. Studien zur Literatur- und Kulturgeschichte, Bd. 10), S. 29–45. hier S. 36.
[24] Breysach, Klüger, S. 320. Nach Herta Müller macht der hochreflexive Anspruch das Werk so besonders: „Das Ästhetische des Buches wird gehalten von der aus jedem Satz pochenden Reflexion. Hier wird im Satz gedacht und Gedachtes verworfen." (Müller, In der Falle, S. 27.)
[25] Helmut Galle, Botschaften der Überlebenden an das Volk der Täter. Primo Levi und Ruth Klüger. In: Akten des XI. Internationalen Germanistenkongresses Paris 2005, Bd. 12: Europadiskurse in der deutschen Literatur und Literaturwissenschaft. Deutsch-jüdische Kulturdialoge/-konflikte, hg. von Jean-Marie Valentin, Bern 2007 (Jahrbuch für Internationale Germanistik, Bd. 88), S. 235–238, hier S. 237.
[26] Vgl. Krauß, Dialog und Wörterbaum, S. 77. Zur Bedeutung der Dialoge, von denen besonders die mit den Figuren Christoph und Gisela hervorzuheben sind, siehe auch Bos, German-Jewish Literature in the Wake of the Holocaust, S. 81–84.
[27] Behre, Klüger, S. 507.
[28] Peter Weiss, Meine Ortschaft. In: Weiss, Rapporte, Frankfurt a. M. 1968, S. 113–124.
[29] Vgl. Klüger, weiter leben, S. 75.

Fäden, die nicht weitergesponnen wurden"[30]. Auch soll der Text nicht verstanden werden als „Nachtrag und Bestätigung zu Anna Seghers' ‚Das siebte Kreuz', ein Roman, [...] dessen Schönheit sich [...] darin ausdrückt, daß die gelungene Flucht des Einzelnen [...] für den Triumph, den Sieg des Ganzen, des Guten steht"[31]. In dieser Beschreibung von Seghers' Roman ist zugleich eine Kritik und Zurückweisung enthalten, darf doch einer Shoah-Erzählung laut Klüger nichts substanziell Triumphales anhaften. Nicht nur Erzähltexte, auch Claude Lanzmanns Ansatz in dessen aufsehenerregendem Dokumentarfilm *Shoah* von 1985 wird kritisch bewertet: „Ein Besessener, denk ich, Zuschauerin im dunklen Raum, und bewunder ihn halb, halb bin ich ihm voraus: ‚Du brauchst Orte. Mir genügen die Ortsnamen', und bin doch gebannt von seiner Besessenheit."[32]

Die Erzählerin in *weiter leben* ist sich des Umstandes bewusst, dass Erinnerungen verblassen können, dass das Gedächtnis nicht alle Erfahrungen speichert und verschiedene Personen sehr verschieden erinnern. So werden manche Erfahrungen vom Gedächtnis „übersprungen"[33], Erinnerungen sind unscharf oder „schwammig[ ]"[34]. Nebensätze wie „wenn ich mich recht erinnere"[35] oder Formulierungen wie „Ich weiß nicht mehr, was ich ihm antwortete"[36] unterstreichen immer wieder die Unzuverlässigkeit und Unzulänglichkeit der Erinnerung. Dass die Erzählerin sich an Details nicht immer genau erinnern kann, offenbart die Parenthese im folgenden Satz: „Dieser Ausspruch meines Vaters (oder war's mein Großvater mütterlicherseits?) [...] wurde mit gebührender Heiterkeit aufgenommen."[37]

Bei aller Unzuverlässigkeit der Erinnerung macht sich die Erzählerin aber durchgängig für ein aktives Erinnern stark, auf das auch die rhetorische Frage abzielt: „Soll ich etwa verleugnen, was mich stark geprägt hat, oder defensiv daran erinnern, daß wir in einer Falle saßen, auf das Kriegsende hoffend, den Abtransport fürchtend, von keinem Gesetz geschützt?"[38] Eine solch defensive Erinnerung wirft sie anderen vor und zeigt exemplarisch, was in Abgrenzung dazu offensives Erinnern bedeuten kann.

Die Struktur der Erzählung ist hochkomplex und heterogen; trotz einer – durch die Kapitelbezeichnungen vermeintlich klaren – chronologischen Grund-

---

30 Klüger, weiter leben, S. 86.
31 Klüger, weiter leben, S. 140.
32 Klüger, weiter leben, S. 76.
33 Klüger, weiter leben, S. 183.
34 Klüger, weiter leben, S. 183.
35 Klüger, weiter leben, S. 88.
36 Klüger, weiter leben, S. 157.
37 Klüger, weiter leben, S. 43.
38 Klüger, weiter leben, S. 89.

struktur ergeben zeitliche Sprünge und wechselnde Erzählsituationen ein „assoziatives Textgefüge"[39] und „eine fragmentarische, durch ständige Vor- und Rückblicke, unvermittelte Abbrüche und Neueinsätze gekennzeichnete Berichtsstruktur"[40]. Dabei wechseln sich Erzählung, die bereits beschriebenen funktionalisierten Dialoge und lyrische Passagen mit eingeschobenen oder mit der Erzählung verwobenen Kommentaren der Autorin ab. So wird beispielsweise von kürzlich gehaltenen akademischen Vorträgen berichtet oder der neuen „Museumskultur der KZs", die sie scharf kritisiert.[41] Zuweilen haften den Kommentaren oder Dialogen etwas Belehrendes an, etwa wenn die Bedeutung erinnerter Erlebnisse durch die direkte Ansprache der Leserschaft unterstrichen werden soll: „Das hab ich erlebt, die reine Tat. Hört zu und bekrittelt sie bitte nicht, sondern nehmt es auf, wie es hier steht, und merkt es euch."[42] In dem hochreflexiven Text wird auch dieser Gestus der Belehrung selbst als Gefahr erkannt, aber aus Gründen der Authentizität in Kauf genommen.[43]

Insgesamt ergibt sich eine inkohärente, fragmentarische Erzählstruktur, die ihre Entsprechung in der Inkohärenz einer Erinnerung findet, deren Verbindungen zwar gesprengt wurden, deren Pfeiler aber – um das Bild nochmals aufzugreifen – eine ausreichende Orientierung für einen literarischen Erinnerungsprozess bieten. Nicht nur die Erinnerung, sondern mithin die gesamte Identität erweist sich dabei als brüchig. Eva Lezzi spricht von der „sukzessive[n] Zerstörung jeglicher selbstbestimmte[n] Identität"[44] als Merkmal von Kindheitsautobiographien zur Shoah im Allgemeinen. Dieses Zerstörungsmerkmal trifft wohl in besonderem Maße auf den autobiographischen Roman *weiter leben* zu.

Das Charakteristikum des Fragmentarischen verweist auf einen weiteren Diskurs, nämlich den des Diasporischen.[45] Nirgendwo fühlt sich die Protagonistin wirklich willkommen, die Erfahrung der Ausgrenzung zieht sich durch ihr

---

39 Lezzi, Zerstörte Kindheit, S. 228.
40 Helmut J. Schneider, Reflexion oder Evokation. Erinnerungsrekonstruktion in Ruth Klügers „Weiter leben" und Martin Walsers „Der springende Brunnen". In: Das Gedächtnis in der Literatur. Konstitutionsformen des Vergangenen in der Literatur des 20. Jahrhunderts, Sonderband der Zeitschrift für Deutsche Philologie, hg. von Alo Allkemper und Norbert O. Eke, Berlin 2006, S. 160–175, hier S. 166.
41 Zu den genannten Kommentaren vgl. Klüger, weiter leben, S. 69, S. 82, S. 140.
42 Klüger, weiter leben, S. 135.
43 Vgl. Klüger, weiter leben, S. 82.
44 Eva Lezzi, „Gebranntes Kind sucht Feuer". Über die Zerstörung von Kindheit und Mutterschaft durch Auschwitz. In: Zeitschrift für deutsche Philologie, Bd. 117, 1998, S. 597–615, hier S. 598.
45 Zur Einordnung der Begriffe ‚Diaspora' und ‚diasporisch' vgl. Ruth Mayer, Diaspora. Eine kritische Begriffsbestimmung, Bielefeld 2005, S. 7–36.

gesamtes Leben, sodass Diaspora als Disposition des Romans aufzufassen ist. Paradoxerweise geben Orte und Ortschaften zwar fragmenthafte Orientierungshilfen in Form einzelner Pfeiler (und strukturieren den Roman über die Kapitelbezeichnungen), aber in einer gegenläufigen Tendenz bietet kein Ort wirkliches Zuhause und Stabilität. Deterritorialisierung und Diaspora-Erfahrung: Das sind letztlich wesentliche Bestandteile des jüdischen kulturellen Gedächtnisses.[46] Der Roman *weiter leben* reiht sich damit in die lange Tradition jüdischer Diaspora-Erzählungen ein.

Ablehnung und Entwurzelung erfährt Ruth in starkem Maße in den Lagern, doch sind sie bei ihr nicht allein dem Trauma der Shoah zuzuschreiben. Vielmehr kämpft sie bereits in Wien mit der Erfahrung der Heimatlosigkeit und der antisemitischen Ausgrenzung:

> Dieses Wien, aus dem mir die Flucht nicht geglückt ist, war ein Gefängnis, mein erstes, in dem ewig von Flucht, das heißt Auswandern, die Rede war. Ich sah uns sozusagen immer auf dem Sprung und im Begriff abzureisen, mit gepackten Koffern eher als für die nächsten Jahre gemütlich eingerichtet.[47]

Und auch später in Amerika prägt solche Erfahrung von Trans- und Deterritorialität sowie von Fremdsein die Identität. Zäune und Grenzen engen nicht nur in Theresienstadt und Auschwitz ein (wenn auch dort in unvergleichbar extremem und die Existenz bedrohendem Maße), sondern auch andernorts:

> Am Ende durften die anderen weiterfahren, nur ich blieb auf der Strecke, weil ich nicht den richtigen Ausweis hatte und noch nicht Amerikanerin war und Österreich doch Krieg nicht nur mit Amerika, sondern auch mit Mexiko geführt hatte. Das sagten mir die Behörden am Grenzübergang Laredo in Texas mit todernstem Gesicht. Nicht über eine Grenze dürfen, wenn andere es können, schien mir zwar unvernünftig, aber irgendwie gemäß.[48]

Ruths Heimatlosigkeit ist nicht allein eine geographische Frage, sondern von existenzieller und struktureller Bedeutung. So nimmt es nicht wunder, dass sie auch nach dem Ende der Shoah Schwierigkeiten hat, Wurzeln zu schlagen und schließlich „fast alles verloreging, was von meinem bisherigen Ich in New York geblieben war: Am Ende war diese Trostlosigkeit, in den Zimmern, in den Menschen."[49] Ruth ist in dieser Trostlosigkeit immer wieder zurückgeworfen auf sich selbst, ihre Familie als soziale Gruppe bietet ihr kaum kontinuierliche Unterstützung und in ihrer Religion findet sie wenig Halt.

---

46 Vgl. Mayer, Diaspora, S. 42–59.
47 Klüger, weiter leben, S. 19.
48 Klüger, weiter leben, S. 267.
49 Klüger, weiter leben, S. 268.

3 Poetologie des Erinnerns aus jüdischer Perspektive

Klügers *weiter leben* trifft immer wieder die Unterscheidung zwischen Juden und Deutschen und scheint, wie Clemens Kammler unterstellt, „eher auf Abgrenzung als auf Versöhnung zu zielen"[50]. Auch Irene Heidelberger-Leonard meint, bei Klüger im Unterschied zu anderen jüdischen Autoren und Autorinnen die Absicht feststellen zu können, „Annäherung einzig über *Abgrenzung*"[51] erreichen zu wollen, und spricht von „*Dis*-similation"[52]. Ohne dieser einseitigen Einschätzung zu folgen – Klüger betont schließlich, *weiter leben* wende sich an Deutsche, die sie zur Auseinandersetzung auffordere, und widmet es „[d]en Göttinger Freunden"[53] –, ist die Rolle der jüdischen Perspektive genauer zu betrachten.

Die Erzählfigur ist eine Jüdin, die nicht an Gott glaubt, sondern sich „den Glauben peu à peu abgewöhnt"[54] und keinen starken Bezug zu ihrer Religionsgemeinschaft hat. Zwar fastet sie als 13-Jährige an Jom Kippur aus Verbundenheit mit den frommen Frauen im Lager und weil sie ein irgend geartetes Bekenntnis abzugeben beabsichtigt,[55] aber letztlich bleibt ihr die Religion fremd, derentwegen sie Opfer eines faschistischen und rassistischen Systems wurde. Sie wird fremdbestimmt, allein durch Zuschreibung von außen, einer religiösen Gemeinschaft zugeteilt.

Klügers Roman befindet sich in dem sehr wohl auch beschriebenen Dilemma, dass er einerseits die Shoah, die Vernichtung jüdischer Menschen, deren „Ausweglosigkeit"[56] verhandeln, andererseits aber eine individuelle „escape story"[57] erzählen will. Bereits Primo Levi hat auf die vertrackte Vorbedingung von Literatur über die Shoah hingewiesen, dass sie auf dem Mord an Millionen Jüdinnen und Juden und deren Nicht-Sprechen-Können basiert und zugleich voraussetzt, dass der oder die Schreibende die Vernichtung nicht „am eigenen Leibe erfahren"

---

[50] Clemens Kammler, Ein Ereignis im Auschwitz-Diskurs. Ruth Klügers Autobiographie „weiter leben. Eine Jugend" im Unterricht. In: Der Deutschunterricht, Bd. 47, Heft 6, 1995, S. 19–30, hier S. 23. Weiter heißt es ebd., S. 26: „Ein Dialog mit der Jüdin Ruth Klüger ist nur möglich, wenn wir zunächst dieses Trennende respektieren." In der Tat zieht sich eine Unterscheidung in jüdische Opfer auf der einen Seite und Deutsche sowie Nachfahren der Tätergeneration auf der anderen Seite durch den Text. Vieles spricht dafür, dass es *weiter leben* letztlich um einen Dialog beider Seiten geht; vgl. Finnan, „Ein Leben in Scherben", S. 170.
[51] Irene Heidelberger-Leonard, Ruth Klüger, „weiter leben. Eine Jugend". Interpretation, München 1996, S. 88; Herv. im Orig.
[52] Heidelberger-Leonard, Ruth Klügers weiter leben revisited, S. 128; Herv. im Orig.
[53] Klüger, weiter leben, S. 284; vgl. auch ebd., S. 142.
[54] Klüger, weiter leben, S. 11.
[55] Vgl. Klüger, weiter leben, S. 154.
[56] Klüger, weiter leben, S. 140.
[57] Klüger, weiter leben, S. 140; vgl. auch ebd., S. 108.

hat.[58] Auch das wird im Roman *weiter leben* mitreflektiert, dessen Ziel es ist, mehr als nur die Hoffnungsgeschichte eines Mädchens zu erzählen, das durch Glück die Konzentrationslager überlebt hat. „Ich wollte meine Wirklichkeiten nicht derartig an meine Persönlichkeit festnageln, die mir im geschichtlichen Zusammenhang eher als paradigmatisch vorkam", so Klüger in einem späteren Aufsatz.[59]

Lezzi zeigt in ihrer Studie *Zerstörte Kindheit*, dass Klüger ihrem Anspruch, in *weiter leben* nur eine Person von vielen darzustellen, die rein zufällig überlebt, nicht gerecht wird. Vielmehr steht im Mittelpunkt der Erzählung ein Mädchen, das dank ihrer Mutter und deren Idee, sich nach der ersten Selektierung im KZ ein zweites Mal in die Reihe zu stellen und ein höheres Alter anzugeben, gerettet wird: „Gegenläufig zur poetologischen Sorgfalt und hohen Selbstreflexion der Autorin läßt sich aus dieser Episode [...] eine Tendenz herauslesen, die eigene Ausnahmesituation beinahe triumphierend und dabei irreführend darzustellen"[60] – irreführend deshalb, weil die Selektion in Theresienstadt nicht mit dem Ziel der Vernichtung in den Gaskammern stattfand, was im Werk suggeriert und in der Rezeption mehrfach aufgegriffen wird.[61]

Schonungslos erzählt *weiter leben* vom Leben eines Mädchens in verschiedenen Konzentrationslagern und von deren Traumatisierung. Die Erzählerin erinnert sich an Details, die üblicherweise in der Sachliteratur zur Shoah kaum Erwähnung finden und sich damit unterscheiden von dem, „[w]as heute zur Allgemeinbildung über das zwanzigste Jahrhundert gehört, in vielen Quellen steht und daher hier nicht nacherzählt werden muß"[62]. So beschreibt sie den Gestank von Urin und Kot in den Waggons nach Auschwitz oder die Tatsache, dass in Christianstadt bei allen Frauen die Menstruation aufgrund von Unterernährung ausbleibt.[63] Immer wieder werden langfristige Folgen der traumatischen Erfahrungen skizziert, etwa wenn die Erzählerin in der Ich-Form schildert, dass sie nun, Jahrzehnte später, noch immer enorme Schwierigkeiten habe, lange in einer Schlange zu stehen oder Güterwagen anzuschauen, oder wenn sie ihre Träume vom kalten Steinbruch erwähnt.[64] Es ist nicht möglich, die Erlebnisse zu vergessen.

---

58 Primo Levi, Die Untergegangenen und die Geretteten, übers. von Moshe Kahn, München 1990, Zitat auf S. 84.
59 Klüger, Zum Wahrheitsbegriff in der Autobiographie, S. 406.
60 Lezzi, Zerstörte Kindheit, S. 248.
61 Vgl. Lezzi, Zerstörte Kindheit, S. 248–249. Lezzi stellt dar, dass die Entscheidung zur Flucht aktives individuelles Handeln voraussetzt und deshalb zu einer für Shoah-Erzählungen untypischen, neuartigen autobiographischen Grundkonstellation führt; vgl. ebd., S. 251.
62 Klüger, weiter leben, S. 118.
63 Vgl. Klüger, weiter leben, S. 109 und S. 151.
64 Vgl. Klüger, weiter leben, S. 108, S. 150 und S. 152.

Irmela von der Lühe bemerkt dazu, dass „die spezifische, die existentiell und ästhetisch schwer zu vermittelnde Erfahrung der Überlebenden" darin bestehe, „daß die retrospektive Rundung, die erzählerische Harmonisierung von Erinnerung und Phantasie [...] nicht gelingen kann".[65] Schon gar nicht gelingt es Ruths Mutter, in deren Kopf erinnerte und ausgedachte Bilder aufeinanderprallen.[66] Für Ruth stellt das Schreiben von Gedichten immerhin eine Möglichkeit der „Trauerarbeit"[67] dar.

In Form anderer Figuren wird Ruth nach ihren Shoah-Erfahrungen aufgefordert, das Erlebte rasch zu vergessen, zumal das Umfeld der Nachkriegszeit kaum Interesse an ihrer Vergangenheit zeigt:

> In der Dunkelheit auf dem bequemen Rücksitz sagte die entfernte Tante zu mir: „Was in Deutschland passiert ist, mußt du aus deinem Gedächtnis streichen und einen neuen Anfang machen. Du mußt alles vergessen, was dir in Europa geschehen ist. Wegwischen, wie mit einem Schwamm, wie die Kreide von einer Tafel." Und damit ich sie mit meinem schwachen Englisch auch verstünde, vollführte sie die Geste des Abwischens. Ich dachte, sie will mir das einzige nehmen, was ich hab, nämlich das Leben, das schon gelebte.[68]

Das Motiv, den offensiven Umgang mit der eigenen Vergangenheit – und sei sie noch so negativ geprägt – gegen gut gemeinte Ratschläge von Personen zu verteidigen, die nicht die gleichen Erfahrungen gemacht haben, erinnert an Imre Kertész' *Roman eines Schicksallosen*. Auch dessen Protagonist muss nicht nur das Konzentrationslager erleiden, sondern sieht sich nach Auschwitz auch mit der Haltung konfrontiert, dass seine Erinnerungen nicht gelten sollen.[69] Doch das Erinnern der Shoah-Überlebenden ist gleichbedeutend mit ihrer Existenz und ihrer Identität, für die der erfolgreiche Kampf gegen das Vergessen eine Form der Rettung markiert. Die Belehrung im Auto steht am Anfang des vierten Teils von *weiter leben*, dem Kapitel „New York", und kann als inhaltliche Vorwegnahme dieses Kapitels verstanden werden, in dessen Zentrum die Weigerung steht, das Erlebte zu vergessen. Hierzu zählt auch die Entscheidung, selbstbewusst zu tragen. In einem der fiktiven und exemplarischen Dialoge mit einer unspezifischen Gruppe von Leuten wird die KZ-Nummer als häufig verstandenes „Symbol

---

65 Von der Lühe, Das Gefängnis der Erinnerung, S. 31–32.
66 Vgl. Klüger, weiter leben, S. 95.
67 Klüger, weiter leben, S. 233.
68 Klüger, weiter leben, S. 229–230.
69 Vgl. Imre Kertész, Roman eines Schicksallosen, übers. von Christina Viragh, Reinbek [20]2006, S. 180–181. Vgl. hierzu das Kapitel VIII der vorliegenden Untersuchung.

der Erniedrigung" dem „Symbol der Lebensfähigkeit" gegenübergestellt, als das es von der Erzählerin aufgefasst wird.⁷⁰

Die Figur in Klügers *weiter leben* ist immer wieder konfrontiert mit Gespenstern, einem „genuin literarische[n] Motiv"⁷¹. Ob dieses Gespenstermotiv eine Antwort auf Walsers „Händedruck mit Gespenstern" ist, lässt sich kaum klären. Wohl aber werden die verschiedenen Herangehensweisen der Shoah-Überlebenden Klüger und dem einstigen Flakhelfer und Wehrmachtsangehörigen Walser deutlich, der 1979 schreibt:

> Zulassung des Widerspruchs, endlich! Ein plötzliches Einlassen jahrelang bekämpfter, immer auf Einlaß drängender Gedankengespenster und Meinungsmonster. [...] Der Handschlag mit den Gespenstern fände statt? Jetzt sagt er sich schon – und nennt das, um sich zu verführen, ein Geständnis –, er sei nie frei gewesen von den Vergangenheitsbelastungen; er habe nur weiterkommen *wollen*, aber er sei eben nicht weitergekommen; das sei doch nicht seine Schuld.⁷²

In Klügers *weiter leben* sind die Gespenster wesentlich konkretere Erscheinungen, wenngleich auch sie sich nie vollständig fassen lassen. Das Gespenstermotiv findet erstmals Erwähnung im Zusammenhang mit den Ausführungen zum Kaddisch und wird dann im Rahmen der Beschreibung des Vaters näher ausgeführt, der Österreich nach einem Gefängnisaufenthalt verlässt, zunächst nach Italien und schließlich nach Frankreich flieht, von dort aus deportiert und vermutlich direkt nach der Ankunft in Auschwitz 1944 in der Gaskammer ermordet wird: „Mein Vater ist zum Gespenst geworden. Unerlöst geistert er. Gespenstergeschichten sollte man schreiben können."⁷³

Was der Mehrwert solcher Gespenstergeschichten wäre und warum die Erzählerin nicht in der Lage ist, solche zu verfassen, wird nicht spezifiziert. Klar wird jedoch, dass das Vater-Gespenst und viele weitere Gespenster einer großen Leere entspringen, diese aber niemals zu füllen vermögen; stattdessen sind hier „nur hilflose Verbindungen"⁷⁴ möglich. Dennoch bedarf es der „Versuche, ‚Leerstellen' zu füllen, Dialoge, Diskussionen und das heißt vor allem Denkräume zu eröffnen", so von der Lühe zu den Gespenster-Schilderungen.⁷⁵ Diese Gespenster sind „wichtigtuerisch", „belagern" und „umlärm[ ]en"⁷⁶ die Protagonistin. Unter

---

70 Klüger, weiter leben, S. 237.
71 Von der Lühe, Das Gefängnis der Erinnerung, S. 39.
72 Martin Walser, Händedruck mit Gespenstern, S. 13; Herv. im Orig.
73 Klüger, weiter leben, S. 30. Die Überlegungen zum Totengebet Kaddisch finden sich ebd., S. 25.
74 Klüger, weiter leben, S. 30.
75 Von der Lühe, Das Gefängnis der Erinnerung, S. 40.
76 Klüger, weiter leben, S. 278.

Umständen, heißt es, lassen sie sich „mit Fleisch der Gegenwart"[77] anlocken. Was genau mit diesem „Fleisch" bezeichnet ist, bleibt offen; es dient dem Zweck, die Gespenster zu reizen und eine Dynamik zu erzeugen.[78]

Diese Dynamik ist von besonderer Bedeutung und wird auch narrativ vermittelt. So spuken die Gespenster gleichsam durch den autobiographischen Roman, tauchen manchmal unvermittelt auf und halten die Erzählung in Bewegung. Zudem stören sie die Orientierung.[79] In diesem Kontext ist auch die auf Peter Weiss bezogene, offenbar fundamentale und letztlich erinnerungspoetologische „Frage, ob man Gespenster in Museen bannen kann"[80], zu verstehen. Klüger weist hier Weiss' Ansatz zurück, Auschwitz in seiner neuen Konstellation aus Gedenkstätte und Besuchern sei geeignet, „die Geister zu beschwören"[81], und kritisiert den allgemeinen Aberglauben, die Gespenster könnten sich an den Orten befinden, an denen sie ermordet wurden.[82] Mit diesem sich gegen einen Auschwitz-Tourismus wendenden Statement zur Gedächtniskultur verbindet sich – zumindest indirekt – die Frage, ob das Schreiben eine Möglichkeit bietet, die Gespenster ‚zu fassen'. Auch wenn das Schreiben im existentialistischen Sinne bloß hilfloser Versuch bleiben kann, scheint es für die Erzählerin in *weiter leben* die richtige Form des Umgangs mit Gespenstern zu sein:

> Uns geht es anders, uns lassen sie nicht locker, die Gespenster, mein ich. Wir erwarten, daß Ungelöstes gelöst wird, wenn man nur beharrlich festhält an dem, was übrig blieb, dem Ort, den Steinen, der Asche. [...] Der ungelöste Knoten, den so ein verletztes Tabu wie Massenmord, Kindermord hinterläßt, verwandelt sich zum unerlösten Gespenst, dem wir eine Art Heimat gewähren, wo es spuken darf.[83]

Hier bezeichnet das „Gespenst" nicht mehr eine einzelne, durch die Shoah den Mitmenschen entrissene Person, sondern den durch Tabuisierung von Massenmord entstandenen „Knoten", ein System, das sich so wenig auflösen läßt wie die Gespenster auf Befreiung hoffen können.[84]

---

77 Klüger, weiter leben, S. 79.
78 Vgl. Klüger, weiter leben, S. 79.
79 Vgl. Klüger, weiter leben, S. 279.
80 Klüger, weiter leben, S. 75.
81 Klüger, weiter leben, S. 75.
82 Vgl. Klüger, weiter leben, S. 75–76.
83 Klüger, weiter leben, S. 70.
84 Leslie A. Adelson sieht darin einen Verweis auf semiotische und soziale Strukturen, insbesondere Gewaltstrukturen, ordnet diese Definition der Gespenster aber nicht in den Kontext der Erinnerungskultur ein; vgl. Leslie A. Adelson, Ränderbesichtigung. Ruth Klüger und Botho Strauß. In: Zwischen Traum und Trauma. Die Nation, hg. von Claudia Mayer-Iswandy, Tübingen 1994, S. 85–97, hier S. 96.

Auch wenn die Gespenster in *weiter leben* nicht mit Erinnerungen gleichzusetzen sind, sondern geisterhafte Wesen bezeichnen, gehört zu ihrem Verständnis die Dimension des individuellen wie des kollektiven Gedächtnisses und mithin der Traumata. Denn Gespenster zwingen die Hinterbliebenen zur Erinnerung, sie können ungewollt „am gedeckten Tisch"[85] Platz nehmen. Bei aller Härte und Ernüchterung besteht darin eine kleine – vielleicht sogar eschatologische – Hoffnungsaussage. Die Gespenster rekurrieren zwar allesamt auf Tote und sind nicht erlösbar, doch sie sind dank der Erinnerungsfähigkeit in der Gegenwart anwesend. Dabei räumt die jüdische Agnostikerin ein, den stark verbreiteten Gespensterglauben zu teilen und unterscheidet wohl nicht zufällig zwischen Gespenstergelände und Gottesgelände.[86] „Erinnerung ist Beschwörung, und wirksame Beschwörung ist Hexerei. Ich bin ja nicht gläubig, sondern nur abergläubisch. Ich sag manchmal als Scherz, doch es stimmt, daß ich nicht an Gott glaub, aber an Gespenster schon."[87] Der Gespensterglaube, der hier in Verbindung mit Erinnerung gebracht wird, hat beinahe etwas Religiöses. Auch der Begriff „Hexerei" verweist auf seine metaphysische Dimension. Damit wird auch das erinnerungspoetologische Konzept in seiner Bedeutung stark aufgeladen.

Das Gespenstermotiv wird schließlich auch im Fortsetzungswerk *unterwegs verloren* aufgegriffen. Gleich zu Beginn ist zu lesen, dass die Gespenster allmählich zurückweichen.[88] Dies tun sie aber nicht etwa, weil die Figur es wünscht. Vielmehr wird deutlich, dass die Geister unkontrollierbar auftauchen und ein Eigenleben führen: „[E]s sind die Gespenster, die mich heimsuchen, mich die ich doch gar nicht gläubig bin. Gespenster sind die ungelöste, unerlöste Vergangenheit. [...] Wie die Lebenden nehmen sie, was sie kriegen können."[89] Helmut Galle zufolge bemüht sich die Verfasserin um „das erst zu schaffende Gedächtnis für die Untergegangenen"[90]. Ein erster Schritt dazu ist die Wahrnehmung der Gespenster; Kontrolle über sie erlangt die Erzählerin jedoch nicht.

Klüger spricht in *weiter leben* von ihrem Gedächtnis, dem „Raum der Erinnerung"[91], als „Gefängnis": „[M]an rüttelt umsonst an den in der Kindheit geprägten Bildern"[92], die keine Befreiung zulassen. Das gilt besonders für überwiegend positive Kindheitserinnerungen an den Vater. Hier entsteht ein Hiat, weil die Erinnerungen an den Vater, die „alles sind, was ich von ihm habe" und die nicht

---

85 Klüger, weiter leben, S. 98.
86 Vgl. Klüger, weiter leben, S. 71.
87 Klüger, weiter leben, S. 79.
88 Vgl. Klüger, weiter leben, S. 11.
89 Klüger, weiter leben, S. 228.
90 Galle, Botschaften der Überlebenden an das Volk der Täter, S. 238.
91 Klüger, weiter leben, S. 132.
92 Klüger, weiter leben, S. 29.

gelöscht werden können, und das Wissen um sein grausames Ende in der Gaskammer sich nicht zu einem stimmigen Bild zusammenfügen lassen.[93] Von der Lühe spricht in diesem Zusammenhang von der „Irreversibilität der Kindheitsbilder"[94] bei Klüger. Die poetologische Überzeugung, dass Kindheitsbilder nicht nachträglich gelöscht oder bis zur Unkenntlichkeit verändert werden können, bedeutet auch, dass positive Kindheitserinnerungen ihre Berechtigung haben, dass die traumatischen Erlebnisse der Konzentrationslager keine endgültige Macht über die Erinnerung gewinnen. Aus diesem Grund besteht der autobiographische Roman *weiter leben* nicht nur aus Erlebnissen der Deportation, der Inhaftierung und der Flucht, sondern auch aus Erzählungen aus Wien und New York. Klüger wehrt sich dagegen, dass Auschwitz, das quantitativ nur einen Bruchteil ihres Lebens ausgemacht hat, insofern Macht über dasselbe erhält, als es zum *Pars pro Toto* wird. Die Erinnerungen an die Zeit in den Konzentrationslagern sind von herausragender Bedeutung, stehen aber neben weiteren, ebenfalls die Identität bestimmenden Erinnerungen.[95] Zudem bleibt nicht nur „traumatische Erinnerung"[96] an die Konzentrationslager zurück. Es sind Orte, an denen Ruth gelebt hat und die sie geprägt haben. Und so finden sich kurz hintereinander folgende Passagen mit Beschreibungen von völlig widersprüchlichen und gänzlich unvereinbaren Gefühlen:

> Ich hab Theresienstadt irgendwie geliebt, und die neunzehn oder zwanzig Monate, die ich dort verbrachte, haben ein soziales Wesen aus mir gemacht, die ich vorher in mich versponnen, abgeschottet, verklemmt und vielleicht auch unansprechbar geworden war. [...] Wenn ich mir heute die unbeantwortbare Frage vorlege, wieso und inwiefern ich Ungläubige überhaupt Jüdin bin, dann ist von mehreren richtigen Antworten eine: „Das kommt von Theresienstadt, dort bin ich es erst geworden."
>
> Ich hab Theresienstadt gehaßt, ein Sumpf, eine Jauche, wo man die Arme nicht ausstrecken konnte, ohne auf andere Menschen zu stoßen.[97]

Besonders anstößig erscheinen hier die Selbstzuschreibungen „soziales Wesen" in Theresienstadt und „abgeschottet" in Bezug auf die Zeit davor. Taberner bemerkt dazu: „The novelty of *weiter leben* as a Holocaust memoir is that it sets a

---

[93] Vgl. Klüger, weiter leben, S. 26–29.
[94] Von der Lühe, Das Gefängnis der Erinnerung, S. 32.
[95] Vgl. Klüger im Gespräch mit Klaus Naumann, in: Feuchert, Erläuterungen und Dokumente, S. 128.
[96] Klüger, weiter leben, S. 143.
[97] Klüger, weiter leben, S. 103–104.

conventional story of a girl growing up in circumstances that are anything other than conventional without resorting to false sentimentality."[98]

4 Poetologie des Erinnerns aus feministischer Perspektive

Ruth Klüger vertritt in Teilen eine feministisch orientierte Literaturwissenschaft.[99] Ihr Augenmerk richtet sich dabei weniger auf die Dekonstruktion von Rollenbildern oder gar queer-theoretische Kulturkritik, vielmehr ist sie in der klassischen feministischen Literaturwissenschaft zu verorten.[100] Auch ihr autobiographischer Roman *weiter leben* versteht sich als genuin weiblicher Beitrag an eine vorwiegend weibliche Leserschaft und ist sich der Tatsache bewusst, dass autobiographische Shoah-Zeugnisse von Frauen bis auf wenige Ausnahmen kaum Eingang in den Literaturkanon gefunden haben.[101] Klüger stellt den vielen männlichen autobiographischen Texten über die Shoah eine dezidiert weibliche Erfahrung und Erinnerung entgegen.

In *weiter leben* heißt es: „Ich hatte mein Leben unter Frauen verbracht, das sollte sich auch in New York nicht ändern. Männer hatte es in der Familie, in den Lagern, auch nach dem Krieg, nur am Rande gegeben."[102] Vielleicht ist diese Erfahrung, gepaart mit einem hohen Maß an Widerspruchsgeist,[103] der Grund, warum sich durch das Werk eine feministische Disposition zieht, die alle Bereiche und damit auch das Verständnis von Erinnerung betrifft. In den Lagern geraten fast ausschließlich Mädchen und Frauen in den Blick der Erzählerin. Dass Frauen, allen voran ihre Mutter, die wichtigsten Bezugspersonen Ruths waren, erklärt aber noch nicht die überproportionale Beschreibung der „Mädchenpaare"[104] und Frauenkonstellationen.

Nicht nur das Gros der Figuren sind Frauen, auch die Leserschaft von *weiter leben* wird, wie eben erwähnt, insbesondere als Leserinnenschaft verstanden. So findet sich im Zusammenhang mit der Zielaussage, „den Vorhang aus Stacheldraht zu durchbrechen, den die Nachkriegszeit vor die Lager gehängt hat", die

---

[98] Taberner, Aging and Old-Age Style, S. 102.
[99] Siehe etwa Klüger, Was Frauen schreiben, Wien 2010.
[100] Zu den feministischen Strömungen in der Literaturwissenschaft vgl. Walter Erhart/Britta Herrmann, Feministische Zugänge – „Gender Studies". In: Grundzüge der Literaturwissenschaft, hg. von Heinz L. Arnold und Heinrich Detering, München 1996, S. 498–515.
[101] Vgl. Finnan, „Ein Leben in Scherben", S. 155–157.
[102] Klüger, weiter leben, S. 231. Siehe auch ebd., S. 149.
[103] Vgl. Klüger, weiter leben, S. 227.
[104] Klüger, weiter leben, S. 90.

rhetorische Frage: „[W]er rechnet schon mit männlichen Lesern?"[105] Auf diese glaubt sich die Erzählerin nicht verlassen zu können. Sie hofft auf ein „dynamisches Denken [...] zusammen mit Leserinnen, die mitdenken, und vielleicht sogar ein paar Lesern dazu"[106], die sie also nicht vollständig außer Acht lässt, an die sie sich aber nicht explizit wendet.

Zu einer feministischen Perspektive im Sinne der Emanzipation der Frau gehört häufig die Emanzipation aus der Sicht als Tochter. Im Zentrum steht dabei in vielen Werken das Mutter-Tochter-Verhältnis. „Das Bild der Mutter schwankt in den zeitgenössischen selbstbiographischen Texten, oft sind es gerade die Mütter, die sich als das starke Geschlecht erweisen", so Walter Hinck.[107] Auch bei Klüger spielt die Mutter eine wichtige Rolle, auch sie stellt immer wieder ihre Stärke angesichts schwieriger, ja lebensgefährlicher Situationen unter Beweis. Die Protagonistin in *weiter leben* verdankt ihr Überleben im Wesentlichen ihrer Mutter, was Rettung und Bürde zugleich ist.

Die sich erinnernde erwachsene Erzählerin hadert mit ihrer Mutter, bewertet die Handlungen und die Haltung der Mutter kritischer denn als junges Mädchen, sodass erst der Erinnerungs- und Erzählvorgang eine neue Bewertung offenlegt. Die Kritik der Erzählerin richtet sich nicht zuletzt gegen die Art des Erinnerns der Mutter. Sie unterstellt dieser Unaufrichtigkeit, die besonders schwer wiegt, weil die Mutter als damals erwachsene Person mehr und genauere Erinnerungen abspeichern konnte als das Mädchen Ruth, das sich in späteren Jahren wünscht:

> Wenn ich mir nur das Gedächtnis meiner Mutter zu eigen machen könnte, um mein eigenes, unvollständiges zu ergänzen und dadurch zur eigenen Vergangenheit durchzudringen. Wenn sie wahrhaftig wäre; aber sie biegt sich die Welt zurecht, so gut sie's kann. Und doch, immer wieder stell ich ihr Fragen, der alten Frau. Diese Wände der frühen Erinnerungen, wenn ich nur sehen könnte, was in ihrem Kopf spukt, wenn man sich nur nehmen könnte, woran sich eine andere erinnert, ohne die Glättungen und die Beschönigungen, die das Körnige, das Sandige des wirklich Erlebten bis zur Widerstandslosigkeit in der Nacherzählung ausfiltrieren.[108]

In diesen Worten, die in die liebevolle, wenn auch differenzierte Beschreibung des Vaters eingebettet sind, zeigt sich ein gewisses Maß an Eifersucht gegenüber der Mutter. Zugleich enthalten sie einmal mehr auf der Ebene der Meta-Memo-

---

105 Klüger, weiter leben, S. 82.
106 Klüger, weiter leben, S. 79.
107 Hinck, Der Autobiograph und der fabulierende Erzähler Günter Grass, S. 6.
108 Klüger, weiter leben, S. 34. Bemerkenswert ist, dass hier – wie im Zusammenhang mit dem Gespenstermotiv (vgl. ebd., S. 70) – vom „Spuken" hinter den „Wände[n] der frühen Erinnerung" die Rede ist und damit eine indirekte Verbindung zwischen dem Gedächtnis und den Gespenstern hergestellt wird.

ria Aussagen über das Erinnern. Die Tatsache, dass Erinnerungen autonom sind, niemandem genommen werden können, wird von der Erzählerin bedauert. Nach dem zugrunde liegenden Erinnerungskonzept werden Erinnerungen durch das Erzählen gefiltert und geglättet und entfernen sich so von den ursprünglichen Erlebnissen. Es fällt auf, dass diese Memoria-Reflexion nicht die Erinnerung der Erzählerin selbst betrifft, die von solchen Entwicklungen beinahe ausgenommen scheint, sondern gezielt die Erinnerung der Mutter beschreibt. Wenn Lezzi feststellen meint, dass „die Autorin doppelt deutlich [macht], daß die Erfahrungen 50 Jahre nach Kriegsende nicht mehr als direkte authentische Erinnerungen, sondern nur durch ihre eigene Brechung und Reflexion hindurch zugänglich sind"[109], trifft dies also weniger auf die Erinnerung der Erzählerin selbst zu als vielmehr auf die der Mutter. Diese ist es auch, die wichtige Erlebnisse wie den Tod ihres ersten Kindes verdrängt hat: „Was weiß denn ich davon, was in ihrem gemarterten Hirn vorgeht? Ich denke, sie wird es sich schon gemerkt haben, sie hat es nicht eigentlich vergessen, aber sie läßt es verschwimmen."[110]

Die feministische Perspektive durchzieht auch das Verständnis des Judentums in *weiter leben*. Bemerkenswert ist das eigene Verständnis des Buches Ruth aus dem jüdischen Tanach, dem der selbst gewählte Vorname der Protagonistin entnommen ist. Diese sieht in der biblischen Ruth in erster Linie eine emanzipierte Frau, deren Treue nicht einem Mann, sondern einer Freundin gilt, derentwegen sie nach Israel auswandert.[111] Diesem bewussten Akt der Befreiung entspricht in *weiter leben* der trotzige, gegen Hitler gerichtete Entschluss der Hauptfigur, den Namen Susanne gegen Ruth einzutauschen.

Eine feministische Religionskritik findet sich meist dort, wo es um jüdische Feste und Rituale geht. So kritisiert die Erzählerin, dass sich Pessach, „an und für sich das phantasievollste Fest", nur an Kinder und Männer richte.[112] Besonders deutlich wird die Kritik am Judentum, wenn die Erzählerin sich wünscht, es möge auch einen Raum für ein weibliches Totengedenken geben:

> Feierlichkeiten sind mir suspekt, lächerlich, und ich wüßte auch nicht, wie ich es anstellen sollte. Bei uns Juden sagen nur die Männer den Kaddisch, das Totengebet. Mein immer freundlicher Großvater, den ich mir nur mit ausgestreckten Armen und Taschen voller Geschenke denken kann, soll mit gespielter Trauermiene zu seinem Hund gesagt haben: „Du bist der einzige hier, der Kaddisch für mich sagen kann." Vor seinen Töchtern hat er so mit seinem Hund gesprochen, und meine Mutter hat mir das unkritisch erzählt, hat die Herabsetzung hingenommen, wie es sich für jüdische Töchter schickte. [...] Wär's anders

---

[109] Lezzi, Zerstörte Kindheit, S. 241.
[110] Klüger, weiter leben, S. 94.
[111] Vgl. Klüger, weiter leben, S. 42.
[112] Vgl. Klüger, weiter leben, S. 44, dort auch das Zitat.

> und ich könnte sozusagen offiziell um meine Gespenster trauern, zum Beispiel für meinen Vater Kaddisch sagen, dann könnte ich mich eventuell mit dieser Religion anfreunden, die die Gottesliebe ihrer Töchter zur Hilfsfunktion der Männer erniedrigt [...], sie zum Beispiel mit Kochrezepten für gefilte fish abspeist.[113]

Hier wird nicht nur Religionskritik an Riten geübt, die Frauen degradieren, sondern ein kulturelles Gedächtnis eingefordert, an dem Männer und Frauen gleichermaßen partizipieren. Durch die Erwähnung der Gespenster, deren Existenz hier, zu Beginn des Romans, noch nicht weiter diskutiert, sondern schlichtweg impliziert wird, wird der immanente Feminismus rückgekoppelt an eine Poetologie des Erinnerns.

Die feministische Systemkritik in diesem autobiographischen Roman bezieht sich aber nicht nur auf das jüdisch-rituelle Erinnern, sondern durchzieht das Verständnis der Erzählerin von Gedenkkultur im Allgemeinen, die ihres Erachtens von Männern dominiert wird: „Die Kriege gehören den Männern, daher auch die Kriegserinnerungen. Und der Faschismus schon gar: reine Männersache. Außerdem: Frauen haben keine Vergangenheit. Oder haben keine zu haben. Ist unfein, fast unanständig."[114]

Dem Vorwurf, den Anstand nicht zu wahren, ist Ruth als Kind wie auch später in Amerika immer wieder ausgesetzt. So wie sie in der Wiener Öffentlichkeit einen vermeintlich falschen Eindruck hinterlässt, so gilt sie in New York als „unamerikanisch", weil nicht albern und einschmeichelnd genug.[115] Nicht nur Männer, sondern auch wohlmeinende Freundinnen oder weibliche Verwandte konfrontieren Ruth mit diesem Vorwurf, sich unfein oder unweiblich zu verhalten. Als positives Gegenmodell wird das Verständnis der Familie in den Kindheitsjahren in Wien vorgestellt:

> Zu Hause hatte es ganz früh Brüder und Freunde meines Vaters gegeben, die mich, sowie sie zur Tür hereinkamen, mit gerade noch verständlichen Witzen und provozierenden Bemerkungen begrüßten. [...] Diese Onkel haben nicht erwartet, daß man sich als braves, verschämtes kleines Mädel aufführen, sondern daß man schlagfertig antworten werde [...]. Was dem einen Lizenz zur Frechheit bedeutet, ist dem anderen Anleitung zu egalitärem Denken.[116]

Wenn sich nun die Kritik gegen die Haltung richtet, Frauen bedürften nicht der Vergangenheit und gerieten schnell in einen unanständigen Ruf, sobald sie sich

---

113 Klüger, weiter leben, S. 25.
114 Klüger, weiter leben, S. 12.
115 Vgl. Klüger, weiter leben, S. 13 und S. 227, dort auch das Zitat.
116 Klüger, weiter leben, S. 92.

der Geschichte zuwendeten, geht es eben um diese Haltung: um die Verteidigung des egalitären Denkens und damit einer emanzipatorischen Überzeugung. Dieser bedarf es, denn das von Klüger formulierte Ausschließen der Frauen aus historischen Diskursen liefe letztlich auf die Negierung ihrer Vergangenheit und Erinnerung und damit die Negierung von Identität hinaus. In Klügers Gedicht „Wiener Neurose" heißt es: „Gegen die guten Sitten verstößt das Gedenken."[117]

Dass die Kriege den Männern gehören und dies Auswirkungen auf die kollektive Erinnerung hat, wird auch im Teil „New York" deutlich: Ruths Erinnerungen stehen in direkter Konkurrenz zu denen ihres Ehemannes, der in Berkeley Geschichte lehrt. Die Erinnerung des US-Kriegsveteranen an den kalten Winter 1944/1945 lässt der Erzählerin zufolge die der KZ-Überlebenden nicht als gleichberechtigte Erinnerung gelten.[118] Aus diesem Grund ist es notwendig, eine eigene weiblich konnotierte identitätsstiftende Erinnerung wie die an die Gemeinschaft der Frauen in Theresienstadt zu bewahren,[119] wobei solche Erinnerungen nicht frei sind von Diskriminierungserfahrung:

> Ich kam mir wertlos vor, sah mich durch fremde Augen, und es gab Stunden, da hatte ich das Gefühl, ich sei nicht befreit worden, sondern ich sei davongekrochen, wie eine Wanze, wenn das Haus ausgeräuchert wird. [...] Ich glaubte fest, obwohl die Männer es unbegreiflicherweise bestritten, daß Frauen lebensfähiger als Männer sind. Aber auch weniger wertvoll; daß unsere Toten männlich waren, bedeutete demzufolge, daß die wervolleren in der Familie nicht mehr lebten.[120]

Hier spricht eine Erzählerin, deren Erinnerung in der Nachkriegszeit zunächst selbst von weiblichem Selbsthass geprägt war und die sich erst in den nachfolgenden Jahrzehnten eine feministische Überzeugung und damit auch eine feministisch geprägte Reflexion von Gedächtnis aneignet. Offensichtlich wird dies etwa im direkten Vergleich der Figuren Ruth und Christoph. Beide erinnern sich Jahrzehnte später an einen gemeinsamen Besuch einer Antigone-Inszenierung. Ruth sind vor allem die beiden Frauen Antigone und Ismene im Gedächtnis geblieben, Christoph hingegen der von einem amputierten Kriegsveteranen gespielte Kreon. Und es schließt sich fast beiläufig die zentrale Feststellung an: „Erinnerung ver-

---

[117] Ruth Klüger, Wiener Neurose, zit. nach dies., unterwegs verloren, S. 216.
[118] Vgl. Klüger, weiter leben, S. 235–236. So zeigt Klügers damaliger Ehemann deutliche Abneigung gegen Ruths Vorschlag, mit den Studierenden eine Stunde über die Konzentrationslager zu sprechen. Es ließe sich gegen die Einschätzung der Erzählerin aber einwenden, dass dieser Ablehnung auch methodische oder persönliche Motive des Historikers zugrunde liegen könnten.
[119] Breysach schreibt dazu: „Eine kollektive Identität vermittelt die Erinnerung an die Frauengemeinschaft in Theresienstadt, aber auch an die Vorträge des bewunderten Leo Baeck" (Breysach, Klüger, S. 321).
[120] Klüger, weiter leben, S. 239.

bindet uns, Erinnerung trennt uns."¹²¹ Dieser Satz ist freilich nicht allein auf die Schilderung eines lang zurückliegenden Theaterbesuchs zu beziehen, sondern kann vielmehr als leitmotivische Überschrift des gesamten Romans gelesen werden. Dabei steht Christoph zum einen für das kategorial andere Erinnern als Mann und zum anderen für das spezifisch andere Erinnern einer Person, die nicht unter Antisemitismus und Lager-Inhaftierung leiden musste.¹²²

Carmel Finnan zufolge ist es Klüger und anderen Autorinnen letztlich zu verdanken, dass „das von männlichen Erfahrungen geprägte Bild der Shoah durch bislang ausgeschlossene Erfahrungen und Erinnerungen von Frauen aufgebrochen [wird] mit der Perspektive, den Riß zwischen Nazi-Genozid und Geschlecht [...] aufzuheben"¹²³. Der Roman *weiter leben* verweist zudem auf eine doppelte Diskriminierung unter den Nazis, nämlich der nach ethnischen und geschlechtlichen Kategorien.¹²⁴ Weigel weist hingegen kritisch darauf hin, dass bei Klüger ein feministisch konnotiertes Deutungsmuster vorherrsche, das der „These" folge, „daß die Vernichtung Teil eines ‚patriarchalen' Systems sei", und beinahe historiographischen Anspruch erhebe.¹²⁵

In der Tat spricht in *weiter leben* durchweg eine Erzählerin von ihren individuellen Erfahrungen und der daraus abzuleitenden weiblichen Erinnerung; dieses literarische Zeugnis bemüht sich darum, Eingang in ein männlich dominiertes kollektives Gedächtnis zu finden, und macht eine Reihe allgemeiner feministischer Aussagen – als subjektiver Bericht, der sowohl theoretisch als auch literarisch einen Beitrag zur Gedenkkultur leistet.

5 *weiter leben*: Autobiographie oder Roman?

Ruth Klüger selbst tituliert ihr Werk *weiter leben* als *Autobiographie* und rechtfertigt dies mit dem Wahrheitsgehalt und dem davon abgeleiteten Wahrheitsanspruch. Daraus folgt für sie die Ablehnung der Einstufung als Roman, wie sie sich beispielsweise bei Klaus-Michael Bogdal findet, der *weiter leben* unter der

---

121 Klüger, weiter leben, S. 220.
122 Vgl. dazu die Ausführungen in Kapitel V.1 der vorliegenden Untersuchung.
123 Finnan, „Ein Leben in Scherben", S. 175.
124 Vgl. Bos, German-Jewish Literature in the Wake of the Holocaust, S. 85.
125 Sigrid Weigel, Der Ort von Frauen im Gedächtnis des Holocaust. Symbolisierungen, Zeugenschaft und kollektive Identität. In: Sprache im technischen Zeitalter, Bd. 33, Heft 135, 1995, S. 260–268, Zitat auf S. 265.

Rubrik ‚Holocaustromane' subsumiert.[126] Klüger schreibt in ihrem Aufsatz „Zum Wahrheitsbegriff in der Autobiographie" dementsprechend:

> Mein Buch wird manchmal als Roman vorgestellt, und zwar immer von Leuten, die es gut mit mir meinen. Ich sage dann etwa: „Ich wollte es wäre ein Roman", d. h. ich wollte, ich hätte eine andere Jugend gehabt und hätte diese nur erfunden. Meine wohlwollenden Leser meinen mit *Roman* einfach ein interessantes oder gut geschriebenes Buch, sie meinen es sei Literatur, Belletristik. Es hätte einen Allgemeinwert. Der Wahrheitsanspruch, und schon gar der Wirklichkeitsanspruch, fällt bei solchem Lob unter den Tisch.[127]

Damit trifft Klüger eine eigene Unterscheidung zwischen fiktionalem und faktualem Erzählen, die sie allein am Kriterium ausrichtet, ob das Erzählte ‚wirklich' so gewesen ist. In *weiter leben* heißt es: „Wer Geschichte nicht ernst nimmt, dem kommt es auf den Unterschied zwischen Spiel und Wirklichkeit nicht an."[128] Daran sind zumindest Zweifel angebracht. Und so wendet auch Behre ein: „Diskussionen auslösend ist K[lüger]s Verdikt, streng zwischen Erfundenem und Überliefertem, Literatur u[nd] Historiographie zu unterscheiden."[129] Kriterien wie Erzählperspektive oder Fokalisierung kommen bei einer Unterscheidung wie der Klügers nicht zum Tragen. Klüger argumentiert zudem mit Lejeunes ‚autobiographischem Pakt', ohne diesen explizit zu nennen, und besteht auf der Verifizierbarkeit der Autobiographie durch die schreibende Person.[130] Neben der äußeren Form der Autobiographie ist demnach der Anspruch der Autorin als Autobiographin der entscheidende Anhaltspunkt für eine Gattungszuschreibung. Daraus folgt ein spezielles Verständnis von Auktorialität und Autorität:

> Bei der Autobiographie indessen kommt ein komplizierendes und erweiterndes Moment hinzu, nämlich daß sie, dank der Subjektivität der Gattung, Stellen enthält, die für die Leser zwar nicht verifizierbar sind, wohl aber für die Schreibende. In der Autobiographie darf ich die privatesten Regungen wiedergeben, denn ich bin ja diesbezüglich die einzige Autorität, die es überhaupt gibt. Und in dieser Beziehung steht die Autobiographie dem Roman näher als der Biographie. Dabei ist es ganz wesentlich, daß die Leser mir Glauben schenken, sich auf mein Wort verlassen. Tun sie es nicht, so zweifeln sie nicht an meinem Text, sondern an mir als Menschen, da ich ja beides bin: Ich bin die, die (be)schreibt und die, die (be)schrieben wird. Allerdings, insofern als Erinnerung ungenau ist, beeinflußt von Wünschen und

---

126 Vgl. Klaus-Michael Bogdal, Sprachen der Erinnerung. Einführung in das Themenheft. In: Der Deutschunterricht, Bd. 57, Heft 6, 2005, S. 2–5, hier S. 4.
127 Klüger, Zum Wahrheitsbegriff in der Autobiographie, S. 406; Herv. im Orig. Indirekt wird somit Fiktionalität mit Spiel gleichgesetzt.
128 Klüger, weiter leben, S. 281.
129 Behre, Klüger, S. 507. Zu Klügers gattungstheoretischen Positionsbestimmungen sei nochmals verwiesen auf Kapitel II.3 der vorliegenden Untersuchung.
130 Zu Lejeunes autobiographischem Pakt siehe Kapitel II.2 der vorliegenden Untersuchung.

Verdrängungen, erwarten wir keine absolute Gleichsetzung von Erinnerung und Wirklichkeit. Eine Autobiographie kann von Phantasien durchsetzt sein, weil die Menschen eben phantasieren, aber sie darf diese nicht als bare Münze ausgeben. Ich kann z. B. über KZs nur autobiographisch schreiben, wenn ich tatsächlich dort gewesen bin.[131]

Die Autorin und Literaturwissenschaftlerin räumt also aufgrund der Subjektivität durchaus eine Nähe zwischen Autobiographie und Roman ein; der Autobiograph oder die Autobiographin darf nach Klüger aber niemals die Grenze zwischen Faktualität und Fiktionalität bewusst überschreiten.

Ein weiteres Kriterium kommt hinzu: Klüger versteht – in Unterscheidung zur Autobiographie – unter einem autobiographischen Roman eine immanente Distanz zwischen Autor oder Autorin und der erzählenden Hauptfigur.[132] Da sie eine solche Distanz für ihr eigenes Werk strikt zurückweist, verteidigt sie dieses als Autobiographie. Dem folgt offenbar Lezzi, wenn sie meint: „Die Stimmen von Autorin, Erzählerin und Protagonistin sprechen zwar in unterschiedlichen Tonlagen und aus unterschiedlichen Perspektiven, sind aber dennoch innerhalb dieser Textkonstruktion einem einheitlichen Subjekt zuzuordnen."[133] Entsprechend nennt Lezzi *weiter leben* in ihren Publikationen durchweg eine „Autobiographie" oder zählt sie zu den „Kindheitsautobiographien zur Shoah".[134] Dagegen ist einzuwenden, dass eben diese genannten unterschiedlichen Tonarten und Perspektiven am Anspruch einer kohärenten Darstellung als Autobiographie rütteln.

Nicht nur in der späteren Reflexion thematisiert Klüger die Herausforderungen autobiographischen Schreibens, auch *weiter leben* selbst ist durchzogen von solcher Reflexion. So unterbrechen folgende Sätze die Erzählung über die Entscheidung zur Flucht während des Todesmarschs: „Gestern schrieb ich diese Sätze, heute scheinen sie falsch, verquer. Ich will sie löschen, zögere. Was stimmt denn hier nicht?"[135] Auch die Auktorialität wird – vergleichbar mit der eigenen Erinnerung – brüchig.

Wenngleich Klüger für ihr eigenes Werk diese Perspektive ablehnt, sollte der Aspekt der Literarizität eines autobiographischen Textes als eine Komponente des Genrebegriffs verstanden werden. Der Roman *weiter leben* ist nicht allein wegen seiner lyrischen Anteile ein sehr poetischer Text. Herta Müller legt in ihrem bereits erwähnten Essay dar, wie Klüger stilistisch vorgeht: „Auch hier trifft uns

---

131 Klüger, Zum Wahrheitsbegriff in der Autobiographie, S. 407.
132 Vgl. Klüger, Zum Wahrheitsbegriff in der Autobiographie, S. 407.
133 Lezzi, Zerstörte Kindheit, S. 229.
134 Lezzi, „Gebranntes Kind sucht das Feuer", S. 597–598; dies., Zerstörte Kindheit. Lezzi unterscheidet dabei zwischen ‚Literarisierung' und ‚Fiktionalisierung', ohne auszuführen, wo genau die Trennlinie verläuft; vgl. dies., „Gebranntes Kind sucht das Feuer", S. 598, Anm. 5.
135 Klüger, weiter leben, S. 167.

ein Vergleich, der sich selber weh tut. Er steht plötzlich da, im Handumdrehen, durch *Lakonie*. *Das ganz direkte Sagen* macht dieses Buch so poetisch."[136] Hingegen meint Krauß zu erkennen, dass „Klügers referentieller Pakt [...] mithin auf dem unbedingten Anspruch von Zeugenschaft [basiert], der auch um den Preis der Literarizität aufrechterhalten wird"[137]. Das Genre des autobiographischen Romans ermöglicht es jedoch, dass Literarizität und autobiographische Referenzialität nicht gegeneinander ausgespielt werden müssen, sondern miteinander vereinbar sind – anders als im nicht-autobiographischen Roman oder der klassischen Autobiographie.

Klügers *weiter leben* ist so vielschichtig und von einer individuellen Narrativität, dass es sich einer klaren Gattungszuordnung entzieht. So ließe sich die Erzählung in gewisser Weise sogar als Rahmen einer Gedichtsammlung lesen.

Besondere Beachtung im Zusammenhang mit der Gattungsfrage verdient darüber hinaus der Aspekt der Inkohärenz der Erzähl- und Erinnerungsstruktur im Text. Diese entspricht der von Erich Kleinschmidt beschriebenen krisenhaften Entwicklung von Auktorialität: „Weder empathische noch aggressive Formen der Distanzierung entlassen die von der Shoah als Betroffene Schreibenden aus den fragmentierenden Zwängen ihres narrativen Ungenügens."[138] Dem fragmentarischen und inkohärenten Erinnern und Erzählen in *weiter leben* entspricht der autobiographische Roman insofern, als er eine große narrative Offenheit ermöglicht. Finnan sieht durch „die nicht linearen Erzählsequenzen [...] die Diskontinuität des Erlebten wider[gespiegelt] wie auch die zersplitterte Identität, die durch das Erzählen rekonstruiert wird"[139]. Eine Antwort auf die fragmentierenden Zwänge und Leerstellen bei Klüger geben deren Gespenster. Das Gespenstermotiv ist denn wohl auch, wie von der Lühe betont, als stärkstes Fiktionssignal dieses autobiographischen Romans zu werten:

> Durchgängig fragend, wiewohl an pointierten und pointierenden Formulierungen orientiert, ist [...] ihr Umgang mit dem Gespenstermotiv. Dabei ist offenkundig, daß es um Befreiung oder gar Bewältigung dieser Gespenster nicht gehen kann, vielmehr setzt sie der musealisierenden bzw. banalisierenden Eingemeindung des ‚Gespenstes' in modernen Erinnerungskulturen eine literarische Auseinandersetzung entgegen, in der Erzählung und Analyse, Autobiographie und Dialog, fragmentarische Strukturen und konventionelle Motive, Gedicht und Essay nebeneinander stehen.[140]

---

136 Herta Müller, In der Falle, S. 34; Herv. im Orig.
137 Krauß, Dialog und Wörterbaum, S. 73.
138 Kleinschmidt, Schreiben an Grenzen, S. 88.
139 Finnan, „Ein Leben in Scherben", S. 161.
140 Von der Lühe, Das Gefängnis der Erinnerung, S. 42.

Irmela von der Lühe spricht weiter von der „problematische[n], weil letztlich unaufhebbare[n] Diskrepanz zwischen Erinnerungsbildern und Phantasie"[141]. Die Bedeutung der Erinnerung und die Reflexion ihrer Bedingungen und Folgen gibt unter anderem einen Ausschlag in der Gattungsfrage. Klüger selbst spricht nicht ausschließlich von einer Autobiographie, sondern bezeichnet *weiter leben* bei der Entgegennahme des Bruno-Kreisky-Preises als „politisches Erinnerungsbuch"[142]. Und sie spielt letztlich selbst auf die Literarizität des Werks an, wenn sie in derselben Dankesrede im Schlussabsatz gar die Zuschreibung „Gespenstergeschichte"[143] wählt. Vieles spricht also dafür, dieses Erinnerungsbuch, das voller Gespenstergeschichten steckt, als autobiographischen Roman aufzufassen.

---

[141] Von der Lühe, Das Gefängnis der Erinnerung, S. 30.
[142] Klüger, Gelesene Wirklichkeit, S. 101. Diese Formulierung greift sie in *unterwegs verloren* abermals auf; vgl. dies., unterwegs verloren, S. 213.
[143] Klüger, Gelesene Wirklichkeit, S. 103.

V „Vergangenheit als Gegenwart": Martin Walsers *Ein springender Brunnen*

1 Klüger, Proust und Walsers Reden: Zur Einordnung des autobiographischen Romans

> Nicht mehr das Rauschen der Bäume buchstabieren,
> glühen vor Unverständnis, blenden alle
> mit falschem Schein, lachen bei Begräbnissen,
> nicht ansteckend, abstoßend lachen bei allen Begräbnissen.
> Wenn du kein Virtuose im Vergessen bist, verblutest du
> auf der Intensivstation Erinnerung.
> Martin Walser[1]

Vor allem mit einem Satz dieses ersten Gedichts in Martin Walsers Balladensammlung von 2007 wurde der Schriftsteller in einem SPIEGEL-Interview konfrontiert: „Wenn du kein Virtuose im Vergessen bist, verblutest du / auf der Intensivstation Erinnerung." Der SPIEGEL sah darin ein „Plädoyer für das Vergessen". Walser entgegnete: „Wenn Sie das jetzt politisieren, zeigen Sie nur die grauenhafte Monotonie Ihres berufsgeschädigten Zeitgeistgehirns. Das tun Sie ja schon durch die Wahl gerade dieser Zeile."[2]

Zu diesem Zeitpunkt hatten sich Walser und Klüger schon entfremdet. Das war, wie erwähnt, noch wenige Jahre zuvor anders gewesen. Doch bereits in *weiter leben* klingt die Distanz der beiden an:

> Unser Zug [von Auschwitz nach Christianstadt, D.K.-B.] fuhr an einem Ferienlager vorbei. Da war ein Junge, von weither gesehen, der eine Fahne geschwungen hat, Geste der Bejahung der Lichtseite des Systems, an dessen blutverschmierter, kotiger Unterseite man uns entlangschleifte. Soviel Helle, wie konnte das sein? Später habe ich diesen Jungen in freier Assoziation mit meinem Freund Christoph, der mir ein Inbegriff des deutschen Nachkriegsintellektuellen werden sollte, in Verbindung gebracht. Sicher unfair. Aber immer noch sehe ich mich an ihm vorübersausen, ich sehe ihn, er mich nicht, kann er ja gar nicht, ich bin im Zug, vielleicht sieht er den Zug, fahrende Züge passen in eine solche Landschaft, vermitteln ein wohliges Fernweh. Für uns beide ist es derselbe Zug, sein Zug von außen gesehen, meiner von innen, und die Landschaft ist für uns beide dieselbe, doch nur für die Netzhaut dieselbe, dem Gefühl nach sehen wir zwei unvereinbare Landschaften.[3]

---

[1] Martin Walser/Alissa Walser, Das geschundene Tier. Neununddreißig Balladen, Reinbek 2007, Gedicht 01.
[2] Vgl. Volker Hage, Jeden Tag überrascht. Interview mit Martin Walser. In: Der Spiegel, 12.März 2007.
[3] Klüger, weiter leben, S. 145.

Diese Gegenüberstellung in Ruth Klügers *weiter leben* – hier die vermeintliche Sonnenseite des faschistischen Systems, in dem Jungen wie Christoph alias Martin Walser fröhlich ihre Fahnen schwingen, dort die widerwärtige Seite, auf der Menschen in Güterwaggons in den Tod oder im vorliegenden Fall in ein anderes Lager transportiert werden – ist als bewusste Provokation der Auschwitz-Überlebenden aufzufassen. Sie kommentiert die konkrete und nachträgliche Verbindung mit Walser zwar als „[s]icher unfair". Doch will sie mit der Nennung von Walsers Alter Ego zwei konkrete Biographien nebeneinanderstellen und damit den Blick auf zwei getrennte Lebenswelten lenken, zwei potentielle Perspektiven zur selben Zeit am selben Ort. An diesem nicht genau spezifizierten *lieu de mémoire* prallen zwei mögliche Erinnerungssedimente oder – in der Terminologie Huyssens – Palimpseste aufeinander. Dass die zwei im Text beschriebenen Menschen später Freundschaft geschlossen haben, ist fast als zweite Provokation zu verstehen und spricht gegen Heidelberger-Leonards Annahme einer reinen „*Dis*-simulation"[4] in *weiter leben*.

Walser äußert sich 1992 im Bayerischen Rundfunk positiv zu *weiter leben*, dem autobiographischen Werk seiner Bekannten Klüger, und konstatiert darin einen erinnerungskritischen Ansatz. In dem „Ruth Klüger zur Begrüßung" betitelten Rundfunkbeitrag erklärt er: „Und jeder Leser wird auf dieses Buch mit seiner eigenen Geschichte antworten müssen, sich verwahrend, sich schützen wollend, dann vielleicht doch wehrlos, dann aber auch standhalten wollend."[5] Mit Blick auf die zitierte Passage aus *weiter leben* scheint dieser Reflex, sich in irgendeiner Form schützen zu wollen, vielleicht verständlich. Wohl aber bleibt kritisch anzumerken, dass Walser sich bei der Bewertung von *weiter leben* im genannten Beitrag im Bayerischen Rundfunk primär auf Klügers Sprache und den Aspekt ihrer Rückkehr konzentriert und viele wesentliche Aspekte ihres Buchs ausblendet. Dies ist angesichts der eigenen Qualität und Dialogorientierung von *weiter leben* zumindest irritierend. Nicht folgen kann ich allerdings der sehr viel weitergehenden und beinahe vernichtenden Kritik von Holger Gehle und Matthias N. Lorenz, Walser wolle Klüger weder hören noch gelten lassen, sondern vielmehr an die Seite drängen, gemäß dem Motto: Jetzt spricht die nicht-jüdische Intelligenz.[6]

---

4 Heidelberger-Leonard, Ruth Klügers weiter leben revisited, S. 128; Herv. im Orig.; siehe Kapitel IV.3 der vorliegenden Untersuchung.
5 Transkript zit. nach Braese/Gehle (Hg.), Ruth Klüger in Deutschland, S. 32.
6 Vgl. Holger Gehle, „weiter leben" in der deutschen Buchkritik. In: Ruth Klüger in Deutschland, hg. von Gehle und Stephan Braese, Bonn 1994 (Kassiber. Texte zur politischen Philologie, Bd. 1), S. 11–24, hier S. 22; Lorenz, „Auschwitz drängt uns auf einen Fleck", S. 241–242.

Mit dem autobiographischen Roman *Ein springender Brunnen* gibt Walser 1998, also einige Jahre später, ganz offensichtlich seine persönliche Antwort und macht sich damit (wie er nicht nur bereits 1992 vorausgesehen hat, sondern wie auch die mannigfaltige Kritik nach Erscheinen des Werkes bestätigt) einerseits angreifbar; andererseits ist es aber auch sein Versuch standzuhalten. Nach Michael Opitz und Carola Opitz-Wiemers fordert Walser einen Vergleich der beiden autobiographischen Werke *weiter leben* und *Ein springender Brunnen* geradezu heraus.[7]

Walsers Lebensgeschichte ist jedoch völlig verschieden von der Klügers. Die persönlichen Erfahrungen sind nicht vergleichbar; ein Dialog kommt zwangsläufig immer wieder an seine Grenzen. Dies haben die zwei unvereinbaren Perspektiven am Beispiel des Güterwaggons in *weiter leben* gezeigt, dies wird dort bemerkenswerterweise auch durch die teilweise misslingende Kommunikation zwischen Ruth und Christoph antizipiert. Gleichwohl können die beiden Konzepte von Erinnerung, die in Teilen divergieren, zuweilen auch frappierende Parallelen aufweisen, nebeneinander gestellt werden.[8]

Klüger nennt Walsers *Ein springender Brunnen* noch in *Still Alive*, der englischsprachigen Version von *weiter leben* aus dem Jahr 2001, dessen besten Roman.[9] Dann kommt es endgültig zum Bruch zwischen beiden. Ihre positive Bewertung von 2001 mag auch darin begründet sein, dass sie die Verschiedenheit der Perspektiven auf den Nationalsozialismus und die Shoah reflektiert hat und den daraus resultierenden unterschiedlichen Umgang mit Erinnerung im Grundsatz respektiert. Zudem verbindet Walser und Klüger, dass beide auf der Bedeutung individueller Erinnerung insistieren.

Ein Blick in die Vergangenheit legt nahe, dass das Nebeneinander zweier unvereinbarer Lebensläufe und damit auch Perspektiven nicht erst seit dem

---

[7] Vgl. Opitz/Opitz-Wiemers, Tendenzen in der deutschsprachigen Gegenwartsliteratur seit 1989, S. 710.

[8] *Ein springender Brunnen* und *weiter leben* wurden – nicht nur wegen der Bekanntschaft von Klüger und Walser, sondern auch wegen der verschiedenen zugrunde liegenden Poetologien – bereits häufig miteinander verglichen. In der Regel wird *Ein springender Brunnen* dabei als literarische Antwort auf Klügers *weiter leben* oder als dezidiert topischer Gegenentwurf aufgefasst. Vgl. dazu Joanna Jabłkowska, Zwei Autobiographien auf zwei Polen der Jahrhunderterfahrung. Martin Walsers „Ein springender Brunnen" und Ruth Klügers „weiter leben". In: Die biographische Illusion im 20. Jahrhundert. (Auto-)Biographien unter Legitimierungszwang, hg. von Izabela Sellmer, Frankfurt a. M. u. a. 2003, S. 45–58; Krauß, Dialog und Wörterbaum; Schneider, Reflexion oder Evokation, S. 160–175; Schödel, Literarisches versus politisches Gedächtnis?, S. 146. In dieser Arbeit wird auf einen umfassenden Vergleich der beiden Werke verzichtet. Vielmehr soll das jeweils eigene erinnerungspoetologische Konzept verschiedener autobiographischer Romane herausgearbeitet werden.

[9] Vgl. Kluger, Still Alive, S. 169.

Erscheinen von *weiter leben* Thema zwischen Walser und Klüger war. Walser hat bereits in seinem Essay „Hamlet als Autor" von 1964 geschrieben:

> Die Erinnerung ist nicht davon abzubringen, daß die Jugend das Beste gewesen sei. Auch wenn diese Jugend stattfand zwischen 1933 und 1945 in Deutschland. Nachträglich erfährt man, was gleichzeitig stattfand in diesem Land. Während ich das Proustsche Törtchen zum ersten Mal in die Schokolade tunkte, rauchten die Kamine in Auschwitz. Das erste Fahrrad, das ich hatte, nimmt in der Erinnerung mit jedem Jahr zu an Glanz und Vollkommenheit, aber der Mai, in den ich damit fuhr, stellt sich heraus als der Mai, den andere nur durch den Stacheldraht von Dachau erlebten, etwa als ihren letzten Mai überhaupt. Und doch gelingt es mir nicht, das üblich-prächtige Bilderbuch der Jugend mit jenen Farben zu überziehen, die mir nachträglich geliefert wurden. Unvereinbar nebeneinander existieren mein erstes Erlebnis des *Sommernachtstraums* und die Verhaftungen, die gleichzeitig stattgefunden haben müssen. Das Unvereinbare bleibt unvereinbar, aber man sieht es jetzt andauernd nebeneinander. So wird die Jugend zu einer Groteske.[10]

Diese Passage aus den 1960er Jahren liest sich beinahe als vorweggenommene Antwort des Autors, der sich später von Klügers *weiter leben* herausgefordert fühlt. Oder anders ausgedrückt: Dem Bild des unüberwindlichen Nebeneinanders von Törtchen, Fahrrad und Kunstgenuss auf der einen und dem Massenmord an den Juden auf der anderen Seite stellt Klüger 25 Jahre später ihr Bild des Güterwaggons mit zwei komplett gegensätzlichen Perspektiven an die Seite. Und beide, Klüger wie Walser, verwenden dabei im Hinblick auf die jeweils verschiedenen Erfahrungen und Erinnerungen das Adjektiv „unvereinbar". Insofern ist *Ein springender Brunnen* nicht bloß als isolierte Antwort auf *weiter leben* zu verstehen; vielmehr können beide Romane und Poetologien als Bestandteile eines Gesprächs aufgefasst werden, das mit der ersten Begegnung zwischen Klüger und Walser im Jahr 1947 seinen Anfang genommen hat und über viele Jahrzehnte persönlich, literarisch und essayistisch fortgeführt wurde. Dass Walser in „Hamlet als Autor" vom „Proustschen Törtchen" spricht, deutet an, dass bereits in den 1960er Jahren die Art des Erinnerns an seine eigene Kindheit unter dem NS-Regime eine Rolle gespielt hat.

Barbara Bauer meint begründen zu können, dass Walser sich mit *Ein springender Brunnen* auf Autobiographien von Kertész, Cordelia Edvardson, Arthur Goldschmidt und Klügers autobiographischen Roman bezieht und dabei den authentischen Anspruch der jeweils anderen Werke relativiert:

---

[10] Martin Walser, Hamlet als Autor. In: Walser, Werke in zwölf Bänden, Bd. 11: Ansichten, Einsichten. Aufsätze zur Zeitgeschichte, hg. von Helmuth Kiesel, Frankfurt a. M. 1997, S. 108–115, hier S. 109.

> Der Roman reagiert auf deren Versuche, sich in die Lage ahnungsloser, mehr oder weniger vertrauensseliger Kinder zurückzuversetzen und sich deren zugleich eingeschränkte und unprätentiöse kindliche Wahrnehmungsweise zu vergegenwärtigen.[11]

Dem ist deutlich zu widersprechen. Insbesondere bei Klügers *weiter leben* kann nicht die Rede sein von der Perspektive des naiv-vertrauensseligen Kindes. Vielmehr ist es Walser selbst, der sich um einen Zustand der Ahnungslosigkeit bemüht, wie es im Folgenden herauszuarbeiten gilt.

Helmut J. Schneider vergleicht Walsers *Ein springender Brunnen* mit Klügers *weiter leben* und stellt bei Walser besonders in dieser Differenz „die Versenkung in einen in sich abgeschlossenen Erinnerungsraum"[12] fest. Dieser exklusive Erinnerungsraum geht zurück auf einen Grundgedanken im autobiographischem Roman *Ein springender Brunnen*: die Überzeugung, dass Erinnerung nicht belehrbar sei – ein Gedanke mithin, den Walser bereits zehn Jahre zuvor in „Über Deutschland reden" ausführt.[13] In dieser Rede im Rahmen einer Münchner Veranstaltungsreihe wird die unüberwindbare Trennung von Erinnerung und historischem Wissen behauptet: „Das erworbene Wissen über die mordende Diktatur ist eins, meine Erinnerung ist ein anderes."[14] „Über Deutschland reden" wird mit der rhetorischen und bald beantworteten Frage eingeleitet: „Ist man fähig oder gar verpflichtet, Kindheitsbilder nachträglich zu bewerten, oder darf man sich diesem allerreichsten Andrang einfach für immer überlassen?"[15] Offenbar ist der Mensch nach Walser zu nichts anderem fähig als sich diesem „Andrang" hinzuge-

---

11 Barbara Bauer, Martin Walsers Roman „Ein springender Brunnen". Ein Resonanzraum anderer Autobiographien der Jahrgänge 1927/28. In: Konvergenzen. Studien zur deutschen und europäischen Literatur. Festschrift für E. Theodor Voss, hg. von Michael Ewert und Martin Vialon, Würzburg 2000, S. 188–209, hier S. 193.
12 Schneider, Reflexion oder Evokation, S. 166–167.
13 Vgl. Martin Walser, Über Deutschland reden. In: Walser, Über Deutschland reden, Frankfurt a. M. 1989, S. 76–100. Zum Aufbau und Kontext der Rede siehe Georg Braungart, „Ich habe nicht das Gefühl, daß ich mich bewegt hätte". Martin Walsers ‚Wende' zwischen Heimatkunde und Geschichtsgefühl. In: Zwei Wendezeiten. Blicke auf die deutsche Literatur von 1945 und 1989, hg. von Walter Erhart und Dirk Niefanger, Tübingen 1997, S. 93–114, hier insbes. S. 106–109. Wie weitere öffentliche Walser-Beiträge in den folgenden Jahren stieß auch diese Rede verschiedentlich auf Kritik. Die Ansichten der Kritiker sind knapp zusammengefasst bei Mechthild Borries, Vom Widerspruch der Meinungen und Rezeptionen. Walsers Stellungnahme zu Deutschland in Reden und erzählerischen Texten. In: Leseerfahrungen mit Martin Walser. Neue Beiträge zu seinen Texten, hg. von Heike Doane und Gertrud B. Pickar, München 1995 (Houston German Studies, Bd. 9), S. 29–47, dort S. 36–39. Vgl. auch Silvio Vietta, Vom ersehnten Identitätsrauschen in Martin Walsers Roman. In: Der Ernstfall. Martin Walsers „Tod eines Kritikers", hg. von Dieter Borchmeyer und Helmuth Kiesel, Hamburg 2003, S. 139–157, hier S. 139.
14 Walser, Über Deutschland reden, S. 77.
15 Walser, Über Deutschland reden, S. 76.

ben, weil es so etwas wie eine – wenn auch schwer zu vermittelnde – „Unschuld der Erinnerung"[16] gibt. Demgemäß haben sich seine eigenen Kindheitserinnerungen durch das später hinzugewonnene Wissen über die NS-Zeit nicht verändert.[17] Dieser Beobachtung schließen sich die beiden Aussagen an, es sei irreführend und überflüssig, die „Vergangenheit von heute aus" zu betrachten, und Walser könne nicht über Kohlewaggons erzählen, weil er sich nicht „in ein antifaschistisches Kind verwandeln" könne.[18] Georg Braungart sieht hier Ähnlichkeiten mit „einer ausgefeilten Immunisierungsstrategie"[19], Walser treffe emotionalisierte Aussagen über die eigene Identität mit dem lutherischen Gestus „Hier stehe ich und kann nicht anders".[20] In „Über Deutschland reden" sind zwei Ebenen der Abgrenzung zu unterscheiden, die von Walser aber nicht klar ausgeführt werden: Zum einen gibt es eine unüberwindbare Trennung zwischen den Erfahrungen einer Person im Kindesalter und seiner späteren Erinnerung an diese Zeit; zum anderen ist nach Meinung des Redners Walser streng zwischen dem individuellen, unbelehrbaren und unschuldigen Gedächtnis, das es zu verteidigen gilt, und dem kollektiven Gedächtnis zu unterscheiden. Es ist möglicherweise kritikwürdig, zumindest aber erklärungsbedürftig, dass Walser zwar „Über Deutschland" und damit über ein politisches oder gesellschaftliches Gebilde redet, sein Interesse aber primär auf die subjektive, autobiographische Ebene gerichtet ist. Irritationen und Missverständnisse sind beinahe vorprogrammiert.

In „Über Deutschland reden" kommt neben der Erinnerung der Sprache insofern besondere Bedeutung zu, als sie im Allgemeinen zentrale Bedingung der Identitätsbildung ist. Im Besonderen wirkt Sprache nach Walser dadurch, dass sie auf die Vergangenheit verweist. Bereits 1979 hatte Walser im Essay „Händedruck mit Gespenstern" von „dem historischen Vermögen der Sprache"[21] gesprochen. Nun heißt es: „Es genügt doch zu sagen, was uns trägt: die Vergangenheit."[22]

---

16 Walser, Über Deutschland reden, S. 77.
17 Vgl. Walser, Über Deutschland reden, S. 77.
18 Vgl. Walser, Über Deutschland reden, S. 77, dort auch die Zitate.
19 Braungart, „Ich habe nicht das Gefühl, daß ich mich bewegt hätte", S. 107.
20 Vgl. Braungart, „Ich habe nicht das Gefühl, daß ich mich bewegt hätte", S. 106–107.
21 Walser, Händedruck mit Gespenstern, S. 17.
22 Walser, Über Deutschland reden, S. 98. Peter Hamm zufolge denkt Walser geschichtlich und dialektisch; vgl. Hamm, Martin Walsers Tendenz. In: Hamm, Der Wille zur Ohnmacht. Über Robert Walser, Fernando Pessoa, Julien Green, Nelly Sachs, Ingeborg Bachmann, Martin Walser und andere, München/Wien 1992, S. 211–225, hier S. 218. Dies trifft insofern zu, als Walser Sprache, Nation und Gegenstände historisch begreift. Geschichte ist zum einen die Vergangenheit eines Kollektivs, das sich seiner Wurzeln bewusst sein muss. Hierbei fällt tatsächlich der Begriff „Geschichtsentwicklung", wobei die „Rückfallmöglichkeit" der Deutschen ausgeschlossen wird (Walser, Über Deutschland reden, S. 83). Geschichte ist zum anderen aber ganz konkret die historische Erfahrung des Individuums, die dieses prägt und wesentlich zu seiner Identität beiträgt.

In der Tendenz, das autobiographische Gedächtnis nach außen abzuschotten und Sprache oder Erinnerung dadurch einem Brunnen gleich ‚sprudeln' zu lassen, sieht Walser sich offenbar in der Tradition Prousts. Bereits in den 1950er Jahren hatte sich Walser mit dem Meister der *mémoire involontaire* befasst und in dem Essay „Leseerfahrungen mit Marcel Proust" von der Wahrheit geschrieben, die zu finden nur „dem Unwillkürlichen, dem unfreiwillig Erfahrenen, dem von selbst in ihm wieder Auftauchenden, dem Instinktiven"[23] vorbehalten sei. Vor dem Hintergrund eines solchen Verständnisses von Unwillkürlichkeit ist wohl auch die Rede von der „Unschuld der Erinnerung"[24] in „Über Deutschland reden" zu verstehen. Bei genauerer Betrachtung wird die Abgrenzung von Walsers Erinnerungsverständnis von Prousts *mémoire involontaire* deutlich, wie sie auch in *Ein springender Brunnen* demonstriert wird. „Walsers Technik der Rekonstruktion", so Matthias N. Lorenz, ist „eine rein passive": „Er beschreibt den Vorgang des Erinnerns als ein Entgegennehmen, nicht etwa als Nachgrübeln. Als eine ‚Zeitgenossen-Gegenwart' im Sinne Prousts will er sein Konzept ‚Vergangenheit als Gegenwart' nicht verstanden wissen [...]."[25]

Auf Parallelen zwischen der Friedenspreisrede und Walsers autobiographischem Roman *Ein springender Brunnen* wird immer wieder verwiesen.[26] Ohne Zweifel fallen Übereinstimmungen von Motiven und Themenfeldern wie Schuld, Erinnerung und Umgang mit der NS-Vergangenheit zwischen der Rede und dem Roman ins Auge. Allein aufgrund der völlig verschiedenen Textsorten bestehen aber – und das gilt analog für den Vergleich zwischen dem Roman und „Über Deutschland reden" – große Unterschiede in der Art, wie über diese Themen gesprochen wird. Arata Takeda bemerkt dazu treffend:

Walsers Verständnis von Geschichte ist in diesem Sinne gerade nicht das eines Abstraktums im hegelschen Sinne, sondern die oft sehr persönliche Erfahrung des Menschen.
23 Martin Walser, Leseerfahrungen mit Marcel Proust [1958]. In: Walser, Liebeserklärungen, Frankfurt a. M. 1983, S. 7–31, hier S. 26. Walsers Prosa der 1960er Jahre kann hingegen als Gegenentwurf zu Proust gelesen werden, wie Ralf Schnell erläutert; vgl. Schnell, Die Literatur der Bundesrepublik. In: Deutsche Literaturgeschichte. Von den Anfängen bis zur Gegenwart, 8. akt. und erw. Aufl., Stuttgart/Weimar 2013, S. 585–668, hier S. 625.
24 Walser, Über Deutschland reden, S. 77. Der Begriff ‚Unschuld' wird in „Händedruck mit Gespenstern" bezogen auf den Gebrauch von Sprache verwendet; vgl. ders., Händedruck mit Gespenstern, S. 17.
25 Lorenz, „Auschwitz drängt uns auf einen Fleck", S. 380.
26 Vgl. Heller, Endlich Schluß damit?, S. 114–123; Schütte, Nachlese, S. 118–119; Stuart Taberner, A Manifesto for Germanys's ‚New Right'? Martin Walser, the Past, Transcendence, Aesthetics, and „Ein springender Brunnen". In: German Life and Letters, Bd. 53, 2000, S. 126–141, hier S. 126–127.

> Der Erzähler, der mit Hilfe narratorischer Techniken *erzählt*, und der Redner, der mit Hilfe rhetorischer Mittel *redet*, stellen zwei grundverschiedene Textproduktionsinstanzen dar, deren Produkte mangels diskursiver und intentionaler Kompatibilität unaustauschbar sind.[27]

Nur folgerichtig bedarf es demnach einer eigenen Analyse des autobiographischen Romans *Ein springender Brunnen* und der ihm eigenen Poetologie.

2 Biographischer Kontext

Am 24. März 1927 geboren, wuchs Martin Walser im kleinen Ort Wasserburg am Bodensee auf. Das dörfliche Umfeld und der mütterliche Katholizismus waren prägend für Walser. Die Eltern betrieben einen Gasthof und einen Kohlehandel, den Walser ab 1940 nach dem Tod des Vaters weiterführte. Es folgten Heimatflak, Arbeitsdienst, militärische Grundausbildung und Stationierung als einfacher Gebirgsjäger-Rekrut im Inntal. Der junge Walser glaubte an den ‚Führer' und war entsetzt, als er vom gescheiterten Attentat vom 20. Juli 1944 hörte. Auch der Tod des Bruders im Krieg veränderte seine positive Haltung zum nationalsozialistischen System nicht. Das Kriegsende und die unmittelbare Zeit danach erlebt Walser in einem Gefangenenlager in Garmisch, wo er sich, so Jörg Magenau, wie in den Jahren zuvor in die Literatur flüchtete: „Mit dem Schutzwall der Gedichte kam Walser durch den Krieg, bis in den Sommer 1945. Da entdeckte er Heinrich Heine. [...] Jetzt einen Sommer lang nichts als Heine."[28] 1946 machte er schließlich sein Abitur in Lindau und nahm anschließend ein Studium in Regensburg auf. In die Regensburger Zeit fällt, wie erwähnt, die Begegnung mit der mehr als vier Jahre jüngeren Ruth Klüger. Ab 1948 studierte Walser in Tübingen Literaturwissenschaft, Philosophie und Geschichte. Er arbeitete ab 1949 als zunächst als freier Mitarbeiter und später als Redakteur, Reporter und Regisseur bei Radio Stuttgart, dem späteren Süddeutschen Rundfunk und promovierte 1951 mit einer Arbeit über Franz Kafka. In den 1950er Jahren begann auch sein Engagement in der Gruppe 47. 1957 erschien mit *Ehen in Philippsburg* sein erster Roman. Seither ist Walser einer der erfolgreichsten und produktivsten deutschen Schriftsteller.[29]

---

[27] Arata Takeda, Bildung des Ichbewusstseins. Zu Martin Walsers „Ein springender Brunnen". Versuch, den Roman vom Kontext der Friedenspreisrede zu befreien. In: Germanistische Mitteilungen, Bd. 56, 2002, S. 27–45, hier S. 29; Herv. im Orig.
[28] Magenau, Martin Walser, S. 44.
[29] Zu den beschriebenen biographischen Stationen vgl. Gerald A. Fetz, Martin Walser. Stuttgart/Weimar 1997, (Sammlung Metzler, Bd. 299), S. 1–6; Magenau, Martin Walser, S. 21–106; Annemarie Stoltenberg/Joanna Jabłkowska, Walser, Martin (Johannes). In: Killy Literaturlexikon.

Mit Nazi-Deutschland setzte sich Walser später in verschiedenen Essays auseinander.[30] Viele seiner Erfahrungen haben zudem Eingang in sein literarisches Gesamtwerk gefunden, was Walser mit den Worten kommentiert: „Ich habe nie anders als autobiographisch geschrieben, wenngleich ich es auch nie ohne die Freiheit des Erfinders tue."[31] Am deutlichsten wird dies in seinem autobiographischen Roman *Ein springender Brunnen* von 1998, der die Bezeichnung *Roman* trägt, zugleich aber Lebensstationen aus Walsers Kindheit und Jugend episch nachzeichnet.

Ein springender Brunnen besteht aus den drei Teilen „Eintritt der Mutter in die Partei", „Das Wunder von Wasserburg" und „Ernte", die jeweils eine Phase im Leben des Jungen bzw. Jugendlichen Johann schildern. Dieser steht im ersten Teil vor seiner Einschulung, befindet sich im zweiten Teil (nach einem Zeitsprung) im Kommunionalter und erlebt im dritten Teil das letzte Kriegsjahr – vom Stellungsbefehl über die kurzzeitige Gefangenschaft zu Kriegsende bis zur Rückkehr in sein geliebtes Wasserburg. Die drei Stationen und viele Figuren entsprechen Walsers eigenen Erfahrungen; der Roman *Ein springender Brunnen* ist stark autobiographisch geprägt und beruht in weiten Teilen auf Walsers eigenen Erinnerungen. Aus diesem Grund bezieht sich Magenaus Walser-Biographie an mehreren Stellen auf den Roman.[32]

Der Name der Hauptfigur, Johann, ist dabei Walsers zweitem Vornamen Johannes entlehnt ist. Nicola Kaminski schreibt dazu mit Blick auf Lejeunes ‚autobiographischen Pakt': „Latent, nämlich metonymisch, unterhält der vorgebliche Roman jedoch sehr wohl einen in der Eigennamensidentität bezeugten auto-

---

Autoren und Werke des deutschsprachigen Kulturraumes, 2., vollständig überarb. Aufl., Bd. 12, Berlin/Boston 2011, S. 107–111, hier S. 107.

30 Hier sind vor allem zu nennen: Walser, Auschwitz und kein Ende; ders., Händedruck mit Gespenstern; ders., Unser Auschwitz. In: ders., Werke in zwölf Bänden, Bd. 11: Ansichten, Einsichten. Aufsätze zur Zeitgeschichte, hg. von Helmuth Kiesel, Frankfurt a. M. 1997, S. 158–172. An letztgenanntem Titel „Unser Auschwitz" knüpft auch Walsers gleichnamiges Werk von 2015 an, das einen Einblick in dessen lebenslange Beschäftigung mit Literatur jüdischer Schriftstellerinnen und Schriftstellern und Fragen der deutschen Schuld gibt; vgl. ders., Unser Auschwitz – Auseinandersetzungen mit der deutschen Schuld.

31 Zit. nach Oldenburg, Martin Walser, S. 215.

32 Vgl. Magenau, Martin Walser, S. 28, S. 30, S. 42. Zur Verbindung von Realem und Fiktionalem im Roman siehe auch Heidi Gidion, Sohn-Sein, mehrfach. Vom Stoff zur Figur in den Romanen „Ein springender Brunnen" und „Die Verteidigung der Kindheit". In: Text + Kritik, Heft 41/42: Martin Walser, Neufassung, ³2000, S. 50–61, hier S. 52; Schütte, Nachlese, S. 119; Reinhard Baumgart, Wieder eine Kindheit verteidigt. Eine Kritik zu Martin Walsers „Ein springender Brunnen" mit fünf späteren Zwischenreden. In: Signaturen der Gegenwartsliteratur. Festschrift für Walter Hinderer, hg. von Dieter Borchmeyer, Würzburg 1999, S. 83–88, hier S. 86.

biographischen Referenzpakt."³³ Kaminski signalisiert hiermit, dass dieser den Status als Roman infrage stelle. Dagegen ist einzuwenden, dass der Fokus auf die Namensidentität – ob latent oder eindeutig – die falsche Herangehensweise an die Genrefrage ist. Das zeigt das Werk *Ein springender Brunnen*, das so eindeutig eine Verbindung aus Autobiographischem und Fiktionalem darstellt. Taberner spricht denn auch von „the semi-autobiographical *Ein springender Brunnen*"³⁴.

3 „Vergangenheit als Gegenwart": Meta-Memoria-Ebene

„[D]as Nennen und Aufbewahren von Kindheitserinnerungen scheint das poetische Ziel des Erzählens zu sein", bemerkt Joanna Jabłkowska in einem Beitrag über Walsers Heimatbewusstsein.³⁵ Und in der Tat fällt Walsers Bemühen, die Erzählung von Reflexion freizuhalten, ins Auge. Sein autobiographischer Roman steht so im Kontext „absichtslosen Erinnerns"³⁶ und kann als Ganzes als Gegenstück zu der in ihm kritisierten normierten Erinnerung verstanden werden.

Erinnerungspoetologische Fragestellungen im Hinblick auf Vergangenheit und Erinnerung haben innerhalb des autobiographischen Romans einen hohen Stellenwert. Diese Meta-Memoria-Ebene ist in *Ein springender Brunnen* stellenweise mit der Handlung verwoben, findet sich aber besonders in eigenständigen theoretischen Passagen. Überwiegend wird klar zwischen fiktionaler Erzählung und essayistisch-nonfiktionaler Abhandlung getrennt. Bei Letzterem fehlt eine Erzählinstanz, sodass sie eindeutig als Walsers Reflexion charakterisiert werden kann. Alle drei Romanteile werden letztlich mit einem solchen poetologischen Traktat unter der jeweils gleichlautenden Überschrift „Vergangenheit als Gegenwart" eingeleitet, wobei sich in diesen Einführungen auch fiktionale Episoden finden, die jeweils auf das nachfolgende Kapitel verweisen.

Die Traktate drehen sich inhaltlich im Wesentlichen um das Verhältnis von Vergangenem und Gegenwärtigem auf der subjektiv-individuellen Ebene und

---

33 Nicola Kaminski, „Tolle lege" oder Die Herkunft des Schutzengels. Martin Walsers „Springender Brunnen" zwischen Legende und intertextueller Lektüre. In: Herkünfte. Historisch – ästhetisch – kulturell. Beiträge zu einer Tagung aus Anlaß des 60. Geburtstag von Bernhard Greiner, hg. von Barbara Thums u. a., Heidelberg 2004 (Beiträge zur Neueren Literaturgeschichte, Bd. 203), S. 313–335, hier S. 314, Fußnote 4.
34 Taberner, Aging and Old-Age Style, S. 142. Siehe auch ders., A Manifesto for Germany's ‚New Right'?, S. 126.
35 Joanna Jabłkowska, Brocken, die heilig geworden sind. Zu Martin Walsers Heimatbewußtsein. In: Ästhetische und religiöse Erfahrungen der Jahrhundertwenden, Bd. 3: Um 2000, hg. von Wolfgang Braungart und Manfred Koch, Paderborn u. a. 2000, S. 99–117, hier S. 113.
36 Magenau, Martin Walser, S. 476.

damit um die Perspektive, die eine erinnernde Person zur eigenen Vergangenheit einnimmt. Dass dem Vergangenen ein hohes Maß an Freiheit und Unberührbarkeit innewohnt, es sich gleichsam vom späteren Erleben immunisierend abschottet, wird gleich zu Beginn des Werks deutlich, wenn es heißt:

> Solange etwas ist, ist es nicht das, was es gewesen sein wird. Wenn etwas vorbei ist, ist man nicht mehr der, dem es passierte. Allerdings ist man dem näher als anderen. Obwohl es die Vergangenheit, als sie Gegenwart war, nicht gegeben hat, drängt sie sich jetzt auf, als habe es sie so gegeben, wie sich jetzt aufdrängt. Aber solange etwas ist, ist es nicht das, was es gewesen sein wird. Wenn etwas vorbei ist, ist man nicht mehr der, dem es passierte.[37]

Die Unterscheidung zwischen Vergangenheit und Gegenwart ist im Roman selbst auf zwei Ebenen anzusiedeln: Zum einen ist der Inhalt Teil von Johanns Vergangenheit, der zum Zeitpunkt des Schreibens bereits ein anderer ist; zum anderen tritt der Protagonist in drei aufeinanderfolgenden Zeitstufen auf und ist somit jeweils „nicht mehr der, dem es passierte". Ein Gedanke, der wenig später nochmals aufgegriffen wird: „Wir überleben nicht als die, die wir gewesen sind, sondern als die, die wir geworden sind, nachdem wir waren. Nachdem es vorbei ist. Es ist ja noch, wenn auch vorbei. Ist jetzt im Vorbeisein mehr Vergangenheit oder mehr Gegenwart?"[38] Klar ist: Je länger etwas zurückliegt, desto weniger greifbar ist offenbar die Vergangenheit.

Zum Zeitpunkt des Erlebens reflektiert der Mensch nicht im Hinblick auf den Erinnerungswert des Erlebten: „Woher hätten wir wissen sollen, was das, was passierte, dem Gedächtnis wert ist? Man kann nicht leben und gleichzeitig etwas darüber wissen."[39] Damit bekräftigt Walser den unbewussten Charakter von Erinnerung. Auch sein Romanheld kann nicht steuern, was in seinem Gedächtnis gespeichert ist, da er sich zum Zeitpunkt des Erlebens nicht der historischen Bedeutung des Geschehens bewusst ist. Ein weiteres Mal verweist Walser auf die Differenz zwischen der erlebenden und der sich später erinnernden Person:

---

[37] Walser, Ein springender Brunnen. Roman, Frankfurt a. M. 2000, S. 9. Richard Wagner zitiert einen Teil dieser Passage im Kontext der Auseinandersetzung mit Walsers Deutschlandbild und sieht darin „das Dilemma eines deutschen Schriftstellers der Nachkriegszeit" (Richard Wagner, Walsers Deutschland. In: Text + Kritik, Heft 41/42: Martin Walser, Neufassung, ³2000, S. 110–115, hier S. 111), übersieht dabei aber, dass Walsers Verständnis von Vergangenheit und Erinnerung primär das autobiographische Gedächtnis betrifft. Zudem wird der autobiographische Roman *Ein springender Brunnen* nur sehr lose und ohne weitere Einordnung im Aufsatz herangezogen, obwohl er durchaus Aufschluss über „Walsers Deutschland" geben könnte.
[38] Walser, Ein springender Brunnen, S. 15.
[39] Walser, Ein springender Brunnen, S. 124.

> Im Objekt solcher Heimsuchung kann der Verdacht entstehen, das Vergangene dränge sich nur auf, daß man unter seiner Unwiederbringlichkeit leide. Solange man es noch vor Augen hat, schaut man nicht hin, so ausgefüllt ist man von Sekunde zu Sekunde von Erwartungen, von denen man nichts mehr weiß. Wahrscheinlich lebt man gar nicht, sondern wartet darauf, daß man bald leben werde; nachher, wenn alles vorbei ist, möchte man erfahren, wer man, solange man gewartet hat, gewesen ist.[40]

Aber zu diesem späteren Zeitpunkt wird der Zugriff auf die Vergangenheit versperrt sein.[41] An dieses Zitat schließt sich eine Erinnerung Johanns an, die sich durch die präsentische Erzählweise und ihren Platz im zweiten Traktat „Vergangenheit als Gegenwart" von der eigentlichen Erzählung abhebt: Johann versucht, einen Fisch zu fangen, weil er meint, irgendetwas nach Hause bringen zu müssen; die Lachsforellen entgleiten ihm immer wieder, bis es ihm schließlich gelingt, eine zu fangen. „Er muß sie töten."[42] Es liegt nahe, diese Szene als Allegorie der Erinnerung zu lesen. Zwar können einzelne Erinnerungen – ob als Selbstzweck oder etwa als Trophäe – abgerufen, Verbindungen zur Vergangenheit aufgenommen werden; doch sie sind leblos oder – wie es beinahe zusammenhanglos heißt – „[v]erzittert"[43]. Die anschließende Partizipialkonstruktion „Traumarbeit beendet"[44] verweist auf einen weiteren Vergleich der „Vergangenheit als Gegenwart"-Kapitel, den zwischen Erinnerung und Traum. Beiden ist gemeinsam, dass eine nachträgliche Wertung aufgrund des eigenständigen Charakters nicht geboten ist: „Je mehr wir's dabei beließen, desto mehr wäre Vergangenheit auf ihre Weise gegenwärtig. Träume zerstören wir auch, wenn wir sie nach ihrer Bedeutung fragen."[45]

In der Traumthematisierung zeigt sich, dass Walser seine theoretischen Überlegungen zwar von den fiktionalen Erzählteilen trennt, die Essays aber durchaus auf die Prosa bezogen sind und ein Interpretationsangebot hierfür liefern. Denn Johann, der Protagonist der Romanhandlung, kommt zu denselben Ergebnissen in Bezug auf seine Träume:

---

40 Walser, Ein springender Brunnen, S. 129.
41 Diese Vorstellung entspricht dem, was Aleida Assmann und Ute Frevert beschreiben: „So lautlos und automatisch sich der Wechsel in der Regel vollzieht, so absolut erscheint im nachhinein die Trennung von Gegenwart und Vergangenheit; sie werden zu zwei gegeneinander verschlossenen Welten mit verschiedenen Sprachen, die nicht mehr ineinander übersetzbar sind." (Aleida Assmann/Ute Frevert, Geschichtsvergessenheit – Geschichtsversessenheit. Vom Umgang mit deutschen Vergangenheiten nach 1945, Stuttgart 1999, S. 26.)
42 Walser, Ein springender Brunnen, S. 129.
43 Walser, Ein springender Brunnen, S. 129.
44 Walser, Ein springender Brunnen, S. 129.
45 Walser, Ein springender Brunnen, S. 9.

> Als er den Traum aufgeschrieben hatte, sah er, daß er nicht den Traum aufgeschrieben hatte, sondern das, was er für die Bedeutung des Traums hielt. Vom Traumüberfluß war nichts übriggeblieben. [...] Er hatte gezielt, anstatt sich anzuvertrauen. Er mußte sich das Zielen abgewöhnen.[46]

Auch die Überlegung, dass eine Person der Vergangenheit nicht mehr dieselbe in der Gegenwart ist, wird in der Erzählung aufgegriffen. Im ersten Teil lässt sich der fünfjährige Johann von einem Wanderfotografen ablichten, ohne sich der Konsequenz bewusst zu sein, dass dies für die Eltern zu Kosten führen würde. Von Bedeutung ist für ihn vielmehr die Tatsache, dass dem Akt des Fotografierens gleichsam performative Bedeutung zukomme: „Johann spürte es: er war nicht mehr der, der er gewesen war, bevor der Photograph geknipst hatte. [...] Jetzt war er der, der photographiert worden war. Und der wird er sein von jetzt an."[47] Hier weist ein Akt futurisch in die Zukunft voraus. Die Fotografie ist insofern ein Bindeglied, als sie die Gegenwart mit der Zukunft und im Falle der späteren Bildbetrachtung die Vergangenheit mit der Gegenwart verbindet. Nachdem Johann fotografiert worden ist, sinniert er über Familienfotos und zahlreiche Figuren der Familie. Die Betrachtung der Bilder, die sinnliche Assoziationen evozieren, ist für Johann mit Lust und mit Stolz verbunden. Dass er mit seinem Freund Adolf zusammen abgelichtet wird, kommt einer Blutsbrüderschaft gleich.[48] Helmut Schneider interpretiert Walsers Konzept von Erinnerung denn auch als einen leidenschaftlichen Akt: „Walser versteht den Erinnerungsprozeß als eine Art intendierter Empfängnis; es geht ihm um einen Akt der *Hinnahme*, des Sichbereithaltens für die Selbstpreisgabe der Vergangenheit, der seine intendierende und reflexive Voraussetzung unterdrückt."[49]

Trotz dieser Auffassung von Erinnerung als sinnlichem Akt steht Walser im Widerspruch zu Proust. Die sinnliche Erfahrung bezieht sich bei ihm nämlich auf die Erfahrung der Gegenwart, während Vergangenheit bei Proust als *mémoire involontaire* durch sinnliche Eindrücke wieder zum Leben erweckt werden kann. An eine solche Unveränderlichkeit von Vergangenheit glaubt Walser nicht. Für ihn stellt Erinnern letztlich einen Akt der Transformation von Vergangenem in die Gegenwart dar, bei dem der Inhalt angepasst wird:

> Vergangenheit ist in der Gegenwart auf eine Weise enthalten, daß sie nicht aus ihr gewonnen werden kann, wie man einen Stoff, der in einem anderen Stoff enthalten ist, durch ein kluges Verfahren herausziehen kann, und man hätte ihn als solchen. Die Vergangenheit als

---

46 Walser, Ein springender Brunnen, S. 404.
47 Walser, Ein springender Brunnen, S. 31.
48 Vgl. Walser, Ein springender Brunnen, S. 24–27.
49 Schneider, Reflexion oder Evokation, S. 169; Herv. im Orig.

solche gibt es nicht. Es gibt nur etwas, das in der Gegenwart enthalten ist, ausschlaggebend oder unterdrückt, dann als unterdrückte ausschlaggebend. Die Vorstellung, Vergangenheit könne man wecken wie etwas Schlafendes, zum Beispiel mit Hilfe günstiger Parolen oder durch einschlägige Gerüche oder andere weit zurückliegende Signale, Sinnes- oder Geistesdaten, das ist eine Einbildung, der man sich hingeben kann, solange man nicht merkt, daß das, was man für wiedergefundene Vergangenheit hält, eine Stimmung oder Laune der Gegenwart ist, zu der die Vergangenheit eher den Stoff als den Geist geliefert hat."[50]

Auch die Fotografien liefern nur einen Stoff, mit deren Hilfe Johann sich mehr der gegenwärtigen Laune denn der realen Vergangenheit hingibt. Gleichwohl ist Vergangenheit immer in der Gegenwart enthalten und bestimmt das Bewusstsein. Der Ort, an dem die Vergangenheit ‚aufbewahrt' wird, ist das Gedächtnis. Sie ist in Form von Erinnerungen präsent, aber niemals vollständig von der Gegenwart zu trennen. Der Geist und damit wohl die Deutung ist ein Element aus dem Hier und Jetzt.

Auch im Hinblick auf die kollektive Erinnerung gilt offenbar der Grundsatz, dass Vergangenheit und Gegenwart kaum zu trennen sind, dass Erinnern letztlich ein Akt der Transformation ist. Dies führt zu einer Kritik am, so Walser, ‚normierten' Umgang mit Vergangenheit: „In Wirklichkeit wird der Umgang mit der Vergangenheit von Jahrzehnt zu Jahrzehnt strenger normiert. Je normierter dieser Umgang, um so mehr ist, was als Vergangenheit gezeigt wird, Produkt der Gegenwart."[51] Die Bemerkung entspricht den Ausführungen in Walsers Rede anlässlich der Verleihung des Deutschen Buchpreises 1998 und bezieht sich in erster Linie auf das öffentliche Gedenken. Von authentischem Erinnern kann demnach kaum noch gesprochen werden. Vielmehr wird Vergangenheit in *Ein springende Brunnen* zum „Fundus, aus dem man sich bedienen kann. Nach Bedarf. Eine komplett erschlossene, durchleuchtete, gereinigte, genehmigte, total gegenwartsgeeignete Vergangenheit. Ethisch, politisch durchkorrigiert."[52]

Walser unterscheidet im ersten „Vergangenheit als Gegenwart"-Kapitel explizit zwischen „der Vergangenheit, die alle zusammen haben", also der kollektiven Vergangenheit, und der individuellen Vergangenheit, die weniger leicht zu erschließen ist: „Wir haben von ihr nur das, was sie von selbst preisgibt."[53] Damit wird, so Wolfram Schütte, ein „absoluter Gegensatz von subjektiver Erinnerung und kollektivem Gedächtnis"[54] konstruiert. Walser konzentriert sich letztlich auf die individuelle Ebene. Gleichwohl liegt, wie Mechthild Borries hinsichtlich

---

50 Walser, Ein springender Brunnen, S. 281.
51 Walser, Ein springender Brunnen, S. 282.
52 Walser, Ein springender Brunnen, S. 282.
53 Walser, Ein springender Brunnen, S. 9.
54 Schütte, Nachlese, S. 125.

Walsers Gesamtwerk betont, auch den „Vergangenheit als Gegenwart"-Kapiteln ein Bekenntnis „zu geschichtlichem Denken und damit auch historischer Mitverantwortung"[55] zugrunde. Auch Joanna Jabłkowska erkennt bei Walser mit Blick auf die nationale Identität durchaus ein Bemühen um eine „Zusammenführung privater und kollektiver Erinnerung"[56]. Hierzu liefert *Ein springender Brunnen* aber im Grunde keine Anhaltspunkte, beharrt er doch auf dem individuellen Zugang, der sich im Zweifelsfall gegen das kollektive Gedächtnis abschotten muss oder aber – wie bei Johann – nur geringes Interesse an gesellschaftlichen und historischen Zusammenhängen zeigt.

Zum walserschen Erinnerungskonzept gehört freilich auch die Dimension des Vergessens. Im *Springenden Brunnen* nicht nur eine poetologische Reflexion des Erinnerns, sondern auch des Vergessens, sozusagen eine Meta-Amnestia-Ebene. Bei Johann ist die Dichotomie von Erinnern und Vergessen beinahe aufgehoben, weil er sich bei gewissen Worten oder dem Gesichtsausdruck der Mutter daran erinnert, dass er etwas vergessen hat. In dieser Konzeption gibt es nämlich das Vergessen des Vergessens.[57] Was vergessen ist, kann von einem homodiegetischen Erzähler nicht erzählt werden. In *Ein springender Brunnen* gelingt dies paradoxerweise. Wenn Johann nachträglich bemerkt, dass er über lange Zeit nicht mehr an Erlebnisse oder Personen gedacht hat, wird das Vergessen zum Thema gemacht – das Vergessene aber steht weiterhin kaum im Fokus.

4 *Ein springender Brunnen* im Spannungsfeld von Authentizität, Erinnerungskonstruktion und unzuverlässigem Erzählen

Mit Ausnahme der theoretischen Überlegungen zur Vergangenheit und Erinnerung, also der eben beschriebenen Meta-Memoria-Ebene, wird in *Ein springender Brunnen* streng aus der Perspektive Johanns und damit entsprechend kindlich, naiv und gewissermaßen unschuldig erzählt. An manchen Stellen reihen sich Assoziationen aneinander, weil ein Kind bzw. ein Jugendlicher nicht immer konsistent und chronologisch denkt. Alles, so Reinhard Baumgart, steht streng und unvermittelt, unkommentiert nebeneinander. Niemand wird angeklagt, niemand freigesprochen."[58] Ausgangspunkt ist Johanns Wahrnehmung, die die Voraus-

---

55 Borries, Vom Widerspruch der Meinungen und Rezeptionen, S. 44.
56 Joanna Jabłkowska, Zwischen Heimat und Nation: das deutsche Paradigma? Zu Martin Walser, Tübingen 2001 (Studien zur deutschsprachigen Gegenwartsliteratur, Bd. 15), S. 9.
57 Vgl. Walser, Ein springender Brunnen, S. 123.
58 Baumgart, Wieder eine Kindheit verteidigt, S. 85.

setzung für Erinnerung bildet. Dabei merkt sich Johann vorzugsweise Aussagen, Personen oder Nachrichten, um die sich geheimnisvolle Geschichten ranken oder die nur für Erwachsenengespräche vorgesehen sind. Der Protagonist ist nicht von seiner Lebenswelt zu trennen, weshalb er Krieg stellenweise gutheißt und das Feindbild für wahr hält, bis er bei Kriegsende freundliche Franzosen und Amerikaner kennenlernt.[59] Themen wie Antisemitismus und Nationalsozialismus werden im Roman nicht ausgespart, sondern sind sogar sehr präsent, können aber nur so erzählt werden, wie sie vom Protagonisten wahrgenommen werden. „Nichts trübt den Eindruck des Unmittelbaren" und damit des Authentischen, so Karl Prümm.[60] Baumgart bemerkt:

> Was der Zeitgeist der ‚Meinungssoldaten' im ‚Meinungsdienst' einklagt, ist eben ein Erzählen aus heutiger Perspektive, also späterer Einsicht, um alles damals nicht Wahrgenommene oder Verdrängte erzählend zu korrigieren, und genau diese pflichtbewußte Wiedergutmachung verweigert der Walsersche Roman.[61]

So wird beispielsweise ohne ironische Kommentare oder Bewertungen von der Genese der Familie Brugger berichtet: Herr Brugger wird als überzeugter und glühender Nationalsozialist eingeführt, sein Sohn Adolf übertrifft Johann in seinem Eifer, egal ob es der ‚Deutsche Gruß' oder die Kurzhaarfrisur ist, und Johanns Familie wird von der Familie Brugger mit politischem Eifer unter Druck gesetzt. Johann erfährt: „[W]enn man schon Adolf heiße, sei man verpflichtet, in allem besser zu sein als alle anderen."[62] Im dritten Kapitel begegnet Johann nach seiner Rückkehr nach Kriegsende Frau Brugger: „Zum Glück sei Adolf ja auf Adolf Stefan getauft und habe sich jetzt schon von dem wüsten Vornamen umschreiben lassen, es wäre nett, wenn Johann ihn beim nächsten Treffen gleich richtig ansprechen würde."[63] Analysiert wird diese geänderte, inkonsequente Haltung weder von Frau Brugger noch von Johann oder seinem Erzähler.

> In den Kreis des Persönlichen qua Authentischen will er [Walser, D.K.-B.] sich als Erzähler von drei Zeitstationen der eigenen Jugend einschließen, ungeachtet aller gedächtnistheoretischen Schwierigkeit, neben dem erinnerten Ich das sich erinnernde Ich festzuhalten. So kommt in Walsers Jugendroman die politische Welt der dreißiger Jahre, sodann der Krieg, in

---

59 Vgl. Walser, Ein springender Brunnen, S. 362–366.
60 Karl Prümm, Selbstmächtiges und bilderloses Erinnern? Martin Walsers Konzept der Erinnerung in dem Roman „Ein springender Brunnen" (1998) und in seiner Rede nach der Verleihung des Friedenspreises des Deutschen Buchhandels (1998). In: Mitteilungen des Deutschen Germanistenverbands, Bd. 47, Heft 4: Literaturstreit, 2000, S. 452–461, hier S. 457.
61 Baumgart, Wieder eine Kindheit verteidigt, S. 85.
62 Walser, Ein springender Brunnen, S. 138; vgl. auch S. 111–116, S. 147, S. 150–151, S. 154.
63 Walser, Ein springender Brunnen, S. 370.

> den der junge Johann noch verwickelt wird, nur in der Perspektivierung auf die damaligen persönlichen Erfahrungen vor. Vor allem die Episoden mit dem Halbjuden Wolfgang Landsmann sind (auch im *Literarischen Quartett*) als befremdlich empfunden und kontrovers erörtert worden. [...] Das in diesem Zusammenhang eingesetzte Wort vom „Wegschauen" hat einen Kritiker veranlaßt, eine Verbindung mit der Paulskirchenrede herzustellen, während Walsers Verteidiger in Johanns Mitleidsverweigerung die kritisch gemeinte Studie über den Typus des „Verdrängers"entdecken wollen – was aber logisch jene Erinnerungsinstanz implizieren müßte, die Walser gerade ausschließen will.[64]

Diese Feststellung Hartmut Reinhardts stimmt, wird Verdrängung nur als nachträgliche Weigerung, sich der eigenen Geschichte oder der eines Kollektivs zu stellen, verstanden. In *Ein springender Brunnen* wird aber durchaus eine Form der Verdrängung vorgeführt. So ist Johann im dritten Teil nicht bereit, sich mit aktuellen Entwicklungen auseinanderzusetzen. Johann verdrängt nicht die eigene Vergangenheit, wohl aber Geschehnisse und Erkenntnisse seines Umfelds:

> So gestimmt, konnte Johann von nichts Schrecklichem Kenntnis nehmen. Alles, was entsetzlich war, fiel ab an ihm, wie es hergekommen war. Er wollte nicht bestreiten, was rundum als entsetzlich sich auftat. Aber er wollte sich nicht verstellen. Und er hätte sich verstellen müssen, wenn er getan hätte, als erreiche ihn das Entsetzliche. Es erreichte ihn nicht.[65]

Diese Haltung beeinflusst auch Johanns Erinnern. Dazu heißt es: „Jeder Tag, an den er sich erinnerte, war der schönste Tag in seinem Leben. Andere Tage ließ er gar nicht zu."[66] Diese Form selektiven Erinnerns ermöglicht, dass Johann sich eine glücklich empfundene Kindheit und Jugend bewahrt, obwohl sie mitten in die Nazi- und Kriegszeit fiel. Der jugendliche Protagonist nimmt mit Literatur und Mädchen vorlieb und will sich mit gesellschaftlichen und politischen Fragestellungen nicht ‚belasten'. Das erklärt auch, warum das Ende des Krieges und der Nazi-Herrschaft nicht als einschneidende Zäsur wahrgenommen werden.

Etwas anders verhält es sich mit dem kindlichen Johann des ersten Teils. Er schildert, was Thema der von ihm wahrgenommenen Erwachsenenwelt ist. So hört er, wie NSDAP-Mitglieder in der „Restauration", der Gaststätte seiner Mutter, über den Versailler Vertrag und Hitler sprechen: „Siebzig achtzig Jahre zahlen! Zahlen für einen Krieg, den alle mit einander angefangen haben! Wir haben ihn bloß verloren. Gebhard, morgen abend beim Köberle in Bodolz. Der Hitler reißt

---

[64] Hartmut Reinhardt, Tassos Zorn. Martin Walser und sein Kritiker. In: Der Ernstfall. Martin Walsers „Tod eines Kritikers", hg. von Dieter Borchmeyer und Helmuth Kiesel, Hamburg 2003, S. 125–138, hier S. 129–130.
[65] Walser, Ein springender Brunnen, S. 388–389.
[66] Walser, Ein springender Brunnen, S. 389.

Authentizität, Erinnerungskonstruktion und unzuverlässiges Erzählen — 119

uns raus! Heil Hitler!"[67] Für Schilderungen von Parteitreffen und Aufmärschen im Roman ist typisch, dass die Uniformen detailgetreu beschrieben werden, denn Johann nimmt als Kind hauptsächlich das äußere Erscheinungsbild wahr; die politische Ebene ist sekundär:

> Nachher – und dabei spielte die Musik nicht, nur die Trommeln wurden geschlagen – zog man zum Kriegerdenkmal. In brauner Uniform standen da schon die Hitlerleute, die man im Dorf Nazi-Sozi nannte. Ihr Führer war Herr Brugger. Sie trugen ihre Mützen mit Kinnriemen. Das sah aus, als stürme es und sie wollten mit ihren Kinnriemen verhindern, daß ihnen die Mützen vom Kopf gerissen würden. In ihren hohen Stiefeln und den weit und eckig abstehenden Hosen sahen sie aus, als könnten sie tun, was sie wollten.[68]

Auf den ersten Blick enthält diese Textpassage eine Kurzzusammenfassung einer NSDAP-Parade aus kindlicher Perspektive. Doch zugleich klingt – zumindest indirekt – bereits an, was sich nach dem Wissen der Leserinnen und Leser historisch-politisch ereignen wird: Bald werden die Trommeln nicht mehr nur für bereits verstorbene Krieger geschlagen werden, bald wird es wirklich stürmen, bald werden diese „Nazi-Sozis" tatsächlich tun, was sie wollen. Diese bewusste Vieldeutigkeit konterkariert vollständig das vermeintlich naive, kindliche Erzählen.

Politische Themen werden Johann durch seine Eltern, Autoritäten im Dorf wie den Lehrer oder durch seine Freunde vermittelt. Da die Informationen meist gefiltert sind, muss es dem jungen Protagonisten schwerfallen, deren Berichte zu bewerten oder als wahr einzuordnen, zumal ihm gegensätzliche Positionen vermittelt werden. So stehen propagandistische Kriegsapologie und der Bericht seines Vaters aus dem Ersten Weltkrieg unvereinbar nebeneinander: „Der Vater hat gewußt, er muß raus aus dieser Stellung. Auf einmal hört er Strodels Traugott. [...] Strodels Traugott bäumt sich. Die Eingeweide quellen heraus. Zu zweit stopfen sie ihm die Eingeweide in den Bauch zurück."[69] Diese Beschreibung des Vaters geht Johann noch lange nach. Trotzdem kann er dem Krieg Positives abgewinnen. Vor Beginn des Zweiten Weltkriegs denkt er mit der Naivität eines Fünfjährigen: „Krieg, davor hatte Johann keine Angst. Wirklich nicht. Er schoß gern, weil er gern traf."[70] Und 1944 freut er sich, als er „endlich" den Stellungsbefehl bekommt, obwohl kurz zuvor sein Bruder Josef im Krieg gefallen ist.[71] Noch mit 18 denkt Johann: „Jetzt wird eingerückt, was denn sonst! Bloß, wie der Mutter entkommen? Bis er ausgebildet ist, ist der Krieg vorbei. Die Wunderwaffen stehen

---

67 Walser, Ein springender Brunnen, S. 44.
68 Walser, Ein springender Brunnen, S. 78; vgl. auch S. 107.
69 Walser, Ein springender Brunnen, S. 86.
70 Walser, Ein springender Brunnen, S. 88.
71 Vgl. Walser, Ein springender Brunnen, S. 339–340.

dicht vor dem Einsatz."⁷² Diese Aussage ist nicht im Konjunktiv formuliert, und es wird nicht auf eine Autorität verwiesen. Für Johann ist es Realität, dass es diese ‚Wunderwaffen' gibt, von denen er nur über Propaganda gehört haben kann.

Johann versucht als Kind, die politischen, ökonomischen oder gesellschaftlichen Realitäten und Meinungen in seine Welt zu integrieren. Dies kann nicht mit Reflexion erreicht werden, da ein derartiges Denken nicht dem eines kleinen Jungen entspricht. Also findet er eigene Begründungen für unerklärliche Phänomene: „Eine Zeitung habe, sagte Adolf, 1923 sechzehn Milliarden Mark gekostet. Immer wenn Johann von dieser Inflation etwas hörte, dachte er, das Land hat Fieber gehabt damals, 41 oder 42 Grad Fieber müssen das gewesen sein."⁷³ Die Wahrnehmung Johanns, die den kognitiven Fähigkeiten eines Jungen seines Alters entspricht und von kindlicher Phantasie geprägt ist, bestimmt wesentlich seine Erinnerung. Erzähltechnisch kommt es also, so Heidi Gidion, darauf an, „seine Aufmerksamkeitsrichtungen nachzuvollziehen"⁷⁴ und zur Grundlage seiner Erinnerung zu machen. Dies wird gewährleistet durch interne Fokalisierung und einen homodiegetischen Erzähler. Dieter Borchmeyer zufolge handelt es sich bei *Ein springender Brunnen*

> um ein unvergleichliches Buch der Erinnerung, das den allwissenden Erzähler nicht mehr kennt, sondern sich an die Perspektive eines jungen Menschen und seine spezifische Erfahrung der Nazizeit bindet, deren apokalyptisches Grauen nur als Schatten auf die provinzielle Welt fällt, in der er aufwächst.⁷⁵

Ein Charakteristikum und gleichzeitig Ziel des Romans ist die Authentizität der Erzählung und der Erinnerung. Nach Karl Prümm ist die selbstevidente Erinnerung Strukturprinzip des Romans.⁷⁶ Schneider spricht von „eine[r] restaurative[n], eine[r] rekuperative[n]" Erinnerungstechnik: „Wiedergewinnung der durch fremde Instanzen entrissenen Zeit".⁷⁷

Wenngleich die theoretischen Reflexionen etwas anderes nahelegen, werden in der Erzählung Erinnerungen auf der persönlichen Ebene als authentisch dargestellt.

---

72 Walser, Ein springender Brunnen, S. 342.
73 Walser, Ein springender Brunnen, S. 93.
74 Gidion, Sohn-Sein, mehrfach, S. 57.
75 Dieter Borchmeyer, Von der politischen Rede des Dichters [FAZ, 30. Januar 1999]. In: Die Walser-Bubis-Debatte. Eine Dokumentation, hg. von Frank Schirrmacher, Frankfurt a. M. 1999, S. 608–616, hier S. 612. Vgl. dazu auch Wilhelm J. Schwarz, Der Erzähler Martin Walser. Mit einem Beitrag „Der Dramatiker Martin Walser" von Hellmuth Karasek, Bern 1971, S. 29 und S. 32.
76 Vgl. Prümm, Selbstmächtiges und bilderloses Erinnern, S. 456.
77 Schneider, Reflexion oder Evokation, S. 167.

Da aber individuelles Erinnern als authentisch erzählt wird, widerspricht die fiktive Erzählung letztlich den Botschaften der Meta-Memoria-Ebene, der zufolge Vergangenheit und Gegenwart niemals zu trennen sind, der Blick zurück stets geprägt ist von der aktuellen Stimmung, wie dies in der Passage zur Parteiparade der Nazis zum Ausdruck kommt. Authentizität kann es also nicht in dem Sinne geben, dass das Gedächtnis Inhalte eins zu eins reproduziert. Authentizität meint vielmehr die vom späteren historischen Wissen nicht überlagerte Erinnerung.

Zudem bezieht sich der Anspruch auf Authentizität auf die Darstellung der Hauptfigur Johann, der sowohl mit Stärken und Talenten als auch mit Charakterschwächen gezeigt wird. Er ist weder strahlender Held noch durchweg Sympathieträger. „Die behauptete Rücksichtslosigkeit gegen sich selbst gilt als Beglaubigung für einen Wahrheitsdiskurs, der mit Authentizität gleichgesetzt wird", so Klaus-Michael Bogdal.[78]

Das beharrliche erzählerische Insistieren auf authentische und unbeeinflussbare Erinnerungen knüpft an die oben erwähnte Positionierung Walsers im Hamlet-Essay an. Während aber im Roman beispielsweise das bereits im Essay erwähnte Fahrrad eine Rolle spielt und insgesamt der Gedanke des ‚üblich-prächtigen Bilderbuchs der Jugend' beibehalten wird, kann ‚Dachau' aufgrund der Erzählperspektive keine Erwähnung finden. Damit wird hier die Jugend nicht – wie im Hamlet-Essay beschrieben – als Groteske gezeichnet. Vielmehr wird schlicht gezeigt, dass die Kindheit und Jugend selbst im NS-Staat glücklich verlaufen sein kann. Joanna Jabłkowska macht wegen des persönlichen Zugangs für den Erinnerungsprozess im Roman eine gewisse Sentimentalität aus.[79] Im jedem Fall ist Johanns Verhalten und Denken partiell als naiv zu bewerten. Insgesamt, betont Bogdal, „entsteht das Bild einer unschuldigen Kindheit, das vor Zerstörung durch eine nachträgliche Bearbeitung bewahrt werden soll."[80]

Johann nimmt seine Umwelt naiv wahr und zeigt wenig Interesse an historischen und politischen Zusammenhängen. In streng homodiegetischer Erzählweise verweigert sich auch der Erzähler jeglichen kontextuellen Aspekten wie Antisemitismus und Rassismus, völkischem Denken und Nationalismus. Eine mögliche Reflexion findet nicht statt. Eine solch homodiegetische, unreflektierte, auf authentische Erinnerung ausgerichtete Erzählperspektive ist opportun, führt aber freilich dazu, dass wesentliche historische Realitäten keine Erwähnung finden können. Diese Erzählperspektive – markantes Merkmal des

---

[78] Klaus-Michael Bogdal, „Nach Gott haben wir nichts Wichtigeres mehr gehabt als die Öffentlichkeit". Selbstinszenierungen eines deutschen Schriftstellers. In: Text + Kritik, Heft 41/42: Martin Walser, Neufassung, ³2000, S. 19–43, hier S. 27.
[79] Vgl. Jabłkowska, Brocken, die heilig geworden sind, S. 117.
[80] Bogdal, „Nach Gott haben wir nichts Wichtigeres mehr gehabt als die Öffentlichkeit", S. 26.

Romans und der Grund dafür, dass das Thema Antisemitismus keine zentrale Rolle spielt – ist in der Forschung ausführlich diskutiert, zuweilen auch stark kritisiert worden.[81] So konstatiert Klaus Köhler: „Es ist Walser […] nicht die Idyllik der Johann-Biographie vorzuhalten, sondern der Umstand, daß auch in der Gegenperspektive diese Idyllik nicht aufgebrochen wird."[82] Gunhild Kübler sieht die einseitige Perspektive im Roman ebenfalls kritisch, lobt jedoch Walsers „Ehrlichkeit in der Rekonstruktion des persönlichen Narrativs, gerade auch da, wo es das Alter Ego in schlechtem Licht erscheinen läßt".[83] Diese ehrliche, wenn auch einseitige Perspektive wird besonders in der Szene mit Wolfgang und im Zusammenhang mit Johanns hinzugewonnenem Wissen über Frau Landsmann deutlich. Da heißt es:

> Woher hätte er wissen sollen, daß Frau Landsmann Jüdin ist? […] Niemand sollte ihm eine Empfindung abverlangen, die er nicht selber hatte. Er wollte leben, nicht Angst haben. Frau Landsmann würde ihn mit ihrer Angst anstecken, das spürte er. Er mußte wegdenken von ihr und ihrer Angst. Eine Angst gebiert die nächste. […] Seit er wußte, in welcher Angst sie gelebt hatte, wußte er nicht mehr, wie er ihr begegnen sollte.[84]

Auch im Gespräch mit einem Obergefreiten, der Johann offenbart, „als SA-Mann bei der Judenverfolgung mitgemacht"[85] zu haben, schildert der Erzähler entwaffnend ehrlich die unangenehmen Gefühle Johanns, die nicht allein auf den eben erhaltenen Informationen beruhen:

> Was er denn getan habe, fragte Johann. Angezündet, sagte er, und geschlagen. Geschlagen, sagte Johann. Er hatte sagen wollen: Warum denn geschlagen. Das hatte er nicht sagen können. Ja, geschlagen, sagte der und wimmerte. Johann drehte sich zur Wand, der Obergefreite legte sich wieder hin, wimmerte aber weiter. Geschlagen, dachte Johann, warum denn

---

81 Vgl. Löffler, Davongekommen. Zur homodiegetischen oder – wie oftmals formuliert – personalen Erzählperspektive in *Ein springender Brunnen* vgl. Dieter Borchmeyer, Martin Walser und die Öffentlichkeit. Von einem neuerdings erhobenen unvornehmen Ton im Umgang mit einem Schriftsteller, Frankfurt a. M. 2001, S. 19–21; Gunhild Kübler, Martin Walser und die Unschuld der Erinnerung. Zu Martin Walsers „Ein springender Brunnen". In: Deutsche Geschichte des 20. Jahrhunderts im Spiegel der deutschsprachigen Literatur, hg. von Moshe Zuckermann, Göttingen 2003 (Conferences. Tagungsbände des Instituts für deutsche Geschichte der Universität Tel Aviv, Bd. 2), S. 166–180, hier S. 170–176; Schneider, Reflexion oder Evokation, S. 168.
82 Köhler, Alles in Butter, S. 38.
83 Vgl. Kübler, Martin Walser und die Unschuld der Erinnerung, S. 170–176, Zitat auf S. 176. Eine kritische Sicht auf die Wolfgang-Szene findet sich auch bei Kaminski, „Tolle lege" oder Die Herkunft des Schutzengels, S. 331–335.
84 Walser, Ein springender Brunnen, S. 401.
85 Walser, Ein springender Brunnen, S. 357.

geschlagen. Und dieser Fußschweißgestank. Von allen Arten von Gestank, denen Johann in den Kasernenunterkünften bis jetzt ausgesetzt gewesen war, war ihm Fußschweißgestank am meisten zuwider.[86]

Johanns Gedächtnis prägt sich oft Sätze seiner Eltern ein, die sein Handeln und Denken beeinflussen. Dabei betreffen die Aussagen der Mutter häufig Handlungsanweisungen oder Aufforderungen. Schon früh lernt Johann rechnen und erinnert sich in diesem Zusammenhang: „Sie [die Mutter, D. K.-B.] hatte einmal gesagt: Lernen mußt du's sowieso, warum dann nicht gleich."[87] Die Erinnerungen an bestimmte Sätze seines Vaters hingegen prägen weniger Johanns Verhalten als vielmehr sein Denken oder sein Selbstwertgefühl. So freut er sich als Kind immer über das Kompliment des Vaters „Johann, ich staune"[88] und erinnert sich später immer wieder daran.[89]

Da Johann viele politische Zusammenhänge noch nicht versteht, speichert er nur Ausschnitte aus den Gesprächen von Erwachsenen im Gedächtnis, in der Hoffnung, solche Informationen später aufgrund umfangreicheren Wissens verstehen zu können: „Das passierte Johann öfter, daß er sich das am genauesten merkte, was er am wenigsten verstand."[90] Immer wenn er das Wort „Dachau" oder „die Dachauer" hört, erinnert er sich an Battist, einen ehemaligen Gast der Restauration:

> Neben Wolfgang, dem zweiten Wolfgang seines Lebens, marschiert Johann in Schnetzenhausen zur Flakstellung hinaus, sie begegnen einem Trupp von Männern, auch in Marschordnung, aber statt Uniformen tragen die eine helldunkle gestreifte Kluft und schildlose Rundmützen, und Wofgang sagt zu Johann so leise, daß es außer Johann keiner hört: Die Dachauer. Da fällt Johann ein, daß er jenen Battist vergessen hat und auch vergessen hat, daß er ihn vergessen hat. [...] Als Johann nach der Flak-Ausbildung heimkommt, in die Küche kommt, in der die Mutter mit dem Vetter genannten Großonkel sitzt, sagt der Großonkel gerade: Büßen müssen es sowieso wir. Die Mutter sagt: Pscht. Ihr Gesicht täuscht etwas vor. Johann erinnert sich an das Gesicht der Mutter, nachdem sie mit Battist gesprochen hat. Dieses Gesicht hat er vergessen gehabt und vergessen, daß er es vergessen gehabt.
>
> Johann und seine Kameraden Richard und Herbert sind [...] vom Inntal aus zuerst nord-, dann westwärts gezogen, dann hat einmal, zwischen Mittenwald und Garmisch, eine Talquerung doch nicht vermieden werden können, sie sind von zwei Männern in derart gestreifter Kluft gestellt, mit Pistolen bedroht worden, alles, was sie noch an Waffen besit-

---

86 Walser, Ein springender Brunnen, S. 357–358.
87 Walser, Ein springender Brunnen, S. 89.
88 Walser, Ein springender Brunnen, S. 64.
89 Vgl. Walser, Ein springender Brunnen, S. 164 und S. 187.
90 Walser, Ein springender Brunnen, S. 207.

> zen, auszuhändigen. Das tun sie. Als sie wieder im Wald und aufwärts gehen, sagt Hubert: Die kommen aus Dachau. Wieder fällt Johann ein, was er vergessen gehabt hat und daß er es vergessen gehabt hat.[91]

Die drei Teile des Romans sind unter anderem über die Erinnerung Johanns verbunden. So werden häufig Erlebnisse des vorherigen Kapitels aufgegriffen, indem sich Johann in einem anderen Zusammenhang daran erinnert:

> Sie [die Artistentochter Anita, Johanns erste große Liebe, D.K.-B.] kam die drei Stufen herunter, kam auf ihn zu. Gehen wir, sagte sie. Und weil er offenbar immer noch nicht gehen konnte, sagte sie: Bevor wir anwachsen. Und lachte und sagte: Das sagt Papa immer. Johann dachte: Seit das an Weihnachten der Schulze Max gesagt hat, hab ich das nicht mehr gehört.[92]

Die Erinnerung des sprachlich begabten Johann, der Literatur liebt, hängt wesentlich mit der Sprache zusammen. Meist sind es Ausdrücke, die nur Erwachsene verwenden, oder Sätze, die sich bei ihm einprägen. Als der Lehrer in der Schule diejenigen diffamiert, die bei der Volksabstimmung gegen die „Wiedervereinigung Österreichs mit dem Deutschen Reich"[93] und gegen die Liste Hitlers gestimmt haben, erinnert sich Johann an einen wichtigen Satz seines inzwischen verstorbenen Vaters: „Johann hatte gedacht: Gott sei Dank konnte sein Vater nicht zu den 6 Nein-Stimmen gehören. Nicht mehr. Hitler bedeutet Krieg. Diesen Vatersatz hätte Johann niemals laut wiederholt."[94] Trotzdem nimmt er den Inhalt ernst, der im Kontrast zur offiziellen Meinung steht oder zumindest nicht ausgesprochen werden darf. So hat der Vater über Johanns Erinnerung denn auch immer noch Einfluss auf seinen Sohn.

Johanns Erinnerung daran, wie sein Bekannter Edi Fürst das Fahrrad des aus einer sogenannten Mischehe stammenden Wolfgang Landsmann einen Hügel hinuntergeworfen und Wolfgang aus dem Jungzug der HJ ausgestoßen hat, kann als Strukturelement des Romans aufgefasst werden. Die Szene ereignet sich ein Jahr, bevor die Erzählzeit des zweiten Teils des Romans einsetzt. Johann erinnert sich an sie, als er selbst von seinem Freund Adolf bloßgestellt wird, und kann sie auch später nicht vergessen.[95] Schließlich begegnet er nach dem Krieg erneut Wolfgang mit genau dem Fahrrad, mit dem Edi viele Jahre zuvor seine Macht demonstriert hatte.[96] Hier wird Johann mit der Vergangenheit konfrontiert, die

---

91 Walser, Ein springender Brunnen, S. 122–123.
92 Walser, Ein springender Brunnen, S. 143; vgl. auch S. 101.
93 Walser, Ein springender Brunnen, S. 150.
94 Walser, Ein springender Brunnen, S. 151.
95 Vgl. Walser, Ein springender Brunnen, S. 133 und S. 170.
96 Vgl. Walser, Ein springender Brunnen, S. 395–396.

ihn in Gestalt seiner Erinnerung und gleichzeitig seines schlechten Gewissens all die Jahre begleitet hat. Magenau erkennt in dem „Bedürfnis ‚wegzuschauen', an dieser zentralen Romanstelle eingesetzt", vor allem „ein Resultat der Scham": „Das Bewußtsein, schuldig geworden zu sein, drückt sich darin aus, wird aber nicht rational bearbeitet, sondern emotional vorgeführt."[97] Dieses Bewusstsein von Schuld steht wiederum in Zusammenhang mit Johanns Erinnerung, die – wie Walser auch in der Friedenspreisrede erklärt – im Gewissen zu verorten ist.

Für Johann sind Erinnerungsstücke von besonderer Bedeutung. So liebt er es, Gegenstände, Briefe und Bücher seines verstorbenen Vaters in den Händen zu halten, wodurch er sich ihm nahe fühlt.[98] Seine erste Jugendliebe Anita und er tauschen zur Erinnerung aneinander ihre Kommunionskerzen aus: „Als er in seinem Zimmer mit Tell auf dem Bett lag [...], überlegte er, ob es gut sei, daß Anita als Erinnerung an ihn diese kaputte Kerze hatte."[99] Denn für ihn hat das Erinnerungsstück symbolischen Wert und soll für die Flammen der Liebe statt für eine angebrochene Beziehung stehen.

Was im theoretischen Kapitel des dritten Romanteils für die Erinnerung ausgeschlossen wird, dass nämlich Erinnerungen durch Signale wie Sinnesreize hervorgerufen werden,[100] passiert Johann, als er auf einer Zugfahrt Soldaten untereinander sprechen hört: „Der Ton erinnerte ihn an Elsa, die weghängende Unterlippe, Löffelsches mit Herrn Deuerling und ihren Ausruf, wenn sie Empörendes berichtete: Isch han gedenkt, isch freß mei Fieß."[101] Dabei handelt es sich um eine Assoziation, die durch den Dialekt der Soldaten hervorgerufen wird. Wenn diese Assoziation als Erinnerung bezeichnet werden kann, kommt ihr tatsächlich ein mit Prousts Unwillkürlichkeit vergleichbarer authentischer Charakter zu.

„Johann konnte, wenn diese Lena so küchentürgerahmt in seiner Vorstellung auftauchte, nicht aufhören, sie sich vorzustellen. Er konservierte diesen Augenblick."[102] Damit bewahrt er ihn im Gedächtnis. Allerdings zeigt sich hier, wie sich Vorstellung und Erinnerung verbinden und nicht vollständig voneinander getrennt werden können. Einerseits prägt sich bei Johann eine Szene ein, die sich tatsächlich ereignet hat.[103] Andererseits existiert „diese Lena" mehr in seiner Vorstellung und wird durch seine Phantasie zur Muse.[104] Damit sagt diese Erinne-

---

[97] Magenau, Martin Walser, S. 479.
[98] Vgl. Walser, Ein springender Brunnen, S. 180 und S. 385–386.
[99] Walser, Ein springender Brunnen, S. 224.
[100] Vgl. Walser, Ein springender Brunnen, S. 281.
[101] Walser, Ein springender Brunnen, S. 289; vgl. auch S. 296.
[102] Walser, Ein springender Brunnen, S. 349.
[103] Vgl. Walser, Ein springender Brunnen, S. 348.
[104] Vgl. Walser, Ein springender Brunnen, S. 349.

rung weniger über die Vergangenheit aus als vielmehr über Johanns Zustand des Verliebtseins zu dem Zeitpunkt, als er sich erinnert.

Arata Takeda hat narratologisch untersucht, mit welchem Anspruch der Erzähler in *Ein springender Brunnens* berichtet, und dabei festgestellt, dass das eigentlich Bemerkenswerte nicht die Tatsache sei, dass Auschwitz nicht vorkomme, sondern dass persönliche Erlebnisse höchst selektiv erinnert würden. Durch die großen Zeitsprünge zwischen den Kapiteln würden der Verlust zweier wesentlicher Personen und des geliebten Hundes allein durch die Erinnerung der Figur Johann vermittelt. Sie nennt diese Auffälligkeit „Selektion der Erzählobjekte zur Vergegenwärtigung des Schönen"[105]. Das Schöne erscheint dabei meist in Gestalt von Mädchen oder im Gewand der Sprache, die sich – wie die Erinnerung – durch den Anspruch auf Authentizität auszeichnet. Der Titel *Ein springender Brunnen*, dem ersten Vers des Nachtlieds aus Nietzsches *Also sprach Zarathustra* entnommen, verweist genau auf dies: Authentisch, unkontrolliert, schwallartig sprudeln die Wörter – und gleichsam die Erinnerungen Johanns, während Zarathustra bekennt, dass seine Seele nachts zum springenden Brunnen werde.[106] In Walsers Roman heißt es:

> Tatsächlich las Johann am liebsten aus dem *Nachtlied* vor. Wenn er das las, hatte er das Gefühl, jetzt singe er. Wenn er las *Nacht ist es: nun reden lauter alle springenden Brunnen. Und auch meine Seele ist ein springender Brunnen*, hatte er das Gefühl, seine Stimme singe ganz von selbst.[107]

Sprache ist für die Erinnerung und Identitätsstiftung von großer Bedeutung. Das zeigt sich bei Johann an der Relevanz seines ‚Wörterbaums', der ihn mit seinem Vater verbindet und Ausgangspunkt seines sprachlichen Talents und damit seiner Dichter-Identität ist.[108] „BÜRGSCHAFTSERKLÄRUNG. Johann buchstabierte dieses Wort so lange, bis es keinen Widerstand mehr leistete."[109] Aus Johanns Sicht sind Wörter eigenständige Wesen, die sich gegen ihn wehren können, gegen die er einen Kampf aufnehmen muss, um sich ihrer zu bemächtigen. Damit kommt ihnen ein eigenständiger Charakter zu. Nach ihrem letzten Treffen sagt Anita zu

---

[105] Takeda, Bildung des Ichbewusstseins, S. 32; vgl. auch die weiteren Ausführungen S. 30–32.
[106] Vgl. Friedrich Nietzsche, Also sprach Zarathustra. In: Nietzsche, Sämtliche Werke. Kritische Studienausgabe, Bd. 4, hg. von Giorgio Colli und Mazzino Montinari, München u. a. 1980, S. 136.
[107] Walser, Ein springender Brunnen, S. 164; vgl. auch S. 405. Neben der Sprache als springendem Brunnen ergibt sich eine weitere Lesart der Brunnen-Metaphorik, nämlich die der Körperlichkeit. Ohne explizit die Parallele zu ziehen, beschreibt Johann seinen Penis mit Bildern des Brunnens: „Johann spürte, wie es in ihm hochschoß und aus ihm heraus." (Ebd., S. 205).
[108] Vgl. Walser, Ein springender Brunnen, S. 10, S. 63, S. 163 und S. 400, dazu S. 409–413 („Vorwort als Nachwort").
[109] Walser, Ein springender Brunnen, S. 60; Herv. im Orig.; vgl. auch S. 61.

Johann: „Bestell dem Adolf einen schönen Gruß von mir, er hätte sich ruhig auch blicken lassen können. Oh, daß ich einsam bin, so früh am Tage schon. Dieser Satz stellte sich wieder ein und wollte sich nicht mehr verlieren."[110] Die zwei Verse, die sich bei Johann „einstellen", also in Erinnerung gerufen werden, hat er selbst gedichtet. Gerade in Bezug auf die eigene Lyrik verhalten sich Worte für Johann wie ‚ein springender Brunnen': „In ihm sprudelten die Wörter hoch, die Lena ihm in den beiden Nächten zugeflüstert hatte."[111]

Da Erinnerung im Roman als authentisch vermittelt wird, kann auch das Bild eines springenden Brunnens auf sie bezogen werden. Ohne gesteuert zu werden, sprudelt Erinnerung manchmal einfach vor sich hin. Diese Parallele ist naheliegend, weil Erinnerung immer über Sprache verläuft. Der Roman, so Magenau, ist Walsers „Versuch, sich der Sprache als Erinnerungsmedium anzuvertrauen und zugleich davon zu erzählen, wie die sprachliche Ausdrucksfähigkeit sich entwickelte"[112]. Sprache und Erinnerung sind nicht voneinander zu trennen, wie auch Prümm betont: „Das Erinnerte selbst bringt den programmatischen Titel des Erinnerungsromans hervor. Pointierter läßt sich wohl kaum der Anspruch auf eine begründungsloses, selbstmächtiges Erinnern *und* Schreiben bezeichnen."[113]

In den theoretischen Abhandlungen wird die Authentizität der Erinnerung aber eingeschränkt. Die Vergangenheit kann nicht ohne Weiteres vom Gedächtnis abgerufen werden. Es gibt eine Kluft zwischen der sich erinnernden und der erinnerten Person. Für Magenau beschreibt der „titelgebende springende Brunnen" genau „diese Schwierigkeit":

> Springbrunnen sind Symbole einer sich selbst speisenden Harmonie, und doch wird ihre Wasserfontäne durch ein verborgenes System von Pumpen und Schläuchen erzeugt. Was so aussieht, als ereigne es sich spielerisch und ganz von selbst, ist Resultat eines ausgetüftelten Mechanismus.[114]

---

110 Walser, Ein springender Brunnen, S. 246.
111 Walser, Ein springender Brunnen, S. 399.
112 Magenau, Martin Walser, S. 474. Vgl. auch Baumgart, Wieder eine Kindheit verteidigt, S. 83.
113 Karl Prümm, Vergangenheit ohne Bilder? Martin Walsers Konzept der Erinnerung in dem Roman „Ein springender Brunnen" (1998) und in seiner Rede nach der Verleihung des Friedenspreises des Deutschen Buchhandels (1998). In: Produktivität des Gegensätzlichen. Studien zur Literatur des 19. und 20. Jahrhunderts. Festschrift für Horst Denkler zum 65. Geburtstag, hg. von Julia Bertschik u. a., Tübingen 2000, S. 267–274, hier S. 269; Herv. im Orig. Lorenz weist auf die Zusammenhänge von Sprache und Erinnerung bei Walser hin: „Der Gedanke, wie ein Medium Geschichte aus der Erinnerung zu schöpfen, korrespondiert auffällig mit Walsers Theorie der literarischen Sprache." (Lorenz, „Auschwitz drängt uns auf einen Fleck", S. 380.)
114 Magenau, Martin Walser, S. 475.

Damit ergibt sich aus der *discours*-Ebene doch, dass Erinnerung niemals ganz frei von Steuerung, Normierung und damit von Bewertung ist.

Nach Barbara Beßlich ist *Ein springender Brunnen* letztlich in einer neuen Gedenkkultur zu verorten, in der literarisch „neue verstörende Formen des Erinnerns" dominieren und mit der narrativen Technik des unzuverlässigen Erzählens korrespondieren.[115] Im Zentrum des unzuverlässigen Erzählens steht im Roman das Wunder von Wasserburg, das auch dem mittleren Teil und dem darin enthaltenen siebten Kapitel seinen jeweiligen Namen gibt. Darin wird die Geschichte erzählt, dass Johann mit 10 Jahren hinter der Artistentochter Anita hereist, in die er sich verliebt hat. Am nächsten Tag wieder zurück in Wasserburg, wird Johann klar, dass er von niemandem außer dem Hund Tell vermisst wurde, er vielmehr mit seinem Abenteuer aus Sicht der anderen sowohl in der Schule als auch zu Hause anwesend war.[116] Beßlich zufolge liegt hier die „Geschichte einer Doppelpräsenz" oder „Bilokation" vor.[117] Dabei ist bemerkenswert, dass mit einem Zettel, den Johann am Wegesrand findet und auf dem der Name „Beatrijs" vermerkt ist, auf eine mittelalterliche Heiligenlegende verwiesen wird.[118] Johann gelangt zu der aufrichtigen Überzeugung, dass ihn während seiner Abwesenheit ein Engel in Wasserburg vertreten hat, was aber nicht im klassischen autobiographischen Genre, sondern nur im Kontext einer religiösen Erzählung stimmig und glaubwürdig sein kann.

> Johanns Doppelpräsenz wird vom Erzähler nicht als Traum oder Wunsch oder Vision innerhalb der Fiktionslogik eines historischen Romans plausibilisiert. Insofern der Erzähler diese Erklärungslücke offen lässt, bricht er die Gattungskonvention des historischen Romans und spielt mit der erzählerischen Unzuverlässigkeit. Der Leser bleibt mit diesem legendenhaften Riss in der fiktionalen Welt des historischen Romans auf sich gestellt.[119]

Hier wird der Spielraum ausgereizt, den die Form des autobiographischen Romans bietet: Die Zuverlässigkeit des Erzählers gerät ins Wanken, die Erzählperspektive ermöglicht aber auch das Erzählen einer wundersamen Begebenheit, in diesem Fall als der Junge Johann sich die Ereignisse aus seinem Erfahrungskontext nur so erklären kann.

Und der von Beßlich so bezeichnete „legendenhafte[ ] Riss in der fiktionalen Welt" wird noch weiter strapaziert: Der eigentlichen Hauptfigur wird bei Walser

---

115 Vgl. Beßlich, Unzuverlässiges Erzählen im Dienst der Erinnerung, S. 35; dort auch das Zitat.
116 Vgl. Walser, Ein springender Brunnen, S. 247–251.
117 Beßlich, Unzuverlässiges Erzählen im Dienst der Erinnerung, S. 49.
118 Vgl. Beßlich, Unzuverlässiges Erzählen im Dienst der Erinnerung, S. 49–50; Kaminski: „Tolle lege" oder Die Herkunft des Schutzengels, S. 321–329.
119 Beßlich, Unzuverlässiges Erzählen im Dienst der Erinnerung, S. 50.

ein idealtypisches Kind gegenübergestellt, das einen Aufsatz mit rassismuskritischer Ausrichtung verfasst hat.[120] Hier wird eine fiktive Figur geschildert, die verdeutlicht, wie ein Junge alternativ zu Johanns Verhalten auch hätte denken und handeln können. Bauer sieht in dieser Fiktionalität eine implizite Poetik: „Walser demonstriert, wie leicht Kindheitserinnerungen mit Rücksicht auf ein heutiges Leserpublikum so manipuliert werden können, daß sie eine aktuelle Botschaft vermitteln."[121] Nach Takeda steht Johanns im „Wunder von Wasserburg" gewonnene „Erfahrung, dass er zuerst persönlich etwas Entscheidendes erlebt und hinterher erfährt, wie dieses eben persönlich Erlebte in den Augen anderer verschiedenartig erscheint oder wie die Zeit [...] von anderen verschiedenartig erlebbar gewesen ist", nicht allein, sondern kehrt leitmotivisch in jedem Teil wieder.[122] Takeda weist insbesondere im Zusammenhang mit der Szene mit dem Wanderfotografen Widersprüche in der Erzählstimme nach,[123] die im Grunde erst erklärbar werden, wenn Konzepte der *false memory* wie gefärbte oder durch Kategorisierung verzerrte Erinnerungen berücksichtigt werden.

Authentizität, Erinnerungskonstruktion, selektives Erinnern und unzuverlässige Erinnerung prägen die Poetologie in Walsers *Ein springender Brunnen*. Die unzuverlässige Erinnerung des Erzählers korrespondiert mit einem Erzählen, das Leerstellen eröffnet, die vom Wissen der Leserschaft gefüllt werden müssen. Der absichtslose Blick in den Rückspiegel ist auch in *Ein springender Brunnen* nicht von der Gegenwart zu trennen.

---

120 Vgl. Walser, Ein springender Brunnen, S. 252.
121 Bauer, Martin Walsers Roman „Ein springender Brunnen", S. 199.
122 Vgl. Takeda, Bildung des Ichbewusstseins, S. 34, dort auch das Zitat.
123 Vgl. Takeda, Bildung des Ichbewusstseins, S. 37.

VI Georg Hellers *Das Kind, das er war. Die Geschichte des Johann Avellis*: Erinnern zwischen Emotionalität, Unwillkürlichkeit und Unsicherheit

1 Zur Biographie Georg Hellers

In eine weit weniger heile Welt als Walser wurde Georg Heller 1929 als Sohn eines jüdischen Vaters und einer evangelischen Mutter in Berlin geboren. Er wuchs mit seinen beiden Schwestern bei der Mutter – einer entschiedenen Gegnerin des Nazi-Regimes – auf, nachdem der jüdische Vater 1935 ins Exil gegangen war. Als Kind erlebte er vielfach Antisemitismus und Ausgrenzung. So wurde er nach den Nürnberger Gesetzen vom Französischen Gymnasium Berlin ausgeschlossen, eine Diskriminierungserfahrung, die ihn sehr prägte. Während eines Aufenthalts der Familie bei der Großmutter in Schlesien kam Heller ins dortige Zwangsarbeitslager Ostlinde, aus dem er aber Richtung Westen flieht, kurz bevor die Oderbrücke gesprengt wird. 1944 sollte er bei der Waffen-SS erscheinen; Heller entging dem Kriegsdienst, indem er mit seiner Familie von Berlin über Sachsen und Bayern ins Schwäbische floh.

Nach dem Krieg studierte Heller Wirtschaftswissenschaften und arbeitete als Journalist bei der Frankfurter Allgemeinen Zeitung, dem Handelsblatt und der Stuttgarter Zeitung. Für seine Tätigkeit wurde das langjährige Mitglied des Rundfunkrates des Süddeutschen Rundfunks und des Deutschen Presserates mit dem Theodor-Wolff-Preis ausgezeichnet. Ihm war die verfassungsrechtlich garantierte Presse- und Meinungsfreiheit ein besonderes Anliegen, die er durch die Unterwerfung der Presse unter das Wirtschaftsrecht gefährdet sah.[1] Dem Grundrecht und Ziel der „Pressefreiheit, die stirbt, wenn wir sie nicht verteidigen", widmete sich auch sein Band *Lügen wie gedruckt. Über den ganz alltäglichen Journalismus*.[2] Darin beschreibt er unter anderem ausführlich die Gefahren der Diskriminierung durch Sprache und der Aufrechterhaltung von Vorurteilen durch ihre Wiederholung in den Medien: „Der einzelne wird den Vorstellungen unterworfen, die sich

---

[1] Vgl. Georg Heller, Anzeige Anzeige Anzeige. In: Medien zwischen Spruch und Informationsinteresse. Festschrift für Robert Schweizer zum 60. Geburtstag, hg. von Andreas Heldrich, Baden-Baden 1999 (UFITA, Bd. 168), S. 297–304.
[2] Georg Heller, Lügen wie gedruckt. Über den ganz alltäglichen Journalismus. Tübingen 1997, Zitat auf S. 183.

in der anderen Gruppe über Menschen seiner Herkunft gebildet haben."[3] Dabei befasste sich Heller insbesondere mit der Diskriminierung von Sinti und Roma, dem Antiziganismus.[4] Heller betätigte sich zudem als Schriftsteller und verfasste neben essayistischen Werken seinen autobiographischen Roman *Das Kind, das er war. Die Geschichte des Johann Avellis*, der in seinem Todesjahr 2006 erschien. Vom Feuilleton und der Literaturwissenschaft bislang kaum wahrgenommen, findet der Autor immerhin kurze Erwähnung im *Deutschen Literatur-Lexikon. Das 20. Jahrhundert*.[5] Martin Walser und Georg Heller verband keine persönliche Bekanntschaft,[6] wohl aber eine gegenseitige Wertschätzung, die vermutlich auch auf Hellers Verlautbarungen zum Walser-Bubis-Konflikt zurückzuführen sind. So verfasste Walser das Vorwort[7] zu Hellers im Jahr 2002 erschienenen Band *Endlich Schluß damit? „Deutsche" und „Juden". Erfahrungen*, in dem dieser verschiedene seiner Texte, Vorträge und Briefe versammelte, darunter auch solche zu Walsers Friedenspreisrede, dessen Roman *Tod eines Kritikers* sowie die damit ausgelösten Reaktionen in der Öffentlichkeit.[8] Im Klappentext des im Rowohlt-Verlag erschienenen autobiographischen Romans findet sich schließlich folgende Beschreibung Martin Walsers: „In Georg Hellers Prosa wird jedes Detail epochal. Im kleinsten Geschehen ist die ganze Welt enthalten. Ein fabelhaftes Buch."

2 Erinnerungs- und Erzählstruktur des autobiographischen Romans

Der autobiographische Roman *Das Kind, das er war* ist die Geschichte des Johann Avellis, der als erwachsener Erzähler erster Stufe seine eigene Geschichte erzählt. Der Roman setzt mit der Betrachtung verschiedener Familienfotos durch Johann ein, die zum Ausgangspunkt analeptischer Schilderungen der Kindheit werden, an die sich Johann zurückerinnert. Die erste zeitlich datierte Erinnerung wird im zweiten Kapitel unter dem Titel „Schulweg" erzählt: Der Schüler des Berliner Französischen Gymnasiums ist verärgert, weil er von seiner Schwester an der Haltestelle Tiergarten abgeholt wird, obwohl er doch schon allein mit der Bahn

---

3 Heller, Lügen wie gedruckt, S. 133.
4 Vgl. Heller, Lügen wie gedruckt, S. 135–149. Siehe auch ders., Endlich Schluß damit?, S. 136.
5 Vgl. Julia Zupfer, Heller, Georg. In: Deutsches Literatur-Lexikon. Das 20. Jahrhundert, Bd. 16. Berlin/Boston 2011, Sp. 314.
6 Vgl. Heller, Endlich Schluß damit?, S. 100 und S. 145.
7 Martin Walser, Gründe für eine Danksagung. In: Georg Heller, Endlich Schluß damit? „Deutsche" und „Juden". Erfahrungen, Eggingen 2002, S. 9–13.
8 Vgl. Heller, Endlich Schluß damit?, S. 69–71, S. 137–147. Vgl. dazu auch Kapitel III der vorliegenden Untersuchung.

nach Hause nach Neu-Tempelhof fahren könne. Der Grund: Deutschland bereitet sich auf den Krieg vor. Der Erzähler, der passagenweise nicht mehr als seine Figur weiß, fragt sich: „Warum soll er bei ‚Mobilmachung' nicht allein nach Hause fahren wie jeden Tag?"[9] Die Erzählung zweiter Stufe ist keine stringente, chronologisch fortlaufende Binnenerzählung, sondern handelt von verschiedenen Stationen des Protagonisten, die über die Erinnerung des Erzählers strukturiert werden.

Das Kind, das er war gliedert sich dabei in zwei Teile. Der erste Teil schildert die Erinnerungen der Kindheit in Berlin, einen Urlaub im Erzgebirge, den Aufenthalt in der Stadt Brieg in Schlesien, die Internierung im Arbeitslager Ostlinde, die Flucht, den Versuch der Familie, abermals in Berlin Fuß zu fassen, und die anschließenden Stationen in Sachsen und Bayern. Er endet mit der Ankunft der amerikanischen Soldaten und der Kapitulation des Städtchens Ambach auf Initiative von Johanns Mutter und einer Freundin. Der zweite Teil erzählt von der Zeit danach, der Arbeit in der bayerischen Landwirtschaft, dem erneuten Schulbesuch im Schwäbischen ab Frühjahr 1946, dem missglückten Zusammentreffen mit dem aus der Emigration zurückgekehrten Vater, einem Aufenthalt in London und dem Wiedersehen mit verschiedenen jüdischen Emigranten. Das Schlusskapitel „In seinem Haus" enthält die Reflexion des Erzählers erster Stufe mit mehreren Jahrzehnten Abstand zur Haupthandlung. Vereinzelt lässt sich ein Wechsel der Erzählinstanz feststellen, die mal intradiegetisch, also gleichzeitig, mal aus der zeitlichen Entfernung erzählt.

Der Protagonist des Romans hat denn schließlich auch zwei Namen: Johann und David. Dabei bezieht sich Johann in erster Linie auf die Erzählinstanz und David auf das Kind, von dem der erinnernde Johann erzählt:

> Da liegen die Fotos vor Johann Avellis auf dem Tisch. Er denkt an das Kind, das er mal war. Vertraut ist es ihm und fremd zugleich. Deshalb nennt er sich in seiner Erinnerung lieber David, so, wie er heute hieße, wenn es nach seiner Mutter gegangen wäre; doch sein Vater wollte keine hebräischen Namen. Seit Johann das von seiner Mama wußte, hätte er lieber so geheißen.[10]

Die Unterscheidung der beiden Namen erfüllt demnach zweierlei Funktionen: Einerseits gewährleistet sie, dass die Ebenen der Erinnerung klar erkennbar bleiben – der Name David bezieht sich auf das erinnerte Kind, Johann auf den sich erinnernden Erzähler –; andererseits symbolisiert diese Aufspaltung die Zerrissenheit in eine jüdische und eine, vor allem nach außen hin zu demonstrierende nicht-jüdische Identität. Johann formuliert es, allerdings als Zitat, so, dass

---

9 Heller, Das Kind, das er war. Die Geschichte des Johann Avellis, Berlin 2006, S. 14.
10 Heller, Das Kind, das er war, S. 9.

er wie alle sogenannten Mischlingskinder „halb"[11] sei. Als die Eltern ihr Kind taufen ließen (wohlgemerkt vor der Machtübernahme der Nazis), wollten sie ihr Kind sowohl mit der Zugehörigkeit zum Christentum als auch mit der Namenswahl vor Rassismus und Antisemitismus im Umfeld schützen. Indem der Erzähler sich für den Namen des Kindes entscheidet, den dieser wegen des rassistischen Umfelds gar nicht hatte, holt er sich einen Teil seiner Identität zurück, den er lange verleugnen musste.

Das Kind ist dem Erzähler vertraut; die Erinnerungen sind ihm sehr bewusst und präsent. Das führt dazu, dass paradoxerweise frühe Erinnerungen im Präsens, spätere Erlebnisse bis hin zur Rahmenhandlung im Präteritum erzählt werden. Erst im Schlusskapitel „In seinem Haus" wird auch die Rahmenhandlung im Tempus der Gegenwart erzählt. Die Nähe des Erzählers zu David wird auch durch die Perspektivierung deutlich: Mithilfe interner Fokalisierung empfindet und denkt er oft wie das Kind David, dessen innere Monologe Aufschluss geben über sein dem Alter entsprechendes Nichtverstehenkönnen der Ereignisse. So nimmt David die ersten Anzeichen der Verschleppung der jüdischen Bevölkerung und des aufziehenden Krieges naiv, ohne Einordnung in historische Zusammenhänge und entsprechend angstfrei wahr:

> „Mobilmachung" sei, sagt sie. David ist so beleidigt, daß er kaum mit ihr spricht. Was sie ihm erklärt, das versteht er nicht. [...] Am Nachmittag, als er begriffen hat, daß „Krieg" ist und daß da vielleicht ‚alles knapp' wird, geht er sofort zum Spielwarenladen am Hohenzollernkorso. Im Schaufenster von dem hat er schon lange eine Lokomotive für seine Märklin-Eisenbahn ins Auge gefaßt. [...] Der Mann guckt traurig auf die Hand, die sich der schmalen Märklin-Packung entgegenstreckt, still ist es in dem leeren Laden, fast ein bißchen Angst kriegt David vor dem Krieg.[12]

Der Kontrast der beiden Erzählzeiten wird deutlich, wenn, wie etwas später, der Name David und der Johanns in engem Zusammenhang genannt werden: „David sah den Raum nicht wieder. Da, wo er nach dem Fall der Mauer das Französische Gymnasium suchte, fand Johann am Reichstagsufer nur eine Baulücke."[13]

In vielen Fällen geht das Wissen des Erzählers Johann über das der Figur David hinaus. Dessen Mutter übt häufig Kritik an den Nazis, die David nur stillschweigend zur Kenntnis nehmen kann, weil er die politischen Hintergründe nicht kennt: „Am Ende hat sie alles richtig gesehen, denkt Johann Avellis, wenn auch tatsächlich mehr als nur ein Haus von den Nazis selbst wieder aufgebaut

---

11 Heller, Das Kind, das er war, S. 171.
12 Heller, Das Kind, das er war, S. 14.
13 Heller, Das Kind, das er war, S. 44; vgl. auch S. 43.

wurde."[14] Dies kann er erst mit dem später hinzugewonnen Wissen als Erwachsener in der Rückschau beurteilen. Auch sein Verhältnis zu Margret, einer Freundin in Ambach, kann er erst *ex post* reflektieren: „Die sieht er mit ‚Männern' tanzen. Daß er mit fünfzehn Jahren selber einer sein könnte, kam ihm nicht in den Sinn, denkt Johann heute."[15] Häufig werden Formulierungen oder – wie hier – einzelne Begriffe in Zitatform wiedergegeben. So wird kenntlich gemacht: Dies sind nicht Johanns eigene Formulierungen, sondern Erinnerungen an sprachliche Äußerungen anderer Personen.

Im Roman wechseln sich poetologische Überlegungen, erzählte Figurenrede und Gedankenrede rasant ab. Eine wichtige Funktion erfüllt der innere Monolog. Etwa hier: „Die Sonne überlichtet die geschmiedeten Muster, sie durchscheint die Blütenblätter der Magnolien dahinter [...], jetzt holt Rose sie gerade von der Schule ab, heute Abend liegen sie in ihren Betten, wenn du nach Hause kommst."[16] Dieses ‚Du' wechselt sich mit einem seltenen ‚Ich' im Selbstgespräch ab, das sich auf das Kind David bezieht. Dann heißt es: „[W]eiß der schon, worauf ich hinauswill? denkt David".[17] Oder: „[I]ch weiß bis heute nicht, wo das eigentlich ist, denkt David".[18] Niemals ist von Johann Avellis in der ersten Person die Rede.

Im Laufe des Romans findet eine Entwicklung von David hin zu Johann statt, aber auch eine Entwicklung der Erzählinstanz selbst, die mithilfe ihrer Erinnerungen an Erkenntnis gewinnt. Dies ermöglicht, dass Johann Avellis am Ende des Romans gewahr wird, dass sein früherer Mitschüler Paul Abramson sterilisiert worden sein muss. Als Johann Paul Jahrzehnte nach dem Ende der NS-Herrschaft eines Nachts am Tübinger Bahnhof trifft, bedroht er den Bekannten aus Kindertagen, weil dieser Johann und sich als „Mischlinge" bezeichnet.[19] Abramson hat Johann berichtet, dass seine Mutter ihn auf ihren Mädchennamen Brendel hat arisieren lassen. Das gibt Johann zu denken:

> An dem Privatunterricht, den die Mütter von vier Klassenkameraden damals organisiert hatten, sie alle hatten aufgrund der „Nürnberger Gesetze" die Schule verlassen müssen, hatte er jedenfalls nicht teilgenommen. Das fiel Johann Avellis da wieder ein – und zum erstenmal auf.[20]

---

14 Heller, Das Kind, das er war, S. 26. Dieses Resümee Johanns bezieht sich auf die Aussage seiner Mutter, mit Ausnahme des ersten, durch Bomben zerstörten Hauses werde keines der zertrümmerten Häuser wieder aufgebaut; vgl. ebd., S. 25–26.
15 Heller, Das Kind, das er war, S. 93.
16 Heller, Das Kind, das er war, S. 7.
17 Heller, Das Kind, das er war, S. 145.
18 Heller, Das Kind, das er war, S. 132.
19 Vgl. Heller, Das Kind, das er war, S. 170–171, dort auch das „Mischlinge".
20 Heller, Das Kind, das er war, S. 172.

Johann entschließt sich nun, sich mit den Dokumenten zur Judenvernichtung zu beschäftigen. Daraus folgt Johann Avellis' Erkenntnis, dass die Beschlüsse der Wannsee-Konferenz vom Januar 1942 zur Zwangssterilisierung auch ihm gegolten haben: „Sie wollten ihn sterilisieren, ihn, Johann Avellis, ihn, als ‚Mischling 1. Grades'! Das hat Johann Avellis jetzt, jetzt hier in seinem Garten, in seinem Haus, in seinem Alter, in sein Leben getroffen."[21] Mit diesen Worten und der Empfindung des Getroffenseins endet der Roman.

3 Erinnerungsprogramm

Der erinnernde Blick Johanns auf David, also auf sein Alter Ego im Kindes- und Jugendalter, ist der eines genauen Beobachters. Deshalb ‚sieht' Johann David in seinen Erinnerungen:

> Johann weiß nicht mehr, was der gefühlt hat, er sieht den Jungen nicht im Zug. Er sieht ihn erst wieder durch das Tor gehen, das Tor in dem Stacheldrahtzaun, hinter dem das Lager ist. Er sieht ihn in einem großen Gasthaussaal, in dem dicht an dicht Strohsäcke auf dem Boden liegen.[22]

Eine ähnliche imaginierende Funktion hat die Verwendung des Begriffs ‚sehen', wenn David sich Szenen vorstellt, die den Erzählungen seiner Mutter entspringen: „David sieht Frau Moser telefonieren. Mosers wohnen in der Stadt [...]. Nach Australien wollen Mosers vielleicht ‚auswandern'."[23] Solche Szenen werden sich in sein Gedächtnis einprägen, obwohl der Junge sie nicht selbst erlebt hat. Gleichwohl wird sein Gedächtnis sie Jahrzehnte später in Form von Erinnerung wiedergeben.

Der Erzähler Johann Avellis weiß um die Möglichkeit, dass sein Gedächtnis Erinnerungen an Gegebenheiten wiedergibt, die so nicht passiert sind. Deshalb misstraut der oftmals unsichere Erzähler diesem Gedächtnis: „Kam der Bolle, der die Milch ausklingelte, noch mit einem Pferdewagen? Johann Avellis weiß es nicht mehr genau. Er erinnert sich an vorgespannte Pferde, hält das aber kaum für möglich."[24]

Mit Fragen kennzeichnet er überdies, dass er sich seiner Sache nicht sicher ist, Vermutungen und Erinnerungen miteinander verwoben sind: „Irgendwann hängt Davids Mutter das Führerbild ab. Erinnert sich Johann daran, daß sie sich

---

21 Heller, Das Kind, das er war, S. 174.
22 Heller, Das Kind, das er war, S. 66.
23 Heller, Das Kind, das er war, S. 30.
24 Heller, Das Kind, das er war, S. 9.

die Hände wusch, nachdem sie es hatte anfassen müssen?"[25] Beschreibungen – etwa von Orten oder Personen – werden immer wieder mit dem Zusatz „in seiner Erinnerung"[26] versehen oder eingeleitet durch die Formulierung „David erinnert sich an"[27]. Der Erzähler distanziert sich so davon und signalisiert, dass es auch anders gewesen sein könnte. Hier wird die Geschichte der Erinnerung erzählt, *das Kind, das er* – nach Davids Erinnerung – *war*.

Immer wieder formuliert Johann Ereignisse und Gefühlslagen, an die er sich nicht erinnern kann.[28] Es ist auch möglich, dass Begebenheiten keinen Platz in den Erinnerungen haben, vom Erzähler aber ergänzt werden:

> Da müssen doch die Birken vor dem Haus gestanden haben, Trauerweide und Holunder hinten im Garten, aber aus diesen Tagen im Januar 1945 erinnert sich Johann Avellis nicht, die Bäume gesehen zu haben, mit denen er so befreundet gewesen ist.[29]

False memory, emotional stark gefärbte Erinnerungen, Vergessen oder Quellenamnesie – all diese Erinnerungsphänomene, die wissenschaftlich erforscht werden, sind Johann Avellis bekannt, und das lässt er die Leserschaft auch wissen:

> An den Vater seines Vaters erinnert sich David selbst nur in einem einzigen Bild: wie er auf seinem Schoß gesessen und nicht genug hatte kriegen können von der Sprungdeckeluhr. [...] Das war so eine jener Erinnerungen! Die einem erzählt werden und sich dann zu Eigenem bilden? Oder sich mit wiederhochkommendem eigenem Erinnern vermählen? Oder hatte Johann Avellis vielleicht einmal ein Foto gesehen, wo er auf dem Schoß des Vaters sitzt?[30]

Hier ist sich Johann unsicher, auf welche Quelle sich seine Erinnerung stützt. An anderer Stelle macht der Erzähler deutlich, dass ihm bewusst ist, dass er sich an eine fotografisch festgehaltene Szene erinnert. Die Tatsache, dass er sich selbst in der Erinnerung sehen kann, ist dabei ein Indiz dafür, dass nicht die Szene selbst, sondern die fotografische Abbildung Ausgangspunkt seiner Erinnerung ist:

> An seinen Vater erinnert sich David auch noch in einer anderen Situation, ohne ihn selbst zu sehen, er sieht merkwürdigerweise beide, seinen Vater und sich vor der Hinterseite des

---

25 Heller, Das Kind, das er war, S. 56; vgl. auch S. 50: „Eine Vergünstigung gibt es in der Frühstückspause, war es eine Flasche Milch?" Auch hier wird die frühere Kindheitserfahrung im Präsens, die spätere Reflexion darüber im Präteritum geschildert.
26 Etwa Heller, Das Kind, das er war, S. 8.
27 Etwa Heller, Das Kind, das er war, S. 166 und S. 167.
28 Vgl. Heller, Das Kind, das er war, S. 65 und S. 66.
29 Heller, Das Kind, das er war, S. 76.
30 Heller, Das Kind, das er war, S. 155.

> Restaurants in Duhnen, von dem er später mal ein Foto gesehen hat, und zwar von so weit entfernt aufgenommen, daß er sie nur als zwei Menschen erkennt, von denen der große den sehr viel kleineren verhaut.[31]

Es handelt sich bei dieser Erinnerung nicht um ein singuläres Ereignis im episodisch-autobiographischen Gedächtnis, sondern um die Erinnerung an ein iteratives Geschehen: In diesem Urlaub wurde David täglich geschlagen, weil er sich weigerte, Fisch zu essen. Den Kampf, keinen Fisch essen zu müssen, führt er nach dem Urlaub fort.[32]

Es ist von Bedeutung, dass David seinen Vater lange Zeit nicht gesehen hat: „die tausend Jahre, die das ‚Dritte Reich' währte, Äon auch in Davids Gedächtnis"[33]. Die jahrelange Trennung vom Vater hat die Entwicklung eines guten Vater-Sohn-Verhältnisses unmöglich gemacht. Neben der Duhnen-Erinnerung, die emotional negativ besetzt ist, bleibt ihm der Vater nur sehr fragmentarisch im perzeptuellen Gedächtnis: „der Papa, von dem er kaum ein anderes Bild im Kopf hatte als dessen Schuhe mit einem Stück Hosenbein, die die enge ziegelgemauerte Balkonwendeltreppe herunterkam, auf der er kauerte, mit Lux auf dem Schoß"[34].

Im Roman nehmen Fotografien eine wichtige Funktion ein. Manchmal sind sie Ausgangspunkt neutraler Beschreibungen verstorbener Personen oder früherer Begebenheiten.[35] Eingangs dienen sie, negativ konnotiert, der Beschreibung vergangener Tage:

> All die Porträtaufnahmen, die auf eine Säule im Atelier des Fotografen sich stützenden Figuren, die Gesichter im bräunlich-vergilbten Oval, sie sind bei Johann Avellis in eine Schuhschachtel verbannt. In einem Moment ihres Lebens sind sie eingefroren, versteinert. Wie dieser fremde Mann in Uniform, der sein Vater sein sollte.[36]

Bei Heller können Erinnerungen wie in Stein oder Eis konserviert werden, werden dadurch aber auch hart und kalt. Das erzeugt ein Gefühl der Fremdheit und führt dazu, dass Johann selbst Erinnerungen an Glücksmomente, weil eingefroren, „zuwider" sind: „Je näher Johann das Foto betrachtet, das er aus der Schublade gezogen hat, desto ferner rückt ihm die Vergangenheit. [...] Er knüllt das Foto

---

31 Heller, Das Kind, das er war, S. 127.
32 Vgl. Heller, Das Kind, das er war, S. 128–129.
33 Heller, Das Kind, das er war, S. 127.
34 Heller, Das Kind, das er war, S. 127.
35 Vgl. Heller, Das Kind, das er war, S. 9, S. 58–59.
36 Heller, Das Kind, das er war, S. 7.

zusammen und wirft es weg. Es soll nicht töten, was er lebendig in sich hat."[37] Haben Fotografien im Regelfall die Funktion, Erinnerungen am Leben zu halten und eine Verbindung zwischen der Vergangenheit und der Gegenwart herzustellen, geht für Johann Avellis eine enorme Gefahr von der Aufnahme seines Vaters aus. Dieser schickt vor dem Wiedersehen nach Jahren der Trennung eine aktuellere Fotografie von sich an die Familie. Die Kälte der Beziehung wird daran deutlich, dass nicht das Foto mit der Erinnerung, sondern der erinnerte Eindruck mit der Fotografie verglichen wird: „Er ist wie auf dem Foto, ziemlich dick unter der hellbraunen amerikanischen Uniform, das schiffchenartige Militärkäppi ist zu klein und sitzt viel zu verwegen und schief auf dem Kopf des fetten Alten."[38]

Lebendige und authentische Erinnerungen werden dagegen körperlich, über sinnliche Erfahrungen erlebt:

> In der Sonnenglut knistern Disteln und Kornrade, nach Heu und Hafer riecht die Hitze, sie summt in den Ohren. Da muß er ganz klein gewesen sein, als er dort gelaufen ist, doch die Bilder und Gerüche haben ihn nicht verlassen. Die sind immer drin in ihm. Zeitlos. Erdbeben an einer Bruchzone, im Lebenslauf bricht etwas auf. Johann spürt, es bedeutet etwas, es hat ihn verändert, aber weiß nicht, was das war, er weiß nur, daß er es bis heute ist.[39]

Die zeitlosen Erinnerungen, die ein hohes Maß an Unwillkürlichkeit aufweisen und so in die Nähe von Prousts *mémoire involontaire* rücken, haben eine gewaltige, erdbebenähnliche Wirkung: Sie sind es, die Johann Avellis zur Beschäftigung mit seiner Kindheit als Sohn eines jüdischen Vaters und einer christlichen Mutter bringen, indem sie ohne äußeren Einfluss die Vergangenheit und Gegenwart miteinander verbinden. Das führt zunächst zu Verunsicherung: „Johann Avellis lebt hier und jetzt. Er lebt nicht in der Vergangenheit. Was hier und jetzt ist, weiß er allerdings so wenig, wie er sagen könnte, was vergangen ist."[40]

Die Verunsicherung bezieht sich nicht nur auf die Dimension der Zeit, sondern zwangsläufig auch auf die des Raums: „Wenn er jetzt, hier und jetzt, ‚Priesterweg' denkt, ist er dann hier oder im ‚Priesterweg'? Ist er jetzt hier, an ‚Priesterweg' denkend, oder ist er in der Vergangenheit ‚Priesterweg' gegenwärtig?"[41]

Die starke Wirkung resultiert aus der besonderen Emotionalität der erinnerten Erfahrungen. So erlebt er den Gutenachtkuss durch Frau Schaufuß, die Mutter eines Freundes, besonders intensiv: „Sie kehrt zurück, streicht ihm über das Haar und gibt ihm auch einen Kuß. Eine Welle von Glück steigt David ins

---

37 Heller, Das Kind, das er war, S. 7–8.
38 Heller, Das Kind, das er war, S. 138.
39 Heller, Das Kind, das er war, S. 8.
40 Heller, Das Kind, das er war, S. 8.
41 Heller, Das Kind, das er war, S. 9.

Gesicht. Johann hat diesen Augenblick nie vergessen, als er von der fremden Frau angenommen wurde."[42] Die Formulierung „nie vergessen" kennzeichnet ein hohes Maß an Emotionalität erlebter Erinnerungen. Dazu zählt auch die Erleichterung nach der gelungenen Flucht: „Nie wird Johann dieses Gefühl vergessen, daß sie tatsächlich durchgekommen, angekommen waren."[43] Nicht nur emotional positiv erlebte Momente, sondern auch die von Angst, Wut und Enttäuschung geben Anlass, dass sie sich besonders intensiv im Gedächtnis einprägen. Deutlich erinnert sich David etwa an die Zwangsversteigerung des Wohneigentums: „Das wird David nie vergessen, wie eines Tages wildfremde Menschen vor der Haustür standen, an der Haustür unseres Hauses, denkt David selbst Jahre später noch schockiert, mit dem Recht in der Tasche, es zu besitzen."[44]

Nicht nur Johann, auch das Kind David ist gekennzeichnet durch Erinnerungsfähigkeit. Mithilfe seiner Erinnerungen macht er sich ein Bild davon, was wohl ein Jude ist. Als Davids Mutter ihm im Sommerurlaub im Erzgebirge die Nachricht unterbreitet, dass er vom Gymnasium ausgeschlossen wird, erinnert er sich an verschiedene Szenen der vergangenen Jahre, in denen jüdische Familien Nachteile erfahren haben:

> Jedenfalls, so lernte David, ist ein Jude etwas anderes als all die Menschen um ihn rum. Außer den Spitzers oder den Nauenbergs oder auch den Mosers. Aber warum waren die Mosers schlecht?
>
> David sieht Frau Moser telefonieren. Mosers wohnen in der Stadt [...]. Wochenlang hatte Davids Mutter damals warten müssen, bis das verabredete Zeichen von Mosers kam.[45]

David kann sich nur mit solchen Erinnerungen ein Bild von seiner Situation als ‚Halbjude' machen. Bei Kriegsende erinnert sich David an Szenen aus dem Krieg, die ihn dazu veranlassen, seine Religiosität zu entwickeln. Ihm wird die bewusst, dass auf beiden Seiten der Front die Menschen gebetet hatten, verschont zu bleiben:

> Er sah vor sich, wie an der Front überall Tausende von Soldaten starben, von Granaten zerrissen, von Flammenwerfern verbrannt [...]. Und um mich hier wird er [Gott, D. K.-B.] sich kümmern? dachte der Junge. Er sah vor seinem inneren Auge Millionen Feinde, die dasselbe beteten? In der Wochenschau hatte er Pfarrer Nazikanonen segnen sehen und sich vorgestellt, daß die anderen ihre auch segnen ließen. Was soll der [Gott, D. K.-B.] da wohl machen?[46]

---

42 Heller, Das Kind, das er war, S. 43.
43 Heller, Das Kind, das er war, S. 74.
44 Heller, Das Kind, das er war, S. 135.
45 Heller, Das Kind, das er war, S. 30–31.
46 Heller, Das Kind, das er war, S. 106–107.

Der Erzähler Johann Avellis besitzt das später hinzugewonnene Wissen, um Situationen zu bewerten. Dennoch kommt es vereinzelt dazu, dass sich das Wissen und die Erinnerungen von David und Johann decken:

> Warum? Was ist ein Jude? Warum sind Juden schlechter als Deutsche? Was haben sie getan? Er erinnert sich an keine Antwort. Johann Avellis weiß bis heute keine.
>
> Sie wollen ihn nicht.
>
> Das weiß David. Dagegen wehrt er sich. [...] Johanns Erinnerung hellt sich auf, wenn er an Menschen denkt, die damals merken ließen, daß sie auf ihrer Seite waren. So wie der Studiendirektor Röthig, der dem zwölfjährigen Jungen, der gehen mußte, im Rektoratszimmer „Auf Wiedersehen" sagte. Das hat Johann nie vergessen.[47]

Als David während seines Aufenthalts in Sachsen gegen Ende des Krieges eine Lebensmittelmarke stiehlt, wird er, so fürchtet er, vom Wirt Herrn Schmidt beobachtet. Angst vor den Konsequenzen, nachträgliche Gespräche und Schuldgefühle des Jungen führen dazu, dass dieser Herrn Schmidts Blick niemals vergisst. Auf mehreren Seiten werden die „großen, ernsten"[48], „verhängten, gleichwohl nicht blicklosen Augen"[49] von Herrn Schmidt geschildert, die sich bei David eingebohrt haben:

> Wieder und wieder stellte er sich danach die Szene vor: Hatte Herr Schmidt sehen können, wie er die Marken in den Strumpf schob? Die Wahrheit war von Anfang an klar: Er hatte. Er hatte unverstellten Blick auf Schuh und Strumpf gehabt, das ergab nicht nur jede Blickwinkelrekonstruktion, das hatte David auch sofort gewußt, als er, auftauchend, in diese beiden Augen blickte, die er ein Leben lang nicht vergessen würde.[50]

Während sich manche Erinnerungen tief im Gedächtnis eingeprägt haben und sehr detailliert abrufbar sind, bleiben von anderen Erlebnissen nur einzelne Erinnerungsfetzen zurück, obgleich – oder vielleicht weil – sie traumatische Bedeutung haben: „[E]ine lange dunkle Schlange bewegt sich durch den Schnee, am Straßenrand weggeworfene Bündel und Koffer, ein Stuhl, ein totes Kind [...]."[51] In solchen Erinnerungen liegen ein Stuhl und ein totes Kind gleichbedeutend nebeneinander.

Neben den Erinnerungen sind es unbewusste Prägungen der Kindheit, die Johann sich bewusst macht:

---

47 Heller, Das Kind, das er war, S. 37.
48 Heller, Das Kind, das er war, S. 81.
49 Heller, Das Kind, das er war, S. 84.
50 Heller, Das Kind, das er war, S. 85.
51 Heller, Das Kind, das er war, S. 73–74.

> Das saß tief drinnen in David, merkt Johann Avellis, sitzt eigentlich immer noch drinnen, gesteht er sich ein, dieses „Harrt wie Krruppstahl, zäh wie Lederr, schnell wie die Windhunde". Durch den Hohn, mit dem seine Mutter die Naziparole für „die deuttsche Juggend" zitierte, dabei ahmte sie den Tonfall vom „Adolf" nach, hatte er zwar gelernt, die Sprüche von denen als fürchterlichen Kitsch zu sehen, doch die Werte bestimmten ihn trotzdem.[52]

Nicht nur über die Erinnerung verbinden sich also Geschichte und Gegenwart, sondern auch durch gesellschaftliche Werte, denen sich ein Kind und Jugendlicher nicht entziehen kann.

Dass emotionale oder traumatische Erlebnisse durch den Protagonisten schließlich zugleich auch physisch erinnert werden, wird in jener Textpassage deutlich, in der der erwachsene Johann von einem Freund seines Sohnes Matt nach seiner Vergangenheit befragt wird. Er kann nur über manche Episoden seiner Flucht sprechen; beim Gedanken an die Begegnung mit einem Gestapo-Mann beginnt Johann zu zittern: „Damals hatte David das Zittern unterdrücken können, wer weiß, wie, und sie kamen davon. Heute zittert Matts Vater am ganzen Körper."[53] Der Auslöser für diese körperliche Form des Erinnerns ist ein bewusster Akt; Johann versucht, sich immer wieder in die Kindheit zurückzuversetzen.[54]

4 „Vergangenheit als Gegenwart": Martin Walser und Georg Heller im Vergleich

Acht Jahre liegen zwischen dem Erscheinen von Walsers *Ein springender Brunnen* und Hellers *Das Kind, das er war. Die Geschichte des Johann Avellis*. Heller hat Walsers autobiographischen Roman *Ein springender Brunnen* gelesen, er hat sich mit den Texten und Positionen des Schriftstellers beschäftigt.[55] Es ist anzunehmen, dass die Walser-Lektüre Spuren im Werk Hellers hinterlassen, ihn im Schreiben und Denken beeinflusst hat. Dabei ist zunächst die auffallende Namensgleichheit der Protagonisten zu erwähnen: Weder Walser noch Heller heißen Johann mit erstem Vornamen, aber beide wählen diesen Namen für ihren jeweiligen Protagonisten.

Martin Walser schreibt im Vorwort zu Hellers Band *Endlich Schluß damit?*: „Georg Heller erzählt *seine* Geschichte, und dadurch entsteht Autobiographie als Geschichtsschreibung. Wieder einmal finde ich, daß die literarische Version eines

---

52 Heller, Das Kind, das er war, S. 113.
53 Heller, Das Kind, das er war, S. 72.
54 Vgl. Heller, Das Kind, das er war, S. 60: „Beides blieb in Brieg, als die Russen kamen [...], denkt Johann, wenn er sich in diese Zeit zurückversetzt."
55 Vgl. Heller, Endlich Schluß damit?, S. 93; ferner ebd., S. 47–49 und S. 112–113.

geschichtlich schwierigen Zusammenhangs jeder anderen Darstellung überlegen ist."[56] Diese Worte, bezogen auf den Band von 2002, beschreiben mindestens ebenso zutreffend, wie der autobiographische Roman *Das Kind, das er war* zu verstehen ist, der ähnlich wie Walsers *Ein springender Brunnen* ausschnitthaft die Lebensgeschichte eines Jungen in der NS-Zeit und den darauffolgenden Jahren und damit eine persönliche Geschichte in ihrem diese in weiten Teilen determinierenden historischen Kontext schildert. Bei Heller wie bei Walser spielen die Begriffe ‚Vergangenheit', ‚Geschichte' und ‚Gegenwart' eine herausgehobene Rolle. Walser stellt dreimal unter der Überschrift „Vergangenheit als Gegenwart" Teilen der Erzählung theoretische Überlegungen voran, die der Frage nachgehen, wie Vergangenheit vergegenwärtigt werden kann, wie sie die Gegenwart über das autobiographische Gedächtnis bestimmt und wie sie sich vor dem nachträglichen Zugriff von außen abschottet. Dabei geht es um die individuelle Ebene, die Bedeutung der eigenen Kindheit, der individuellen Geschichte. Vergangenheit und Gegenwart sind ein dichotomes Paar und bedingen sich doch. Bei Heller rückt an die Stelle von ‚Vergangenheit' der Begriff ‚Geschichte', der nicht allein die Individualgeschichte bezeichnet, sondern den breiten historischen Rahmen mit einschließt: „Er liest das [die Protokolle der Wannsee-Konferenz von 1942, D. K.-B.], er sitzt in seinem Garten, er liest Geschichte. Geschichte? Für ihn wird es immer Gegenwart sein."[57] Wie sich individuelle Vergangenheit und historischer Kontext überlagern und in einem feindlichen Kontrast zueinander stehen können, wird gerade hier deutlich am Wannsee-Topos:

> Durch das Fenster schaut der See herein, der Wannsee, wo Johann Avellis als Kind so gerne zwischen den Kiefern lief, vielleicht Schlittschuh fuhr, im Januar 1942, als die in der Villa zwischen den hohen Bäumen über ihn reden: „SS-Gruppenführer Hofmann steht auf dem Standpunkt, daß von der Sterilisierung weitgehend Gebrauch gemacht werden muß. [...] Zur Vereinfachung des Mischehenproblems müßten ferner Möglichkeiten überlegt werden, mit dem Ziel, daß der Gesetzgeber etwa sagt: Diese Ehen sind geschieden."[58]

Zuvor heißt es, ebenfalls aus den Protokollen zitierend: „‚In großen Arbeitskolonnen, unter Trennung der Geschlechter, werden die arbeitsfähigen Juden straßenbauend in diese Gebiete geführt, wobei zweifellos ein Großteil durch natürliche Verminderung ausfallen wird.' Onkel Emil, Tante Ruth, Cousine Sarah."[59] In dieser dichten Sequenz wird deutlich, wie individuelle und gesellschaftliche Ebene verzahnt, wie Geschichte und Gegenwart verbunden sind. Dies meint

---

56 Walser, Gründe für eine Danksagung, S. 12; Herv. im Orig.
57 Heller, Das Kind, das er war, S. 172.
58 Heller, Das Kind, das er war, S. 173.
59 Heller, Das Kind, das er war, S. 172.

Walser wohl, wenn er von der Überlegenheit der „literarische[n] Version eines geschichtlich schwierigen Zusammenhangs"[60] spricht. Johann Avellis' Lektüre der auf die Vernichtung der Jüdinnen und Juden abzielenden Wannsee-Protokolle wird eingeleitet mit den Worten: „Johann Avellis weiß nicht, ob er das je aushalten wird. Die Sprache wäre ihm nicht vorstellbar gewesen."[61] Diese zwei Sätze könnten fast aus der Feder oder der Schreibmaschine Walsers stammen. Auch er ringt in *Ein springender Brunnen* sowie manchem Essay damit hinzusehen,[62] und auch bei Walser schließt solche Beschäftigung stets die Frage nach der Sprache mit ein.

Während bei Heller am Ende des Romans die Erkenntnis von Johann Avellis steht, dass sogenannte Halbjuden und damit er selbst von Zwangssterilisation bedroht waren, erfährt Walsers Johann ebenfalls am Ende des Romans nach Kriegsende von Wolfgang Details über die Realität von Familien in – nach nationalsozialistischer Terminologie – ‚privilegierten Mischehen'. Der Umgang mit der jeweiligen faktenbasierten Information unterscheidet sich jedoch stark: Während Hellers Johann stark affiziert ist und – nicht zuletzt aufgrund der persönlichen Betroffenheit – zu einer vertieften Erkenntnis über das rassistische System gelangt, will der Johann in *Ein springender Brunnen* all das nicht zu sehr an sich heranlassen, konzentriert sich bei der Begegnung mit Wolfgang voll und ganz auf das Flicken von dessen Rad, eine willkommene Beschäftigung, für die er auch noch Anerkennung von Wolfgang erfährt. Später fragt sich Walsers Johann: „Warum hatte er das nicht gesagt? Die Angst, in der Frau Landsmann gelebt hat, engt ihn ein. Er will mit dieser Angst nichts zu tun haben."[63]

Bei Walser kommen Mädchen wie Anita und Lena besondere Bedeutung in Johanns Entwicklung zu. Dabei spielen neben einer leidenschaftlichen Sehnsucht körperliche Aspekte durchaus eine Rolle. Auch für Hellers Johann sind körperliche Erfahrungen wie der erwähnte Kuss, den er von Frau Schaufuß bekommt, außergewöhnlich und bedeutsam. Freilich ist die Mädchen-Thematik bei Heller zurückgenommen, Sexualität findet für Johann Avellis in der Phantasie statt: „Er wehrt sich dagegen, weil er's schlecht findet, aber in seinen Phantasien hat der Frauenkörper jetzt manchmal ein Gesicht."[64]

In Walsers autobiographischem Roman wird der Ort Wasserburg, in dem beinahe die gesamte Erzählung lokalisiert ist, mit viel Liebe und besonderem Lokal-

---

60 Walser, Gründe für eine Danksagung, S. 12.
61 Heller, Das Kind, das er war, S. 172.
62 Vgl. Walser, Ein springender Brunnen, S. 388–389 und S. 401; ders., Auschwitz und kein Ende, S. 24–31.
63 Walser, Ein springender Brunnen, S. 400.
64 Heller, Das Kind, das er war, S. 92.

kolorit beschrieben.⁶⁵ Bei Heller sind die Beschreibungen der Landschaft und der Mentalität der Leute zwangsläufig nicht einheitlich. Stattdessen beschreibt Johann Avellis verschiedene Orte, die Stationen seiner Flucht und schließlich seines Ankommens werden. In seinen Beschreibungen von Berlin erwähnt er das Brandenburger Tor, die Reichskanzlei oder auch den „Potsdamer Platz mit dem Haus Vaterland auf der einen und Wertheim auf der anderen Seite"⁶⁶, an dem sie noch einmal vorbeikommen, als sie nach ihrer Flucht aus Schlesien auch aus der mit Bomben bedrohten Stadt Berlin flüchten: „Haushohe Schuttstaubfontäne einer detonierten Bombe, Zeitzünder, die Straßenbahndrähte hängen auf das Pflaster herunter und sprühen Funken."⁶⁷ Wie stark ist der Kontrast zu den Orten in Sachsen und Bayern, wo David anschließend Mundart, Lieder, typische Gegenstände und regionale Küche wahrnimmt.⁶⁸ Insofern wird auch in der *Geschichte des Johann Avellis* die Sehnsucht nach Heimat, Zuhause und Heimeligkeit vorgeführt, die aber aufgrund der Fluchterfahrung niemals so voller Befriedigung erzählt werden kann wie in *Ein springender Brunnen*.

In beiden autobiographischen Romanen werden die Anfänge schriftstellerischer Tätigkeit geschildert. Walsers Johann gibt sich der Sprache hin, formuliert erste Verse und zeigt großes Interesse an Literatur. Und in *Das Kind, das er war* heißt es: „Der sanfte Manfred [...] kümmert sich um David. Er gab Deutsch und versuchte den Zwölfjährigen etwas Literatur beizubringen. Er merkt, daß der stille Schüler Gedichte schreibt."⁶⁹ In der Nachkriegszeit dient das Rezitieren auswendig gelernter Gedichte bei der Arbeit in der Ziegelei Davids Ziel, sich nicht kleinkriegen zu lassen. Die Entdeckung von Literatur und eigener literarischer Fähigkeit spielt also auch bei David alias Johann Avellis eine Rolle. An die identitätsstiftende und gleichsam existenzielle ästhetische Funktion in *Ein springender Brunnen* reicht sie allerdings nicht heran.

Neben den frappierenden Ähnlichkeiten in der Struktur und den Themen der Erzählungen gibt es freilich auch Unterschiede zwischen beiden Romanen. Die Lebensläufe des Johanns aus Berlin und des Johanns vom Bodensee sind vollständig verschieden. Während der eine damit zu kämpfen hat, Ausgrenzung zu verarbeiten und sich an immer neue Orte zu gewöhnen, stehen beim anderen ganz andere Gedanken, Sehnsüchte und Emotionen im Mittelpunkt. Der äußerst produktive Schriftsteller Walser schreibt in gewohnter Weise dicht und voller sprachlicher Bilder, die Erinnerungen sind ausgeschmückt und werden wie das Verges-

---

65 Vgl. Jabłkowska, Brocken, die heilig geworden sind, S. 99–117.
66 Heller, Das Kind, das er war, S. 15.
67 Heller, Das Kind, das er war, S. 79.
68 Vgl. etwa Heller, Das Kind, das er war, S. 79, S. 82, S. 98, S. 102.
69 Heller, Das Kind, das er war, S. 43.

sen in ihrer Funktion reflektiert. Mit dem „Wunder von Wasserburg" schwenkt die Erzählung schließlich vollends in die reine Fiktionalität ab. Johann Avellis hält sich hingegen stringenter an die eigenen Erinnerungen, die meist knapp erzählt werden. Bei Heller überwiegt ein parataktischer, bisweilen lakonischer Stil ohne bildhafte Sprache. Die theoretischen „Vergangenheit als Gegenwart"-Überlegungen Walsers finden keine Entsprechung in Hellers autobiographischem Roman. Dessen erinnerungspoetologischer Ansatz ist subtiler, weniger dominant als in *Ein springender Brunnen*, gleichwohl aber vorhanden. Dabei haben Fotografien in der *Geschichte des Johann Avellis* eine wichtige und strukturbildende Funktion, während sie im *Springenden Brunnen* zwar ebenso – vor allem mit Blick auf die Fotografie des Wanderfotografen – ein nicht ganz zu unterschätzendes Motiv sind, aber eine untergeordnete Rolle für das Erinnerungsprogramm spielen.

Macht neben dem eigenen Anspruch und der Literarizität vor allem die phantastische Erzählung der Bilokation Walsers Text zum Roman, so ist es besonders die reflektierte Unsicherheit der Erinnerung, die es berechtigt erscheinen lässt, Hellers Werk einen autobiographischen Roman zu nennen. Dieses poetologische Kriterium generalisiert, bedeutete jedoch, dass es eigentlich keine Autobiographien im klassischen Sinne mehr geben kann – ist doch bekannt, dass Gedächtnissen und damit auch Erzählerinnen und Erzähler Fehler beim Speichern oder Abrufen von Erinnerungen unterlaufen.

Hat Walser mit *Ein springender Brunnen* auf Klügers *weiter leben* geantwortet, so ist Hellers *Das Kind, das er war. Die Geschichte des Johann Avellis* offenbar die Antwort auf Walsers autobiographischen Roman *Ein springender Brunnen*.

VII Das Erinnerungskonzept in Günter Grass' *Beim Häuten der Zwiebel*

1 *Beim Häuten der Zwiebel*: Eine kurze Einführung

„Grass ist der Barockdichter der Fleischeslust und der Gerechtigkeit. Der unermüdliche Geschichtenerfinder, der kleine Mann aus Danzig mit den Anlagen zum größten deutschen Epiker seit langer Zeit."[1] Was aber, wenn sich ein Geschichtenerfinder und Epiker seinem Leben autobiographisch nähert, wenn er versucht, seine Erinnerung schicht- oder scheibchenweise hervorzuholen?

Günter Grass, 1927 in Danzig geboren, stammte aus einer kleinbürgerlichen Kolonialwarenhändlerfamilie. Den Besuch des Gymnasiums in Danzig beendete er, als er sich mit 15 Jahren freiwillig zur Wehrmacht meldete, nachdem er bereits seit 1937 Mitglied im Jungvolk und seit 1941 in der Hitlerjugend war. Nach Einsätzen in der Luftwaffe und im Arbeitsdienst wurde Grass Ende 1944 zur 10. SS-Panzer-Division „Jörg von Frundsberg" einberufen. Nach einer Verletzung durch einen Granatsplitter kam er im April 1945 in das Reservelazarett Marienbad und im Mai in amerikanische Kriegsgefangenschaft. Nach seiner Entlassung 1946 arbeitete Grass zunächst in der Landwirtschaft und im Bergbau, absolvierte dann eine Lehre zum Steinmetz und nahm schließlich ein Studium an der Kunstakademie Düsseldorf auf, das er 1953 bei dem Bildhauer Karl Hartung in Berlin fortsetzte. Wie Walser fand auch Grass Mitte der 1950er Jahre zur Gruppe 47, der er bis zu ihrem Ende angehörte. Weltweite Berühmtheit erlangte Grass mit seinem 1959 erschienenen Roman *Die Blechtrommel*, für den er später den Literaturnobelpreis erhalten sollte.[2] Der Schriftsteller, Maler und Bildhauer Grass starb im Frühjahr 2015 in Lübeck.

Das 2006 veröffentlichte autobiographische Werk *Beim Häuten der Zwiebel* ist der erste Teil einer Trilogie, wobei es sich bei den folgenden Teilen zum einen um fiktive Literatur mit autobiographischen Zügen in Märchenform (*Die Box*,

---

[1] Weidermann, Lichtjahre, S. 91.
[2] Günter Grass, Die Blechtrommel. In: Grass, Werkausgabe, Bd. 3, hg. von Volker Neuhaus, Göttingen 1997. Zur Biographie vgl. Georg H. Schlatter Binswanger, Grass, Günter. In: Deutsches Literatur-Lexikon. Das 20. Jahrhundert, Bd. 12, Zürich/München 2008, Sp. 182; Volker Neuhaus, Grass, Günter. In: Killy Literaturlexikon. Autoren und Werke des deutschsprachigen Kulturraumes, 2., vollst. überarb. Aufl., Bd. 4, Berlin 2009, S. 368–369.

2008) handelt, zum anderen um ein Sachbuch (*Grimms Wörter*, 2010), das sich selbst – zumindest im Untertitel – eine *Liebeserklärung* nennt.[3]

Beim Häuten der Zwiebel setzt mit dem Ausbruch des Zweiten Weltkrieges, dem „Ende meiner Kinderjahre"[4], ein und endet mit dem Erscheinen der *Blechtrommel*. Es gliedert sich in elf Kapitel, die also verschiedene Stationen aus Grass' Leben zwischen 1939 und 1959 nachzeichnen, darunter die Schulzeit, den Kriegsdienst, die Internierung im Gefangenenlager, die Lehre bei einem Steinmetz, die Kunstakademie, die Hochzeit, Auslandsaufenthalte nach dem Krieg und seine Anfänge in der Gruppe 47.

Beim Häuten der Zwiebel löst nach dem Erscheinen eine vehemente Diskussion in den Medien aus, in deren Zentrum Günter Grass' Bekenntnis steht, Mitglied der Waffen-SS gewesen zu sein.[5] Diese und viele andere reale Episoden seines Lebens werden in dem Werk geschildert, weshalb es häufig als ‚Autobiographie' bezeichnet wird.[6] Bei genauerer Betrachtung fallen jedoch Ausflüge in andere Gattungen, ein starkes narratives Moment und ein die Ästhetik prägendes Erinnerungskonzept ins Auge, die eine vertiefte Untersuchung verdienen.

2 Zur Erzählstruktur des Romans

Nach Michael Paaß ist *Beim Häuten der Zwiebel* weniger wegen seiner „erzählstrukturellen Besonderheiten" als „in werkgeschichtlicher Hinsicht" von Bedeutung, nämlich „als wichtiger Hintergrundtext, der [...] aufzeigt, wie umfangreich biographische Daten aus Grass' Leben in seine Prosawerke Eingang gefunden haben"[7]. Und in der Tat gibt der Roman Auskunft über einzelne Grass-Titel und die dortigen Verflechtungen realen Erlebens und literarischer Verarbeitung. So schreibt der Erzähler, der an solchen Stellen als deckungsgleich mit dem Autor Grass aufzufassen ist, in Bezug auf sein episches Werk *Hundejahre*:

---

[3] Günter Grass, Die Box. Dunkelkammergeschichten, Göttingen 2008; ders., Grimms Wörter. Eine Liebeserklärung, Göttingen 2010. Vgl. auch Volker Neuhaus, Günter Grass. Schriftsteller – Künstler – Zeitgenosse. Eine Biographie, Göttingen 2012, S. 424–444.
[4] Grass, Beim Häuten der Zwiebel, S. 8.
[5] Siehe dazu Martin Kölbel (Hg.) Ein Buch, ein Bekenntnis. Die Debatte um Günter Grass' „Beim Häuten der Zwiebel", Göttingen 2007; Stuart Taberner, Private Failings and Public Virtues. Günter Grass' „Beim Häuten der Zwiebel" and the Exemplary Use of Authorial Biography. In: Modern Language Review, Bd. 103.1, 2008, S. 143–154.
[6] Siehe dazu Kapitel VII.6 der vorliegenden Untersuchung.
[7] Michael Paaß, Kulturelles Gedächtnis als epische Reflexion. Zum Werk von Günter Grass, Bielefeld 2009, S. 481.

> Als sich mein erster Versuch, die Wirrnis im Kopf eines jungen Soldaten, dessen zu geräumiger Stahlhelm ständig rutschte, zu sortieren und auf blankweißes Papier zu bringen, Anfang der sechziger Jahre in dem Roman „Hundejahre" niederschlug, mischte und verzahnte sich auf den Tagebuchseiten des Panzergrenadiers Harry Liebenau das Kriegsgeschehen als beständiger Rückzug mit den inständigen Beschwörungen seiner Cousine Tulla, die er aufgrund von Gerüchten auf dem gesunkenen Flüchtlingsschiff *Wilhelm Gustloff* vermutete: ertrunken in eisiger Ostsee.[8]

Hier wie in vielen anderen Passagen wird deutlich, welch hohen autobiographischen Anteil Grass' epische und lyrische Werke haben.[9] Als äußerst autobiographisch ist in diesem Sinne etwa der Roman *Die Blechtrommel* zu charakterisieren, der in *Beim Häuten der Zwiebel* als Folie immer wieder durchscheint. Schon im einleitenden Kapitel „Die Häute unter der Haut" – platziert zwischen der Beschreibung der Angriffe auf Danzig, Aussagen zum Erinnerungsprogramm der Zwiebel sowie Erinnerungsfetzen aus der Kindheit – heißt es:

> Warum überhaupt soll Kindheit und deren so unverrückbar datiertes Ende erinnert werden, wenn alles, was mir ab den ersten und seit den zweiten Zähnen widerfuhr, längst samt Schulbeginn, Murmelspiel und verschorften Knien, den frühesten Beichtgeheimnissen und der späteren Glaubenspein zu Zettelkram wurde, der seitdem einer Person anhängt, die, kaum zu Papier gebracht, nicht wachsen wollte, Glas in jeder Gebrauchsform zersang, zwei hölzerne Stöcke zur Hand hatte und sich dank ihrer Blechtrommel einen Namen machte, der fortan zitierbar zwischen Buchdeckeln existierte und in weißnichtwieviel Sprachen unsterblich existiert?[10]

Doch die Bedeutung von *Beim Häuten der Zwiebel* gründet sich freilich nicht allein auf seiner werkgeschichtlichen Dimension, sondern mehr noch – und hier ist Paaß zu widersprechen – auf seiner ganz eigenen, unverwechselbaren Erzählstruktur, wobei die (gewissermaßen unzuverlässige, aber nicht minder kommentierte) Erinnerung eine herausragende Rolle spielt. Genau besehen, wird Grass' Erinnerungskonzept Grundlage für die werkhistorische Dimension des Textes:

> Das und noch viel mehr – nicht nur die Prügel, die mir beim Schuldeneintreiben ausgezahlt wurden – hat sich bei mir angereichert, vorrätig für Zeiten, in denen dem professionellen Erzähler der Stoff knapp wurde, ihm Wörter fehlten. Ich mußte nur die Zeit rückläufig

---

8 Grass, Beim Häuten der Zwiebel, S. 134–135.
9 So flossen die Eindrücke, die er bei Besuchen bei seiner Schwester, einer Novizin, gesammelt hat, in den Gedichtzyklus „Zauberei mit den Bräuten Christi" ein (vgl. Grass, Beim Häuten der Zwiebel, S. 415); Erfahrungen aus einem Kochkurs im Lager fanden Eingang in das Gedicht „Die Schweinekochsülze" (vgl. ebd., S. 207) sowie in den Roman *Der Butt* (vgl. ebd., S. 225). Ebenso autobiographisch beeinflusst sind Grass' nicht-literarische Werke wie Skizzen oder Plastiken (vgl. ebd., S. 381).
10 Grass, Beim Häuten der Zwiebel, S. 8.

werden lassen, Gerüche schnuppern, Gestank sortieren, wieder treppauf, treppab steigen, die Klingel drücken oder anklopfen, besonders häufig am Freitagabend.[11]

Neben der Erinnerung bildet das Thema Trieb einen narrativen Rahmen. Grass, so Volker Neuhaus, „strukturiert seinen Lebensbericht als dreifachen Hunger"[12], wobei allein der dritte Hunger, der nach Kunst und Kultur, zum Titel eines Kapitels wird. Dort, im Kapitel „Der dritte Hunger", wird der dreifache Hunger als Klimax gestaltet:

> Der ordinäre Hunger, den allewelt kennt, war mit Kohlrübensuppe, die mit Fettaugen geizte, sogar mit angefrorenen Kartoffeln für Stunden zu dämpfen; das Verlangen nach fleischlicher Liebe, dieser ungerufene, hechelnde, nicht wegzupfeifende Andrang sich immerforterneuernder Lust, war bei wegelagernder Gelegenheit oder auf Zeit mit schneller Hand abzutöten; mein Hunger nach Kunst jedoch, das Bedürfnis, von allem, was stillhielt oder in Bewegung war, mithin von jedem Gegenstand, der Schatten warf, auch vom Unsichtbaren, etwa vom heiligen Geist und dessen Intimfeind, dem stets flüchtigen Kapital, sich ein Bild zu machen [...], dieses Verlangen nach bildlicher Inbesitznahme war nicht zu stillen [...], wurde aber, als ich die Kunst – oder was ich in meiner Beschränktheit als Kunst ansah – lernen wollte, mit Versprechungen abgefüttert; vorerst lagen die Umstände des Winters sechsundvierzig-siebenundvierzig meinen Wünschen quer.[13]

Etwas später schließlich:

> Nachdem mein primärer Hunger durch geschmacklose und dennoch nachschmeckende Caritassuppen gestillt war, mein anderer Hunger zwar während der Straßenbahnfahrten werktags gesteigert, doch nach dem Wochenschwof von anhänglichen Tänzerinnen gemildert wurde, blieb der dritte Mangel, die Gier nach Kunst.[14]

Das Kunstbedürfnis wird also zur Gier, die Suche nach ästhetischer Erfahrung zum Trieb, der nicht ausreichend Befriedigung findet. Wie die Erinnerung des Erzählers erhält auch das Handeln des Protagonisten etwas Getriebenes, Passives, wenig Steuerbares. Kunstbedürfnis und Sexualtrieb werden parallelisiert werden, das Schreiben wiederum wird dadurch erhöht, dass es – in Gestalt der geliebten Schreibmaschine Olivetti – gleichsam zur Geliebten stilisiert wird:

> Doch da ich Anna wie festen Besitz schon zu haben meinte, war der für mich kostbarste Ertrag der übereilten Verehelichung jene Olivetti-Reiseschreibmaschine vom Typ „lettera", die mich als Hochzeitsgeschenk, wenn nicht sogleich, dann nach und nach zum Schriftsteller machte.

---

11 Grass, Beim Häuten der Zwiebel, S. 33–34.
12 Neuhaus, Günter Grass. Schriftsteller – Künstler – Zeitgenosse, S. 426; vgl. auch ebd., S. 94.
13 Grass, Beim Häuten der Zwiebel, S. 279.
14 Grass, Beim Häuten der Zwiebel, S. 309.

> Ihr bin ich nahezu treu geblieben. Von ihr konnte und wollte ich nicht lassen. Mit meiner „lettera" ging ich pfleglich um. Bis heutzutage bin ich ihr hörig. Stets wußte sie mehr von mir, als ich von ihr wissen wollte. Auf einem meiner Stehpulte hat sie ihren Platz und wartet mit allen Tasten auf mich.
>
> Zugegeben: später probierte ich andere Modelle – man nennt das Seitensprünge –, doch immer wieder wurde die Olivetti mir und ich ihr anhänglich, auch, als es sie nicht mehr im Handel gab.[15]

So deutet sich an, dass die Liebe zur Schreibmaschine von längerer Dauer sein wird als die zu seiner Frau Anna.

All die Motive und narrativen Elemente des Romans werden nicht linear oder etwa parallel zur Genese der zentralen Figur entwickelt, sondern tauchen immer wieder auf, überlagern sich, variieren und haben teils kommentierende, teils verunsichernde Funktion.

Der homodiegetische Erzähler steht in einem direkten Verhältnis zur zentralen Figur, verschmilzt aber nicht mit ihr. Manchmal stehen sich beide sogar in einer ambivalenten Beziehung zwischen Vertrautheit und Befremden gegenüber:

> Sobald ich mir den Jungen von einst, der ich als Dreizehnjähriger gewesen bin, herbeizitiere, ihn streng ins Verhör nehme, und die Verlockung spüre, ihn zu richten, womöglich wie einen Fremden, dessen Nöte mich kaltlassen, abzuurteilen, sehe ich einen mittelgroßen Bengel in kurzen Hosen [...]. Er weicht mir aus, will nicht beurteilt, verurteilt werden. Er flüchtet auf Mamas Schoß.[16]

Dieses Bild des Verhörs des Jugendlichen durch den erwachsenen Erzähler ist Kennzeichen des distanzierten, vermeintlich professionell-objektiven Verhältnisses der beiden. An anderer Stelle heißt es:

> Und während der Zwölfjährige noch peinlich befragt und dabei gewiß von mir überfordert wird, wäge ich in immer schneller schwindender Gegenwart jeden Treppenschritt, atme hörbar, höre mich husten und lebe so heiter es geht auf den Tod zu.[17]

Dieser Junge weigert sich, instrumentalisiert zu werden.[18] Das besondere Verhältnis von Erzähler und Protagonist findet seine Entsprechung in der Differenz von Erinnerndem und Erinnertem, die auch im autobiographischen Roman nicht aufgehoben werden kann. Die Namensidentität der beiden ändert an diesem Umstand nichts: „So vergingen dem Jungen, der unter meinem Namen anzurufen

---

15 Grass, Beim Häuten der Zwiebel, S. 450.
16 Grass, Beim Häuten der Zwiebel, S. 37.
17 Grass, Beim Häuten der Zwiebel, S. 17.
18 Vgl. Grass, Beim Häuten der Zwiebel, S. 37.

ist, die Tage wunschgemäß als Folge von Auftritten in wechselnden Kostümen."[19] Der homodiegetische Erzähler berichtet von seinem jugendlichen Alter Ego überwiegend in der ersten, wie in den zitierten Stellen aber auch mehrmals in der dritten Person. Gleichwohl handelt es sich durchweg um eine „Begegnung mit mir"[20]. Daraus resultiert ein spannungsgeladenes Verhältnis zwischen einem, der verhört, und einem, der befragt; zwischen dem, der seine Zukunft noch vor sich hat, und dem, der auf die Vergangenheit zurückblickt:

> Ich bereits angejahrt, er unverschämt jung; er liest sich gern Zukunft an, mich holt Vergangenheit ein; meine Kümmernisse sind nicht seine; was ihm nicht schädlich sein will, ihn also nicht als Schande drückt, muß ich, der ihm mehr als verwandt ist, nun abarbeiten. Zwischen beiden liegt Blatt auf Blatt verbrauchte Zeit.[21]

An dieser Stelle lohnt sich ein Blick auf Grass' 2002 erschienene Novelle *Im Krebsgang*, in der bereits einige Erzähltechniken angelegt sind, die auch den autobiographischen Roman *Beim Häuten der Zwiebel* kennzeichnen. So hat Kirsten Prinz gezeigt, dass die Novelle von der „Reflexion über die Bedingungen von Erinnerung und deren Darstellung"[22] geprägt ist. Der Titel *Im Krebsgang* habe dabei erinnerungspoetologische Bedeutung:

> Kennzeichen von Pauls [des Ich-Erzählers, D. K.-B.] Gegen-Strategie ist der ‚Krebsgang'. Dieser verleiht der Novelle nicht nur ihren Titel, sondern beschreibt zugleich das ihr zugrunde liegende Erzählprinzip. Die Erzähltechnik des Krebsgangs nimmt von Linearität und Hierarchisierung Abstand und muss „der Zeit eher schrägläufig in die Quere kommen [...], etwa nach Art der Krebse, die den Rückwärtsgang seitlich ausscherend vortäuschen, doch ziemlich schnell vorankommen." Demnach ist mit dem Moment der Querläufigkeit auch das der Täuschung, der List verbunden.[23]

Prinz stellt weiter eine indirekte Gleichsetzung von Pauls Auftraggeber, „dem Alten", mit dem Autor Günter Grass und damit eine Selbstverortung des Textes „in den aktuellen erinnerungspolitischen Debatten" fest; in der Folge werde die „Grenze zwischen Fiktionalität und Non-Fiktionalität" revidiert.[24] Hier nun werden Parallelen zwischen der Novelle und dem autobiographischen Roman

---

19 Grass, Beim Häuten der Zwiebel, S. 38.
20 Grass, Beim Häuten der Zwiebel, S. 53.
21 Grass, Beim Häuten der Zwiebel, S. 51.
22 Kirsten Prinz, „Mochte doch keiner was davon hören". Günter Grass' „Im Krebsgang" und das Feuilleton im Kontext aktueller Erinnerungsdebatten. In: Medien des kollektiven Gedächtnisses. Konstruktivismus – Historizität – Kulturspezifität, hg. von Astrid Erll und Ansgar Nünning, Berlin 2004, S. 179–194, hier S. 194.
23 Prinz, „Mochte doch keiner was davon hören", S. 186.
24 Vgl. Prinz, „Mochte doch keiner was davon hören", Zitate auf S. 187–188.

deutlich. Auch *Beim Häuten der Zwiebel* liegt eine Erinnerungsstrategie zugrunde, die Einfluss auf das Erzählprinzip hat. Auch hier stellt sich die Frage nach dem Verhältnis von Fiktionalität und Nonfiktionalität, auch hier ist der Titel zugleich Erinnerungs- und Erzählprogramm.

3 Zwiebel, Bernstein, Film: Meta-Memoria und implizites Erinnerungskonzept

Wie ein roter Faden ziehen sich durch den Roman Überlegungen zur Bedeutung, Funktion und Notwendigkeit, aber auch zur Uneindeutigkeit und Unsicherheit und zu den Grenzen von Erinnerung, Überlegungen, die letztlich Grass' Gedächtniskonzept offenlegen. Paaß bemerkt zum Erinnern in *Beim Häuten der Zwiebel*:

> Zahlreiche metanarrative Kommentare und Fragen des autobiographischen Ich akzentuieren die[ ] tastenden Versuche unsicheren Erinnerns und konfrontieren den Leser immer wieder mit einer memorierenden Erzählinstanz, die eine zuverlässige und eindeutige Schilderung der Jugendjahre an vielen Stellen bewusst ausschließt.[25]

Zentraler Bestandteil der mit der Handlung verwobenen, aber überwiegend klar erkennbaren Meta-Memoria-Ebene sind dominierende Erinnerungsmetaphern. Abschätzige Kommentare innerhalb des Romans über die „fortgeschrittene[ ] Metaphernsucht"[26] früherer Gedichte wirken stark ironisch angesichts der auffälligen Vielzahl an Metaphern innerhalb des Romans.

Als erste der Erinnerungsmetaphern wird die Zwiebel eingeführt, „die gehäutet sein möchte, damit freigelegt werden kann, was Buchstab nach Buchstab ablesbar steht: selten eindeutig, oft in Spiegelschrift oder sonstwie verrätselt"[27]. Die titelgebende Metapher der Zwiebel rekurriert dabei auf das Kapitel „Im Zwiebelkeller" aus Grass' *Blechtrommel* sowie auf das Kapitel „Beim Eichelstoßen Gänserupfen Kartoffelschälen" aus seinem Roman *Der Butt*.[28] In einem der typi-

---

25 Paaß, Kulturelles Gedächtnis als epische Reflexion, S. 483.
26 Grass, Beim Häuten der Zwiebel, S. 404.
27 Grass, Beim Häuten der Zwiebel, S. 9.
28 Siehe Günter Grass, Der Butt. In: Grass, Werkausgabe, Bd. 8, hg. von Claudia Mayer-Iswandy, Göttingen 1997, S. 370–384; ders., Die Blechtrommel, S. 685–706. Vgl. Paaß, Kulturelles Gedächtnis als epische Reflexion, S. 486–487. In *Beim Häuten der Zwiebel* heißt es über die Hauptfigur der *Blechtrommel*, Oskar Matzerath: „Ganz wie es ihm gefiel, machte er sein Personal gefügig und gab dem ‚Czikos' auf Länge eines Kapitels, das ‚Der Zwiebelkeller' hieß, überhöhte Bedeutung, indem die so versteinerten wie lebensgierigen Gäste des exquisiten Lokals mit Hilfe von Hackbrettern und Messern zu Tränen gerührt wurden: die zerkleinerte Zwiebel, ein Abführmittel

schen metanarrativen Kommentare des autobiographischen Romans wird auf die Polyfunktionalität der Zwiebel-Metapher hingewiesen:

> Woraus zu schließen ist, daß sich vor allen anderen Feld- und Gartenprodukten die Zwiebel für den literarischen Gebrauch eignet. Ob sie Haut nach Haut der Erinnerung auf die Sprünge hilft oder vertrocknete Tränendrüsen erweicht und in Fluß bringt, gleichnishaft ist sie allemal, und was den ‚Zwiebelkeller' betraf, war sie überdies dem Geschäft dienlich.[29]

Dieser nüchterne Einblick in das narrative Handwerk belegt die Ambiguität der Metapher, die auch innerhalb des autobiographischen Romans – analog zum Erinnerungsbegriff – keineswegs homogen ist, wie auch Anne Fuchs betont:

> It is important to note that the title metaphor is as ambiguos as the activity of autobiographical recall. While on the one hand it implies that the autobiographer must peel back a multitude of biographical layers in search of his bygone selves, on the other hand it also suggests that this method cannot ultimately break through the distorting effects of autobiographical remembrance.[30]

Rebecca Braun weist zugleich auf die Ambivalenz der Zwiebel-Metapher hin: „Here he overtly develops both metaphors (the authorial self as an onion-peeler, the authorial self as an onion) in parallel […]."[31] Die Doppeldeutigkeit der Metapher ist im Zusammenhang mit dem Begriffspaar Gedächtnis und Erinnerung zu verstehen. Mal bezieht sich die Zwiebel auf den Erinnerungsvorgang, mal – wie im folgenden Beispiel – auf den Ort, an dem Erinnerungen lagern, wenngleich das Bild eher diffus ist:

> Das ist die winzigtuende Schande, zu finden auf der sechsten oder siebten Haut jener ordinären, stets griffbereit liegenden Zwiebel, die der Erinnerung auf die Sprünge hilft. Also schreibe ich über die Schande und die ihr nachhinkende Scham. Selten genutzte Wörter, gesetzt im Nachholverfahren, derweil mein mal durchsichtiger, dann wieder strenger Blick auf einen Jungen gerichtet bleibt, der kniefreie Hosen trägt, allem, was sich verborgen hält, hintendreinschnüffelt und dennoch versäumt hat, „warum" zu sagen.[32]

---

der besonderen Art, war geeignet, die der Nachkriegsgesellschaft späterhin nachgesagte ‚Unfähigkeit zu trauern' ein wenig porös zu machen." (Grass, Beim Häuten der Zwiebel, S. 372.)
29 Grass, Beim Häuten der Zwiebel, S. 372–373.
30 Anne Fuchs, „Ehrlich, du lügst wie gedruckt." Günter Grass's Autobiographical Confession and the Changing Territory of Germany's Memory Culture. In: German Life and Letters, Bd. 60.2, 2007, S. 261–275, hier S. 268.
31 Rebecca Braun, „Mich in Variationen erzählen". Günter Grass and the Ethics of Autobiography. In: Modern Language Review, Bd. 103.2, 2008, S. 1051–1066, hier S. 1059.
32 Grass, Beim Häuten der Zwiebel, S. 16–17.

Auf der Zwiebelhaut findet sich also nicht nur Gegenständliches, sondern auch das, was hier mit „Schande" bezeichnet wird. Kurz darauf heißt es:

> Wolfgang Heinrichs [...] ist mir als Schulfreund [...] verhaftet geblieben, weil ich mich begnügt hatte, nichts oder nur Falsches zu wissen, weil ich mich kindlich dummgestellt, sein Verschwinden stumm hingenommen und so abermals das Wort „warum" vermieden hatte, so daß mir mein Schweigen nun, beim Häuten der Zwiebel, in den Ohren dröhnt.[33]

Und so ergibt sich beinahe ein imaginäres Zwiegespräch mit der Zwiebel:

> Aber, könnte die Zwiebel lispeln, indem sie auf achter Haut Blindstellen nachweist, du bist doch fein raus, warst nur ein dummer Junge, hast nichts Schlimmes getan, hast niemanden, keinen Nachbarn denunziert [...] und hast keinen Fronturlauber verpfiffen, der sich rühmte, Gelegenheiten für ritterkreuzfreie Heldentaten schlau gemieden zu haben.[34]

Im Zentrum steht dabei also weniger die Beschaffenheit und Struktur der Zwiebel, gegen die bereits Christa Wolf eingewendet hat, dass das Bild nicht durchweg stimmig sei.[35] Vielmehr liegt das Gewicht auf dem Prozess des Zwiebelschälens und damit auf dem Erinnerungsvorgang, der der Wahrheitssuche dient: „Die Zwiebel hat viele Häute. Es gibt sie in Mehrzahl. Kaum gehäutet, erneuert sie sich. Gehackt treibt sie Tränen. Erst beim Häuten spricht sie wahr."[36]

Nun ist die Zwiebel sicher die wichtigste, aber nicht die einzige Metapher im Roman. Ihr zur Seite steht unter anderem der Bernstein. Ähnlich wie dieser vermag das Gedächtnis offenbar Splitter zu verschließen und zu konservieren:

> Der Bernstein gibt vor, mehr zu erinnern, als uns lieb sein kann. Er konserviert, was längst verdaut, ausgeschieden sein sollte. In ihm hält sich alles, was er im weichen, noch flüssigem Zustand zu fassen bekam. Er widerlegt Ausflüchte. Er, der nichts vergißt und zutiefst verbuddelte Geheimnisse wie Frischobst zu Markte trägt, behauptet steinfest, es sei bereits der Zwölfjährige meines Namens, damals noch fromm und, wenn nicht gott-, dann doch mariengläubig, beim Katechismusunterricht dem zöpfetragenden Mädchen lästig gefallen.[37]

Auch in Klügers *unterwegs verloren* findet sich der Bernstein. Im Kapitel, in dem Klüger den Tod ihrer Mutter schildert, schreibt sie über die Beziehung zwischen dieser und deren Urenkelin:

---

[33] Grass, Beim Häuten der Zwiebel, S. 25.
[34] Grass, Beim Häuten der Zwiebel, S. 44–45.
[35] Vgl. Neuhaus, Günter Grass. Schriftsteller – Künstler – Zeitgenosse, S. 426.
[36] Grass, Beim Häuten der Zwiebel, S. 10.
[37] Grass, Beim Häuten der Zwiebel, S. 70–71.

> Mehr als neunzig Jahre lagen zwischen ihnen, doch wann immer sie beisammen waren, kichernd und schwatzend, trafen sie sich in einer vermenschlichten Gegenwart, die stillstand für sie, wie in Bernstein bewahrt, von Zeit und Raum gelöst, vielleicht gar erlöst – wer weiß?[38]

Der Bernstein steht bei Klüger für die stillstehenden, weil unvergesslichen glücklichen Momente des Lebens; bei Grass für die Autonomie der Erinnerung, die auch das konserviert, was der Vergessenheit anheimfallen soll. Dabei lässt sich nur bedingt beeinflussen, wann das Konservierte zum Vorschein tritt; es benötigt dafür „Licht" und „Geduld", wie Grass in *Beim Häuten der Zwiebel* betont:

> Deren Harzgeruch schloß ihn jedoch so endgültig ein und verkapselte ihn, daß er jenem Insekt gleichen mochte, das in meinem Stück Bernstein überdauert und vorgibt, mich zu verkörpern: stets griffbereit liegt es mit anderen Fundstücken im oberen Stehpultfach und will gegen Licht gehalten, befragt werden. Ob Spinne, Zecke oder Käfer, bei einiger Geduld geben sie Auskunft ...[39]

Nicht nur Erinnerungssplitter, sondern tatsächliche Splitter können die Funktion eines die Jahre überdauernden Käfers im Bernstein übernehmen:

> [I]ch durfte raus, weil sich in meiner linken Schulter der – dank Röntgen – nachweislich bohnengroße Granatsplitter mittlerweile verkapselt hatte. Bis auf den heutigen Tag sitzt er dort ein: mein Mitbringsel, vergleichbar dem Käfer, der im Bernstein gefangen die Zeit überdauert.[40]

Der Bernstein dient im Roman nicht ausschließlich als Gedächtnismetapher, sondern findet auch als – für die Ostsee typischer – realer Stein mehrmals Erwähnung. Der Protagonist bringt kurz vor Ende der Erzählung „Bernsteinkrümel, die zwischen Brösen und Glettkau entlang dem Wellensaum zu finden waren"[41], von einer Polenreise mit; seine Enkel suchen viele Jahre später – aber innerhalb des Romans an einer vorherigen Stelle – auf einer Reise „den Wellensaum der schlapp anschlagenden Ostsee nach klitzekleinem Bernstein"[42] ab, worauf sie wenig später „ihre Ausbeute an reiskorngroßem Bernstein"[43] präsentieren. Diese Verweise zeigen: Die Bernsteinsuche ist von Bedeutung, wenngleich die Ausbeute in der Regel gering ist. An den Beginn der ersten Verabredung mit seiner späteren Frau Anna erinnert sich der Erzähler nicht. „Gleich einem Goldsucher

---

38 Klüger, unterwegs verloren, S. 36–37.
39 Grass, Beim Häuten der Zwiebel, S. 155.
40 Grass, Beim Häuten der Zwiebel, S. 230.
41 Grass, Beim Häuten der Zwiebel, S. 478.
42 Grass, Beim Häuten der Zwiebel, S. 418.
43 Grass, Beim Häuten der Zwiebel, S. 422.

kann ich das Sieb schütteln und schütteln: kein glänzend Wörtchen, kein geistreicher Krümel und nicht der Widerhall einer gewagten Metapher will dauerhaft sein."[44] Da ist er wieder, der kleine Krümel, auf dessen Suche zu begeben sich lohnt, obwohl diese oftmals ergebnislos endet. Unabhängig vom Ergebnis ist allein der Versuch der Erwähnung wert, generell etwas von dem Stein zu suchen. So wird das Erinnerungsprogramm der Meta-Memoria-Ebene selbst zum Gegenstand der Erzählung.

Der Roman bedient sich zudem des terminologischen Repertoires der Filmtechnik,[45] um über sich selbst und seine Machart poetologisch zu reflektieren. Dabei dient der Film einerseits als Sinnbild für die Aufbewahrung von Erfahrungen im Erinnerungsspeicher, also das Gedächtnis, sowie andererseits für das ‚Abspulen' derselben, den Erinnerungsvorgang.[46] So muss der Film zeitweise „zurückgespult werden"[47] oder läuft „rückwärts"[48]. Weil bei der „Produktion der Zufall Regie geführt hat", entsteht eine „beliebige[ ] Bilderfolge".[49] Der Zuschauer oder Filmvorführer hat die Technik aber nicht immer in der Hand: Der Film kann reißen; im schlimmsten Falle kommt es zu „Löcher[n], Bildstörungen"[50] oder „Bildsalat"[51]. Ohne äußeren Einfluss stoppt der rückwärts laufende Film und setzt an einer nicht vorhersehbaren Stelle wieder ein.[52] Das Leben also als Film, das Gedächtnis als Kamera und Technik, die Erinnerung als Filmvorführung: So lässt sich die Filmmetapher in etwa aufschlüsseln. Grass konzentriert sich dabei auf den Moment des Abspulens; das Zustandekommen des Films, währenddessen ein Regisseur bewusste Entscheidungen trifft, welche Szenen aufgenommen, welche vernachlässigt, welche nochmals verändert werden, bleibt überwiegend unberücksichtigt. Nur einmal wird die Erinnerung nicht metaphorisch als Film bezeichnet, sondern – in die Metapher einführend und alle weiteren Passagen kommentierend – mit einem solchen explizit verglichen:

---

44 Grass, Beim Häuten der Zwiebel, S. 408.
45 Vgl. Paaß, Kulturelles Gedächtnis als epische Reflexion, S. 486.
46 Der Begriff ‚Film' hat mit dem der ‚Erinnerung' gemein, dass beide Substantive im weiten Sinne unterschiedliche Lesarten haben. Die Filmmetapher eröffnet damit einen weiten Interpretationsrahmen. Eine genaue Betrachtung muss zwischen Filmproduktion, Regie, Filmvorführung und Film als eigentlichem Gegenstand unterscheiden.
47 Grass, Beim Häuten der Zwiebel, S. 113 und S. 150.
48 Grass, Beim Häuten der Zwiebel, S. 168 und S. 359.
49 Grass, Beim Häuten der Zwiebel, S. 140.
50 Grass, Beim Häuten der Zwiebel, S. 242.
51 Grass, Beim Häuten der Zwiebel, S. 138.
52 Vgl. Grass, Beim Häuten der Zwiebel, S. 359.

> Die[ ] Zeitspanne kommt mir als nicht datierbar und wie ein aus verschiedenen Handlungsabläufen gestückelter Film vor, der mal in Zeitlupe, dann überschnell abläuft, mal rück-, mal vorwärtsgespult, immer wieder reißt, um mit anderem Personal in einem ganz anderen Film von anders gearteten Zufällen zu handeln.[53]

Der Roman vergleicht aber nicht nur explizit den Erinnerungsvorgang mit einem Film, er bedient sich selbst cineastischer Mittel. So changiert er zwischen Nahaufnahmen und Beschreibungen des Settings; Zeitsprünge und Raffungen erhöhen das Tempo. Die Kriegsverletzungen zu Kriegsende werden nur gestreift: „Vorerst gibt er nichts preis, ist nur äußerlich da und liegt in einem Reihenbett. Schon darf er aufstehen und erste Schritte auf dem Korridor, vors Haus machen. Die Fleischwunde am rechten Oberschenkel ist so gut wie verheilt."[54]

Wie der Blick hier nur kurz auf den Kriegsverletzten im Reihenbett fällt, bleiben von anderen Kriegserlebnissen nur Erinnerungsfetzen, die lediglich mit einem ‚kurzen Kameraschwenk' bedacht werden. Kriegstote werden mit dem Kuckucksruf untermalt, bereits im nächsten Augenblick wird die Romanfigur von einem Mädchen gestreichelt. Die cineastische Schreibweise ermöglicht es, dass die möglicherweise traumatischen Kriegserlebnisse nur einen geringen Umfang ausmachen.

> Rief ein Kuckuck verfrüht? Zählte ich seine Rufe?
>
> Und dann sehe ich die ersten Toten. Junge und alte Soldaten in Uniformen der Wehrmacht. An noch kahlen Chausseebäumen und Linden auf Marktplätzen hängen sie. [...] Keine Gedanken, nur Bilder bleiben. [...]
>
> Während einer Pause, schon wieder auf dem Rückzug, bin ich einem Mädchen hintendrein, das – hier bin ich sicher – Susanne heißt und mit seiner Großmutter aus Breslau geflüchtet ist. Jetzt streichelt das Mädchen mein Haar. Mir wird Händchenhalten erlaubt, mehr nicht.[55]

Mit dieser filmischen Schreibweise knüpft *Beim Häuten der Zwiebel* an frühere Grass-Werke an, in denen ihr, so Christian Auffenberg, die Funktion „einer immanenten ästhetischen Reflexion, Konkretion eines Erzählens des Erzählens"[56] zukommt:

---

53 Grass, Beim Häuten der Zwiebel, S. 137.
54 Grass, Beim Häuten der Zwiebel, S. 186–187.
55 Grass, Beim Häuten der Zwiebel, S. 139.
56 Christian Auffenberg, Vom Erzählen des Erzählens bei Günter Grass. Studien zur immanenten Poetik der Romane „Die Blechtrommel" und „Die Rättin", Münster/Hamburg 1993, S. 148.

> Grass vollzieht [...] über die Reflexion der Adäquatheit der Mittel eine Problematisierung von Gegenwartserscheinungen, eine Kritik oberflächlicher Rezeption. Auf der Grundlage einer sich über das filmische Erzählen einstellenden ununterbrochenen Dynamik der Handlung, akzentuiert er die Flüchtigkeit der Wahrnehmung als formales Mittel.[57]

Übertragen auf den autobiographischen Roman *Beim Häuten der Zwiebel* dient die filmische Technik wohl der flüchtigen Erinnerung. Auch hier lässt sich eine Kritik oberflächlicher Rezeption ausmachen, etwa wenn von Schuld, Scham und Schande die Rede ist,[58] wobei es sich bei der Kritik in erster Linie um eine ‚Selbstkritik oberflächlicher Erinnerung' handelt.

Die Bilder der Meta-Memoria-Ebene tauchen fast zufällig und überwiegend unabhängig voneinander auf. Nur manchmal verdichten sie sich – wie in den folgenden drei Beispielen – zu alternativen Hilfsmitteln:

> Was den weiteren Verlauf meiner Tage und weißnichtwie verlebter Nächte nach dem Zusammenbruch der Oder-Neiße-Front betrifft, gibt der zurückgespulte und oft geflickte Film vorerst wenig her. Weder die vorhin noch beredte Zwiebelhaut noch das durchsichtigste Stück Bernstein, in dem ein urzeitliches Insekt so tut, als sei es von heute, können helfen.[59]

> Was auf ersten Blick täuscht: beim Häuten der Zwiebel beginnen die Augen zu schwimmen. So trübt sich ein, was bei klarer Sicht lesbar wäre. Deutlicher hält mein Bernstein fest, was als Einschluß zu erkennen ist: vorerst als Mücke oder winzige Spinne.[60]

> Diese Frage kümmert weder Zwiebel noch Bernstein. Die wollen anderes auf den Punkt genau wissen. Was sonst noch verkapselt ist: schamvoll Verschlucktes, Heimlichkeiten in wechselnder Verkleidung.[61]

Hier werden Zwiebel und Bernstein personalisiert – sie tragen menschliche Züge wie Neugier – und zugleich instrumentalisiert: Als Gedächtnismetaphern haben sie die Funktion, das dem autobiographischen Roman zugrunde liegende Erinnerungskonzept greifbar und im Sinne der Zwiebel spürbar zu machen.

Das klassische Bildmedium vor dem Film ist das Foto. Auch dieses dient als Memoria-Element des Romans, wenngleich weniger häufig und nicht als strukturbildende Metapher: „Ich erinnere mich an eine Versammlung von Stahlhelmen, die grämliche Männer- und ängstliche Jungensgesichter verschatteten, zu

---

57 Auffenberg, Vom Erzählen des Erzählens bei Günter Grass, S. 150.
58 Siehe Kapitel VII.5 der vorliegenden Untersuchung.
59 Grass, Beim Häuten der Zwiebel, S. 150.
60 Grass, Beim Häuten der Zwiebel, S. 225.
61 Grass, Beim Häuten der Zwiebel, S. 73.

denen meines – das dritte von links – zu zählen wäre, gäbe es denn ein Foto des verlorenen Haufens."[62]

Eine erlebte Szene ist also gleich einem Foto, das gar nicht existiert, ins Gedächtnis gebannt. Umgekehrt kann eine Fotografie – wie auch andere Gegenstände der Vergangenheit – auch hinderlich sein. Manches muss „begraben" oder „versiegelt" werden, damit andere Episoden ins Erinnerungsblickfeld rücken können:

> Jetzt müssen Schubladen verschlossen, Bilder mit der Motivseite gegen Wände gestellt, Tonbandkassetten gelöscht und Fotos, auf denen ich Schnappschuß nach Schnappschuß älter und älter bin, in Fotoalben begraben werden. Die Rumpelkammer voller archivierter Manuskripte und angesammelter Preise ist zu versiegeln. All das, was beim Wörtermachen rückständig wurde, zu Buche schlug, mit Staubschichten Ruhm angesetzt hat und Streit verjähren ließ, soll aus dem Blickfeld geräumt werden, damit mit Hilfe der nunmehr entlasteten Erinnerung jener junge Mann ins Bild kommt, der um das Jahr fünfundfünfzig herum mal eine Basken-, dann eine Schlägermütze trägt und versucht, aus möglichst wenig Wörtern einen ersten Satz zu bilden.[63]

Bei dieser Passage stellt sich die Frage, von welcher Last die Erinnerung an das Jahr 1955 befreit ist. Der Kontext lässt vermuten, dass sich die Erinnerung nicht von Krieg und SS-Mitgliedschaft zu entlasten sucht (auch wenn in dem Zusammenhang von der „belastenden"[64] Uniform die Rede war), sondern von den Jahren nach 1955, in denen er berühmt und mit Auszeichnungen überschüttet wurde, die den freien Blick auf den Beginn der schriftstellerischen Tätigkeit verstellen könnten.

Nicht nur in den Metaphern des Films, des Bernsteins und der Zwiebel zeigt sich letztlich die Bedeutung der Erinnerungsreflexion. Die Erinnerung tritt personalisiert vielmehr in immer neuem Gewand auf: Sie ist selbst „eine Plaudertasche"[65] oder „klammert"[66], führt also ein Eigenleben gegenüber der sich erinnernden Person. So kommt ihr der ontologische Status eines eigenen Subjekts zu. Der Ort der Erinnerungen, das Gedächtnis spielt bei der Betrachtung keine herausgehobene Rolle. An einer Stelle wird sie als „überfülltes Gefängnis"[67] bezeichnet, was an die Terminologie Klügers erinnert. Insgesamt widmet sich die Meta-Memoria-Ebene aber der Funktion von Erinnerung.

---

62 Grass, Beim Häuten der Zwiebel, S. 152. Zur metaphorischen Verwendung von Fotografien oder nicht-bildhaften Begriffen wie „fotogenau" siehe u. a. ebd., S. 9 und S. 50.
63 Grass, Beim Häuten der Zwiebel, S. 468–469.
64 Grass, Beim Häuten der Zwiebel, S. 164.
65 Grass, Beim Häuten der Zwiebel, S. 114.
66 Grass, Beim Häuten der Zwiebel, S. 137.
67 Grass, Beim Häuten der Zwiebel, S. 392.

Was die Unwillkürlichkeit seines Erinnerns angeht, so hat Günter Grass dies bereits 2000 in einer Rede in Vilnius thematisiert. Hier betonte er:

> Ich erinnere mich oder werde erinnert durch etwas, das mir quersteht, seinen Geruch hinterlassen hat oder in verjährten Briefen mit tückischen Stichworten darauf wartete, erinnert zu werden. Diese und weitere Fallstricke bringen uns ins Stolpern. Aus dem Abseits taucht etwas auf, das nicht sogleich zu benennen ist. Sprachlose Gegenstände stoßen uns an, Dinge, die uns seit Jahren, so meinten wir, teilnahmslos umgaben, plaudern Geheimnisse aus: peinlich, peinlich![68]

Im Sinne der proustschen *mémoire involontaire* lösen demnach Sinneserfahrungen oder alte Gegenstände Erinnerungen aus, gegen die sich die erinnernde Person nicht zur Wehr setzen kann, die Gefühle wie Scham nach sich ziehen können. Auch im autobiographischen Roman flackert das Erinnerungskonzept des unwillkürlichen Erinnerns auf, wenn die Erinnerungen ein Höchstmaß an Unabhängigkeit kennzeichnet. In all diesen Fällen, zu denen die Erinnerungsmetaphern zählen, ist die erinnernde Person zwar passiv, doch die Erinnerung selbst übernimmt einen aktiven Part. Dass Sinneswahrnehmung und Erinnerung in einem Zusammenhang stehen, wird auch in *Beim Häuten der Zwiebel* deutlich: „Ich mußte nur die Zeit rückläufig werden lassen, Gerüche schnuppern, Gestank sortieren, wieder treppauf, treppab steigen, die Klingel drücken oder anklopfen, besonders häufig am Freitagabend."[69] Die Bilder des verselbstständigten Films und des Bernsteins rücken die Erinnerung in die Nähe der ‚inkarnierten Zeit' bei Proust.

Insgesamt fällt aber auf, dass das Moment der unwillkürlichen Erinnerung im Roman zwar vorhanden, aber – anders als die Grass-Rede nahe legen könnte – nicht dominant ist. Wenngleich nicht vorhersehbar ist, welche Erinnerungen beim Häuten der Zwiebel oder im Bernstein zum Vorschein kommen, bleibt der Erinnerungsprozess doch ein bewusster Akt. Der Blick in den Rückspiegel, er erfolgt bei Grass nicht zufällig.[70] Anders als bei Proust sind Gerüche und Geräusche in der Regel nicht der unwillkürlichen Erinnerung zuzurechnen, da gleichsam aktiv erinnert werden können.

---

[68] Günter Grass, Ich erinnere mich. In: Grass u. a.: Die Zukunft der Erinnerung, hg. von Martin Wälde, Göttingen 2001, S. 27–34, hier S. 27. Aleida Assmann sieht hier eine Unterscheidung zwischen dem (aktiven) Ich-Gedächtnis und dem primär über die Sinne funktionierenden, vorbewussten und diffusen Mich-Gedächtnis. Dabei meint sie, bei Grass eine „Verneigung vor Proust" zu entdecken; vgl. Assmann, Der lange Schatten der Vergangenheit, S. 120–121.
[69] Grass, Beim Häuten der Zwiebel, S. 34.
[70] Siehe etwa Grass, Beim Häuten der Zwiebel, S. 301: „Noch heute könnte mir Schamesröte ins Gesicht schießen, wäre nicht zugleich eine Erinnerung abrufbar, die geeignet ist, den anhaltenden Urinfluß der Ziege zum Stillstand zu bringen […]."

4 Zuverlässiges und unzuverlässiges Erinnern

> Da mir [...] kein Nachlaß aus Jugendjahren zur Hand ist, kann nur die fragwürdigste aller Zeuginnen, die Dame Erinnerung, angerufen werden, eine launische, oft unter Migräne leidende Erscheinung, der zudem der Ruf anhängt, je nach Marktplage käuflich zu sein.[71]

Der Erzähler in Grass' Roman *Beim Häuten der Zwiebel* ist sich der Unzulänglichkeit und Konstrukthaftigkeit von Erinnerung bewusst. Durchweg wird dies entweder explizit thematisiert oder zumindest indirekt angedeutet. Eines von vielen Beispielen expliziter Unzuverlässigkeit ist das Bild des „Versteckspiels": „Die Erinnerung liebt das Versteckspiel der Kinder. Sie verkriecht sich. Zum Schönreden neigt sie und schmückt gerne, oft ohne Not. Sie widerspricht dem Gedächtnis, das sich pedantisch gibt und zänkisch rechthaben will."[72]

Die Erinnerung hat demnach nicht nur die Angewohnheit, sich zu „verkriechen" oder „im Ungefähr [zu] stochern",[73] sie steht auch im Kontrast zum eher faktenbasierten Gedächtnis, wie Anne Fuchs betont: „Here, Grass sets up the well-known opposition between ‚Erinnerung' and ‚Gedächtnis', between our subjective acts of remembrance on the one hand and a more objective archival memory on the other."[74] Dieses ‚Gedächtnis-Archiv' kann freilich selbst Lücken aufweisen („Löcher im löcherigen Gedächtnis"[75]), der Archivbestand ist aber objektivierbar und im Zweifel messbar. Im Fokus des grassschen Erinnerungskonzepts steht aber – wie bereits erwähnt – nicht das Gedächtnis, sondern der Erinnerungsprozess und damit die Unzuverlässigkeit, das Uneindeutige, das Diffuse, eben das „[L]aunische", das zum Narrativ wird und Sprache und Grammatik des Romans prägt.[76]

Ein häufiges Mittel der Relativierung aufgrund von unsicherer Erinnerung ist die Parenthese, etwa in der Form: „Er ging nahezu fachmännisch ins Detail, sagte, eines der Tausendachthunderttonnenschiffe – er nannte dessen Namen – hätte auf Grund gesetzt werden müssen."[77]

---

71 Grass, Beim Häuten der Zwiebel, S. 64.
72 Grass, Beim Häuten der Zwiebel, S. 8.
73 Grass, Beim Häuten der Zwiebel, S. 68.
74 Fuchs, „Ehrlich, du lügst wie gedruckt", S. 267.
75 Grass, Beim Häuten der Zwiebel, S. 373. Ebd., S. 183 ist „von Lücken" die Rede: „Das Gedächtnis beruft sich gern auf Lücken. Was haften bleibt, tritt ungebunden, mit wechselnden Namen auf, liebt die Verkleidung. Auch gibt die Erinnerung oftmals nur vage und beliebig deutbare Auskunft. Sie siebt mal grob-, mal feinmaschig. Gefühle, Gedankenkrümel fallen wörtlich durch." Vgl. auch ebd., S. 228.
76 Vgl. auch Grass, Beim Häuten der Zwiebel, S. 283.
77 Grass, Beim Häuten der Zwiebel, S. 19.

Auch Fragen offenbaren die Unsicherheit eines Erzählers im Selbstgespräch:

> Gingen meine Wünsche etwa in diese Richtung? War der Wirrnis meiner Tagträume ein wenig Todessehnsucht beigemengt? Wollte ich meinen Namen dergestalt schwarzumrandet verewigt sehen? Wohl kaum. Zwar werde ich selbstsüchtig einsam, aber nicht altersbedingt lebensmüde gewesen sein. Also nur dumm?

> Nichts gibt Auskunft darüber, was in einem fünfzehnjährigen Jungen vorgeht, der aus freien Stücken unbedingt dorthin will, wo gekämpft wird und – was er ahnen könnte, sogar aus Büchern weiß – der Tod seine Abstriche macht. Vermutungen lösen einander ab: Ist es der Andrang überbordender Gefühlsströme gewesen, die Lust, eigenmächtig zu handeln, der Wille, übereilt erwachsen, ein Mann unter Männern zu sein?[78]

Erinnerungslücken treten auf, und der Erzähler räumt ein, dass manche Episode oder Hintergründe des Erlebten vergessen werden können:

> Ich versuche, mir unseren Antrittsbesuch zurückzurufen, bin aber unsicher, weil mir kaum noch der Stand des Küchenschranks, die Farbe der Gardinen, der Fußboden vorstellbar sind: waren es Dielenbretter aus Kiefernholz oder bezog ihn ein Kunststoffbelag von unbestimmbarer Farbe? Schloß den Rand der Tischdecke eine gehäkelte Borte ab? Warum aßen wir in der Küche und nicht in der guten Stube? Oder war es umgekehrt?[79]

Das Interesse an nebensächlichen Details und die Ungenauigkeit der Erinnerung widersprechen sich auf den ersten Blick. Wenn sehr wenige Erinnerungen an einen Besuch bleiben, erübrigt sich eigentlich die Frage nach der Tischdeckenumrandung. Doch dem Erzähler kommt es offensichtlich auch auf vermeintliche Nebensächlichkeiten an. Sie gehören zu den Resultaten der angestrengten Erinnerung, die das Augenmerk nicht nur auf das Wesentliche einer Situation lenkt. Zudem demonstriert die Detailversessenheit bei gleichzeitiger Unsicherheit der Erinnerung die ernsthafte Absicht der Wahrheitssuche: „An die Verwandten, die wir besuchten, erinnere ich mich nicht, doch deutlich ist mir die Eisenbahnfahrt hin und zurück."[80] Der Erzähler weiß nicht mehr, ob die als Liebesbotschaft dienenden, überwiegend albernen Zettel in der Grundschule unterschrieben waren,[81] und er räumt ein, dass sich seine Erinnerungen nicht immer mit denen anderer decken.[82]

Immer wieder wird deutlich gemacht, dass die Erinnerung vage ist und Interpretationsspielräume eröffnet:

---

[78] Grass, Beim Häuten der Zwiebel, S. 82.
[79] Grass, Beim Häuten der Zwiebel, S. 413.
[80] Grass, Beim Häuten der Zwiebel, S. 320.
[81] Vgl. Grass, Beim Häuten der Zwiebel, S. 69.
[82] Vgl. Grass, Beim Häuten der Zwiebel, S. 17.

> Ich will einen zappelnden, bald nur noch zuckenden Haufen gesehen haben. Jemand – der lange Feldwebel? – überschlug sich im Fallen. Dann rührte sich nichts mehr. Allenfalls sah ich ein aus dem Haufen ragendes Vorderrad: wie es sich drehte und drehte.
>
> Es kann aber auch sein, daß diese Beschreibung des Gemetzels nur ein nachgeliefertes Bild ist, das inszeniert wird, weil ich schon vor dem schlußmachenden Geballer meinen Posten im Kellerfenster geräumt hatte und nichts sah, nichts sehen wollte.[83]

Der Erzähler behilft sich mehrfach mit Annahmen, wenn ihm Details wie Namen entfallen sind: „Wie hieß der Auftraggeber? Nehmen wir an, es war die Dresdner Bank, die neuerdings umgetauft Rhein-Ruhr-Bank hieß."[84] Häufig verwendetes grammatisches Mittel im Rahmen dieser Annahme ist das Futur II: „Ein Berufskollege wird den Schnappschuß gemacht haben"[85]; „Ich werde wohl leichtfertig so etwas wie ‚Wenn sie dort glücklich ist ...' gesagt haben"[86]. Mindestens ebenso häufig finden sich Formulierungen, die offenbaren, dass das Erzählte möglicherweise nicht exakt so passiert ist, sondern der Wunsch des Erzählers ausschlaggebend für die Erinnerung ist:

> Ich stelle mir Anna vor, wie sie neben dem Herd steht, der mit Briketts aus der Braunkohlengrube Fortuna Nord beheizt wird, will sie am Küchentisch sehen, den nicht wie üblich ein Wachstuch deckt. Wahrscheinlich hat der Vater für den angekündigten Besuch eines seiner Leibgerichte gekocht: Königsberger Klopse in süßsaurer Kaperntunke zu Salzkartoffeln.[87]

Hier verschwimmen Erinnerung, Wunschvorstellung und die für den Romanautor typische Fiktionalität, allerdings wird dies durch Formulierungen wie „will sie am Küchentisch sehen" transparent gemacht. Manchmal beziehen sich die auffällig häufig gebrauchten Modalverben des Wünschens aber nicht auf den Erzähler, sondern auf die autonom agierende Erinnerung:

> Was vor und nach der Hochzeit geschah, während gleichzeitig anderes begann, seine Zeit hatte, anfing oder zu Ende ging [...], all das hat zwar seinen Ablauf und gibt sich als gestautes, einander verdeckendes Geschehen aus, will aber immer zugleich da sein und sich Vorrang erstreiten.[88]

---

83 Grass, Beim Häuten der Zwiebel, S. 148.
84 Grass, Beim Häuten der Zwiebel, S. 317.
85 Grass, Beim Häuten der Zwiebel, S. 318.
86 Grass, Beim Häuten der Zwiebel, S. 414.
87 Grass, Beim Häuten der Zwiebel, S. 413–414.
88 Grass, Beim Häuten der Zwiebel, S. 439; siehe auch ebd., S. 156: „Er möchte gern dieser oder jener sein [...]."

Es wäre zu erwarten, dass die Zuverlässigkeit des Erinnerns im Normalfall mit der Zuverlässigkeit der erinnernden Erzählinstanz korreliert. Bei genauerer Betrachtung kehrt sich das Zuverlässigkeitsverhältnis von Erzählinstanz und Erinnerung in *Beim Häuten der Zwiebel* jedoch um: Der Erzähler, der seine Unzuverlässigkeit (oder vielmehr die seiner Erinnerung) einräumt, sie sogar immer wieder zur Marke erklärt, gewinnt paradoxerweise ein Stück an Glaubwürdigkeit. Folgender Meta-Memoria-Kommentar deutet genau dies an: „Wer sich ungenau erinnert, kommt manchmal dennoch der Wahrheit um Streichholzlänge näher, und sei es auf krummen Wegen."[89] Und in einem rückblickenden Gespräch mit seiner Schwester gibt der Protagonist Einblick in seine taktische Gesprächsführung: „Ich räumte, um mich glaubwürdiger zu machen, eine gewisse Unsicherheit ein [...]."[90] Diese Strategie charakterisiert wohl mehr als nur eine Kommunikationsmethode, sondern beschreibt die Gesamtstrategie des gesamten autobiographischen Romans. Diese geht dann auf, sobald der Leser oder die Leserin dem Erzähler auch in vielen unklaren Momenten folgt. Die Formulierung „ich kann mich nicht erinnern" bekommt beispielsweise im Folgenden aufgrund der Glaubwürdigkeit des Erzählers die Lesart ‚Es ist auszuschließen, dass ...':

> Zwar kann ich mich nicht erinnern, besonders begeistert gewesen zu sein, mich als Wimpelträger auf Tribünen gedrängt, jemals den Rang eines schnürengeschmückten Jungzugführers angestrebt zu haben, aber mitgemacht habe ich fraglos selbst dann, wenn mich die ewige Singerei und das dumpfe Getrommel anödeten.[91]

Die Zuverlässigkeit einiger Erinnerungen wird unterstrichen durch verlässliche Erinnerungsstützen, die keine Zweifel aufkommen lassen: „Nur wenig Gegenständliches sehe ich im Rückblick so deutlich wie die Nische unterm Fensterbord, die für Jahre meine Zuflucht sein sollte [...]."[92]

Wie er hier beteuert, sich nur an wenige Dinge so deutlich zu erinnern, werden an anderer Stelle die Erinnerungen an eine prägende Hochschullehrergestalt und deren Appelle als verlässlich geschildert: „Wohl deshalb erinnere ich mich annähernd genau, wie folgenreichdieser Streit, der die Lehrer und Schüler der Hochschule [...] jeweils in Parteien spaltete, für mich wurde [...]."[93] Und so schließen sich seitenlang Berichte mit Details des Künstlerstreits an.

---

89 Grass, Beim Häuten der Zwiebel, S. 10.
90 Grass, Beim Häuten der Zwiebel, S. 420.
91 Grass, Beim Häuten der Zwiebel, S. 27.
92 Grass, Beim Häuten der Zwiebel, S. 28.
93 Grass, Beim Häuten der Zwiebel, S. 424–425.

Insgesamt wird die Zuverlässigkeit des Gedächtnisses immer wieder, in zahlreichen Passagen des Romans thematisiert und reflektiert. So heißt es auch an anderer Stelle:

> Ich weiß, das klingt kaum glaubhaft und riecht zu sehr nach Lügengespinst. Doch für den wahrhaften Kern dieser Überlebensgeschichte spricht die Tatsache, daß ich mich Jahrzehnte später, wann immer die Söhne, die Töchter den Vater zu überreden versuchten, auf einem Waldweg und ohne Zuschauer doch noch das kinderleichte Radfahren zu lernen, geweigert habe, mehr als einen Versuch zu wagen.[94]

Ein Trauma kann also Beweis für die Echtheit einer Erinnerung sein. Auf den zitierten „wahrhaften Kern" von Geschichten im autobiographischen Roman kommt es an. Auch die Metaphern der Zwiebel, des Bernsteins und des Films unterstellen jeweils, im Kern Wahrheit zu enthalten: Die Zwiebel – und nicht etwa die sich erinnernde Person – spricht beim Häuten wahr;[95] der Bernstein konserviert in seinem Inneren Vergangenes, oftmals nur ein Klümpchen Wahrheit, und der Film hat dokumentarische Funktion.

Der Erzähler ließe sich also als relativ zuverlässig bezeichnen, weil er seine Unzulänglichkeit mehrfach einräumt und die Konstrukthaftigkeit reflektiert, wäre da nicht eine zusätzliche Verunsicherung, die, so Walter Hinck, auf „die unbändige und unerschöpfliche Fabulierkunst des Autors mit erheblicher Schlagseite zum Märchen"[96] bzw. die Verschmelzung von Phantasie und Erinnerung zurückzuführen ist: die repetitiv erzählte Joseph-Episode, ein wiederkehrendes, den Roman prägendes Motiv. Bereits im Kapitel „Wie ich das Fürchten lernte" wird erstmals eine spätere schicksalhafte Begegnung angedeutet:

> Ach, hätte er doch jetzt schon jenen ledernen Knobelbecher und die drei beinernen Würfel, die ihm demnächst, bald nach Kriegsende als Beute zufallen sollen. Mit denen werden er und ein gleichaltriger Kumpel im Gefangenenlager Bad Aibling um die Zukunft würfeln. Joseph wird dieser Kumpel heißen und so zielstrebig katholisch sein, daß er unbedingt Priester, Bischof, womöglich Kardinal werden will ... Aber das ist eine andere Geschichte, deren Anfang sich verirrt und hier, im dunklen Wald nichts zu suchen hat.[97]

Im Kapitel „Mit Gästen zu Tisch" wird ein weiteres Mal auf eine spätere Begegnung mit dem sehr katholischen, gläubigen und zugleich ehrgeizigen Joseph verwiesen.[98] Die Ahnung wächst, dass es sich bei diesem Joseph um Joseph Ratzinger,

---

94 Grass, Beim Häuten der Zwiebel, S. 149.
95 Vgl. Grass, Beim Häuten der Zwiebel, S. 10.
96 Hinck, Der Autobiograph und der fabulierende Erzähler Günter Grass, S. 4.
97 Grass, Beim Häuten der Zwiebel, S. 156–157.
98 Vgl. Grass, Beim Häuten der Zwiebel, S. 191–192.

den späteren Papst Benedikt XVI., handeln muss. Immer wieder und voller Ironie ist die Rede von Josephs „Sprache, derer sein Kumpel im Lager Bad Aibling mächtig gewesen war und die er ‚auf ewig weltbeherrschend' genannt hatte"[99], aber auch von den für Gefangenenlager der Zeit typischen Läusen.[100] In flapsigem Ton wird der Weggefährte zumeist „Kumpel Joseph"[101] genannt. Die Irritation steigt: die Läuse, das gemeinsame Knobelspiel, Bad Aibling, Diskussionen über Religion, mit Details angereichert – es wäre alles denkbar, wenn auch ein enormer Zufall. Dass es sich aber nicht um einen tatsächlich stattgefundenen Zufall, sondern um eine ‚Geschichte' handelt, wird schließlich von der Schwester ausgesprochen: „Ihr Mißtrauen nahm zu: ‚Stimmt das? Hört sich übertrieben an, ganz wie eine von deinen Geschichten!'"[102] Und sie identifiziert die Episode wenig später als „eine von deinen typischen Lügengeschichten, mit denen du schon als Kind unsere Mama eingelullt hast"[103]. Die Erinnerung der Erzählinstanz erweist sich hier als hochgradig unzuverlässig, und, so Timm N. Pietsch: „Die unzuverlässige Erinnerung flüchtet sich allzu gern ins Anekdotische [...]."[104] Vermutlich erfindet der Erzähler aber gar keine ‚Lügengeschichte'; vielmehr sitzt er im Sinne der *false memory* einem Gedächtnisirrtum auf.

5 Erinnerung und Schuld

Mit Blick auf das Verhältnis von Erinnerung und Schuld stellt Lily Tonger-Erk fest:

> Indem „Beim Häuten der Zwiebel" sowohl eine „wahrheitsgemäße" Erinnerung behauptet als auch deren Möglichkeit in Frage stellt, stehen nicht zuletzt ethische Fragen zur Disposition – wird doch auch Schuld erinnert, die einerseits eingestanden und andererseits abgestritten wird.[105]

---

99 Grass, Beim Häuten der Zwiebel, S. 265; vgl. auch ebd., S. 191.
100 Vgl. Grass, Beim Häuten der Zwiebel, S. 192 und S. 218.
101 Grass, Beim Häuten der Zwiebel, S. 246, S. 249, S. 280.
102 Grass, Beim Häuten der Zwiebel, S. 419.
103 Grass, Beim Häuten der Zwiebel, S. 420. Zur Einordnung der Joseph-Erzählung siehe auch Kapitel VII.6 der vorliegenden Untersuchung.
104 Timm N. Pietsch, „Wer hört noch zu?" Günter Grass als politischer Redner und Essayist, Essen 2006 (Düsseldorfer Schriften zur Literatur- und Kulturwissenschaft, Bd. 2), S. 364.
105 Lily Tonger-Erk, „Die Fakten Lügen strafen". Zur Ambiguität des Autobiographischen in Günter Grass' „Beim Häuten der Zwiebel". In: Zeitschrift für deutsche Philologie, Bd. 131, Heft 4, 2012, S. 571–590, hier S. 573.

Aber ist dem so? Wird tatsächlich Schuld erinnert, wie Lily Tonger-Erk meint? Oder nicht doch eher schuldhaftes Handeln, das – transportiert von der Erinnerung – zur Beschäftigung mit der eigenen Schuld führen kann?

Zwar meist abstrakt, philosophisch-theoretisierend und oft metaphorisch ausgeführt, sind die Passagen im autobiographischen Roman zur Schuld wohl dennoch auf den kommentierenden Erzähler zu beziehen. Die Schulden der „Pumpkundschaft"[106] der Mutter, die vom Jungen eingetrieben werden müssen, bieten in *Beim Häuten der Zwiebel* denn auch Anlass, über die Bedeutung des Begriffs ‚Schuld' nachzudenken:

> Ein Wort ruft das andere. Schulden und Schuld. Zwei Wörter, so nah beieinander, so fest im Nährboden der deutschen Sprache verwurzelt, doch ist dem erstgenannten mit Abzahlung [...] abmildernd beizukommen; die nachweisbare wie verdeckte oder nur zu vermutende Schuld jedoch bleibt. Immerfort tickt sie und ist selbst auf Reisen ins Nirgendwo als Platzhalter schon da. Sie sagt ihr Sprüchlein auf, fürchtet keine Wiederholungen, läßt sich gnädig auf Zeit vergessen und überwintert in Träumen. Sie bleibt als Bodensatz, ist als Fleck nicht zu tilgen, als Pfütze nicht aufzulecken. Sie hat von früh auf gelernt, gebeichtet in einer Ohrmuschel Zuflucht zu suchen, sich als verjährt oder längst vergeben kleiner als klein, zu einem Nichts zu machen, und steht dann noch, sobald die Zwiebel Pelle nach Pelle geschrumpft ist, dauerhaft den jüngsten Häuten eingeschrieben: mal in Großbuchstaben, mal als Nebensatz oder Fußnote, mal deutlich lesbar, dann wieder in Hieroglyphen, die, wenn überhaupt, nur mühsam zu entziffern sind. Mir gilt leserlich die knappe Inschrift: Ich schwieg.[107]

Die Schuld hat sich also „eingeschrieben" und prägt unbewusst die Erinnerung. Sie lässt sich als „Bodensatz" nicht vollständig tilgen, nicht vergessen. Und sie steht – wie in der zitierten Passage sichtbar – in einem Zusammenhang mit dem Schweigen. „Die Schande als Zentrum eines nie aufgelösten Schuldkomplexes zieht sich wie ein roter Faden durch das Werk Grass' – hinter der künstlerischen Formfrage wird der private Aspekt des langen Schweigens als wichtiger Antrieb deutlich", schreibt Pietsch.[108] Wobei in *Beim Häuten der Zwiebel* nie explizit deutlich wird, dass das lange Schweigen und die Schande in einem kausalen Verhältnis stehen:

> Das geschah nicht aus Menschenliebe, war ohne Verdienst. Eher wird uns Vernunft oder mangelnde Notwendigkeit gehindert haben, gezielt abzudrücken. Deshalb taugt die mir geläufige Behauptung, während der Woche, in der mich unablässig der Krieg im Griff hatte, nie über Kimme und Korn ein Ziel, nie den Druckpunkt gesucht, keinen einzigen Schuß abgegeben zu haben, allenfalls im nachhinein als Beschwichtigung verbliebener Scham.

---

106 Grass, Beim Häuten der Zwiebel, S. 36.
107 Grass, Beim Häuten der Zwiebel, S. 36.
108 Pietsch, „Wer hört noch zu?", S. 364.

> Immerhin steht fest: wir schossen nicht. Doch weniger sicher ist, wann ich meine Uniformjacke gegen eine weniger belastende eingetauscht habe. Geschah das aus eigenem Entschluß?[109]

Grass unterscheidet zwischen ‚Schande' und ‚Scham', wobei die Schande Auslöser für das Gefühl der Scham ist.[110] Während Walser, wie erwähnt, für die Verwendung des Begriffs ‚Schande' anstelle von ‚Schuld' kritisiert wurde,[111] findet Grass beim Zwiebelhäuten, das die Schande erst zum Vorschein bringt, Gebrauch in der Bedeutung, dass Schuld eingestanden wird. Dabei bezieht sich der Begriff ‚Schande' primär auf die Ebene der persönlichen Schuld, der Begriff ‚Schuld' als „allgemeine Schuld"[112] dagegen auf die gesellschaftliche Ebene, jedoch nicht im Sinne der Kollektivschuld.

Die dominanten Metaphern des Romans liefern Erklärungen für eine indirekte Schuld in Form der selektiven, nicht-empathischen Wahrnehmung. Wie ein Film notgedrungen nicht das komplette Drehmaterial zeigen kann, bleiben auch in der Wahrnehmung sowie der Erinnerung viele Bereiche unberücksichtigt: „Von dem, was außerhalb meines Blickfelds geschah, zeigt der immer wieder gestückelte Film nichts."[113] Anders als bei Walser ermöglicht die Perspektive des Erzählers, der in einzelnen Fällen neben die Erzählung tritt und diese mit seinem später hinzugewonnenen Wissen kommentiert, Reflexionen über die Gleichzeitigkeit der eigenen Schulzeit und der einsetzenden Massenvernichtung der jüdischen Bevölkerung, die sich im ganzen Reich, in diesem Fall aber insbesondere unweit von Danzig abspielt:

> So vergingen dem Jungen, der unter meinem Namen anzurufen ist, die Tage wunschgemäß als Folge von Auftritten in wechselnden Kostümen. [...] Blind für alltäglich werdendes Unrecht im nahen Umfeld der Stadt – zwischen Weichsel und Haff, nur zwei Dörfer vom Nickelswalder Landschulheim des Conradinums entfernt, wuchs und wuchs das Konzentrationslager Stutthof –, empörten mich einzig die Verbrechen pfäffischer Herrschaft und die Folterpraxis der Inquisition. [...] Im Rückblick sieht es so aus, als sei es dem grimassierenden Gymnasiasten gelungen, seinen aus Büchern gefütterten Sinn für Gerechtigkeit in mittelalterliche Rückzugsgebiete zu verlagern. Wohl deshalb konnte sich mein erster, vom

---

109 Grass, Beim Häuten der Zwiebel, S. 164.
110 Vgl. Grass, Beim Häuten der Zwiebel, S. 16–17. Vgl. Fuchs, „Ehrlich, du lügst wie gedruckt", S. 268.
111 Vgl. dazu die Ausführungen zum Verständnis von Schande in Kapitel III der vorliegenden Untersuchung.
112 Grass, Beim Häuten der Zwiebel, S. 36.
113 Grass, Beim Häuten der Zwiebel, S. 139.

Umfang her weitläufig geplanter Schreibversuch fern der Deportation restlicher Danziger Juden aus dem Ghetto Mausegasse in das Konzentrationslager Theresienstadt und abseits aller Kesselschlachten des Sommers einundvierzig abspielen [...].[114]

Das KZ Theresienstadt (in das ja auch Ruth Klüger deportiert wurde), kann nur in der nachträglichen Reflexion Erwähnung finden. Zugleich wird selbstkritisch poetologisch thematisiert, was Walser im Zusammenhang mit seinem autobiographischen Roman *Ein springender Brunnen* zum Vorwurf gemacht wurde: dass in den ersten Prosaversuchen Auschwitz (im metonymischen Sinne) nicht vorkomme. Der eigene Hunger, der den Jugendlichen beherrscht, wird in *Beim Häuten der Zwiebel* beinahe irrelevant „im Vergleich mit dem verordneten Mangel in den Konzentrationslagern, den Massenlagern für russische Zwangsarbeiter, der das Verhungern, den Hungertod von Hunderttausenden zur Folge hatte"[115]. Und doch wird er beschrieben, denn „nur meinen Hunger kann ich in Worte fassen. Nur er ist mir wie eingeschrieben."[116]

Besonderes Aufsehen hat *Beim Häuten der Zwiebel* ausgelöst, weil darin Grass' öffentliches (wenn auch in literarische Form gegossenes) Geständnis enthalten ist, Mitglied der Waffen-SS gewesen zu sein. Grass hat nie das Gegenteil behauptet; dass er sich als Kind seiner Zeit für die NS-Ideologie begeistern konnte, hat er stets offen eingeräumt.[117] Allein der Name SS steht letztlich allerdings für die besondere Härte, Grausamkeit und Inhumanität des Nazi-Regimes, für KZ-Wachmannschaften und Völkermord.

Das Thema der SS-Zugehörigkeit wird im Werk eher indirekt eingeführt: „Mein nächster Marschbefehl machte deutlich, wo der Rekrut meines Namens auf einem Truppenübungsplatz der Waffen-SS zum Panzerschützen ausgebildet werden sollte: irgendwo weit weg in den böhmischen Wäldern ..."[118] Und wieder fast versteckt schließt sich folgende Frage an:

Erschreckte mich, was damals im Rekrutierungsbüro unübersehbar war, wie mir noch jetzt, nach über sechzig Jahren, das doppelte S im Anblick der Niederschrift schrecklich ist?

Der Zwiebelhaut steht nichts eingeritzt, dem ein Anzeichen für Schreck oder gar Entsetzen abzulesen wäre. Eher werde ich die Waffen-SS als Eliteeinheit gesehen haben [...]. Die doppelte Rune am Uniformkragen war mir nicht anstößig.[119]

---

114 Grass, Beim Häuten der Zwiebel, S. 38–39.
115 Grass, Beim Häuten der Zwiebel, S. 182–183.
116 Grass, Beim Häuten der Zwiebel, S. 183.
117 Vgl. Neuhaus, Günter Grass. Schriftsteller – Künstler – Zeitgenosse, S. 19; Pietsch, „Wer hört noch zu?", S. 360.
118 Grass, Beim Häuten der Zwiebel, S. 126.
119 Grass, Beim Häuten der Zwiebel, S. 126.

Es scheint von Bedeutung, dass zwischen dem Ereignis, dem Eintritt in die SS, und dem Nachdenken darüber über 60 Jahre liegen. Und so tritt neben die Thematisierung der SS-Mitgliedschaft, die im Grunde keinen zentralen Platz im Werk einnimmt, die des Schweigens darüber. Dieses reiht sich ein in das Schweigen anderer Familienmitglieder. So erfährt der Erzähler erst nach dem Tode der Mutter in Ansätzen, dass sie von russischen Soldaten vergewaltigt worden war.[120]

> Aber auch mir kam nichts von dem über die Lippen, was rücklings angestaut auf Lauer lag: Meine unterlassenen Fragen ... Der verhärtete Glaube ... Die Lagerfeuer der Hitlerjugend ... Mein Wunsch, wie der U-Boot-Held Kapitänleutnant Prien zu sterben ... Und zwar freiwillig ... [...] Wie dann der Führer dank der Vorsehung überlebte ... Der Fahneneid der Waffen-SS bei klirrender Kälte: „Wenn alle untreu werden, so bleiben wir doch treu ..."[121]

Die Bedeutung dieser Erinnerungen, als einzelne Erinnerungssplitter aneinandergereiht, und der dahinterstehenden Ideologie wird kontrastiert mit der anschließenden abermaligen Erwähnung der nationalsozialistischen Massenvernichtungslager: „Bergen-Belsen, die gestapelten Leichen – hinsehen, los hinsehen, nicht abwenden, nur weil das schnellgesagt unbeschreiblich ist ..."[122] Da quält sich ein Erzähler, weiß um die eigene Schuld und kann die eigenen Gedanken, das eigene Tun historisch einordnen. Er ist sich zugleich bewusst, dass dieses Hinsehen sehr spät passiert.[123] Ausgerechnet er, dieser Schriftsteller und Intellektuelle, der „wegen meiner Neigung, alles zu lang Beschwiegene beim Namen zu nennen, als Störenfried"[124] galt. Hier tut sich ein Widerspruch auf, der kaum aufzulösen ist: „Selbst wenn mir tätige Mitschuld auszureden war, blieb ein bis heute nicht abgetragener Rest, der allzu geläufig Mitverantwortung genannt wird. Damit zu leben ist für die restlichen Jahre gewiß."[125]

Schuld ist eine genuin moralische Kategorie. Indem sie im Sinne eines Erinnerungsprogramms zum Thema gemacht wird, kann sie darüber hinaus zur poetologischen Kategorie werden.

---

120 Vgl. Grass, Beim Häuten der Zwiebel, S. 321.
121 Grass, Beim Häuten der Zwiebel, S. 321–322.
122 Grass, Beim Häuten der Zwiebel, S. 322.
123 Neuhaus schreibt dazu: „Die[ ] bis heute anhaltende Verschwörung des Schweigens hat bis 2006 auch Günter Grass in Bezug auf seine Einberufung zur Waffen-SS geteilt und ist auch darin Repräsentant seiner Generation" (Neuhaus, Günter Grass. Schriftsteller – Künstler – Zeitgenosse, S. 19). Siehe auch Pietsch, „Wer hört noch zu?", S. 360.
124 Grass, Beim Häuten der Zwiebel, S. 222.
125 Grass, Beim Häuten der Zwiebel, S. 127.

6 *Beim Häuten der Zwiebel* als autobiographischer Roman

Wie eingangs erwähnt, bildet *Beim Häuten der Zwiebel* den ersten Teil einer Trilogie. Bei aller Verschiedenheit der Form bildet Grass' Erinnerung die Klammer der Trilogie. Warum Grass sich seinem Leben autobiographisch erst sehr spät genähert hat, lässt sich nicht abschließend feststellen. Fest steht, dass eine gewisse Skepsis gegenüber der klassischen Autobiographie kennzeichnend für ihn ist.[126] Zudem fällt ins Auge, dass das Werk keine Gattungsbezeichnung trägt. Taberner sieht in *Beim Häuten der Zwiebel* einen „mix of genres"[127]. Im Allgemeinen wird das Werk als ‚Autobiographie' oder ‚autobiographischer Bericht' bezeichnet.[128] Walter Hinck fragt vorsichtig, „ob *Beim Häuten der Zwiebel* nicht von vornherein als selbstbiographischer Roman zu lesen ist"[129], scheut sich aber vor einer eindeutigen Antwort.

Ohne Zweifel ist das Werk stark autobiographisch geprägt. Die (partielle) Deckungsgleichheit von Protagonist und Autor wird insbesondere dort deutlich, wo es intertextuell Bezug nimmt auf andere literarische Werke von Grass und deren Entstehungsgeschichte. Der Roman wird dominiert von der eigenen Sicht auf Kindheit und Jugend. In der Konsequenz orientiert sich denn auch etwa

---

126 Vgl. Kölbel (Hg.), Ein Buch, ein Bekenntnis, S. 28; Neuhaus, Günter Grass. Schriftsteller – Künstler – Zeitgenosse, S. 424.
127 Taberner, Private Failings and the Public Virtues, S. 146.
128 Als Autobiographie wird *Beim Häuten der Zwiebel* bezeichnet bei Braun, „Mich in Variationen erzählen", S. 1051; Paaß, Kulturelles Gedächtnis als epische Reflexion, S. 481; Tonger-Erk, „Die Fakten Lügen strafen", S. 576. Auch Neuhaus bezeichnet 2009 das Werk noch als Autobiographie (vgl. Neuhaus, Grass, Günter, S. 368), formuliert aber 2012 vorsichtiger, spricht von „autobiographische[n] Ansätzen" und stellt fest: „Bei allen Vorbehalten, die Grass gegenüber der klassischen Persönlichkeitsbiographie hat, erfüllt *Beim Häuten der Zwiebel* auf jeden Fall alle Bedingungen, die nach Philippe Lejeunes maßgeblicher Definition von 1994 ‚den autobiographischen Pakt' zwischen Autor und Leser ausmachen: Ein mit dem empirischen, auf dem Titelblatt genannten Autor auch namentlich identisches Ich erzählt, meist entlang seiner Lebenschronologie, Ereignisse, bei denen es selbst im Mittelpunkt steht. Im Rahmen dieses grundsätzlichen Paktes zwischen Autor und Leser bleibt dabei durchaus Raum für Irrtümer und poetische Lizenz, vulgo Flunkern genannt." (Neuhaus, Günter Grass. Schriftsteller – Künstler – Zeitgenosse, S. 424–425; siehe auch ders., Günter Grass, Stuttgart ³2010 [Sammlung Metzler, Bd. 179], S. 241.) Richard E. Schade spricht von „autobiography narrative" (Richard E. Schade, Layers of Meaning, War, Art: Grass's „Beim Häuten der Zwiebel". In: The German Quarterly, Bd. 80, 2007, S. 279–301, hier S. 279), Pietsch vom „autobiographischen Werk[ ]" und „autobiographischen Jugendbericht" (Pietsch, „Wer hört noch zu?", S. 360 und S. 364).
129 Hinck, Der Autobiograph und der fabulierende Erzähler Günter Grass, S. 3.

Volker Neuhaus' Grass-Biographie stark an den Informationen aus *Beim Häuten der Zwiebel* und benennt dies auch.[130]

Doch Protagonist, Erzähler und Autor sind nicht gleichzusetzen. Der homodiegetische Erzähler erscheint im Roman durchweg in der ersten Person, der erinnerte Protagonist ist hingegen nie konstant: Mal erscheint er in der ersten Person Singular („Und dann hörte ich eine Leidensgeschichte"[131]), auffallend häufig im Kollektiv-Plural („Endlich wurden wir ernst genommen"[132]), mal in der dritten Person („Jetzt verkneift er die Augen zu Sehschlitzen"[133]). Das Erzählen – oder Erzähltwerden – in der dritten Person ermöglicht eine Differenz zwischen Erinnerndem und Erinnertem – oder gibt vielmehr dieser natürlichen Differenz eine Ausdrucksform. Der Erzähler und das Kind oder der Jugendliche, von dem er erzählt, sind untrennbar miteinander verbunden und doch niemals deckungsgleich. „With the observation ‚Ich sehe ihn lesen' Grass typifies his third-person self as a child", bemerkt dazu Richard E. Schade.[134]

Eine memoirenähnliche, streng chronologische Auflistung von Lebensdaten und -ereignissen ist nicht Ziel des Werkes, wie poetologisch im Schlusskapitel angemerkt wird:

> Aber so käme ich ins Aufzählen und müßte nun als Bilanz in Reihe bringen, was nicht in Reihe zu zwingen ist. Zudem haben andere über das und das und noch mehr mit Datum und Ortsangabe in genauer Reihenfolge geschrieben, über mein Davor, Dann und Danach.[135]

Was Biographien leisten, soll *Beim Häuten der Zwiebel* also nicht erfüllen müssen. Und: „Überhaupt zwängt mich der chronologische Ablauf meiner Geschichte wie ein Korsett."[136] Vielmehr versteht sich das Werk selbst als modernen autobiographischen Roman. Daher greift auch die ethische Bewertung von Rebecca Braun zu kurz, die Grass vorwirft, er instrumentalisiere die Form und Funktion der Autobiographie.[137] Braun schreibt:

---

[130] Exemplarisch seien hier die Ausführungen zur SS-Zugehörigkeit und zum „dreifachen Hunger" genannt; vgl. Neuhaus, Günter Grass. Schriftsteller – Künstler – Zeitgenosse, S. 76–78, S. 94 und S. 98.
[131] Grass, Beim Häuten der Zwiebel, S. 22.
[132] Grass, Beim Häuten der Zwiebel, S. 76.
[133] Grass, Beim Häuten der Zwiebel, S. 37. In diesem Zitat ist neben der Fokalisierung auch das Präsens zu beachten.
[134] Schade, Layers of Meaning, War, Art, S. 291.
[135] Grass, Beim Häuten der Zwiebel, S. 471.
[136] Grass, Beim Häuten der Zwiebel, S. 331.
[137] Vgl. Braun, „Mich in Variationen erzählen", S. 1065.

It seems telling, then, that the autobiographical subject places himself in the same uncomfortable textual position as his famous fictional protagonists and begins to adopt for himself their guilty and deceptive manœvres. [...] Grass draws attention to the difficulties, still present over forty years on, of writing as one of the perpetrator generation. His official autobiography may have begun as an apparently long overdue acknowledgment of his moral responsibilities towards the public in line with his absolute statement regarding the Holocaust, and its readers may therefore expect it to facilitate a fuller understanding of both him and his perpetrator generation. However, such a project quickly meets with what one may term the author's literary limitations: fiction's prioritization of deception and game-playing. Even as he tries to honour Lejeune's contract by making the name on the book and that of the first-person narrator and problematic autobiographical subject one and the same, he subverts his own responsible stance through overt recourse to the tricks of fiction.[138]

Das Genre eines autobiographischen Werks ist indes keine Frage der Moral, sondern die angemessene Form, autobiographische, oft unsichere Erinnerungen literarisch zu präsentieren. Grass entscheidet sich für den autobiographischen Roman, um dem ambivalenten Verhältnis von Erinnern und Erinnertem Ausdruck zu verleihen, ohne freilich seinem Werk eine Gattungszuschreibung zu verordnen.

Mit einigem Recht kann hier auch deshalb von einem (autobiographischen) Roman gesprochen werden, weil die Art der Erzählung in einer Reihe mit weiteren Grass-Romanen steht, die freilich selbst autobiographische Züge aufweisen. So handelt es sich um einen dichten Text, der weit mehr als die sachliche Darstellung chronologischer Lebensdaten ist. Zum einen wird die chronologische Struktur ja gerade durch Erinnerungssprünge immer wieder verlassen, wie in diesem Beispiel: „Die Zwiebel nimmt es nicht allzu genau mit der Reihenfolge. [...] Je älter ich werde, um so zerbrechlicher ist mir der Krückstock Chronologie."[139] Zum anderen ist *Beim Häuten der Zwiebel* geprägt von autobiographiefremden literarischen Formen. Exemplarisch seien hierfür das märchenhafte Joseph-Motiv und das Mutter-Requiem genannt. Letzteres nimmt auch Walter Hinck in den Blick, wenn er bemerkt:

Grass' Beziehung zu seiner Mutter ist von fundamentaler Bedeutung für die Biographie des Sohnes. [...] In keine Autobiographie der Zeitgenossen ist so viel Zärtlichkeit für die Mutter eingegangen wie in Grass' *Beim Häuten der Zwiebel*. Der Bericht über das Sterben der Krebskranken und der dichterische Nachruf auf die Mutter werden zum bewegenden literarischen Requiem.[140]

---

138 Braun, „Mich in Variationen erzählen", S. 1060.
139 Grass, Beim Häuten der Zwiebel, S. 422.
140 Hinck, Der Autobiograph und der fabulierende Erzähler Günter Grass, S. 6.

Ein Requiem ist nichts anderes als ein musikalisches Totengedenken. Wenn Hinck hier von einem „literarischen Requiem" spricht, meint er also eine Gedenkform von ‚künstlerischer Qualität'.

> Sie, der ich in jungen Jahren *märchenhaft* bebilderte Reisen in den Süden, ins Land, wo die Zitronen blühen, bis nach Neapel versprochen hatte, sie, die ihr vielversprechendes Söhnchen mit dem Namen eines Theaterhelden zu kostümieren liebte, dessen Lebenszwiebel am Ende, nachdem Haut auf Haut geschält war, keinen sinnstiftenden Kern barg, sie, die nach all meinen prahlerischen Verheißungen wie Peer Gynts Mutter leer ausging [...].
>
> Sie, aus der ich kroch und zugleich schrie, an einem Sonntag, was sie mir immer versichert hat, „ein Sonntagskind biste ...", sie, der ich Reichtum und Ruhm, den Süden wie das Gelobte Land versprochen, beschworen, ins Blaue gemalt hatte, sie, die mich lehrte, die Schulden ihrer Pumpkundschaft in kleinen Raten abzukassieren – „Am Freitag mußte anklopfen, dann ist vom Wochenlohn noch was da"– sie, mein beschwichtigt gutes, mein unterbödig schlechtes Gewissen, sie, der ich im Dutzend Sorgen und Ängste bereitet habe, die sich dem Nagetier gleich vermehrten, sie, der ich auf Muttertag das elektrische Bügeleisen – oder war es eine Kristallschale? – vom Geld des Schuldeneintreibers schenkte, sie, die nicht zum Hauptbahnhof mitwollte, als ich, der dumme Junge, freiwillig Soldat wurde – „In den Tod schicken sie dich ..." – sie, die kein Wort sagte, als ich im Zug von Köln nach Hamburg wissen wollte, was ihr geschehen war, als die Russen mit aller Gewalt kamen [...], sie, die mir, ihrem Söhnchen, alles gab und wenig bekam, sie die mein Freuden- und Jammertal ist und die mir, sobald ich schrieb wie früher und schreibe wie jetzt, nach ihrem Tod noch über die Schulter schaut und „Streich das weg" sagt, „das ist häßlich" – aber ich hörte nur selten auf sie, und wenn, dann zu spät –, sie, die mich unter Schmerzen geboren und unter Schmerzen sterbend freigesetzt hat [...], sie, meine Mutter, starb am 24. Januar 1954.[141]

Den Charakter des Märchenhaften hat auch das bereits genannte Joseph-Motiv, das als ‚Geschichte' bezeichnet wird, die erst nach und nach entwickelt werde.[142] So wird deutlich, dass die Joseph-Episode einen Nebenstrang der Erzählung bildet. Sie eröffnet das Nachdenken über die Frage „Was wäre gewesen, wenn?", gefolgt von Gedankenspielen wie diesem:

> Jahrzehnte später jedoch, als mir bei laufender Produktion der Erfolg zur Gewohnheit [...] geworden war[ ], als sich der Streit auf politischem Feld mit Widersachern aus rechtem wie linkem Hinterhalt vorübergehend erschöpft hatte, [...] fragte ich mich, wie wohl meine Jahre vergangen wären, wenn ich bereits im Großlager Bad Aibling beim Würfeln auf meinen Kumpel Joseph, der inzwischen Bischof war, gehört, seine dogmatischen Antizweifelpillen brav geschluckt, [...] mich zuerst probeweise [...], schließlich mit Gelübde in die von Pater Fulgentius gepriesene Klosterwerkstatt geflüchtet hätte.
>
> Ich als Mönch.[143]

---

141 Grass, Beim Häuten der Zwiebel, S. 433 und S. 442–443; Herv. D.K.-B.
142 Vgl. Grass, Beim Häuten der Zwiebel, S. 157, S. 192 und S. 223.
143 Grass, Beim Häuten der Zwiebel, S. 326.

Die Stationen des Joseph Ratzinger bilden einen parallelen Zeitstrang, durch den das Geschehen historisch eingeordnet werden kann. Ein proleptisch erzähltes Gespräch bei einem gemeinsamen Ostseestrand-Spaziergang mit der Schwester streift die kürzlich stattgefundene Papstwahl,[144] die der zeitlichen Einordnung des Geschehens dient. Explizit wird die Josephs-‚Geschichte' mit den Inhalten des Gedächtnis in Verbindung gebracht: „Was das Gedächtnis speichert und verdickt in Reserve hält, fügt sich zur mal so, mal so erzählten Geschichte und kümmert sich nicht um Herkunft und andere Fragwürdigkeiten."[145] Die Quelle von Erinnerungen kann demnach auch die eigene Phantasie sein, die notwendige Zutat eines jeden Märchens ist. Das Märchenhafte dieser Episode der unzuverlässigen Erinnerung wird indirekt eingestanden, wenn erzählt wird:

> Mein Kumpel Joseph jedoch, der im Jahr siebenundvierzig Student der Philosophie und Dogmatik im Priesterseminar Freising war, hat mir [...] sein frommes Zeug mit so leiser und fast verhauchter Stimme vorgelesen, daß ich, im Verlauf eines ganz anders gestrickten Märchens, glauben wollte, aus dem wird nie was.[146]

Die „Schlagseite zum Märchen", von der Hinck in Bezug auf *Beim Häuten der Zwiebel* spricht,[147] wird nicht nur im Joseph-Motiv deutlich, sondern mehr noch gegen Ende des autobiographischen Romans, wenn die Entwicklung hin zum erfolgreichen Schriftsteller knapp zusammengefasst und als „Märchen" tituliert wird:

> Und so könnte ein Märchen beginnen, das nicht ich geschrieben habe und das auch nicht zu denen gehört, die von den Grimmbrüdern gesammelt wurden. Allenfalls hätte Hans Christian Andersen solch ein Märchen erfinden können: Es war einmal ein Schrank, in dem die Erinnerung an Kleiderbügeln hing ...[148]

Zwei Jahre vor dem autobiographischen Roman *Beim Häuten der Zwiebel* erschien ein von Günter Grass zusammengestellter und illustrierter Band mit Ander-

---

144 Vgl. Grass, Beim Häuten der Zwiebel, S. 418.
145 Grass, Beim Häuten der Zwiebel, S. 249.
146 Grass, Beim Häuten der Zwiebel, S. 461.
147 Hinck, Der Autobiograph und der fabulierende Erzähler Günter Grass, S. 4. Diese ‚Schlagseite' ist nicht neu, sondern entspricht diversen Märchenbezügen in früheren Werken Grass'. Eine Sammlung der Literatur findet sich bei Schlatter Binswanger, Grass, Sp. 229–230. Bei näherer Betrachtung der neueren Grass-Werke fällt aber auf, dass das gesamte Jahrzehnt unter dem Rahmenthema Märchen zu stehen scheint – ob als theoretischer Bezugspunkt oder als Motivgeber.
148 Grass, Beim Häuten der Zwiebel, S. 457. Bereits zuvor, auf S. 290, heißt es, dass „sich die Erinnerung gleich einem Kleiderschrank öffnet".

sen-Märchen zum 200. Geburtstag des bekannten dänischen Schriftstellers.[149] In einem Nachwort beschreibt Grass das Besondere an Andersens Märchen. Hier, so Grass, würden die Dinge „zu Wort kommen"[150], alles sei auffällig anschaulich: „Alles spricht, prahlt, schimpft, redet im Wettstreit durcheinander. Andersen entwirft eine Welt, in der es real und phantastisch zugeht [...]."[151]

In Grass' Roman sind es nicht mehr Dinge, die zu sprechen beginnen, sondern personifizierte Erinnerungen. Nicht zufällig besteht das Märchenhafte im Kern aus Erinnerungen, die der Erzähler stark verdinglicht in einem Kleiderschrank aufgereiht vor Augen hat und explizit mit Andersen in Verbindung bringt. So gehen das Phantastische und das Reale (oder auch das faktuale Erzählen) eine ganz eigene Verbindung ein, stehen aber nicht im Widerspruch zueinander. Auf diesen letzten Seiten des Romans spielt der Erzähler mit den fiktionalen und nicht-fiktionalen Genres. Mehrmals taucht in der Folge der Begriff „Märchen" auf, zunächst: „Die Geschichte mit der Ziege kam mir erinnert wie ein Märchen vor, vergleichbar dem, das gerade begonnen hatte [...]."[152] Anschließend ist im Zusammenhang mit den Anfängen bei der Gruppe 47 noch weitere acht Male vom „Märchen" die Rede,[153] obwohl allgemein bekannt ist, dass Grass' Ruhm in der Gruppe alles andere als ‚erfunden' ist, allenfalls ‚phantastisch' im umgangssprachlichen Sinne.

Unter diesen Vorzeichen liest sich die Frage des Erzählers im Selbstgespräch zu Beginn des Romans vielleicht etwas anders, wenn es heißt: „Oder wagte ich nicht zu fragen, weil kein Kind mehr? Stellen, wie im Märchen, nur Kinder die richtigen Fragen?"[154] Die Frage bezieht sich auf das relativ geringe Interesse an der Vergangenheit der Familie und – zumindest indirekt – auf den späten Zeitpunkt autobiographischen Schreibens; wobei sich zugleich zwei Deutungen anbieten: Als Erwachsener ist es zum einen ungleich schwerer, Fragen an die Geschichte und die eigene Verantwortung zu stellen. Zum anderen eignet sich das Märchen als Form, um „die richtigen Fragen" zu stellen, sich also mit der Vergangenheit und damit den eigenen Erinnerungen auseinanderzusetzen. Das erklärt auch, warum bereits bei der Beschreibung der Soldatenzeit völlig unvermittelt der Vergleich mit einer Märchenfigur angestellt wird: „Er sah aus, als sei

---

149 Hans Christian Andersen, Der Schatten. Märchen – gesehen von Günter Grass, Göttingen 2004.
150 Günter Grass. In: Andersen, Der Schatten, S. 276.
151 Grass. In: Andersen, Der Schatten, S. 276.
152 Grass, Beim Häuten der Zwiebel, S. 459. Auch hier erhält Erfahrung, vermittelt durch das Gedächtnis, etwas Märchenhaftes.
153 Vgl. Grass, Beim Häuten der Zwiebel, S. 461–467.
154 Grass, Beim Häuten der Zwiebel, S. 16.

er einem Grimmschen Märchen entlaufen. Gleich wird er weinen."[155] Tatsächlich handelt *Beim Häuten der Zwiebel* aber nicht von einer fiktiven Märchenfigur, sondern unter anderem vom „Soldat unterm ständig rutschenden Stahlhelm"[156] und seinem Werdegang.

> Also begann der grimassierende Junge oder mein behauptetes, doch immer wieder im fiktionalen Gestrüpp verschwindendes Ich, in ein bis dahin unbeflecktes Diarium nicht etwa eine knappe Geschichte, nein, auf Anhieb und ungehemmt flüssig einen Roman zu schreiben [...].[157]

Nicht nur das Ich verschwindet „immer wieder im fiktionalen Gestrüpp", sondern der gesamte autobiographische Text, der zwischen realer und fiktionaler Ebene changiert und klar als autobiographischer Roman zu klassifizieren ist. Das Genre des autobiographischen Romans mit all seinen Spielarten des Phantastischen, des Fiktionalen, aber auch des Realen und Autobiographischen eröffnet erst die Möglichkeit, eine solche Geschichte voller Erinnerung zu schreiben, die sich der Frage der Schuld widmen, sich zugleich aber auch mit allen Facetten des Lebens wie Liebe, Erotik, Kunst, Familienbeziehung, Genuss und Religion beschäftigen kann. Und so kommentiert Ijoma Mangold in der Süddeutschen Zeitung:

> Dieses Werk gehört zum Genre der autobiografischen Literatur – wobei der Akzent, wenn das phonetisch möglich wäre, ebenso auf autobiografisch wie auf Literatur liegt. Zwischen Fakten und Fiktion gibt es, wo ein erinnerndes Subjekt ins Spiel kommt, keine klare Grenze. Grass weiß das natürlich, diese Erkenntnis hat schließlich einen ziemlich langen Bart. Das hindert ihn aber nicht daran, mit großem metaphorischen Tamtam genau daraus die künstlerische Form seines Buches zu gestalten.
>
> „Beim Häuten der Zwiebel" heißt das Buch. Selten hat man sich von einer Zwiebel so genervt gefühlt. Denn sie muss ständig einstehen für den besonderen Wert des Grass'schen Erinnerungsprogramms. Wie eine Zwiebel, erklärt der Erzähler Mal um Mal, sei die Erinnerung. Schicht um Schicht müsse man abtragen, um zu immer tieferen Gedächtnislagern vorzudringen. Und wie das Häuten einer Zwiebel einem die Tränen in die Augen treibt, sei auch der Prozess des Erinnerns schmerzhaft.[158]

Dass der Text seinen Status an vielen Stellen selbst reflektiert, zeitweise auch hinterfragt, ändert nichts an diesem Status. Das schwierige Verhältnis von Fiktio-

---

[155] Grass, Beim Häuten der Zwiebel, S. 156.
[156] Grass, Beim Häuten der Zwiebel, S. 156.
[157] Grass, Beim Häuten der Zwiebel, S. 39. Dieses Zitat bezieht sich nicht etwa auf *Beim Häuten der Zwiebel*; die Aussage über die Inkohärenz des Ichs meint den Protagonisten Günter.
[158] Ijoma Mangold, Seht, wie meine Augen tränen. Rezension des neuen Grass. „Beim Häuten der Zwiebel". In: Süddeutsche Zeitung, 19. August 2006.

nalität und autobiographischem Schreiben wird theoretisch andiskutiert, vor allem aber durch die Meta-Memoria-Ebene parallelisiert mit dem Verhältnis von Erinnerung und Wahrheit.

„Ach, hätte diese Geschichte doch eine Pointe, für die es sich lohnte, den Langweiler Wahrheit zu opfern."[159] Dieser Satz aus *Beim Häuten der Zwiebel*, der sich auf eine flüchtige Bekanntschaft mit einem Mädchen bezieht, lässt sich wohl auf den gesamten autobiographischen Roman übertragen, der – bei aller literarischen Freiheit – mit Blick auf die darin enthaltenen Erinnerungen für sich ein hohes Maß an authentischem Gehalt in Anspruch nimmt. Es steht zu vermuten, dass der Terminus ‚Wahrheit' bei Grass eng an Goethes Verständnis von *Dichtung und Wahrheit* angelehnt ist und damit auch poetologische Bedeutung erhält. Über Grass' frühe Romane ist in *Beim Häuten der Zwiebel* zu lesen: „Und jegliche Pointe hatte den Tauschwert von drei geopferten Wahrheiten. Und da alles Tatsächliche folgerichtig verlief, wurde folgerichtig auch Gegenläufiges möglich."[160] Auffällig ist der Plural „Wahrheiten", der sich auch in einer fiktiven Diskussion mit dem Kumpel Joseph findet. Dort heißt es: „Ich sagte, es gibt mehrere Wahrheiten."[161] Der autobiographische Roman *Beim Häuten der Zwiebel* verbindet fiktionales und faktuales Erzählen, die hinter der Wirklichkeit liegende autobiographische Wahrheit (respektive die Wahrheiten) opfert er nicht.

---

[159] Grass, Beim Häuten der Zwiebel, S. 139.
[160] Grass, Beim Häuten der Zwiebel, S. 151.
[161] Grass, Beim Häuten der Zwiebel, S. 217. Hier bezieht sich der Begriff auf die Frage, ob es nur die eine Wahrheit gebe, wie es der spätere Theologe und Papst vertritt, oder deren mehrere, wie der Agnostiker überzeugt ist.

VIII „Flecken gewaltiger Erinnerung": Autobiographische Literatur anderer Autorinnen und Autoren

Klüger, Walser, Heller und Grass – sie alle stehen mit ihren autobiographischen Werken in einer Reihe mit vielen anderen Autorinnen und Autoren, die sich in einer ähnlichen Phase ihres Lebens, nämlich über ein halbes Jahrhundert nach dem Erlebten, schreibend ihrer Erfahrungen in Kindheit und Jugend annehmen, Erfahrungen in Ghettos und KZs oder in der HJ, als Flakhelfer, in Kriegsgefangenschaft. Auf einige von ihnen soll dieses Kapitel ein Schlaglicht werfen, wobei hier insbesondere die Romane jüdischer Autorinnen und Autoren von Interesse sind, Romane mit autobiographischen Anteilen, die aber wohlgemerkt klar der fiktionalen Literatur zuzurechnen sind.

Dazu zählen beispielsweise Louis Begleys *Lügen in Zeiten des Krieges* und Fred Wanders *Der siebente Brunnen*.[1] „Warum erzählt ein Entkommener der KZs seine Erfahrungen in fiktionaler Form und nicht als Erlebnisbericht?", fragt Klüger im Nachwort zum Wander-Roman *Der siebente Brunnen*. Und sie fügt an: „Die Antwort ist wohl, daß die Fiktion eine größere Distanzierung als der Tatsachenbericht erlaubt: vor allem kann sich das Ich zurücknehmen, im Hintergrund halten, Beobachter und nicht primär Opfer sein."[2]

Dies gilt auch für den *Roman eines Schicksallosen*,[3] das große Werk des ungarischen Literaturnobelpreisträgers Imre Kertész, das allerdings, obgleich es die Gattungsbezeichnung ‚Roman' bereits im Titel trägt, in der Rezeptionsgeschichte allzu oft als autobiographisches Werk aufgefasst wurde. Es lassen sich zwar Parallelen zwischen der Hauptfigur György Köves und Kertész' Biographie ausmachen, auch erinnert sich der Erzähler in der ersten Person an seine eigenen Erfahrungen

---

[1] Louis Begley, Lügen in Zeiten des Krieges. Roman, übers. von Christa Krüger, Frankfurt a. M. 1994; Fred Wander, Der siebente Brunnen. Roman, mit einem Nachwort von Ruth Klüger, München 2006. Zu früheren Werken siehe Stephan Braese, Die andere Erinnerung. Jüdische Autoren in der westdeutschen Nachkriegsliteratur, Berlin/Wien ²2002.
[2] Ruth Klüger, „Meine Toten sind zahlreich und gesprächig". Nachwort. In: Fred Wander, Der siebente Brunnen, München 2006, S. 151–162, hier S. 154.
[3] Vgl. Kertész, Roman eines Schicksallosen. Da die Originalausgabe des Romans im Ungarischen bereits 1975 erschien, ist er nicht den zeitgenössischen Werken der letzten zwei bis drei Jahrzehnte zuzurechnen. Dieser Roman über die Deportation und den Aufenthalt eines jüdischen Jungen in Auschwitz und Buchenwald ist aber Bezugspunkt vieler späterer Autorinnen und Autoren, zumal er erst 1996 ins Deutsche übersetzt wurde.

und damit die Geschichte des Protagonisten.⁴ Doch ein wesentlicher Unterschied zur Autobiographie besteht darin, dass dem *Roman eines Schicksallosen* ein nicht-mimetisches Prinzip zugrunde liegt, das sich insbesondere im Verhältnis der Hauptfigur – oder genauer: deren Zugang zur Wirklichkeit – zum historischen Kontext zeigt.⁵ Köves gerät zufällig, unvoreingenommen, wenn nicht sogar voller Abenteuerlust ins Konzentrationslager Auschwitz. Unabhängig davon reflektiert der Roman wohl als einer der ersten die Erinnerungsperspektive seines Erzählers, wie es spätere autobiographische Romane konsequent programmatisch weiterentwickeln. So schildert der kluge und zugleich naive Erzähler beispielsweise: „Dann erinnere ich mich nur noch daran, wie ich mit den Jungen wieder zurückgegangen bin, zu unserer Unterkunft, und daß die Sommerdämmerung [...] besonders friedlich und warm war an diesem Tag."⁶ Und er räumt ein: „[W]er vermöchte schon jeden einzelnen Tag mit all seinen Ereignissen gegenwärtig zu halten [...]?"⁷ Der sich an die Zeit in den Konzentrationslagern erinnernde Erzähler überprüft an einzelnen Stellen seine Erinnerungen mit dem später hinzugewonnenen Wissen, ohne vollständig aus der Rolle des neugierigen, oft anstößig gut gelaunten, aufgeregten und optimistischen Jungen zu fallen. Ähnliches gilt für den Jungen im Lager, der sich an vergangenen Zeiten erinnert:

> Ich erinnerte mich noch sehr gut an die Eröffnungsfeier – ich selbst hatte in einem dunkelblauen, schnurbesetzten Ungarnanzug teilgenommen [...]. Ich habe mir auch die Worte des Direktors gemerkt – eines würdigen Mannes mit gestrenger Brille und einem schönen Schnurrbart, der, wenn ich es nun im nachhinein bedachte, auch ein bißchen etwas von einem Kommandeur hatte.⁸

Mehr noch als das Erinnern wird das Vergessen und das Sich-nicht-erinnern-Können oder das partielle Erinnern thematisiert:

> An die anderen Gesichter und Vorkommnisse erinnere ich mich nicht mehr so recht. Und überhaupt, meine Beobachtungen wurden mit der Zeit immer weniger scharf. [...]

---

4 An dieser Stelle sei verwiesen auf Kertész' Tagebuchaufzeichnungen; vgl. Imre Kertész, Galeerentagebuch, übers. von Kristin Schwamm. Berlin 1996.
5 Vgl. Péter Szirak, Die Bewahrung des Unverständlichen. Imre Kertész: „Roman eines Schicksallosen". In: Der lange, dunkle Schatten. Studien zum Werk von Imre Kertész, hg. von Mihály Szegedy-Masák und Tamás Scheibner, übers. von Andrea Egyed u. a., Budapest/Wien 2004, S. 17–66, hier S. 17–18.
6 Kertész, Roman eines Schicksallosen, S. 80.
7 Kertész, Roman eines Schicksallosen, S. 256. Zur „Choreographie des Erinnerns" siehe Annette Keck, Merkwürdiges Warten. Imre Kertész' Beitrag zu einer Poetik des Wartens zwischen Erinnern und Vergessen im „Roman eines Schicksallosen". In: Überleben schreiben. Zur Autobiographik der Shoah, hg. von Manuela Günter, Würzburg 2002, S. 139–154, hier S. 151.
8 Kertész, Roman eines Schicksallosen, S. 127.

> Dazu kam die Untätigkeit, das dumme Gefühl des Stillstands, ja und dann die Langeweile; deshalb erinnere ich mich an die fünf Tage, die ich hier verbracht habe, auch nicht einzeln, doch selbst im ganzen weiß ich von ihnen nur noch ein paar Einzelheiten.[9]

Obwohl der Erzähler immer wieder anmerkt, dass er sich nur „verschwommen" erinnern könne und vieles vergessen habe,[10] und obwohl Vergessen als wünschenswerter Zustand beschrieben wird,[11] beharrt der aus Buchenwald zurückgekehrte Junge im Gespräch mit zwei älteren Herren auf der identitätsstiftenden Bedeutung der Erinnerung:

> „Vor allem", sagte er, „mußt du die Greuel vergessen." Ich war noch mehr überrascht und habe gefragt: „Wieso?" „Damit du", antwortete er, „leben kannst", und Herr Fleischmann nickte und fügte hinzu: „Frei leben", worauf der andere Alte nickte und hinzufügte: „Mit einer solchen Last kann man kein neues Leben beginnen", und da hatte er bis zu einem gewissen Grad recht, das mußte ich zugeben. Nur verstand ich nicht ganz, wie sie etwas verlangen konnten, was unmöglich ist, und ich habe dann auch bemerkt, was geschehen sei, sei geschehen, und ich könne ja meinem Erinnerungsvermögen nichts befehlen.[12]

Das Erinnerungsvermögen lässt sich nicht befehlen, und der Schicksallose beharrt darauf, dass er sich an die Lager trotz deren Zweck als Vernichtungsmaschinerie auch positiv erinnern und sogar Sehnsucht nach dieser Zeit empfinden darf – schließlich hat er dort seine Kindheit verbracht. So heiß es am Ende des Romans:

> Es war die gewisse Stunde [...], die mir liebste Stunde im Lager, und ein schneidendes, schmerzliches, vergebliches Gefühl ergriff mich: Heimweh. Alles war auf einmal wieder da, wurde lebendig und stieg in mir hoch, all die seltsamen Stimmungen, all die winzigen Erinnerungen überfielen, durchzitterten mich. Ja, in einem gewissen Sinn war das Leben dort reiner und schlichter gewesen. Alles fiel mir wieder ein, an alle erinnerte ich mich der Reihe nach [...].
>
> Denn sogar dort, bei den Schornsteinen, gab es in der Pause zwischen den Qualen etwas, das dem Glück ähnlich war. Alle fragen mich immer nur nach den Übeln, den „Greueln": obgleich für mich gerade diese Erfahrung die denkwürdigste ist. Ja, davon, vom Glück der Konzentrationslager, müßte ich ihnen erzählen, das nächste Mal, wenn sie mich fragen.
>
> Wenn sie überhaupt fragen. Und wenn ich es nicht selbst vergesse.[13]

---

9 Kertész, Roman eines Schicksallosen, S. 61 und S. 69.
10 Vgl. Kertész, Roman eines Schicksallosen, S. 8 und S. 282.
11 So wird der Zustand zu Beginn der Deportation, wenn der erste Hunger vergessen werden kann, als verhältnismäßig erstrebenswert geschildert, vgl. Kertész, Roman eines Schicksallosen, S. 67.
12 Kertész, Roman eines Schicksallosen, S. 280–281.
13 Kertész, Roman eines Schicksallosen, S. 286–287.

Die eigene Erinnerung gegen Widerstände zu verteidigen, ist auch die Absicht vieler anderer, die Shoah überlebt habender Autorinnen und Autoren, deren Werke wie Klügers *weiter leben* einen hohen autobiographischen Anteil aufweisen. So schildert der Schriftsteller Aharon Appelfeld die jahrzehntelang wirkenden, enormen Hürden für Shoah-Überlebende, von eigenen Erfahrungen der Verfolgung, des Ghetto- und Lageralltags zu schreiben. Sowohl das Umfeld – in seinem Fall im damals noch jungen Staat Israel – als auch innere, durch Traumatisierung, Ekel und vielleicht auch den Wunsch nach Vergessen oder Verdrängung genährte Zweifel hielten viele Autoren lange von einer autobiographisch-literarischen Auseinandersetzung mit der Shoah ab:

> The feeling that your experience cannot be told, that no one can understand it, is perhaps one of the worst that was felt by the survivors after the war. Add to that the feeling of guilt, and you find that with your own hands you have built a vast platform of misunderstanding for yourself.[14]

Das Gefühl der Schuld, zu den Überlebenden und nicht zu der großen Zahl der Ermordeten zu gehören, von dem Appelfeld hier spricht, findet sich in vielen Lebensberichten jüdischer Opfer. Appelfeld verteidigt seine Erinnerung, indem er selbst einen autobiographischen Roman verfasst, der 1999 unter dem Titel *Sippur Chajim* in Jerusalem erscheint. Die später auch ins Deutsche übertragene *Geschichte eines Lebens* beginnt mit der Frage: „Seit wann sich meine Erinnerung erinnert?"[15] Er vermag diese Frage nicht klar zu beantworten, aber er spürt ihr anschließend kapitellang nach und erforscht ihre langen, bis ins Körperliche erlebbaren „Wurzeln":

> Seit Ende des Zweiten Weltkriegs sind bereits über fünfzig Jahre vergangen. Vieles habe ich vergessen, vor allem Orte, Daten und die Namen von Menschen, und dennoch spüre ich diese Zeit mit meinem ganzen Körper. Immer wenn es regnet, wenn es kalt wird oder stürmt, kehre ich ins Ghetto zurück, ins Lager oder in die Wälder, in denen ich so lange Zeit verbracht habe. Die Erinnerung hat im Körper anscheinend lange Wurzeln. Manchmal genügt der Geruch von gammeligem Stroh oder ein Vogelschrei, um mich weit weg und tief in mich hineinzuschleudern.
>
> Ich sage „in mich hinein", obwohl ich noch keine Worte für jene Flecken gewaltiger Erinnerung gefunden habe.[16]

---

[14] Aharon Appelfeld, Beyond Despair. Three Lectures and a Conversation with Philip Roth, übers. von Jeffrey M. Green, New York 1994, S. 31–32.
[15] Aharon Appelfeld, Geschichte eines Lebens, übers. von Anne Birkenhauer, Reinbek 2006, S. 13.
[16] Appelfeld, Geschichte eines Lebens, S. 57.

Nicht das Gedächtnis, sondern der Körper ist es, in den sich die tiefsten Erinnerungen eingenistet haben: „Die Zellen des Körpers erinnern sich anscheinend besser als das Gedächtnis, das doch dafür bestimmt ist."[17] Diese körperliche Erinnerung bezieht sich auf die Folgen von Traumatisierungen, ist aber nicht auf diese beschränkt. Appelfelds Geschichte eines Lebens ist durchzogen von der Reflexion, welche Spuren Erinnerungen hinterlassen und wie sie auch mit großem zeitlichen Abstand zum Vorschein kommen. Die Meta-Memoria-Ebene des Romans wird eingeleitet durch theoretische Überlegungen im Vorwort:

> Unsere Erinnerung ist flüchtig und selektiv; sie behält, was sie behalten will. Das heißt nicht, dass sie nur das Gute oder Angenehme behält. Die Erinnerung nimmt, ähnlich dem Traum, aus dem zähen Strom der Ereignisse bestimmte Details – manchmal belanglose Kleinigkeiten – heraus und bewahrt sie auf, um sie zu einem anderen Zeitpunkt wieder hervorzuholen. Wie der Traum versucht auch die Erinnerung, den Ereignissen Bedeutung zu verleihen.[18]

Nicht nur mit dem Traum, auch mit der Phantasie wird die Erinnerung verglichen. Hier heißt das: Während sich die Phantasie unbekannten Gefilden zuwendet, fühlt sich die Erinnerung dem Bekannten zugehörig und hat die Eigenart, Kindheitserinnerungen unchronologisch und – ähnlich wie Walsers Brunnen – eruptiv „sprudeln" zu lassen.[19] Bei Appelfeld kommt den autobiographisch wiedergegebenen Erinnerungen fundamentale Bedeutung zu. Dank ihrer Funktion als ‚Wurzeln' tragen sie, wenn auch nur bruchstückhaft, dazu bei, einem fragmentarischen Leben Identität zu verleihen und einer durch die Erfahrungen in den Lagern ausgelösten Entwurzelung entschieden entgegenzutreten.

Stephan Braese attestiert Appelfelds Werk „erinnerungspoetologische Arbeit"[20], ein Merkmal, das er freilich auch bei Edgar Hilsenraths eine *Die Abenteuer des Ruben Jablonski* erkennt. Gemessen an den Merkmalen, die eine Poetologie des Erinnerns bei Klüger, Walser, Heller, Grass, aber auch bei Appelfeld oder – im rein fiktionalen Roman – Imre Kertész ausmachen, nämlich einer Erinnerungsreflexion der Erzählinstanz, kann bei Hilsenrath aber nicht von einer Poetologie des Erinnerns im engeren Sinne die Rede sein, zumindest nicht von einer expliziten. Hilsenrath, der durch seine Romane *Nacht*, *Der Nazi & der Friseur* und *Bronskys Geständnis* berühmt wurde,[21] verfasst – wie viele andere – verhältnismäßig spät seinen autobiographischen Roman. Im Jahr 1997 erscheinen *Die*

---

17 Appelfeld, Geschichte eines Lebens, S. 95.
18 Appelfeld, Geschichte eines Lebens, S. 7.
19 Vgl. Appelfeld, Geschichte eines Lebens, S. 7, S. 10, S. 97.
20 Braese, Die andere Erinnerung, S. 172; vgl. auch ebd., S. 174.
21 Edgar Hilsenrath, Nacht, München 1964; ders., Der Nazi & der Friseur, Köln 1977; ders., Bronskys Geständnis, München 1980.

Abenteuer des Ruben Jablonski, in denen dieser, aufgewachsen in Halle an der Saale, geflohen nach Rumänien und ins ukrainische Ghetto Mogilew-Podolski deportiert, nach seiner Befreiung nach Palästina und anschließend nach Frankreich und in die USA reist. Ihn treibt – neben Hunger und dem Verlangen nach Sex – vor allem der eiserne Wille, als Schriftsteller zu gelten. Mit Blick auf ein Gespräch Ruben Jablonskis mit seiner Lehrerin, in dem er darauf beharrt, dass man über das Ghetto nicht nur Augenzeugenberichte, sondern auch Romane schreiben könne,[22] betont Braese:

> In diese Zeilen ist unterdessen nicht nur die Erfahrung der Ablehnung eingegangen; sondern, verborgen, geben sie eine erste, allerdings entscheidende poetologische Einsicht derer wieder, die unterdessen gleichwohl mit dem Schreiben begonnen haben: den ‚turning point', den die Wende vom reinen Augenzeugenbericht in eine Poetologie, die fiktionale Momente aufnimmt, für die erinnerungspoetologische Arbeit bedeutet hat.[23]

Während Appelfelds Erzähler aber signifikant seine Erinnerungswurzeln sowohl im Vorwort als auch innerhalb des Romans reflektiert, findet sich bei Hilsenrath keinerlei Meta-Memoria-Ebene. Zwar wird Jablonskis Kindheit analeptisch erzählt – als dieser nach Frankreich übersiedelt, heißt es: „Die Erinnerungen tauchten auf, als ich an der Reling stand. Ich sah meinen Vater leibhaftig vor mir und fragte mich, ob er sich wohl sehr verändert hatte."[24] Jedoch ist die Hauptfigur viel zu sehr mit sich, dem Überleben, den Frauen und dem jeweiligen Ankommen und Weiterreisen beschäftigt, als dass sie die Bedingungen ihrer Erinnerung reflektieren würde. Während Klüger in der Fiktionalität Wanders den Vorteil sieht, dass das Ich als Shoah-Opfer sich zurücknehmen, auf Distanz gehen kann, müssen Appelfeld und Hilsenrath durch ihr Werk verteidigen, dass sie ihre Erfahrungen autobiographisch und fiktional zugleich verarbeiten. Damit erhält der neuere autobiographische Roman der Generation jüdischer Schriftstellerinnen und Schriftsteller, die als Kinder Opfer der Shoah wurden, eine Funktion, die die autobiographischen Romane anderer Autorinnen und Autoren nicht erfüllen: die apologetische Verteidigung der eigenen, in Form ‚gewaltiger Flecke' zurückgebliebenen Erinnerung an glückliche und unglückliche Momente der Kindheit und ihre Transformation in fiktionales Schreiben.

Nicht die Verteidigung des Schreibens nach der Shoah, sondern – vergleichbar mit Klüger – die sinnstiftende Funktion des lyrischen Schreibens während der Shoah ist in einem anderen autobiographischen Werk zu finden: Schoschana Rabinovicis *Dank meiner Mutter*. Rabinovici, 1932 als Suzanne-Lucienne Weksler

---

[22] Vgl. Edgar Hilsenrath, Die Abenteuer des Ruben Jablonski. Roman, München 2010, S. 141–142.
[23] Braese, Die andere Erinnerung, S. 173–174.
[24] Hilsenrath, Die Abenteuer des Ruben Jablonski, S. 265.

geboren, erzählt darin die Geschichte der zehnjährigen Susie Weksler, die im litauischen Wilna und nach der Besetzung durch die Deutschen im dortigen Ghetto lebt. 1943 wird sie zunächst nach Kaiserwald und anschließend nach Stutthof deportiert. Sie überlebt den Todesmarsch nach Tauentzien gemeinsam mit ihrer Mutter. Im Lager fängt das Mädchen Susie „wieder an, Gedichte zu machen", heißt es hier. Und weiter: „Anfangs waren es nur ein paar Wörter [...], die sich reimten oder witzig waren, doch im Laufe der Zeit wurden daraus Verszeilen."[25] Die Gedichte erfüllen mehrere Aufgaben zugleich: Sie dienen der Schreibübung, sind geistige Beschäftigung und mögliches Zeitdokument und helfen Susie, in eine glückliche Welt zu entfliehen.[26] Der Erinnerung kommt in Rabinovicis Lebensbericht *Dank meiner Mutter* keine strukturbildende oder poetologische Funktion zu. Der Aufenthalt in den Lagern ist ein einziger Kampf ums Überleben; Erinnerungen haben dort keinen Platz. Zu Beginn des Berichts finden sich noch Berichte von Erinnerungen, etwa: „Bis heute ist die Erinnerung an diese beiden Filme mit dem Bild meines Vaters verbunden."[27] Nach der Befreiung Susies und ihrer Mutter durch die Rote Armee müssen jedoch erst die traumatischen Erfahrungen, die in Albträumen präsent werden, verarbeitet werden. Dazu zählt, dass Susies Mutter ihre Erinnerungsfähigkeit sukzessive zurückerlangt und dadurch überlebt:

> Wenn sie wach war, erinnerte sie sich nicht mehr an die Vergangenheit und hatte alles vergessen, was mit ihr passiert war. Sie hatte ihr Haus in Wilna vergessen, ihre Familie und benahm sich wie ein Kind. [...] Stück für Stück kam ihre Erinnerung zurück. Und als sie zum ersten Mal am gedeckten Tisch saß, erinnerte sie sich, daß sie im Haus ihres Vaters Tee aus einem Samowar getrunken hatte.[28]

Bei Rabinovici ist Erinnerung gleichbedeutend mit Identität, das Wiedererlangen von Erinnerungsfähigkeit Zeichen des Überlebens. Und doch ist hier nicht von einer expliziten Poetologie des Erinnerns im Sinne der Erinnerungsreflexion auszugehen.

Völlig anders verhält es sich mit dem autobiographischen Werk Peter Härtlings, einem Vertreter jener deutschen Schriftstellergeneration, deren Kindheit sich im ‚Dritten Reich' – und zwar jenseits der Ghettos und Konzentrationslager – abspielte. Nur wenige Jahre jünger als Walser und Grass, zeigen sich Parallelen nicht nur in den Erfahrungen der Schriftsteller, sondern auch in ihrer

---

[25] Schoschana Rabinovici, Dank meiner Mutter, übers. von Mirjam Pressler, Frankfurt a. M. 2002, S. 165.
[26] Vgl. Rabinovici, Dank meiner Mutter, S. 165–166.
[27] Rabinovici, Dank meiner Mutter, S. 15; vgl. auch ebd., S. 24 und S. 43.
[28] Rabinovici, Dank meiner Mutter, S. 269.

Erinnerungsprogrammatik, wenngleich auffällt, dass der Anteil der geschilderten Lebensjahre bis 1945 in Härtlings erstmals 2003 erschienenem autobiographischen Roman *Leben lernen* im Vergleich zu anderen autobiographischen Werken und gemessen an der historischen Bedeutung dieser Jahre eher knapp gehalten ist. Härtling beschreibt in seinem Roman, der mit dem Wort *Erinnerungen* untertitelt ist, die Entwicklung des 1933 geborenen, früh verwaisten Schulabbrechers und talentierten Schriftstellers in Ich-Form, wobei zu betonen ist, dass es der Ichs mehrere gibt und im letzten Kapitel „alle Ichs ihrem Alter entschlüpft und zum alten Mann geworden sind"[29].

Auch Härtlings autobiographischer Roman ist durch eine eigene Erzählprogrammatik gekennzeichnet. Sehr kompakt zusammengefasst, findet sich ein wesentlicher Ausschnitt dieser Programmatik in folgenden Zeilen, die sich auf einen Besuch bei Fritz Ruoff, einem für Härtling prägenden Bildhauer und Freund beziehen:

> Vermutlich besuchte ich Fritz Ruoff damals zum ersten Mal. Ich habe nie Tagebuch geführt, kann nicht nachschlagen. Mich auf diese Weise zu vergewissern, entspräche auch nicht meinem Erinnern. Das Gedächtnis hat eine ungefähre Chronologie, reagiert mitunter sogar unwillig und vorsätzlich wirr, wenn ich zu ordnen versuche. Ich denke lieber in Zusammenhängen, Vergleichbarkeiten, Parallelen. Das Ich, von dem ich gerade erzähle, ist in hohem Maße reizbar. [...] Es liegen fünfzig Jahre zwischen uns, ein halbes Jahrhundert, und der, mit dem ich mich fragend auseinandersetze, weiß nichts von mir, während ich viel von ihm vergessen, verdrängt habe. Manchmal muss ich ihn erfinden, wenn ich nichts finde, manchmal erzähle ich ihn um. Da ich ihn aber zu mir führe, die Jahrzehnte, die uns trennen, gleichsam auf uns einredend, überbrücken möchte, wird er um Spuren deutlicher, fassbarer. Alte, vergessene Wunden beginnen wieder zu schmerzen.[30]

Einmal mehr wird hier auf der Meta-Memoria-Ebene die Autonomie des kaum steuerbaren und deshalb als sensiblen Vorgang verstandenen Erinnerns reklamiert. Es sind ebenfalls über 50 Jahre, die zwischen den Ereignissen und deren erinnernder Vergegenwärtigung liegen, 50 Jahre, die mit anderen Beschäftigungen als der des Erinnerns gefüllt waren und in denen Verdrängung oder schlichtes Vergessen stattgefunden hat. Erinnerungen werden wach, wenn das erzählte Ich sich über die Narbe an der Stirn streicht, Prosa verfasst und auf Ähnlichkeiten mit der eigenen Jugend stößt.[31] Trotz der Autonomie der Erinnerung erweist sie sich in *Leben lernen* in gewissem Maße formbar. Zudem dient sie der Tröstung oder bisweilen auch dem Zeitvertreib: „Erinnerung bestätigt den Alten. Sie kann

---

[29] Peter Härtling, Leben lernen. Erinnerungen, München 2005, S. 359; vgl. auch ebd., S. 10 und S. 14.
[30] Härtling, Leben lernen, S. 102.
[31] Härtling, Leben lernen, S. 20 und 25.

er ausspielen, mit ihr kann er sich aus dem täglichen Gerangel stehlen, sie kann er ummünzen, wenn ihm danach ist, und mit ihr kann er sich entfernen."[32] Der zeitliche Abstand zwischen dem ‚Alten' und dem Kind und der unterschiedliche Blick beider Ichs auf die Welt kennzeichnen hier die Poetologie des Erinnerns: „Ich brauche seine Unschuld, die noch nicht erinnern will, denn ich alter Mann misstraue jedem Wort."[33]

Bei Härtling wird der ontologische Status eines Textes poetologisch hinterfragt, der Erzählung ist und zugleich autobiographisch auf Erinnerungen fußt:

> Ich täusche mich. Der Anfang fällt mir schwer, Satz für Satz, während die aufgerufenen Erinnerungen drängen – unversehens habe ich es mit zwei Stimmen zu tun: der ungestüm erzählenden Stimme des Erinnerns und jener, die nach Wörtern sucht, die der Schnelligkeit und Heftigkeit der Bilder nicht gewachsen ist. Ich erkläre mir den Stau mit meinem Entschluss, dass ich nicht wie sonst erzählend mein Ich objektiviere, sondern bei ihm, in ihm bleibe.[34]

Noch vor Grass' *Beim Häuten der Zwiebel* ist in *Leben lernen* vom Erzählen von Erinnerungen in Märchenform die Rede, denn manches lässt sich „im Nachhinein höchstens als Märchen erzählen"[35]. Dieser Gedanke wird aber nicht wie bei Grass durchdekliniert. Häufigere Erwähnung findet in Härtlings Roman aber die Thematisierung der unsicheren Erinnerung durch den Erzähler. So ist dem Erzähler bewusst, dass Räume und Personen in der Erinnerung nicht unbedingt der historischen Realität entsprechen: „Die Wohnung dehnt sich in meiner Erinnerung ungleich opulenter und geräumiger aus als die in den Schwarzen Feldern. Ich kann meine Maßstäbe von damals nicht mehr prüfen, ihnen nur misstrauen."[36] Dieser Erzähler weiß um die Ungenauigkeit der Erinnerung und um die Unterscheidung von Wahrheit und Wirklichkeit: „Erst jetzt, da die Erinnerung durch die Wiederholung eher unsicher wird, ich schon nicht mehr zwischen wahr und wirklich unterscheiden kann, beginnt mich diese leere Stelle zu beunruhigen."[37] Diese Überlegungen beziehen sich auf die Tatsache, dass die Mutter bei ihrem Suizid keinen Abschiedsbrief hinterlassen hat, und schließen an ein ihr gewidmetes autobiographisches Gedicht an. Dies lässt vermuten: Es geht ähnlich wie bei Goethe um die Wahrheit, die in der Dichtung manchmal deutlicher zum Vorschein kommt als in der bloßen faktenbasierten historischen Wiedergabe.

---

32 Härtling, Leben lernen, S. 7.
33 Härtling, Leben lernen, S. 14.
34 Härtling, Leben lernen, S. 10.
35 Härtling, Leben lernen, S. 195.
36 Härtling, Leben lernen, S. 27.
37 Härtling, Leben lernen, S. 79.

Zusammenfassend lässt sich festhalten: Ein eigenes Erinnerungsprogramm und eine strukturbildende Memoria-Reflexion sind, wie Hilsenrath und Rabinovici zeigen, keine notwendige Bedingung neuerer autobiographischer Romane, aber finden sich signifikant in diesem Genre und sind als wichtiges Fiktionssignal aufzufassen. Dabei unterscheiden sich die Reflexionen derer, die Opfer der Shoah wurden, oftmals von denen, die Kinder der Täter und Mitläufer waren – und doch verbindet sie der Kampf um die Erinnerungsfähigkeit und die Definitionshoheit ihres jeweiligen Gedächtnisses.

IX Synthese und Fazit

In dieser Arbeit galt es, vier autobiographische Romane, die im Kern eine Kindheit und Jugend während des Nationalsozialismus und der Shoah erzählen, auf ihr Konzept von Erinnerung hin zu untersuchen.

Insofern sie sich auf die Kindheit und Jugend der Figuren beziehen, erzählen die behandelten neueren autobiographischen Romane jeweils eine individuelle Sozialisationsgeschichte.

So verschieden die je eigenen Erlebnisse der vier um 1930 Geborenen sind, so auffällig ist, dass jenseits aller Individualität ähnliche Erfahrungen erinnert werden. So gleichen sich bei Klüger und Heller die Erinnerungen an anfängliche Diskriminierungserfahrungen. Während für Hellers Johann Avellis unklar ist, ob das Parkbankverbot auch für ihn als ‚Halbjude' gilt, ist die Frage bei Klügers kleiner Ruth entschieden. Gleichwohl brennt sich die Begebenheit bei beiden als negative emotionale Erinnerung ein:

> In den Anlagen bei der Preußenwiese, wo sie gern spielen, setzt sich Peter auf die Parkbank und sagt: *Du* darfst hier nicht sitzen. An der Bank ist ein Emailschild: „Für Juden verboten." Sein Freund meint es nicht böse. Er will David nur ein bißchen ärgern. [Georg Heller, *Das Kind, das er war*][1]

> Alle, die nur ein paar Jahre älter waren, haben ein anderes Wien erlebt als ich, die schon mit sieben auf keiner Parkbank sitzen und sich dafür zum auserwählten Volke zählen durfte. Wien ist die Stadt, aus der mir die Flucht nicht gelang. [Ruth Klüger, *weiter leben*][2]

Johann Avellis, obwohl einer der sportlichsten Jungen im Kinderlandverschickungsheim, darf das Sportabzeichen nicht erwerben, weil er in nicht im Jungvolk-Bann ist. Der Schulausschluss wird für ihn zum traumatischen Erlebnis. Ruth in Klügers *weiter leben* hat keinerlei Möglichkeit, mit anderen Kindern unbeschwert zur Schule zu gehen oder Freizeitaktivitäten nachzugehen. Solche Erinnerungen, die in beiden autobiographischen Romanen geschildert werden, teilen die beiden Kinder mit einer ganzen Generation jüdischer Kinder. So reihen sich persönliche Erinnerungen ein in Erfahrungen einer großen Gruppe und werden damit Teil des kollektiven Gedächtnisses.

Auch Grass und Walser haben Verbindendes in ihren Lebensläufen. So beschreiben sie denn auch beide in ihren autobiographischen Werken die anfängliche Begeisterung für den Krieg oder das von den Nationalsozialisten geförderte Gemeinschaftsgefühl. Doch während Grass in *Beim Häuten der Zwiebel* sichtlich

---

[1] Heller, Das Kind, das er war, S. 32; Herv. im Orig.
[2] Klüger, weiter leben, S. 19.

mit dieser Vergangenheit ringt, ist Walsers *Ein springender Brunnen* eher ein Beispiel für Formen der Verdrängung, kombiniert mit einer Abwehrhaltung gegenüber nachträglicher Reflexion.

Augenfällig sind in beiden Werken die rein fiktionalen Passagen, das „Wunder von Wasserburg" bei Walser und das Joseph-Ratzinger-Motiv bei Grass, wobei Grass' Roman das Spiel mit der vermeintlichen Bekanntschaft zum späteren Papst Benedikt als unhistorische Begebenheit auflöst und Walsers Wunderbegebenheit als eindeutig phantastisch, aus den kindlichen Augen des Erzählers jedoch als echt identifiziert wird.

Politische Veränderungen oder gar die Shoah stehen nicht im Fokus der Protagonisten von Walser und Grass. Vielmehr ist ihr Interesse auf andere Dinge gerichtet. Der aufkommende Sexualtrieb des adoleszenten Jungen spielt bei beiden (wie übrigens auch bei Heller) eine Rolle. Sie symbolisieren das Älterwerden und einen Aspekt der Identitätsfindung der Figuren.

In Auschwitz-Birkenau hingegen ist kein Raum für sexuelle Erfahrungen und altersgemäße körperliche Entwicklung. So bemerkt Herta Müller zu *weiter leben*: „Die kindliche Neugierde auf Sexualität wird auf dem Gelände der Menschenvernichtung ersetzt durch Geschichten von Leichenschändungen und gestohlenem Zahngold."[3] Und in der Tat erfährt Ruth von Liesel, ihrer Freundin aus Wien, deren Vater im Sonderkommando arbeitet und seiner Tochter intime Kenntnisse über Leichenschändungen im Lager weitergibt und die ihrem Vater später ins Grab folgt, Details der Todesmaschinerie. „Sie sprach von den Einzelheiten so unbekümmert, wie Straßenkinder vom Geschlechtsverkehr redeten, aber eben auch mit derselben unterschwelligen Herausforderung, demselben lauernden Angebot von Korruption."[4] Das ist die Form der Aufklärung in den Lagern – sie bezieht sich nicht auf das Wissen um sexuelle Erregung und Fortpflanzung wie bei Grass und Walser, sondern auf das um eine perverse Mordmaschinerie, um den Tod.[5] Um eine ältere Merkmalsbestimmung Bernd Neumanns für den autobiographischen Roman auf Klügers *weiter leben* zu übertragen: Kaum ein Roman wäre wohl besser in der Lage zu zeigen, „um welche Fülle von Verwirklichungsmöglichkeiten das Subjekt durch Herkunft, Erziehung und gesellschaftliche Widerstände gebracht wurde"[6].

---

3 Müller, In der Falle, S. 31–32.
4 Klüger, weiter leben, S. 118.
5 „Der Tod, nicht Sex war das Geheimnis, worüber die Erwachsenen tuschelten, wovon man gern mehr gehört hätte", heißt es gleich zu Beginn von *weiter leben*; vgl. Klüger, weiter leben, S. 9.
6 Neumann, Die Wiedergeburt des Erzählens aus dem Geist der Autobiographie?, S. 101.

Allen vier autobiographischen Romanen ist bei allen Unterschieden letztlich ein Thema gemein: die Entdeckung der deutschen Sprache, des Schreibens, die ersten lyrischen Versuche. Bei Klüger werden erste Gedichte zitiert, bei Heller ist zu lesen, dass der zwölfjährige David Gedichte verfasst.[7] Grass' Werk *Beim Häuten der Zwiebel* zeigt nicht nur werkgeschichtliche Zusammenhänge seiner Prosa auf und ist voller intertextueller Bezüge, beschrieben werden auch die Anfänge der schriftstellerischen Tätigkeit und die späteren Erfolge.[8] Zudem sind auch hier Informationen über lyrische Versuche enthalten.[9]

Der Erzähler macht in *Beim Häuten der Zwiebel* deutlich: Das Schreiben ist ein notwendiger Akt, der den triebhaften Hunger nach Kunst stillt. Auch bei Klüger ist das Rezitieren von Gedichten wie Uhlands „Des Sängers Fluch" bereits im Kindesalter Ausdruck beinahe manischer Kunstliebe.[10] Im KZ wird aus dieser Liebe zur Lyrik ein fast therapeutischer Zeitvertreib, in Christianstadt beginnt Ruth, selbst Gedichte zu verfassen:

> In Birkenau wäre es mir nicht gelungen, von 5 Millionen Ermordeten zu reden. […] Da war die Sache noch zu hautnah, der Kamin löste panisches Entsetzen aus, und der Impuls zur dichterischen Bewältigung wäre dem stärkeren Bedürfnis nach Verdrängung erlegen. Im nächsten Lager war es umgekehrt, da wollte ich mein Erlebnis verarbeiten, auf die einzige Weise, die ich kannte, in ordentlichen, gegliederten Gedichtstrophen. […]
>
> Es sind Kindergedichte, die in ihrer Regelmäßigkeit ein Gegengewicht zum Chaos stiften wollten, ein poetischer und therapeutischer Versuch, diesem sinnlosen und destruktiven Zirkus, in dem wir untergingen, ein sprachlich Ganzes, Gereimtes entgegenzuhalten; also eigentlich das älteste ästhetische Anliegen.[11]

Die Hommage an die Lyrik ist mehr als eine indirekte Antwort Klügers auf Adornos Diktum, nach – oder in diesem Zusammenhang vielmehr – angesichts von Auschwitz sei es barbarisch, Gedichte zu schreiben.[12] Hier reklamiert die Schriftstellerin, die selbst in Auschwitz gefangengehalten wurde, das Recht auf Reimen für sich und wehrt sich gegen eine spätere moralische oder religiös anmutende Bevormundung durch die „anderen, Adorno vorweg, ich meine die Experten in Sachen Ethik, Literatur und Wirklichkeit"[13], durch jene also, die dokumen-

---

7 Vgl. Heller, Das Kind, das er war, S. 43; Klüger, weiter leben, S. 125–126.
8 Vgl. Grass, Beim Häuten der Zwiebel, S. 183, S. 223, S. 467–468, S. 475.
9 Vgl. Grass, Beim Häuten der Zwiebel, S. 154–155, S. 207, S. 463, S. 466–467, S. 473.
10 Vgl. Klüger, weiter leben, S. 13.
11 Klüger, weiter leben, S. 126–127.
12 Vgl. Theodor W. Adorno, Kulturkritik und Gesellschaft. In: Adorno, Gesammelte Schriften, Bd. 10.1: Kulturkritik und Gesellschaft I. Prismen. Ohne Leitbild, Frankfurt a.M. 1977, S. 11–30. hier S. 30.
13 Klüger, weiter leben, S. 127.

tarische Schriften der Lyrik vorzögen. Konkret kommt der Dichtung dabei eine Schutzfunktion zu: „Wer nur erlebt, reim- und gedankenlos, ist in Gefahr, den Verstand zu verlieren [...]. Ich hab den Verstand nicht verloren, ich hab Reime gemacht."[14]

Auch in Walsers autobiographischem Roman *Ein springender Brunnen* spielt die Lyrik, vor allem aber die Sprache eine herausgehobene Rolle. Inspiriert vom musischen Vater, sammelt Walsers Johann Worte für seinen imaginären ‚Wörterbaum'. Die anthropomorphen Wörter versuchen sich zu wehren,[15] aber der begabte Protagonist entwickelt zunehmend Geschick, mit ihnen umzugehen. Zuerst hängt er sie in seinen Wörterbaum, später beginnt er, erste Verse zu dichten, schließlich entstehen kurze Liebesgedichte.[16] In „Prosa" – einem Kapitel im dritten, „Ernte" betitelten Teil des Romans – sinniert Johann über die Vorzüge und Nachteile der Gattungen: „Die Gedichte, die sich wieder aufdrängten, schrieb er zwar hin, aber sie enthielten ihn so gut wie nicht. [...] Aber unterdrücken konnte er sie nicht. Noch nicht. [...] Auch ärgerte ihn die beim Gedichteschreiben unwillkürlich entstehende Edel-Stimmung."[17]

Das sich entwickelnde Selbstbewusstsein des werdenden Schriftstellers nimmt auch in anderen autobiographischen Romanen Raum ein. So verteidigt die Hauptfigur bei Hilsenrath das epische Schreiben nach Auschwitz. Bei Härtling wird eine Entwicklung hin zum Journalisten und – in der Art des Schreibens von diesem deutlich zu unterscheidenden – Schriftsteller beschrieben, es werden Gedichte zitiert und die Beschäftigung mit anderen Dichtern, allen voran Hölderlin, erzählt.[18]

Die Lyrik, das Schreiben, das Spiel mit der Sprache, so lässt sich zusammenfassen, unterscheiden die Figuren schon in der frühen Jugend von ihrem Umfeld und kennzeichnen sie sukzessive als Schriftsteller oder Schriftstellerin.

In jedem der untersuchten Werke haben dabei Gedächtnisorte eine große Bedeutung. Mal sind es metonymische Orte wie der Kuhstall[19], an denen sich die Erinnerung festmacht; mal sind es konkrete Orte, die neben der Chronologie den

---

14 Klüger, weiter leben, S. 128. Die Bevorzugung literarischen Schreibens gegenüber der historischen Dokumentation entspricht dem poetologischen Verständnis von Hilsenrath (vgl. Hilsenrath: Die Abenteuer des Ruben Jablonski, S. 141–142).
15 Vgl. Walser, Ein springender Brunnen, S. 60–61.
16 Vgl. Walser, Ein springender Brunnen, S. 263, S. 277 und S. 347.
17 Walser, Ein springender Brunnen, S. 375.
18 Zu Klügers Entwicklung zur Schriftstellerin siehe Klüger, weiter leben, S. 77–79, S. 116, S. 146–148, S. 344, S. 347, S. 359–362.
19 In jedem der vier untersuchten autobiographischen Romane begegnet der Kuhstall, der in gewisser Weise als Gegenort zum Ghetto, Lager oder Fluchtort aufgefasst werden kann. Bei Heller heißt es: „Die Würste hielten David und Bernhard auf ihrem langen Marsch durch die beißende

Roman strukturieren. Dabei unterscheiden sich die Konzepte stark. In Walsers *Ein springender Brunnen* sind Erinnerungen fest verknüpft mit einem Heimatgefühl und Wasserburg, dem Ort der Erzählung. Bei Klügers *weiter leben* begegnet eine räumliche Grundstruktur, bei der Orte aber nicht mehr als Pfeiler gesprengter Brücken sind. Vielmehr wird hier das Diasporische im Sinne der Heimatlosigkeit und Entwurzelung als Disposition sichtbar.

Mit Ausnahme von Edgar Hilsenrath kennzeichnet alle autobiographischen Werke überdies eine dominante und explizite Erinnerungsreflexion auf der Meta-Memoria-Ebene. Dazu zählt ein eigenes Verständnis vom Zusammenhang von Vergangenheit und Gegenwart. Bei Walser wird das primär in den Kapiteln unter der Überschrift „Vergangenheit als Gegenwart" behandelt, bei Heller heißen sie „Geschichte" und „Gegenwart". Bei Grass ist zu lesen: „Danach ist immer davor. Was wir Gegenwart nennen, dieses flüchtige Jetztjetztjetzt, wird stets von einem vergangenen Jetzt beschattet, so daß auch der Fluchtweg nach vorn, Zukunft genannt, nur auf Bleisohlen zu erlauben ist."[20] Zum einen lassen die Vergangenheit und damit die Erinnerung niemanden los; zum anderen ist der Blick zurück, die Auseinandersetzung mit der Erinnerung und bisweilen auch mit der eigenen Schuld unumgänglich. Dazu noch einmal Grass: „Gierig nach Gegenwart und alles aufzeichnend, was jüngsten Datums war, blieben meine Gedanken doch rückläufig."[21]

Und noch etwas findet sich in allen untersuchten Romanen: ein spezifisches Verständnis von Authentizität und Erinnerung. Bei Klüger zielt der authentische Anspruch auf ein auf die Shoah-Erlebnisse zurückzuführendes fragmentarisches, diskontinuierliches, nur sehr grobes chronologisches Erinnern ab, das es aber in all seiner Diskontinuität zu verteidigen gilt. Dabei umfasst das Erinnern Verfolgungs- und metonymisch verstandene Auschwitz- ebenso wie positive Kindheitserinnerungen. Explizit eingefordert wird die Authentizität bei Walser. Mehr noch als in Klügers *weiter leben* gibt es hier eine in sich geschlossene Erinnerungswelt, in diesem Fall: eine Erinnerungs(dorf)welt, die autark und unbelehrbar ist und in der die Erinnerungen nur so ‚sprudeln'. Authentizität ist hier gleichbedeutend mit Unwillkürlichkeit und der Unschuld von Erinnerung. Bei allen Dissonanzen zwischen Walser und Klüger, die letztlich zum Ende einer langjährigen Freund-

---

Kälte wohl bei Kräften. In einem verlassenen Hof, die Kühe brüllten im Stall, weil sie nicht gemolken worden waren, man hörte sie meilenweit, suchten sie Brot in der Küche. David konnte nicht melken, sowieso konnten sie nicht bleiben. Lange klingt ihnen das wahnsinnig wogende Gebrüll nach." (Heller, Das Kind, das er war, S. 73.) Und bei Grass: „Mir wird Händchenhalten erlaubt, mehr nicht. Das ereignet sich aufregend im heilen Stall eines zerschossenen Bauernhauses. Ein Kalb schaut zu." (Grass, Beim Häuten der Zwiebel, S. 139.)
20 Grass, Beim Häuten der Zwiebel, S. 165.
21 Grass, Beim Häuten der Zwiebel, S. 167.

schaft geführt haben, und bei aller Unvereinbarkeit der Lebensläufe fördert die nähere Betrachtung von *weiter leben* und *Ein springender Brunnen* paradoxerweise ein ähnliches Erinnerungsverständnis zutage: Beide bestehen auf die Unbelehrbarkeit oder Uneinholbarkeit der Kindheitserinnerungen und insistieren auf das Recht, unabhängig von historischen Ereignissen ‚schöne' Erinnerungen in sich tragen zu dürfen. Klüger freilich hadert mit der Gleichzeitigkeit von positiven Bildern und dem Wissen um die Shoah, während der auch große Teile ihrer Familie ums Leben kamen. Eine Reflexion dieses Nebeneinanders, das in *weiter leben* als Dilemma geschildert wird, findet bei Walser nicht statt.

Bei Heller und Grass schließt die authentische Erinnerung das Eingeständnis der Unzuverlässigkeit des Erinnerns mit ein, erhält durch diese sogar erst ihren unverwechselbaren Charakter.

Die Konzepte von Authentizität umfassen bei Klüger, Walser und Grass jeweils eine Idee von ‚Wahrheit'. Diese bezieht sich auf die Erinnerungen, knüpft aber oftmals an Goethes Verständnis von *Dichtung und Wahrheit* an und hat damit auch gattungstheoretische Implikation. Das eigenwilligste Konzept findet sich bei Klüger, die zwar einräumt, dass Erinnerung und Wirklichkeit nicht gleichzusetzen sind. Unter *Wahrheit* versteht sie aber stets den eigenen auktorialen Anspruch, der sich durchaus häufig mit einem Wirklichkeitsanspruch verbindet. Folgerichtig findet Klüger für ihr Werk die Selbstzuschreibung ‚Autobiographie'. In dieser Arbeit wurde *weiter leben* hingegen aufgrund seiner Fiktionssignale und hohen Literarizität als autobiographischer Roman aufgefasst.

Mit den Komplexen Erinnerung und Gedächtnis verbindet sich sowohl bei Grass als auch bei Walser ein implizites Konzept von Schuld. Diese wird in *Ein springender Brunnen* nicht durch die Erzählinstanz thematisiert, sondern vom Hauptprotagonisten Johann emotional erlebt, wenn er Wolfgang begegnet. So wird auch das Thema Verdrängung indirekt eingeführt. Die Perspektive in Grass' *Beim Häuten der Zwiebel* erlaubt – anders als bei Walser – eine Reflexion des Schuldbegriffs und der eigenen Schuld, dazu die Thematisierung der Shoah. Da diese Reflexion mit der Poetologie des Erinnerns verknüpft ist, ist der Schuldaspekt Teil des poetologischen Konzepts.

Wenn eine prägende Poetologie des Erinnerns ein häufig anzutreffendes Charakteristikum des autobiographischen Romans ist, so lässt sich aus der Verteidigung der memorialen Authentizität ein Authentizitätsanspruch des Genres Romans ableiten.

Der neuere autobiographische Roman weist schlussendlich Gemeinsamkeiten mit der literarischen Autobiographie der Goethezeit auf und kann als eine Synthese aus Autobiographie und Bildungsromans verstanden werden. Zugleich ist er eine Form des modernen Erinnerungsromans. Er teilt viele Merkmale mit der Autobiographie. So liegt hier – anders als Lejeune annimmt – durchaus ein autobiographischer Pakt vor, der aber nicht wie die Autobiographie zwingend über die Namensgleichheit von Autor bzw. Autorin und Erzählinstanz hergestellt wird. Aber der Leser oder die Leserin kann sich eines hohen autobiographischen Anteils im Roman sicher sein, obgleich sich dieser nicht fest umreißen lässt. Vielmehr ist von einer skalaren Intention des Autobiographischen im neueren autobiographischen Roman auszugehen. Die Referenzialisierbarkeit lässt sich dabei an Merkmalen wie realen Orten, Personen oder Ereignissen festmachen.

Der reale ontologische Gehalt des autobiographischen Romans fußt durchweg auf den Erinnerungen der Autorschaft, die über die Erzählinstanz Eingang in den Roman finden. Damit unterliegt die Handlung aber den Mechanismen und Eigenschaften der Erinnerung. Diese ist nämlich oft vage, unsicher, nicht steuerbar, nicht zwingend chronologisch, und sie entspringt manchmal fremden Quellen statt eigenem Erleben oder eigener Anschauung. Zugleich lässt sich bei intensiven Erinnerungen eine starke emotionale Färbung feststellen.

Als grobes Raster dient autobiographischen Romanen in der Regel eine chronologische Struktur. Diese Grundstruktur wird jedoch über ein zweites, feineres, darüberliegendes Raster mittels Prolepsen und Analepsen immer wieder verlassen – den Eigenheiten der Erinnerung folgend, die sich ja auch nicht an eine strenge Chronologie hält, sondern vorwärts und zurück springt. Die sehr freie chronologische Grundstruktur ermöglicht es, Phänomene wie Gedankenblitze im Sinne von Blitzerinnerungen, lose Erinnerungsfetzen oder allgemeine Bilder aus dem perzeptuellen Gedächtnis, die sich zeitlich nicht genau bestimmen lassen, einzustreuen, ohne die Grundstruktur ins Wanken zu bringen.

Die Erzählperspektive ist aus narratologischer Sicht für den autobiographischen Roman von besonderer Bedeutung. Dabei ist das Genre nicht auf eine spezifische Perspektive festgelegt, aber mit der Wahl der Perspektive entscheidet sich, ob eine Bewertung *ex post* möglich ist. Je nach Erzählinstanz enthält der autobiographische Text – wie im Fall von Klügers *weiter leben* – ein hohes oder – wie in Walsers *Ein springender Brunnen* – ein geringes Maß an Reflexion über historische Bedingungen und Zusammenhänge, eigene Handlungen, mögliche Schuld oder Traumatisierung.

Die Narratologie des autobiographischen Romans lehnt sich insgesamt an die des Romans an und bedient sich dabei verschiedener Elemente wie des unzuverlässigen Erzählers oder phantastischer Erzählstränge, um Erinnerungen zu erzählen. Hier ist von einer Freiheit und poetischen Lizenz auszugehen, die von jedem autobiographischen Roman verschieden stark genutzt oder gar ausgereizt wird.[22]

---

[22] Zum Begriff der poetischen Lizenz siehe Lutz-Henning Pietsch, Poetische Lizenz. In: Reallexikon der deutschen Literaturwissenschaft. Neubearbeitung des Reallexikons der deutschen Literaturgeschichte, Bd. 3, hg. von Jan-Dirk Müller u. a., Berlin/New York 2003, S. 109–111.

Dabei ist wichtig festzuhalten: Mit der Einstufung eines Werks als autobiographischen Roman soll freilich die Autobiographie nicht herabgesetzt werden. Das Genre ‚autobiographischer Roman' zielt nicht etwa auf die Unterstellung ab, ein Werk – oder gar dessen Verfasserin oder Verfasser – wären in irgendeiner Art unaufrichtig oder orientierten sich nicht an der Wirklichkeit. Vielmehr trägt es der neurowissenschaftlich erwiesenen Tatsache Rechnung, dass Erinnerung als volatil, als nicht unbedingt kohärent und somit als unzuverlässig einzustufen ist. Dies gilt zunächst für alle Gedächtnisformen bis hin zum kollektiven Gedächtnis, zu dem autobiographische Romane einen zunehmend bedeutsameren Beitrag leisten.

Die Verortung zwischen autobiographischem, kulturellem und kollektivem Gedächtnis gilt heute für neuere autobiographische Romane im Kontext von Nationalsozialismus und Shoah mehr als für alle anderen. Eine Reihe von Schriftstellerinnen und Schriftstellern hat sich seit den 1990er Jahren entschieden, nach mehr als vier, fünf, ja sechs Jahrzehnten in den Rückspiegel zu schauen und sich ihrer weit zurück liegenden Kindheit und Jugend unter dem Hakenkreuz literarisch zu nähern. Es ist die letzte Generation, die persönliche Erfahrungen aus dieser Zeit – sei es Verfolgung und Entwurzelung, sei es Anpassung oder Schuld – literarisch verarbeiten konnte, verarbeiten kann. Nicht zuletzt deshalb besitzen die neueren autobiographischen Werke von Ruth Klüger, Martin Walser, Georg Heller und Günter Grass einen besonderen Stellenwert.

Literaturverzeichnis

Quellen

Andersen, Hans Christian, Der Schatten. Märchen – gesehen von Günter Grass, Göttingen 2004.
Appelfeld, Aharon, Beyond Despair. Three Lectures and a Conversation with Philip Roth, übers. von Jeffrey M. Green, New York 1994.
Appelfeld, Aharon, Geschichte eines Lebens, übers. von Anne Birkenhauer, Reinbek 2006.
Begley, Louis, Lügen in Zeiten des Krieges. Roman, übers. von Christa Krüger, Frankfurt a. M. 1994.
Bubis, Ignatz, u. a., Wir brauchen eine neue Sprache für die Erinnerung. Ein Gespräch [FAZ, 14. Dezember 1998]. In: Die Walser-Bubis-Debatte. Eine Dokumentation, hg. von Frank Schirrmacher, Frankfurt a. M. 1999, S. 438–465.
Fontane, Theodor, Autobiographische Schriften, Bd. 1: Meine Kinderjahre, bearb. von Gotthard Erler, Berlin/Weimar 1982.
Goethe, Johann Wolfgang, Aus meinem Leben. Dichtung und Wahrheit. In: Goethe, Sämtliche Werke, Bd. 14, hg. von Klaus-Detlef Müller, Frankfurt a. M. 1986.
Grass, Günter, Beim Häuten der Zwiebel, Göttingen 2006.
Grass, Günter, Der Butt. In: Grass, Werkausgabe, Bd. 8, hg. von Claudia Mayer-Iswandy, Göttingen 1997.
Grass, Günter, Die Blechtrommel. In: Grass, Werkausgabe, Bd. 3, hg. von Volker Neuhaus, Göttingen 1997.
Grass, Günter, Die Box. Dunkelkammergeschichten, Göttingen 2008.
Grass, Günter, Dummer August, Göttingen 2007.
Grass, Günter, Eintagsfliegen, Göttingen 2012.
Grass, Günter, Grimms Wörter. Eine Liebeserklärung, Göttingen 2010.
Grass, Günter, Ich erinnere mich. In: Grass u. a.: Die Zukunft der Erinnerung, hg. von Martin Wälde, Göttingen 2001, S. 27–34.
Grass, Günter, Unglücklich, irreführend und geschichtsvergessen [Die Woche, 24. Dezember 1998]. In: Die Walser-Bubis-Debatte. Eine Dokumentation, hg. von Frank Schirrmacher, Frankfurt a. M. 1999, S. 545–552.
Grass, Günter, Was gesagt werden muss. In: Süddeutsche Zeitung, 4. April 2012.
Härtling, Peter, Leben lernen. Erinnerungen, München 2005.
Heller, Georg, Anzeige Anzeige Anzeige. In: Medien zwischen Spruch und Informationsinteresse. Festschrift für Robert Schweizer zum 60. Geburtstag, hg. von Andreas Heldrich, Baden-Baden 1999 (UFITA, Bd. 168), S. 297–304.
Heller, Georg, Brief an Martin Walser. In: Die Walser-Bubis-Debatte. Eine Dokumentation, hg. von Frank Schirrmacher, Frankfurt a. M. 1999, S. 93–94.
Heller, Georg, Das Kind, das er war. Die Geschichte des Johann Avellis, Berlin 2006.
Heller, Georg, Endlich Schluß damit? „Deutsche" und „Juden". Erfahrungen, mit einem Vorwort von Martin Walser, Eggingen 2002.
Heller, Georg, Lügen wie gedruckt. Über den ganz alltäglichen Journalismus, Tübingen 1997.
Hilsenrath, Edgar, Bronskys Geständnis, München 1980.
Hilsenrath, Edgar, Der Nazi & der Friseur, Köln 1977.
Hilsenrath, Edgar, Die Abenteuer des Ruben Jablonski. Roman, München 2010.

Hilsenrath, Edgar, Nacht, München 1964.
Jandl, Ernst, Autobiographie und Literatur mit autobiographischen Zügen. In: Jandl, Gesammelte Werke, Bd. 3: Stücke und Prosa, hg. von Klaus Siblewski, Darmstadt/Neuwied 1985, S. 353–355.
Kertész, Imre, Galeerentagebuch, übers. von Kristin Schwamm, Berlin 1996.
Kertész, Imre, Roman eines Schicksallosen, übers. von Christina Viragh, Reinbek [20]2006.
Kluger, Ruth, Still Alive. A Holocaust Girlhood Remembered, New York 2001.
Klüger, Ruth, Gelesene Wirklichkeit. Fakten und Fiktionen in der Literatur, Göttingen 2006.
Klüger, Ruth, Katastrophen. Über deutsche Literatur, München 1997.
Klüger, Ruth, „Meine Toten sind zahlreich und gesprächig". Nachwort. In: Fred Wander, Der siebente Brunnen. Roman, mit einem Nachwort von Ruth Klüger, München 2006, S. 151–162.
Klüger, Ruth, unterwegs verloren. Erinnerungen, München 2010.
Klüger, Ruth, Was Frauen schreiben, Wien 2010.
Klüger, Ruth, weiter leben. Eine Jugend, München [20]2013.
Klüger, Ruth, Zum Wahrheitsbegriff in der Autobiographie. In: Autobiographien von Frauen. Beiträge zu ihrer Geschichte, hg. von Magdalene Heuser, Tübingen 1996 (Untersuchungen zur deutschen Literaturgeschichte, Bd. 85), S. 405–410.
Levi, Primo, Die Untergegangenen und die Geretteten, übers. von Moshe Kahn, München 1990.
Maron, Monika, Hat Walser zwei Reden gehalten? [Die Zeit, 19. November 1998]. In: Die Walser-Bubis-Debatte. Eine Dokumentation, hg. von Frank Schirrmacher, Frankfurt a. M. 1999, S. 181–182.
Moritz, Karl Philipp, Anton Reiser. Ein psychologischer Roman, Stuttgart 1972.
Müller, Herta, In der Falle. Drei Essays, Göttingen [2]2009 (Politik – Sprache – Poesie. Bonner Poetik-Vorlesung, Bd. 2).
Nietzsche, Friedrich, Also sprach Zarathustra. In: Nietzsche, Sämtliche Werke. Kritische Studienausgabe, Bd. 4, hg. von Giorgio Colli und Mazzino Montinari, München u. a. 1980.
Proust, Marcel, Auf der Suche nach der verlorenen Zeit, Bd. 1: Unterwegs zu Swann, übers. von Eva Rechel-Mertens, Frankfurt a. M. 1994.
Proust, Marcel, Auf der Suche nach der verlorenen Zeit, Bd. 7: Die wiedergefundene Zeit, übers. von Eva Rechel-Mertens, Frankfurt a. M. 2002.
Rabinovici, Schoschana, Dank meiner Mutter, übers. von Mirjam Pressler, Frankfurt a. M. 2002.
Schirrmacher, Frank (Hg.), Die Walser-Bubis-Debatte. Eine Dokumentation, Frankfurt a. M. 1999.
Walser, Martin, und Alissa Walser, Das geschundene Tier. Neununddreißig Balladen, Reinbek 2007.
Walser, Martin, Auschwitz und kein Ende. In: Walser, Über Deutschland reden, Frankfurt a. M. 1989, S. 24–31.
Walser, Martin, Ein springender Brunnen. Roman, Frankfurt a. M. 2000.
Walser, Martin, Erfahrungen beim Verfassen einer Sonntagsrede. In: Die Walser-Bubis-Debatte. Eine Dokumentation, hg. von Frank Schirrmacher, Frankfurt a. M. 1999, S. 7–17.
Walser, Martin, Gründe für eine Danksagung. In: Georg Heller, Endlich Schluß damit? „Deutsche" und „Juden". Erfahrungen, mit einem Vorwort von Martin Walser, Eggingen 2002, S. 9–13.
Walser, Martin, Hamlet als Autor. In: Walser, Werke in zwölf Bänden, Bd. 11: Ansichten, Einsichten. Aufsätze zur Zeitgeschichte, hg. von Helmuth Kiesel, Frankfurt a. M. 1997, S. 108–115.

Walser, Martin, Händedruck mit Gespenstern. In: Walser, Über Deutschland reden, Frankfurt a. M. 1989, S. 7–23.
Walser, Martin, Leseerfahrungen mit Marcel Proust [1958]. In: Walser, Liebeserklärungen, Frankfurt a. M. 1983, S. 7–31.
Walser, Martin, Tod eines Kritikers, Frankfurt a. M. 2002.
Walser, Martin, Über Deutschland reden. In: Walser, Über Deutschland reden, Frankfurt a. M. 1989, S. 76–100.
Walser, Martin, Über Rechtfertigung, eine Versuchung, Reinbek 2012.
Walser, Martin, Unser Auschwitz – Auseinandersetzungen mit der deutschen Schuld, hg. von Andreas Meier, Reinbek 2015.
Wander, Fred, Der siebente Brunnen. Roman, mit einem Nachwort von Ruth Klüger, München 2006.
Weiss, Peter, Meine Ortschaft. In: Weiss, Rapporte, Frankfurt a. M. 1968, S. 113–124.
Wiesel, Elie: Die Nacht. Erinnerung und Zeugnis, mit einem Vorwort von Martin Walser, Freiburg i. B. ³1996.
Wiesel, Elie, Ohne Schande. Offener Brief an Martin Walser [Die Zeit, 10. Dezember 1998]. In: Die Walser-Bubis-Debatte. Eine Dokumentation, hg. von Frank Schirrmacher, Frankfurt a. M. 1999, S. 397–399.

Forschungsliteratur

Abbott, H. Porter, Autobiography, Autography, Fiction. Groundwork for a Taxonomy of Textual Categories. In: New Literary History, Bd. 19, 1987/1988, S. 597–615.
Ackermann, Max, Die Kultur des Hörens. Wahrnehmung und Fiktion. Texte vom Beginn des 20. Jahrhunderts, Nürnberg 2003.
Adelson, Leslie A., Ränderbesichtigung. Ruth Klüger und Botho Strauß. In: Zwischen Traum und Trauma. Die Nation, hg. von Claudia Mayer-Iswandy, Tübingen 1994, S. 85–97.
Adorno, Theodor W., Kulturkritik und Gesellschaft. In: Adorno, Gesammelte Schriften, Bd. 10.1: Kulturkritik und Gesellschaft I. Prismen. Ohne Leitbild, hg. Von Rolf Tiedemann, Frankfurt a. M. 1977, S. 11–30.
Agazzi, Elena, Erinnerte und rekonstruierte Geschichte. Drei Generationen deutscher Schriftsteller und die Fragen ihrer Vergangenheit, Göttingen 2005.
Aichinger, Ingrid, Künstlerische Selbstdarstellung. Goethes „Dichtung und Wahrheit" und die Autobiographie der Folgezeit, Bern 1977 (Goethezeit, Bd. 7).
Allkemper, Alo, und Norbert O. Eke (Hg.), Das Gedächtnis in der Literatur. Konstitutionsformen des Vergangenen in der Literatur des 20. Jahrhunderts, Sonderband der Zeitschrift für Deutsche Philologie, Berlin 2006.
Assmann, Aleida, und Dietrich Harth (Hg.), Mnemosyne. Formen und Funktionen der kulturellen Erinnerung, Frankfurt a. M. 1991.
Assmann, Aleida, und Ute Frevert, Geschichtsvergessenheit – Geschichtsversessenheit. Vom Umgang mit deutschen Vergangenheiten nach 1945, Stuttgart 1999.
Assmann, Aleida, Das neue Unbehagen an der Erinnerungskultur. Eine Intervention, München 2013.

Assmann, Aleida, Der lange Schatten der Vergangenheit. Erinnerungskultur und Geschichtspolitik, München 2006.
Assmann, Aleida, Einführung in die Kulturwissenschaft. Grundbegriffe, Themen, Fragestellungen, Berlin ²2008 (Grundlagen der Anglistik und Amerikanistik, Bd. 27).
Assmann, Aleida, Erinnerungsräume. Formen und Wandlungen des kulturellen Gedächtnisses, München 1999.
Assmann, Aleida, Kollektives Gedächtnis. In: Gedächtnis und Erinnerung. Ein interdisziplinäres Lexikon, hg. von Nicolas Pethes und Jens Ruchatz, Hamburg 2001, S. 308–310.
Assmann, Aleida, Teil I. In: Aleida Assmann und Ute Frevert, Geschichtsvergessenheit – Geschichtsversessenheit. Vom Umgang mit deutschen Vergangenheiten nach 1945, Stuttgart 1999, S. 19–147.
Assmann, Aleida, Zur Metaphorik der Erinnerung. In: Mnemosyne. Formen und Funktionen der kulturellen Erinnerung, hg. von Aleida Assmann und Dietrich Harth, Frankfurt a. M. 1991, S. 13–35.
Assmann, Jan, Das kulturelle Gedächtnis. Schrift, Erinnerung und politische Identität in frühen Hochkulturen, München ⁴2002.
Auffenberg, Christian, Vom Erzählen des Erzählens bei Günter Grass. Studien zur immanenten Poetik der Romane „Die Blechtrommel" und „Die Rättin", Münster/Hamburg 1993.
Bauer, Barbara, Martin Walsers Roman „Ein springender Brunnen". Ein Resonanzraum anderer Autobiographien der Jahrgänge 1927/28. In: Konvergenzen. Studien zur deutschen und europäischen Literatur. Festschrift für E. Theodor Voss, hg. von Michael Ewert und Martin Vialon, Würzburg 2000, S. 188–209.
Baumann, Gerhart, Sprache und Selbstbegegnung, München 1981.
Baumann, Gerhart, Umwege und Erinnerungen, München 1984.
Baumgart, Reinhard, Wieder eine Kindheit verteidigt. Eine Kritik zu Martin Walsers „Ein springender Brunnen" mit fünf späteren Zwischenreden. In: Signaturen der Gegenwartsliteratur. Festschrift für Walter Hinderer, hg. von Dieter Borchmeyer, Würzburg 1999, S. 83–88.
Becker, Sabina, Literatur- und Kulturwissenschaften. Ihre Methoden und Theorien, Reinbek 2007.
Behre, Maria, Klüger, Ruth. In: Killy Literaturlexikon. Autoren und Werke des deutschsprachigen Kulturraumes, 2., vollständig überarb. Aufl., Bd. 6, Berlin 2009, S. 506–507.
Benesch, Klaus, Fictions of the Self. Geschichte, Identität und autobiographische Form. In: Compar(a)ison. An International Journal of Comparative Literature, Heft 1, 1994, S. 129–141.
Bering, Dietz, Kulturelles Gedächtnis. In: Gedächtnis und Erinnerung. Ein interdisziplinäres Lexikon, hg. von Nicolas Pethes und Jens Ruchatz, Hamburg 2001, S. 329–332.
Berns, Jörg J., und Wolfgang Neuber (Hg.), Ars memorativa. Zur kulturgeschichtlichen Bedeutung der Gedächtniskunst 1400–1750, Tübingen 1993.
Bertolini, Ingo, Studien zur Autobiographie des deutschen Pietismus, Wien 1968.
Bertraux, Daniel, und Isabelle Bertraux-Wiame, Autobiographische Erinnerungen und kollektives Gedächtnis. In: Lebenserfahrung und kollektives Gedächtnis. Die Praxis der „Oral History", hg. von Lutz Niethammer, Frankfurt a. M. 1985, S. 146–165.
Berzeviczy, Klára (Hg.), Gelebte Milieus und virtuelle Räume. Der Raum in der Literatur- und Kulturwissenschaft, Berlin 2009.
Beßlich, Barbara, Unzuverlässiges Erzählen im Dienst der Erinnerung. Perspektiven auf den Nationalsozialismus bei Maxim Biller, Marcel Beyer und Martin Walser. In: Wende des

Erinnerns? Geschichtskonstruktionen in der deutschen Literatur nach 1989, hg. von Barbara Beßlich u. a., Berlin 2006 (Philologische Studien und Quellen, Bd. 198), S. 35–52.

Blazejewski, Susanne, Bild und Text. Photographie in autobiographischer Literatur, Würzburg 2002 (Saarbrücker Beiträge zur Vergleichenden Literatur- und Kulturwissenschaft, Bd. 19).

Blod, Gabriele, „Lebensmärchen". Goethes „Dichtung und Wahrheit" als poetischer und poetologischer Text, Würzburg 2003 (Stiftung für Romantikforschung, Bd. 25).

Bode, Christoph, Der Roman. Eine Einführung, Tübingen und Basel ²2011.

Bogdal, Klaus-Michael, „Nach Gott haben wir nichts Wichtigeres mehr gehabt als die Öffentlichkeit". Selbstinszenierungen eines deutschen Schriftstellers. In: Text + Kritik, Heft 41/42: Martin Walser, Neufassung, ³2000, S. 19–43.

Bogdal, Klaus-Michael, Sprachen der Erinnerung. Einführung in das Themenheft. In: Der Deutschunterricht, Bd. 57, Heft 6, 2005, S. 2–5.

Böhme, Hartmut, und Klaus R. Scherpe (Hg.), Literatur und Kulturwissenschaften. Positionen, Theorien, Modelle, Reinbek 1996.

Booth, Wayne C., The Rhetoric of Fiction, Chicago 1961.

Borchmeyer, Dieter, Martin Walser und die Öffentlichkeit. Von einem neuerdings erhobenen unvornehmen Ton im Umgang mit einem Schriftsteller, Frankfurt a. M. 2001.

Borchmeyer, Dieter, Von der politischen Rede des Dichters [FAZ, 30. Januar 1999]. In: Die Walser-Bubis-Debatte. Eine Dokumentation, hg. von Frank Schirrmacher, Frankfurt a. M. 1999, S. 608–616.

Borgards, Roland (Hg.), Schmerz und Erinnerung, München 2005.

Borries, Mechthild, Vom Widerspruch der Meinungen und Rezeptionen. Walsers Stellungnahme zu Deutschland in Reden und erzählerischen Texten. In: Leseerfahrungen mit Martin Walser. Neue Beiträge zu seinen Texten, hg. von Heike Doane und Gertrud B. Pickar, München 1995 (Houston German Studies, Bd. 9), S. 29–47.

Bos, Pascale R., German-Jewish Literature in the Wake of the Holocaust. Grete Weil, Ruth Klüger, and the Politics of Address, New York 2005.

Braese, Stephan, und Holger Gehle (Hg.), Ruth Klüger in Deutschland, Bonn 1994 (Kassiber. Texte zur politischen Philologie, Bd. 1).

Braese, Stephan, und Holger Gehle, Von „deutschen Freunden". Ruth Klügers „weiter leben – Eine Jugend" in der deutschen Rezeption. In: Der Deutschunterricht, Bd. 47, Heft 6, 1995, S. 76–87.

Braese, Stephan, Die andere Erinnerung. Jüdische Autoren in der westdeutschen Nachkriegsliteratur, Berlin/Wien ²2002.

Brandstädter, Mathias, Folgeschäden. Kontext, narrative Strukturen und Verlaufsformen der Väterliteratur 1960 bis 2008. Bestimmung eines Genres, Würzburg 2010 (Epistemata. Reihe Literaturwissenschaft, Bd. 716).

Braun, Peter, und Bernd Stiegler, Die Lebensgeschichte als kulturelles Muster. Zur Einführung. In: Literatur als Lebensgeschichte. Biographisches Erzählen von der Moderne bis zur Gegenwart, hg. von Peter Braun und Bernd Stiegler, Bielefeld 2012, S. 9–20.

Braun, Rebecca, „Mich in Variationen erzählen". Günter Grass and the Ethics of Autobiography. In: Modern Language Review, Bd. 103.2, 2008, S. 1051–1066.

Braungart, Georg, „Ich habe nicht das Gefühl, daß ich mich bewegt hätte". Martin Walsers ‚Wende' zwischen Heimatkunde und Geschichtsgefühl. In: Zwei Wendezeiten. Blicke auf die deutsche Literatur von 1945 und 1989, hg. von Walter Erhart und Dirk Niefanger, Tübingen 1997, S. 93–114.

Breysach, Barbara, Klüger, Ruth. In: Metzler Lexikon der deutsch-jüdischen Literatur. Jüdische Autorinnen und Autoren deutscher Sprache von der Aufklärung bis zur Gegenwart, hg. von Andreas Kilcher, Stuttgart/Weimar 2000, S. 320–321.

Brumlik, Micha, u. a., Umkämpftes Vergessen. Walser-Debatte, Holocaust-Mahnmal und neuere deutsche Geschichtspolitik, Berlin 2000.

Burke, Peter, Geschichte als soziales Gedächtnis. In: Mnemosyne. Formen und Funktionen der kulturellen Erinnerung, hg. von Aleida Assmann und Dietrich Harth, Frankfurt a. M. 1991, S. 289–304.

Butzer, Günter, und Manuela Günter (Hg.), Kulturelles Vergessen. Medien – Rituale – Orte, Göttingen 2004 (Formen der Erinnerung, Bd. 21).

Butzer, Günter, Topographie und Topik. Zur Beziehung von Narration und Argumentation in der autobiographischen Holocaust-Literatur. In: Überleben schreiben. Zur Autobiographik der Shoah, hg. von Manuela Günter, unter Mitarbeit von Holger Kluge, Würzburg 2002, S. 51–75.

Conway, Martin A., Recovered Memories and False Memories, Oxford u. a. 1997.

Craemer-Schroeder, Susanne, Deklination des Autobiographischen. Goethe, Stendhal, Kierkegaard, Berlin 1993 (Philologische Studien und Quellen, Heft 124).

De Bruyn, Günter, Das erzählte Ich. Über Wahrheit und Dichtung in der Autobiographie, Frankfurt a. M. 1995.

De Man, Paul, Die Ideologie des Ästhetischen, übers. von Jürgen Blasius, Frankfurt a. M. 1993 (Aesthetica, Bd. 682).

Dietzsch, Martin, u. a. (Hg.), Endlich ein normales Volk? Vom rechten Verständnis der Friedenspreis-Rede Martin Walsers. Eine Dokumentation, Duisburg 1999.

Dilthey, Wilhelm, Das Erleben und die Selbstbiographie. In: Die Autobiographie. Zu Form und Geschichte einer literarischen Gattung, hg. von Günter Niggl, Darmstadt ²1998, S. 21–32.

Dilthey, Wilhelm, Der Aufbau der geschichtlichen Welt in den Geisteswissenschaften, mit einer Einleitung von Manfred Riedel, Frankfurt a. M. 1981.

Düsing, Wolfgang, Erinnerung und Identität. Untersuchungen zu einem Erzählproblem bei Musil, Döblin und Doderer, München 1982 (Schriften zur Deutschen und Allgemeinen und Vergleichenden Literaturwissenschaft, Bd. 3).

Düwell, Susanne, „Fiktion aus dem Wirklichen". Strategien autobiographischen Erzählens im Kontext der Shoah, Bielefeld 2004.

Eagleton, Terry, Einführung in die Literaturtheorie, übers. von Elfi Bettinger und Elke Hentschel, Stuttgart/Weimar ⁴1997 (Sammlung Metzler, Bd. 246).

Eakin, Paul John, Fictions in Autobiography. Studies in the Art of Self-Invention, New Jersey 1985.

Echterhoff, Gerald, False memory. In: Gedächtnis und Erinnerung. Ein interdisziplinäres Lexikon, hg. von Nicolas Pethes und Jens Ruchatz, Hamburg 2001, S. 165–166.

Eigler, Friederike, Gedächtnis und Geschichte in Generationenromanen seit der Wende, Berlin 2005 (Philologische Studien und Quellen, Bd. 192).

Erhart, Walter, und Britta Herrmann, Feministische Zugänge – „Gender Studies". In: Grundzüge der Literaturwissenschaft, hg. von Heinz L. Arnold und Heinrich Detering, München 1996, S. 498–515.

Erll, Astrid, u. a. (Hg.), Literatur – Erinnerung – Identität. Theoriekonzeptionen und Fallstudien, Trier 2003 (Elch, Bd. 11).

Erll, Astrid, und Ansgar Nünning (Hg.), Gedächtniskonzepte der Literaturwissenschaft. Theoretische Grundlegung und Anwendungsperspektiven, Berlin/New York 2005.

Erll, Astrid, und Ansgar Nünning (Hg.), Medien des kollektiven Gedächtnisses. Konstruktivismus, Historizität, Kulturspezifität, Berlin/New York 2004.

Erll, Astrid, und Ansgar Nünning, Gedächtniskonzepte der Literaturwissenschaft. Ein Überblick. In: Literatur – Erinnerung – Identität. Theoriekonzeptionen und Fallstudien, hg. von Astrid Erll u. a., Trier 2003 (Elch, Bd. 11), S. 3–27.

Erll, Astrid, und Ansgar Nünning, Literaturwissenschaftliche Konzepte von Gedächtnis. Ein einführender Überblick. In: Gedächtniskonzepte der Literaturwissenschaft. Theoretische Grundlegung und Anwendungsperspektiven, hg. von Astrid Erll und Ansgar Nünning, Berlin/New York 2005, S. 1–9.

Erll, Astrid, Erinnerungshistorische Literaturwissenschaft. Was ist ... und zu welchem Ende ...? In: Kulturwissenschaftliche Literaturwissenschaft. Disziplinäre Ansätze – Theoretische Positionen – Transdisziplinäre Perspektiven, hg. von Ansgar Nünning und Roy Sommer, Tübingen 2004, S. 115–128.

Erll, Astrid, Kollektives Gedächtnis und Erinnerungskulturen. Eine Einführung, Stuttgart/Weimar 2005.

Erll, Astrid, Lieux de mémoire/Erinnerungsorte. In: Grundbegriffe der Kulturtheorie und Kulturwissenschaften, hg. von Ansgar Nünning, Stuttgart/Weimar 2005, S. 131.

Esposito, Elena, Soziales Vergessen. Formen und Medien des Gedächtnisses der Gesellschaft, Frankfurt a. M. 2002.

Fetz, Gerald A., Martin Walser, Stuttgart/Weimar 1997 (Sammlung Metzler, Bd. 299).

Feuchert, Sascha, Erläuterungen und Dokumente. Ruth Klüger. „weiter leben", Stuttgart 2004.

Finck, Almut, Autobiographisches Schreiben nach dem Ende der Autobiographie, Berlin 1999 (Geschlechterdifferenz & Literatur, Bd. 9).

Finck, Almut, Subjektbegriff und Autorschaft. Zur Theorie und Geschichte der Autobiographie. In: Einführung in die Literaturwissenschaft, hg. von Miltos Pechlivanos u. a., Stuttgart/Weimar 1995, S. 283–294.

Finnan, Carmel, „Ein Leben in Scherben". Geschlechterdifferenz als Erinnerungsform bei Cordelia Edvardson und Ruth Klüger. In: Überleben schreiben. Zur Autobiographik der Shoah, hg. von Manuela Günter, unter Mitarbeit von Holger Kluge, Würzburg 2002, S. 155–177.

Fleckner, Uwe (Hg.), Die Schatzkammer der Mnemosyne. Ein Lesebuch mit Texten zur Gedächtnistheorie von Platon bis Derrida, Dresden 1995.

François, Etienne, und Hagen Schulze (Hg.), Deutsche Erinnerungsorte, München 2001.

Fricke, Harald, Poetik. In: Reallexikon der deutschen Literaturwissenschaft. Neubearbeitung des Reallexikons der deutschen Literaturgeschichte, Bd. 3, hg. von Jan-Dirk Müller u. a., Berlin/New York 2003, S. 100–105.

Fuchs, Anne, „Ehrlich, du lügst wie gedruckt." Günter Grass's Autobiographical Confession and the Changing Territory of Germany's Memory Culture. In: German Life and Letters, Bd. 60.2, 2007, S. 261–275.

Galle, Helmut, Botschaften der Überlebenden an das Volk der Täter. Primo Levi und Ruth Klüger. In: Akten des XI. Internationalen Germanistenkongresses Paris 2005, Bd. 12: Europadiskurse in der deutschen Literatur und Literaturwissenschaft. Deutsch-jüdische Kulturdialoge/-konflikte, hg. von Jean-Marie Valentin, Bern 2007 (Jahrbuch für Internationale Germanistik, Bd. 88), S. 235–238.

Gansel, Carsten (Hg.), Gedächtnis und Literatur in den „geschlossenen Gesellschaften" des Real-Sozialismus zwischen 1945 und 1989, Göttingen 2007.

Gansel, Carsten (Hg.), Rhetorik der Erinnerung – Literatur und Gedächtnis in den „geschlossenen Gesellschaften" des Real-Sozialismus, Göttingen 2009.

Gansel, Carsten, und Paweł Zimniak (Hg.), Das „Prinzip Erinnerung" in der deutschsprachigen Gegenwartsliteratur nach 1989, Göttingen 2010 (Deutschsprachige Gegenwartsliteratur und Medien, Bd. 3).

Gehle, Holger, „weiter leben" in der deutschen Buchkritik. In: Ruth Klüger in Deutschland, hg. von Stephan Braese und Holger Gehle, Bonn 1994 (Kassiber. Texte zur politischen Philologie, Bd. 1), S. 11–24.

Gehrke, Ralph, Literarische Spurensuche. Elternbilder im Schatten der NS-Vergangenheit, Opladen 1992.

Genette, Gérard, Paratexte. Das Buch vom Beiwerk des Buches, übers. von Dieter Hornig, mit einem Vorwort von Harald Weinrich, Frankfurt a. M. 2001.

Gerrie, Matthew P., und Maryanne Garry, Warnings Reduce False Memories for Missing Aspects of Events. In: Experimental Psychology, Bd. 58, Heft 3, 2011, S. 207–216.

Gidion, Heidi, Sohn-Sein, mehrfach. Vom Stoff zur Figur in den Romanen „Ein springender Brunnen" und „Die Verteidigung der Kindheit". In: Text + Kritik, Heft 41/42: Martin Walser, Neufassung, ^{3}2000, S. 50–61.

Giesen, Bernhard, Triumph and Trauma, Boulder/London 2004 (The Yale Cultural Sociology Series).

Glaser, Renate, und Matthias Luserke (Hg.), Literaturwissenschaft – Kulturwissenschaft. Positionen, Themen, Perspektiven, Opladen 1996 (WV studium, Bd. 171).

Goldmann, Stefan, Topos und Erinnerung. Rahmenbedingungen der Autobiographie. In: Der ganze Mensch. Anthropologie und Literatur im 18. Jahrhundert. DFG-Symposion 1992, hg. von Hans-Jürgen Schings, Stuttgart/Weimar 1994 (Germanistische-Symposions-Berichtbände, Bd. 15), S. 660–675.

Golec, Janusz, und Irmela von der Lühe (Hg.), Geschichte und Gedächtnis in der Literatur vom 18. bis 21. Jahrhundert, Frankfurt a. M. u. a. 2011 (Berliner Beiträge zur Literatur- und Kulturgeschichte, Bd. 9).

Grimm, Reinhold, und Jost Hermand (Hg.), Vom Anderen und vom Selbst. Beiträge zu Fragen der Biographie und Autobiographie, Königstein/Ts. 1982.

Grossmann, Klaus E., Verstrickung, Vermeidung, Desorganisation. Psychische Inkohärenzen als Folge von Trennung und Verlust. In: Das Ende der Sprachlosigkeit? Auswirkungen traumatischer Holocaust-Erfahrungen über mehrere Generationen, hg. von Liliane Opher-Cohn u. a., Gießen 2000, S. 85–111.

Gudmundsdóttir, Gunnthórunn, Borderlines. Autobiography and Fiction in Postmodern Life Writing, Amsterdam/New York 2003 (Postmodern Studies, Bd. 33).

Günter, Manuela (Hg.), Überleben schreiben. Zur Autobiographik der Shoah, unter Mitarbeit von Holger Kluge, Würzburg 2002.

Gusdorf, Georges, Auto-bio-graphie. Lignes de vie, Bd. 2, Paris 1991.

Gymnich, Marion, Individuelle Identität und Erinnerung aus Sicht von Identitätstheorie und Gedächtnisforschung sowie als Gegenstand literarischer Inszenierung. In: Literatur – Erinnerung – Identität. Theoriekonzeptionen und Fallstudien, hg. von Astrid Erll u. a., Trier 2003 (Elch, Bd. 11), S. 29–48.

Haas, Stefanie, Text und Leben. Goethes Spiel mit inner- und außerliterarischer Wirklichkeit in „Dichtung und Wahrheit", Berlin 2006 (Schriften zur Literaturwissenschaft, Bd. 29).

Hadek, Nadja, Vergangenheitsbewältigung im Werk Martin Walsers, Augsburg 2006.

Hage, Volker, Jeden Tag überrascht. Interview mit Martin Walser. In: Der Spiegel, 12.März 2007.

Halbwachs, Maurice, Das Gedächtnis und seine sozialen Bedingungen, übers. von Lutz Geldsetzer, Neudruck Frankfurt a. M. 1985.
Hamm, Peter, Martin Walsers Tendenz. In: Hamm, Der Wille zur Ohnmacht. Über Robert Walser, Fernando Pessoa, Julien Green, Nelly Sachs, Ingeborg Bachmann, Martin Walser und andere, München/Wien 1992, S. 211–225.
Haverkamp, Anselm, und Renate Lachmann (Hg.), Gedächtniskunst. Raum – Bild – Schrift. Studien zur Mnemotechnik, Frankfurt a. M. 1991.
Heidelberger-Leonard, Irene, Ruth Klüger, „weiter leben. Eine Jugend". Interpretation, München 1996.
Heidelberger-Leonard, Irene, Ruth Klügers „weiter leben" revisited. In: Deutschsprachige Gegenwartsliteratur seit 1989. Zwischenbilanzen – Analysen – Vermittlungsperspektiven, hg. von Clemens Kammler und Torsten Pflugmacher, Heidelberg 2004, S. 127–138.
Heuser, Magdalene (Hg.), Autobiographien von Frauen. Beiträge zu ihrer Geschichte, Tübingen 1996 (Untersuchungen zur deutschen Literaturgeschichte, Bd. 85).
Hillebrand, Bruno, Theorie des Romans. Erzählstrategien der Neuzeit, Stuttgart/Weimar ³1993.
Hilmes, Carola, Das inventarische und das inventorische Ich. Grenzfälle des Autobiographischen, Heidelberg 2000.
Hinck, Walter, Der Autobiograph und der fabulierende Erzähler Günter Grass. „Beim Häuten der Zwiebel" auf dem Hintergrund zeitgenössischer Selbstbiographien. In: literatur für leser, Bd. 20.1, 2008, S. 1–11.
Holdenried, Michaela (Hg.), Geschriebenes Leben. Autobiographik von Frauen, Berlin 1995.
Holdenried, Michaela, Autobiographie, Stuttgart 2000 (Reihe Literatur Studium Reclam).
Holdenried, Michaela, Im Spiegel ein anderer. Erfahrungskrise und Subjektdiskurs im modernen autobiographischen Roman, Heidelberg 1991 (Beiträge zur Neueren Literaturgeschichte. Dritte Folge, Bd. 114).
Hühn, Helmut, Mnemosyne. Zeit und Erinnerung in Hölderlins Denken, Stuttgart/Weimar 1997.
Humphrey, Richard, Literarische Gattung und Gedächtnis. In: Gedächtniskonzepte der Literaturwissenschaft. Theoretische Grundlegung und Anwendungsperspektiven, hg. von Astrid Erll und Ansgar Nünning, Berlin/New York 2005, S. 73–96.
Huyssen, Andreas, Present Pasts. Urban Palimpsests and the Politics of Memory, Stanford 2003.
Huyssen, Andreas, Twilight Memories. Marking Time in a Culture of Amnesia, New York u. a. 1995.
Iser, Wolfgang, Das Fiktive und das Imaginäre. Perspektiven literarischer Anthropologie, Frankfurt a. M. 1993.
Jabłkowska, Joanna, Brocken, die heilig geworden sind. Zu Martin Walsers Heimatbewußtsein. In: Ästhetische und religiöse Erfahrungen der Jahrhundertwenden, Bd. 3: Um 2000, hg. von Wolfgang Braungart und Manfred Koch, Paderborn u. a. 2000, S. 99–117.
Jabłkowska, Joanna, Zwei Autobiographien auf zwei Polen der Jahrhunderterfahrung. Martin Walsers „Ein springender Brunnen" und Ruth Klügers „weiter leben". In: Die biographische Illusion im 20. Jahrhundert. (Auto-)Biographien unter Legitimierungszwang, hg. von Izabela Sellmer, Frankfurt a. M. u. a. 2003, S. 45–58.
Jabłkowska, Joanna, Zwischen Heimat und Nation: das deutsche Paradigma? Zu Martin Walser, Tübingen 2001 (Studien zur deutschsprachigen Gegenwartsliteratur, Bd. 15).
Kaminski, Nicola, „Tolle lege" oder Die Herkunft des Schutzengels. Martin Walsers „Springender Brunnen" zwischen Legende und intertextueller Lektüre. In: Herkünfte. Historisch – ästhetisch – kulturell. Beiträge zu einer Tagung aus Anlaß des 60. Geburtstag

von Bernhard Greiner, hg. von Barbara Thums u. a., Heidelberg 2004 (Beiträge zur Neueren Literaturgeschichte, Bd. 203), S. 313–335.

Kammler, Clemens, Ein Ereignis im Auschwitz-Diskurs. Ruth Klügers Autobiographie „weiter leben. Eine Jugend" im Unterricht. In: Der Deutschunterricht, Bd. 47, Heft 6, 1995, S. 19–30.

Kawashima, Kentaro, Autobiographie und Photographie nach 1900. Proust, Benjamin, Brinkmann, Barthes, Sebald, Bielefeld 2011.

Keck, Annette, Merkwürdiges Warten. Imre Kertész' Beitrag zu einer Poetik des Wartens zwischen Erinnern und Vergessen im „Roman eines Schicksallosen". In: Überleben schreiben. Zur Autobiographik der Shoah, hg. von Manuela Günter, unter Mitarbeit von Holger Kluge, Würzburg 2002, S. 139–154.

Kilian, Eveline, Gender Studies und Queer Studies. Neuere Entwicklungen in der Literatur- und Kulturwissenschaft. In: Ins Wort gesetzt, ins Bild gesetzt. Gender in Wissenschaft, Kunst und Kultur, hg. von Ingrid Hotz-Davies und Schamma Shahadat, Bielefeld 2007, S. 79–98.

Kimmich, Dorothee, Kulturwissenschaften als methodisches Paradigma? Zur Analyse der Materialität von Kultur in den Literaturwissenschaften. In: German Studies in India, Bd. 2, 2008, S. 129–138.

Kittner, Alma-Elisa, Visuelle Autobiographien. Sammeln als Selbstentwurf bei Hannah Höch, Sophie Calle und Annette Messager, Bielefeld 2009.

Klein, Judith, Am Rande des Nichts. Autobiographisches Schreiben von Überlebenden der Konzentrationslager. Jacqueline Saveria und Charlotte Delbo. In: Geschriebenes Leben. Autobiographik von Frauen, hg. von Michaela Holdenried, Berlin 1995, S. 278–286.

Kleinschmidt, Erich, Schreiben an Grenzen. Probleme der Autorschaft in Shoah-Autobiographik. In: Überleben schreiben. Zur Autobiographik der Shoah, hg. von Manuela Günter, unter Mitarbeit von Holger Kluge, Würzburg 2002, S. 77–95.

Koch, Manfred, „Mnemotechnik des Schönen". Studien zur poetischen Erinnerung in Romantik und Symbolismus, Tübingen 1988 (Studien zur deutschen Literatur, Bd. 100).

Köhler, Klaus, Alles in Butter. Wie Walter Kempowski, Bernhard Schlink und Martin Walser den Zivilisationsbruch unter den Teppich kehren, Würzburg 2009.

Kölbel, Martin (Hg.), Ein Buch, ein Bekenntnis. Die Debatte um Günter Grass' „Beim Häuten der Zwiebel", Göttingen 2007.

Krauß, Andrea, Dialog und Wörterbaum. Geschichtskonstruktionen in Ruth Klügers „weiter leben. Eine Jugend" und Martin Walsers „Ein springender Brunnen". In: Wende des Erinnerns? Geschichtskonstruktionen in der deutschen Literatur nach 1989, hg. von Barbara Beßlich u. a., Berlin 2006 (Philologische Studien und Quellen, Bd. 198), S. 69–85.

Krisch, Alexander, „Das Ideal: Entblößung und Verbergung gleich extrem. Also eine Entblößungsverbergungssprache." Martin Walser und die Shoah, Marburg 2010 (Wissenschaftliche Beiträge aus dem Tectum Verlag. Reihe Literaturwissenschaft, Bd. 15).

Kronsbein, Joachim, Autobiographisches Erzählen. Die narrativen Strukturen der Autobiographie, München 1984.

Kübler, Gunhild, Martin Walser und die Unschuld der Erinnerung. Zu Martin Walsers „Ein springender Brunnen". In: Deutsche Geschichte des 20. Jahrhunderts im Spiegel der deutschsprachigen Literatur, hg. von Moshe Zuckermann, Göttingen 2003 (Conferences. Tagungsbände des Instituts für deutsche Geschichte der Universität Tel Aviv, Bd. 2), S. 166–180.

Kühnel, Sina, und Hans-Joachim Markowitsch, Falsche Erinnerungen. Die Sünden des Gedächtnisses, Heidelberg 2009.

LaCapra, Dominick, Writing History, Writing Trauma, Baltimore/London 2001.
Lehmann, Jürgen, „Was man nicht alles erleben kann!". Biographisches und autobiographisches Erzählen bei Theodor Fontane. In: Fontane als Biograph, hg. von Roland Berbig, Berlin/New York 2010 (Schriften der Theodor Fontane Gesellschaft, Bd. 7), S. 41–57.
Lehmann, Jürgen, Autobiographie. In: Reallexikon der deutschen Literaturwissenschaft. Neubearbeitung des Reallexikons der deutschen Literaturgeschichte, Bd. 1, hg. von Klaus Weimar, Berlin/New York 1997, S. 169–173.
Lehmann, Jürgen, Bekennen – Erzählen – Berichten. Studien zu Theorie und Geschichte der Autobiographie, Tübingen 1988.
Lejeune, Philippe, Der autobiographische Pakt, übers. von Wolfram Bayer und Dieter Hornig, Frankfurt a. M. 1994.
Lejeune, Philippe, Le pacte autobiographique, Paris 1975.
Lejeune, Philippe, Signes de vie. Le pacte autobiographique, Bd. 2, Paris 2005.
Lezzi, Eva, „Gebranntes Kind sucht Feuer". Über die Zerstörung von Kindheit und Mutterschaft durch Auschwitz. In: Zeitschrift für deutsche Philologie, Bd. 117, 1998, S. 597–615.
Lezzi, Eva, Zerstörte Kindheit. Literarische Autobiographien zur Shoah, Köln u. a. 2001 (Literatur und Leben, Bd. 57).
Link-Heer, Ursula, Prousts „À la recherche du temps perdu" und die Form der Autobiographie. Zum Verhältnis fiktionaler und pragmatischer Erzähltexte, Amsterdam 1988 (Beihefte zu Poetica, Heft 18).
Löffler, Sigrid, Davongekommen. Jetzt noch über Auschwitz schreiben? In: Die Zeit, 5. August 1993.
Loftus, Elizabeth F., und Geoffrey R. Loftus, On the Permanence of Stored Information in the Human Brain. In: American Psychologist, Bd. 35, 1980, S. 409–420.
Lorenz, Matthias N., „Auschwitz drängt uns auf einen Fleck". Judendarstellung und Auschwitzdiskurs bei Martin Walser, mit einem Vorwort von Wolfgang Benz, Stuttgart/Weimar 2005.
Lühe, Irmela von der, Das Gefängnis der Erinnerung. Erzählstrategien gegen den Konsum des Schreckens in Ruth Klügers „weiter leben". In: Bilder des Holocaust. Literatur – Film – Bildende Kunst, hg. von Manuel Köppen und Klaus R. Scherpe, Köln u. a. 1997 (Literatur – Kultur – Geschlecht. Studien zur Literatur- und Kulturgeschichte, Bd. 10), S. 29–45.
Madelénat, Daniel, La biographie, Paris 1984.
Magenau, Jörg, Martin Walser. Eine Biographie, Reinbek 2005.
Mahoney, Dennis F., Der Roman der Goethezeit (1774–1829), Stuttgart 1988 (Sammlung Metzler, Bd. 241).
Mangold, Ijoma, Seht, wie meine Augen tränen. Rezension des neuen Grass. „Beim Häuten der Zwiebel". In: Süddeutsche Zeitung, 19. August 2006.
Markowitsch, Hans-Joachim, und Harald Welzer: Das autobiographische Gedächtnis. Hirnorganische Grundlagen und bisoziale Entwicklung, Stuttgart 2005.
Markowitsch, Hans-Joachim, Dem Gedächtnis auf der Spur. Vom Erinnern und Vergessen, Darmstadt 2002.
Martin, Biddy, und Andreas Lixl, Zur Politik persönlichen Erinnerns. Frauenbiographien um die Jahrhundertwende (Lou Andreas-Salomé und Lily Braun). In: Vom Anderen und vom Selbst. Beiträge zu Fragen der Biographie und Autobiographie, hg. von Reinhold Grimm und Jost Hermand, Königstein/Ts. 1982, S. 94–115.
Martínez, Matías, Dialogizität, Intertextualität, Gedächtnis. In: Grundzüge der Literaturwissenschaft, hg. von Heinz L. Arnold und Heinrich Detering, München 1996, S. 430–445.

Mayer, Ruth, Diaspora. Eine kritische Begriffsbestimmung, Bielefeld 2005.
Misch, Georg, Begriff und Ursprung der Autobiographie. In: Die Autobiographie. Zu Form und Geschichte einer literarischen Gattung, hg. von Günter Niggl, Darmstadt ²1998, S. 33–54.
Misch, Georg, Geschichte der Autobiographie, 4 Bde., Frankfurt a. M. 1949–1969.
Müller, Heidy M. (Hg.), Das erdichtete Ich – eine echte Erfindung. Studien zu autobiographischer Literatur von Schriftstellerinnen, Aarau 1998 (Reihe Literaturwissenschaft, Bd. 2).
Müller, Klaus-Detlef, Autobiographie und Roman. Studien zur literarischen Autobiographie der Goethezeit, Tübingen 1976.
Müller, Klaus-Detlef, Die Autobiographie der Goethezeit. Historischer Sinn und gattungsgeschichtliche Perspektiven. In: Die Autobiographie. Zu Form und Geschichte einer literarischen Gattung, hg. von Günter Niggl, Darmstadt ²1998, S. 459–481.
Müller-Hohagen, Jürgen, Verleugnet, verdrängt, verschwiegen. Seelische Nachwirkungen der NS-Zeit und Wege zu ihrer Überwindung, München 2005.
Münchberg, Katharina, Glückhafte Vergegenwärtigung, unheimliche Wiederkehr. Zwei Formen der Erinnerung bei Proust und W.G. Sebald. In: Cahiers d'études germaniques, Bd. 48, 2005, S. 159–172.
Nalbantian, Suzanne, Aesthetic Autobiography. From Life to Art in Marcel Proust, James Joyce, Virginia Woolf and Anaïs Nin, New York 1997.
Nalbantian, Suzanne, Memory in Literature. From Rousseau to Neuroscience, Basingstoke/New York 2003.
Neuber, Wolfgang, Memoria. In: Reallexikon der deutschen Literaturwissenschaft. Neubearbeitung des Reallexikons der deutschen Literaturgeschichte, Bd. 2, hg. von Harald Fricke u. a., Berlin/New York 2000, S. 562–566.
Neuhaus, Volker, Grass, Günter. In: Killy Literaturlexikon. Autoren und Werke des deutschsprachigen Kulturraumes, 2., vollständig überarbeitete Aufl., Bd. 4, Berlin 2009, S. 368–376.
Neuhaus, Volker, Günter Grass, Stuttgart ³2010 (Sammlung Metzler, Bd. 179).
Neuhaus, Volker, Günter Grass. Schriftsteller – Künstler – Zeitgenosse. Eine Biographie, Göttingen 2012.
Neumann, Bernd, Die Wiedergeburt des Erzählens aus dem Geist der Autobiographie? Einige Anmerkungen zum neuen autobiographischen Roman am Beispiel von Hermann Kinders „Der Schleiftrog" und Bernward Vespers „Die Reise". In: Basis. Jahrbuch für deutsche Gegenwartsliteratur, Bd. 9, 1979, S. 91–122.
Neumann, Bernd, Identität und Rollenzwang. Zur Theorie der Autobiographie, Frankfurt a. M. 1970 (Athenäum Paperbacks Germanistik, Bd. 3).
Neumann, Birgit, Erinnerung – Identität – Narration. Gattungstypologie und Funktionen kanadischer „Fictions of Memory", Berlin/New York 2005.
Niederland, William G., Folgen der Verfolgung. Das Überlebenden-Syndrom Seelenmord, Frankfurt a. M. 1980.
Niethammer, Ortrun, „Wir sind von Natur und durch die bürgerliche Gesellschaft bestimmt, uns mit dem Kleinlichen zu beschäftigen (...)". Formen und Inhalte von Autobiographien bürgerlicher Frauen in der Mitte des 19. Jahrhunderts. In: Autobiographien von Frauen. Beiträge zu ihrer Geschichte, hg. von Magdalene Heuser, Tübingen 1996 (Untersuchungen zur deutschen Literaturgeschichte, Bd. 85), S. 265–284.
Niggl, Günter (Hg.), Die Autobiographie. Zu Form und Geschichte einer literarischen Gattung, Darmstadt ²1998.
Nora, Pierre (Hg.), Les lieux de mémoire, 7 Bde, Paris 1984–1992.

Nünning, Ansgar (Hg.), Grundbegriffe der Kulturtheorie und Kulturwissenschaften, Stuttgart/Weimar 2005.

Nünning, Ansgar, und Roy Sommer (Hg.), Kulturwissenschaftliche Literaturwissenschaft. Disziplinäre Ansätze – Theoretische Positionen – Transdisziplinäre Perspektiven, Tübingen 2004.

Nünning, Ansgar, ‚Unreliable Narration' zur Einführung. Grundzüge einer kognitiv-narratologischen Theorie und Analyse unglaubwürdigen Erzählens. In: Unreliable Narration. Studien zur Theorie und Praxis unglaubwürdigen Erzählens in der englischsprachigen Erzählliteratur, hg. von Ansgar Nünning, Trier 1998, S. 3–39.

Nünning, Ansgar, Gedächtnis, kulturelles. In: Grundbegriffe der Kulturtheorie und Kulturwissenschaften, hg. von Ansgar Nünning, Stuttgart/Weimar 2005, S. 48–50.

Oberlaender, Franklin A., „Wir aber sind nicht Fisch und nicht Fleisch." Christliche „Nichtarier" und ihre Kinder in Deutschland, Opladen 1996.

Oesterle, Günter, Erinnerung, kulturelle. In: Grundbegriffe der Kulturtheorie und Kulturwissenschaften, hg. von Ansgar Nünning, Stuttgart/Weimar 2005, S. 35–37.

Oldenburg, Ralf, Martin Walser. Bis zum nächsten Wort. Eine Biographie in Szenen, Meerbusch 2003.

Opitz, Michael, und Carola Opitz-Wiemers, Tendenzen in der deutschsprachigen Gegenwartsliteratur seit 1989. In: Wolfgang Beutin u. a., Deutsche Literaturgeschichte. Von den Anfängen bis zur Gegenwart, 8. akt. und erw. Aufl., Stuttgart/Weimar 2013, S. 669–756.

Paaß, Michael, Kulturelles Gedächtnis als epische Reflexion. Zum Werk von Günter Grass, Bielefeld 2009.

Pascal, Roy, Die Autobiographie. Gehalt und Gestalt, Stuttgart 1965.

Paulsen, Wolfgang, Das Ich im Spiegel der Sprache. Autobiographisches Schreiben in der deutschen Literatur des 20. Jahrhunderts, Tübingen 1991 (Untersuchungen zur deutschen Literaturgeschichte, Bd. 58).

Peil, Dietmar, u. a. (Hg.), Erkennen und Erinnern in Kunst und Literatur, Tübingen 1998.

Pflugmacher, Torsten, abstand gestalten. Erinnerte Medien und Erinnerungsmedien in der Autobiographie nach 1989. In: Deutschsprachige Gegenwartsliteratur seit 1989. Zwischenbilanzen – Analysen – Vermittlungsperspektiven, hg. von Clemens Kammler und Torsten Pflugmacher, Heidelberg 2004, S. 109–125.

Pietsch, Lutz-Henning, Poetische Lizenz. In: Reallexikon der deutschen Literaturwissenschaft. Neubearbeitung des Reallexikons der deutschen Literaturgeschichte, Bd. 3, hg. von Jan-Dirk Müller u. a., Berlin/New York 2003, S. 109–111.

Pietsch, Timm N., „Wer hört noch zu?" Günter Grass als politischer Redner und Essayist, Essen 2006 (Düsseldorfer Schriften zur Literatur- und Kulturwissenschaft, Bd. 2).

Platen, Edgar, Perspektiven literarischer Ethik. Erinnern und Erfinden in der Literatur der Bundesrepublik, Tübingen/Basel 2001.

Pohl, Rüdiger, Das autobiographische Gedächtnis. Die Psychologie unserer Lebensgeschichte, Stuttgart 2007.

Prinz, Kirsten, „Mochte doch keiner was davon hören". Günter Grass' „Im Krebsgang" und das Feuilleton im Kontext aktueller Erinnerungsdebatten. In: Medien des kollektiven Gedächtnisses. Konstruktivismus – Historizität – Kulturspezifität, hg. von Astrid Erll und Ansgar Nünning, Berlin 2004, S. 179–194.

Prümm, Karl, Selbstmächtiges und bilderloses Erinnern? Martin Walsers Konzept der Erinnerung in dem Roman „Ein springender Brunnen" (1998) und in seiner Rede nach der

Verleihung des Friedenspreises des Deutschen Buchhandels (1998). In: Mitteilungen des Deutschen Germanistenverbands, Bd. 47, Heft 4: Literaturstreit, 2000, S. 452–461.

Prümm, Karl, Vergangenheit ohne Bilder? Martin Walsers Konzept der Erinnerung in dem Roman „Ein springender Brunnen" (1998) und in seiner Rede nach der Verleihung des Friedenspreises des Deutschen Buchhandels (1998). In: Produktivität des Gegensätzlichen. Studien zur Literatur des 19. und 20. Jahrhunderts. Festschrift für Horst Denkler zum 65. Geburtstag, hg. von Julia Bertschik u. a., Tübingen 2000, S. 267–274.

Quindeau, Ilka, Trauma und Geschichte. Interpretationen autobiographischer Erzählungen von Überlebenden des Holocaust, Frankfurt a. M. 1995.

Ramm, Elke, Warum existieren keine ‚klassischen' Autobiographien von Frauen? In: Geschriebenes Leben. Autobiographik von Frauen, hg. von Michaela Holdenried, Berlin 1995, S. 130–141.

Reinhardt, Hartmut, Tassos Zorn. Martin Walser und sein Kritiker. In: Der Ernstfall. Martin Walsers „Tod eines Kritikers", hg. von Dieter Borchmeyer und Helmuth Kiesel, Hamburg 2003, S. 125–138.

Reiter, Andrea, „Auf daß sie entsteigen der Dunkelheit". Die literarische Bewältigung von KZ-Erfahrung, Wien 1995.

Rieder, Bernadette, Unter Beweis. Das Leben. Sechs Autobiographien deutschsprachiger SchriftstellerInnen aus Israel, Göttingen 2008.

Rieger, Dietmar, Literaturwissenschaft als Kulturwissenschaft – aus der Perspektive eines Literaturwissenschaftlers. In: Kulturwissenschaftliche Literaturwissenschaft. Disziplinäre Ansätze – Theoretische Positionen – Transdisziplinäre Perspektiven, hg. von Ansgar Nünning und Roy Sommer, Tübingen 2004, S. 97–114.

Rosenthal, Gabriele, Erlebte und erzählte Lebensgeschichte. Gestalt und Struktur biographischer Selbstbeschreibungen, Frankfurt a. M./New York 1995.

Schacter, Daniel L., How the Mind Forgets and Remembers. The Seven Sins of Memory, Boston 2001.

Schacter, Daniel L., Wir sind Erinnerung. Gedächtnis und Persönlichkeit, übers. von Hainer Kober, Reinbek 1999.

Schade, Richard E., Layers of Meaning, War, Art: Grass's „Beim Häuten der Zwiebel". In: The German Quarterly, Bd. 80, 2007, S. 279–301.

Scheitler, Irmgard, Deutschsprachige Gegenwartsprosa seit 1970, Tübingen/Basel 2001.

Scherpe, Klaus R., Von Bildnissen zu Erlebnissen. Wandlungen der Kultur ‚nach Auschwitz'. In: Literatur und Kulturwissenschaften. Positionen, Theorien, Modelle, hg. von Hartmut Böhme und Klaus R. Scherpe, Reinbek 1996, S. 254–282.

Scheuer, Helmut, Biographie. Studien zur Funktion und zum Wandel einer literarischen Gattung vom 18. Jahrhundert bis zur Gegenwart, Stuttgart 1979.

Schlant, Ernestine, Die Sprache des Schweigens. Die deutsche Literatur und der Holocaust, übers. von Holger Liessbach, München 2001.

Schlatter Binswanger, Georg H., Grass, Günter. In: Deutsches Literatur-Lexikon. Das 20. Jahrhundert, Bd. 12, Zürich/München 2008, Sp. 182–266.

Schlich, Jutta, Literarische Authentizität. Prinzip und Geschichte, Tübingen 2002 (Konzepte der Sprach- und Literaturwissenschaft, Bd. 62).

Schlösser, Hermann, Dichtung oder Wahrheit? Literaturtheoretische Probleme mit der Autobiographie. In: Autobiographien in der österreichischen Literatur, hg. von Klaus Amann und Karl Wagner, Innsbruck/Wien 1998 (Schriftenreihe Literatur des Instituts für Österreichkunde, Bd. 3), S. 11–26.

Schneider, Helmut J., Reflexion oder Evokation. Erinnerungsrekonstruktion in Ruth Klügers „Weiter leben" und Martin Walsers „Der springende Brunnen". In: Das Gedächtnis in der Literatur. Konstitutionsformen des Vergangenen in der Literatur des 20. Jahrhunderts, Sonderband der Zeitschrift für Deutsche Philologie, hg. von Alo Allkemper und Norbert O. Eke, Berlin 2006, S. 160–175.
Schnell, Ralf, Die Literatur der Bundesrepublik. In: Deutsche Literaturgeschichte. Von den Anfängen bis zur Gegenwart, 8. akt. und erw. Aufl., Stuttgart/Weimar 2013, S. 585–668.
Schödel, Kathrin, Literarisches versus politisches Gedächtnis? Martin Walsers Friedenspreisrede und sein Roman „Ein springender Brunnen", Würzburg 2010 (Epistemata. Reihe Literaturwissenschaft, Bd. 692).
Schößler, Franziska, Literaturwissenschaft als Kulturwissenschaft. Eine Einführung, Tübingen 2006.
Schütte, Wolfram, Nachlese. Annotate: „Ein springender Brunnen" oder die Friedenspreis-Rede. In: Text + Kritik, Heft 41/42: Martin Walser, Neufassung, ^{3}2000, S. 116–127.
Schwab, Sylvia, Autobiographik und Lebenserfahrung. Versuch einer Typologie deutschsprachiger autobiographischer Schriften zwischen 1965 und 1975, Würzburg 1981 (Epistemata. Reihe Literaturwissenschaft, Bd. 4).
Schwarz, Wilhelm J., Der Erzähler Martin Walser, mit einem Beitrag „Der Dramatiker Martin Walser" von Hellmuth Karasek, Bern 1971.
Sill, Oliver, ‚Fiktion des Faktischen'. Zur autobiographischen Literatur der letzten Jahrzehnte. In: Deutschsprachige Literatur der 70er und 80er Jahre. Autoren, Tendenzen, Gattungen, hg. von Walter Delabar und Erhard Schütz, Darmstadt 1997, S. 75–105.
Sill, Oliver, Zerbrochene Spiegel. Studien zur Theorie und Praxis modernen autobiographischen Schreibens, Berlin/New York 1991.
Šlibar, Neva, Biographie, Autobiographie. Annäherung, Abgrenzung. In: Geschriebenes Leben. Autobiographik von Frauen, hg. von Michaela Holdenried, Berlin 1995, S. 390–401.
Smith, Sidonie, A Poetics of Women's Autobiography. Marginality and the Fictions of Self-Representation, Bloomington/Indianapolis 1987.
Sprinker, Michael, Fictions of the Self. The End of Autobiography. In: Autobiography. Essays Theoretical and Critical, hg. von James Olney, Princeton 1980, S. 321–342.
Stoltenberg, Annemarie, und Joanna Jabłkowska, Walser, Martin (Johannes). In: Killy Literaturlexikon. Autoren und Werke des deutschsprachigen Kulturraumes, 2., vollständig überarb. Aufl., Bd. 12, Berlin/Boston 2011, S. 107–111.
Sturrock, John, The Language of Autobiography. Studies in the First Person Singular, Cambridge 1993.
Szirak, Péter, Die Bewahrung des Unverständlichen. Imre Kertész: „Roman eines Schicksallosen". In: Der lange, dunkle Schatten. Studien zum Werk von Imre Kertész, hg. von Mihály Szegedy-Masák und Tamás Scheibner, übers. von Andrea Egyed u. a., Budapest/Wien 2004, S. 17–66.
Sznaider, Natan, Gedächtnisraum Europa. Die Visionen des europäischen Kosmopolitismus. Eine jüdische Perspektive, Bielefeld 2008.
Taberner, Stuart, A Manifesto for Germanys's ‚New Right'? Martin Walser, the Past, Transcendence, Aesthetics, and „Ein springender Brunnen". In: German Life and Letters, Bd. 53, 2000, S. 126–141.
Taberner, Stuart, Aging and Old-Age Style in Günter Grass, Ruth Klüger, Christa Wolf, and Martin Walser. The Mannerism of a Late Period, New York 2013 (Studies in German Literature, Linguistics, and Culture).

Taberner, Stuart, Private Failings and Public Virtues. Günter Grass' „Beim Häuten der Zwiebel" and the Exemplary Use of Authorial Biography. In: Modern Language Review, Bd. 103.1, 2008, S. 143–154.

Takeda, Arata, Bildung des Ichbewusstseins. Zu Martin Walsers „Ein springender Brunnen". Versuch, den Roman vom Kontext der Friedenspreisrede zu befreien. In: Germanistische Mitteilungen, Bd. 56, 2002, S. 27–45.

Tonger-Erk, Lily, „Die Fakten Lügen strafen". Zur Ambiguität des Autobiographischen in Günter Grass' „Beim Häuten der Zwiebel". In: Zeitschrift für deutsche Philologie, Bd. 131, Heft 4, 2012, S. 571–590.

Türkis, Wolfgang, Beschädigtes Leben. Autobiographische Texte der Gegenwart, Stuttgart 1990.

Vietta, Silvio, Vom ersehnten Identitätsrauschen in Martin Walsers Roman. In: Der Ernstfall. Martin Walsers „Tod eines Kritikers", hg. von Dieter Borchmeyer und Helmuth Kiesel, Hamburg 2003, S. 139–157.

Voller-Sauer, Elisabeth, Prosa des Lebensweges. Literarische Konfigurationen selbstbiographischen Erzählens am Ende des 18. und 19. Jahrhunderts, Stuttgart 1993.

Vosskamp, Wilhelm, Die Gegenstände der Literaturwissenschaft und ihre Einbindung in die Kulturwissenschaften. In: Jahrbuch der deutschen Schillergesellschaft, Bd. 42, 1998, S. 503–507.

Wagner, Richard, Walsers Deutschland. In: Text + Kritik, Heft 41/42: Martin Walser, Neufassung, [3]2000, S. 110–115.

Wagner-Egelhaaf, Martina, Autobiographie, Stuttgart/Weimar [2]2005 (Sammlung Metzler, Bd. 323).

Weidermann, Volker, Lichtjahre. Eine kurze Geschichte der deutschen Literatur von 1945 bis heute, Köln 2006.

Weigel, Sigrid, Bilder des kulturellen Gedächtnisses. Beiträge zur Gegenwartsliteratur, Dülmen 1994.

Weigel, Sigrid, Der Ort von Frauen im Gedächtnis des Holocaust. Symbolisierungen, Zeugenschaft und kollektive Identität. In: Sprache im technischen Zeitalter, Bd. 33, Heft 135, 1995, S. 260–268.

Weinrich, Harald, Lethe. Kunst und Kritik des Vergessens, München 1997.

Weinrich, Harald, Typen der Gedächtnismetaphorik. In: Archiv für Begriffsgeschichte, Bd. 9, 1964, S. 23–26.

Welzer, Harald (Hg.), Das soziale Gedächtnis. Geschichte, Erinnerung, Tradierung, Hamburg 2001.

Welzer, Harald, Das kommunikative Gedächtnis. Eine Theorie der Erinnerung, München [2]2008 (Beck'sche Reihe, Bd. 1669).

Wuthenow, Ralph-Rainer, Autobiographie und autobiographische Gattungen. In: Fischer-Lexikon Literatur, Bd. 1: A–F, hg. von Ulfert Ricklefs, Frankfurt a. M. 1996, S. 169–189.

Wuthenow, Ralph-Rainer, Das erinnerte Ich. Europäische Autobiographie und Selbstdarstellung im 18. Jahrhundert, München 1974.

Yates, Frances A., Gedächtnis und Erinnern. Mnemonik von Aristoteles bis Shakespeare, Berlin [6]2001.

Yates, Frances A., The Art of Memory, London 1966.

Zierold, Martin, Gesellschaftliche Erinnerung. Eine medienkulturwissenschaftliche Perspektive, Berlin/New York 2006 (Media and Cultural Memory/Medien und kulturelle Erinnerung, Bd. 5).

Zupfer, Julia, Heller, Georg. In: Deutsches Literatur-Lexikon. Das 20. Jahrhundert, Bd. 16, hg. von Lutz Hagestedt, Berlin/Boston 2011, Sp. 314.

Personenregister

Adelson, Leslie A. 89
Adorno, Theodor W. 191
Andersen, Hans Christian 175, 176
Angress, Werner 75, 96
Appelfeld, Aharon 8, 182–184
Assmann, Aleida 11, 15, 22, 70, 113, 160
Assmann, Jan 14, 15
Auffenberg, Christian 157
Augustinus 42

Bauer, Barbara 105, 129
Baumann, Gerhart 57
Baumgart, Reinhart 116, 117
Begley, Louis 179
Behre, Maria 81, 98
Beißlich, Barbara 21
Benesch, Klaus 42
Bertraux, Daniel 14
Bertraux-Wiame, Isabelle 14
Beßlich, Barbara 128
Blod, Gabriele 29
Bogdal, Klaus-Michael 97, 121
Booth, Wayne C. 21
Borchmeyer, Dieter 120
Borowski, Tadeusz 81
Borries, Mechthild 106, 115
Bos, Pascale R. 80
Braese, Stephan 76, 183, 184
Braungart, Georg 107
Braun, Peter 58
Braun, Rebecca 153, 172
Breysach, Wolfgang 96
Bubis, Ignatz 3, 7, 61, 62, 65, 66, 68, 69, 71, 131
Butzer, Günter 77

Craemer-Schroeder, Susanne 28

De Bruyn, Günter 20, 29
De Man, Paul 43, 46, 54
Derrida, Jacques 29
Dilthey, Wilhelm 36–38

Eagleton, Terry 43
Eakin, Paul J. 46

Edvardson, Cordelia 105
Erll, Astrid 4, 14, 16, 18

Finck, Almut 42
Finnan, Carmel 97, 100
Fontane, Theodor 31, 32
François, Etienne 22
Frevert, Ute 113
Fuchs, Anne 153, 161

Galle, Helmut 90
Gehle, Holger 76, 103
Gehrke, Ralph 53
Genette, Gérard 38, 54
Gidion, Heidi 120
Goethe, Johann Wolfgang von 26, 28–32, 42, 50, 52, 178, 187, 194
Goldmann, Stefan 31
Goldschmidt, Georges-Arthur 105
Grass, Anna 150, 155, 163
Grass, Günter 1–3, 5–8, 68–71, 73, 146–149, 151, 152, 155–158, 160, 161, 167–173, 175–179, 183, 185, 187, 189–191, 193, 194, 196
Grimm, Jacob 175, 177
Grimm, Wilhelm 175, 177
Gymnich, Marion 48

Halbwachs, Maurice 14
Härtling, Peter 8, 185–187, 192
Hartung, Karl 146
Heidelberger-Leonard, Irene 72, 85, 103
Heller, Georg 1, 3, 5, 7–9, 65–67, 70, 130, 131, 137, 141–145, 179, 183, 189–191, 193, 194, 196, 198
Heuser, Magdalena 48
Hilmes, Carola 38, 48, 54
Hilsenrath, Edgar 8, 183, 184, 188, 192, 193
Hinck, Walter 93, 165, 171, 173–175
Hitler, Adolf 2, 94, 109, 118, 124, 141, 170
Holdenried, Michaela 35, 42, 44, 56
Hölderlin, Friedrich 192
Humphrey, Richard 4, 17, 47
Huyssen, Andreas 10, 22, 103

Jabłkowska, Joanna 111, 116, 121
Jandl, Ernst 45, 54

Kaminski, Nicola 110, 111, 122
Kammler, Clemens 85
Kawashima, Kentaro 33, 37, 41, 50, 52, 79
Kertész, Imre 87, 105, 179–181, 183
Klein, Judith 46
Kleinschmidt, Erich 46, 100
Kleist, Heinrich von 68
Klüger, Ruth 1–3, 5, 7, 8, 48–50, 61, 69, 71–82, 85, 86, 88–93, 96–106, 109, 145, 154, 155, 159, 169, 179, 182–184, 189–191, 193–196, 198–205, 211
Köhler, Klaus 64, 122
Korn, Salomon 68
Krauß, Andrea 71, 78, 100
Krisch, Alexander 60
Kronsbein, Joachim 38, 39
Kübler, Gunhild 122

Lanzmann, Claude 82
Lehmann, Jürgen 32, 58
Lejeune, Philippe 36, 38, 39, 41, 53, 55, 98, 110, 173, 194
Levi, Primo 81, 85
Lezzi, Eva 80, 83, 86, 94, 99
Löffler, Sigrid 71
Lorenz, Matthias N. 63, 64, 103, 108
Lühe, Irmela von der 87, 88, 91, 100, 101
Luther, Martin 71

Magenau, Jörg 62, 109, 110, 125, 127
Mangold, Ijoma 177
Markowitsch, Hans-Joachim 13
Maron, Monika 62
Misch, Georg 36, 37
Moritz, Karl Philipp 27, 28, 49
Müller, Herta 78, 81, 99, 190
Müller-Hohagen, Jürgen 23
Müller, Klaus-Detlef 27, 30, 35, 39, 40, 47, 52, 53

Nalbantian, Suzanne 36, 39, 52
Neuhaus, Volker 149, 170, 172
Neumann, Bernd 40, 51, 190

Neumann, Birgit 17
Niethammer, Ortrun 49
Nietzsche, Friedrich 126
Nora, Pierre 22
Nünning, Ansgar 4, 18, 21

Opitz, Michael 104
Opitz-Wiemers, Carola 104

Paaß, Michael 147, 148, 152
Pascal, Roy 49
Paulsen, Wolfgang 44
Pietsch, Lutz-Henning 195
Pietsch, Timm N. 166, 167
Platen, Edgar 50
Prien, Günther 170
Prinz, Kirsten 151
Proust, Marcel 32–34, 102, 105, 108, 114, 125, 138, 160
Prümm, Karl 117, 120, 127

Rabinovici, Schoschana 184, 185, 188
Ramm, Elke 41
Ratzinger, Joseph 165, 175, 190
Reich-Ranicki, Marcel 70
Reinhardt, Hartmut 118
Rieder, Bernadette 41
Rieger, Dietmar 16
Rosenthal, Gabriele 24
Rousseau, Jean-Jacques 26–28, 42
Ruoff, Fritz 186

Schacter, Daniel L. 19, 20
Schade, Richard E. 172
Scheitler, Irmgard 38
Scherpe, Klaus R. 61
Schirrmacher, Frank 68
Schneider, Helmut J. 106, 114, 120
Schnitzler, Arthur 79
Schödel, Kathrin 59, 65
Schulze, Hagen 22
Schütte, Wolfram 60, 63, 64, 115
Seghers, Anna 81, 82
Sprinker, Michael 44
Stiegler, Bernd 58
Sznaider, Natan 22

Taberner, Stuart 2, 91, 111, 171
Takeda, Arata 108, 126, 129
Tonger-Erk, Lily 166, 167
Türkis, Wolfgang 25

Uhland, Ludwig 191

Vosskamp, Wilhelm 17

Wagner-Egelhaaf, Martina 32
Wagner, Richard 112
Walser, Martin 1–3, 5–8, 21, 59–74, 76, 77, 88, 102–118, 120–122, 125–129, 131, 141–146, 168, 169, 179, 183, 185, 189, 190, 192–201, 203–207, 209–212

Wander, Fred 179, 184
Weidermann, Volker 65
Weigel, Sigrid 56, 57, 97
Weiss, Peter 81, 89
Welzer, Harald 13, 15
Wiesel, Elie 59, 66, 67, 69, 71, 76
Wolf, Christa 2, 154
Wuthenow, Ralph-Rainer 28, 34, 36, 51

www.ingramcontent.com/pod-product-compliance
Lightning Source LLC
Chambersburg PA
CBHW031820230426
43669CB00009B/1207